현대 사회학

열린책들

아니키우스 보에티우스 지음 | 박병덕 옮김

철학의 위안

Anicius Boethius—
The Consolation of
Philosophy

이제 떠나야 할 시간이 되었습니다. 우리는 각자 우리의 길을 가야 합니다. 저는 죽음으로 여러분은 삶으로 어느 쪽이 더 좋은지는 신(神)만이 알고 계십니다. 지금 저에게 일어난 일도 우연히 일어난 것은 아닙니다. 저 자신은 지금 죽어 고통에서 벗어나는 것이 저를 위해 더 좋은 일이라는 것을 분명히 알고 있습니다. 그런 까닭에 신의 계시도 저의 행동을 저지하지 않았던 것입니다. 그러므로 저는 제게 유죄 판결을 내린 사람들과 저를 고소한 사람들에게 조금도 화가 나지 않습니다. 그들이 저를 고소하고 저에게 유죄를 판결했을 때 그들은 저에게 선을 행할 생각으로 그렇게 한 것이 아니라 저를 해칠 생각으로 그렇게 한 것이라는 것을 잘 알고 있습니다. 그래서 그들은 비난받지 않으면 안 될 것입니다.

– 플라톤《소크라테스의 변명》

서문

≪철학의 위안(The Consolation of Philosophy)≫은 고대 로마 제국 정치가이며 철학자인 동시에 음악 이론가이며 그리스어와 라틴어 번역가인 보이티우스가 동로마 편인 요한 1세의 선출과 관련한 반역죄에 연루되어 귀양을 가 처형을 기다리며 감옥에서 쓴 책이다.

보이티우스는 중세 초기에 동고트 왕국에서 활동한 로마계 원로원 의원과 집정관을 지낸 최후의 로마인으로 스콜라 철학의 선구자였다. 그의 원명은 아니키우스 만리우스 세베리누스 보이티우스(Anicius Manlius Severinus Boethius)로 A.D. 475?~480년경――태어난 시기가 확실하지 않음――로마의 전통적 귀족 아니시아 명문가 집정관의 아들로 로마에서 태어났다.

그의 가문은 보수적이었지만 일찍이 기독교로 개종했으며 선조들과 가족 중에는 여러 명의 집정관과 두 명의 황제와 한 명의 교황을 배출한 막강한 권력과 부(富)를 가진 집안이었으며 아버지 플라비우스 보이티우스도 서로마 제국을 멸망시키고 이탈리아의 왕이 된 게르만족 출신인 오도아케르의 치하에서 원로원이자 집정관이었다.

그가 남긴 대표작 중 옥중에서 집필한 ≪철학의 위안≫은 신(神)을 대중에게 쉽게 보급하고 중세 사상을 구원한 이제까지 많은 사람에 의해 매우 가치 있는 책으로 여겨져 왔다. 이 책은 산문과 운문이 어

우러진 그리스 철학과 플라톤주의적 경향을 띠는 유럽의 사상과 문학에 큰 영향을 끼친 작품이다.

영국의 역사가인 에드워드 기번은 그의 저서 《로마 제국 쇠망사》에서 '이 책은 플라톤이나 키케로의 책들 못지않은 귀중한 책이다'라고 표현하였다. 또한 설득력 있는 그의 말에 주의를 기울이는 사람들에게 이 책은 세상의 거짓을 발가벗겨 보여주는 기쁨이며 그리고 많은 사람에 의해 매우 가치 있는 책으로 여겨져 온 《철학의 위안》은 중세에 와서는 이 책의 번역자와 주석가(註釋家)와 모방자들이 수없이 많이 나왔다.

9세기에 영국의 알프레드 대왕은 자신의 앵글로색슨족 신하들의 교육과 즐거움을 위해 이 책을 고대 영어로 옮겼으며 영국의 시인 초서와 사제 존은 이 책을 중세 영어로 옮겼다. 그리고 노트커 라베오와 페터 폰 카슬은 중세 독일어로 번역하고 시몽 드 프레즈느와 장 드 묑 등은 이 책을 고대 불어로 옮겼다. 그 외 그리스와 중세 네덜란드, 이탈리아, 스페인 번역판이 나왔다. 그 후 영국 여왕 엘리자베스 1세가 이 책을 번역하기도 했다.

이 책에서 '인간은 신의 생명을 얻어야만 진정으로 행복해질 수 있다'라고 말한 보이티우스는 고전 세계와 중세 세계의 교차점에 서 있었다. 리처드 모리스는 "보이티우스만큼 중세 작가들의 뼈 중의 뼈이며 살 중의 살이었던 철학자는 없을 것이다. 어떤 책이든 당신이 원하는 작가의 책을 펼쳐 보라. 그러면 당신은 책 속에서 저 뛰어난 로마인 보이티우스의 정서뿐만 아니라 그가 사용한 언어 그 자체까지도 발견하게 될 것이다"라고 말하고 있다.

또한 보이티우스가 끼친 커다란 영향의 흔적은 곳곳에서 발견된다. 그중에서도 특히 ≪철학의 위안≫의 영향은 보이티우스가 이 책에서 딱딱한 철학 논문이 아닌 다른 어떤 것을 시도하고 있다는 사실에 기인하는 것이다. 사형선고를 받고 처형을 기다리며 감옥에 갇혀 있던 그가 관심을 기울인 것은 논증의 세부 사항들이 아니라 개괄적이고 일반적인 철학적 명상에서 얻을 수 있는 위안이었다.

나중에 그가 '신(神)을 대중에게 보급한 보급자'로 알려지게 된 것은 아마도 이 작품의 그러한 측면 때문일 것이다. 이러한 대중적 특성은 두 가지의 중요성을 지니고 있다. 첫 번째는 보이티우스가 비범한 시인이었다는 사실과 여러 시인이 ≪철학의 위안≫을 인용하게 되었다는 점이다. 이를테면 초서의 작품 가운데 나타나는 철학적 성찰 부분의 거의 모두는 보이티우스에게 그 근원을 두고 있으며 또 이탈리아의 단테는 그를 하늘에 떠 있는 열두 개의 빛 사이에 앉히고

'설득력 있는 그의 말에 주의를 기울이는 사람들에게
그는 세상의 거짓을 발가벗겨 보여주는 기쁨'

이라고 칭송하고 있는데 그것은 베아트리체가 죽은 이후 보이티우스의 글이 키케로의 ≪우정에 대하여≫와 함께 그에게 커다란 위안이 되었기 때문이다.

단테의 ≪신곡≫ 〈천국 편〉은 보이티우스가 말한 'Caelo imperitansamor', 즉 '태양과 다른 별들을 움직이는 사랑'을 회상하는 것으로 끝나며 ≪신곡≫ 전체는 우주 체계 속에서 영혼이 상승하여 신의 정신을 성찰하고 자신의 진정한 고향인 고국(Patria)으로 되돌아간다는 보이티우스의 개념을 매우 정교하게 작품화한 것으로 볼 수 있다.

두 번째로 ≪철학의 위안≫의 폭넓은 시야와 부드러운 어조는 이 책을 '중세의 가장 맑고 친절한 지혜의 책'이라고 불리고 있다. 도덕에 관한 일반적인 성찰보다 훨씬 높은 것으로 만드는 이 책의 장점은 사상의 단순성과 명료성이 중세의 혼란 속에 압도되려 할 시기에 플라톤적 전통 또는 그리스 철학의 한층 더 오래되고 더욱 단순한 어떤 것을 회복하고 있다는 것이다.

그로 인하여 여러 학파의 분열을 견딜 수 없었던 사람들은 누구나 보이티우스의 보호를 받을 수 있었다. ≪철학의 위안≫에서는 가치가 없는 것들은 그것의 본래 자리로 되돌아가고 이 세계의 참된 윤곽이 드러나게 된다. 위대한 스콜라 철학자들이 세계 전체에 관한 일반적·포괄적 견해를 얻은 데에는 다른 어느 철학적 저술가들보다 보이티우스의 영향이 컸다는 것은 의심의 여지가 없다.

보이티우스가 감옥에서 억울하게 죽은 후 1400년이 지난 후에도 그가 남긴 ≪철학의 위안≫은 르네상스 시대부터 지금까지 철학 입문서로서 확고한 자리를 차지하고 있으며 로마사의 권위자들에게 '최후의 로마인'이라는 영광스러운 칭호를 부여받은 그의 학문적인 위상은 최고의 지식인으로 불려도 조금의 손색이 없으리라.

이 책은 1995년 2월 27일 육문사 교양사상신서로 출간한 ≪철학의 위안≫을 2011년 개정판을 거쳐 현대에 맞게 문법 어휘를 수정한 안티쿠스(Antiquus) 책장 시리즈로 재출간하였다. 그리고 본문 하단에 있는 각주는 역자가 독자들의 이해를 돕기 위하여 붙인 역주이며, 본문 중에 나오는 인명과 지명은 외래어 표기법을 따르며 관행상 굳어진 표현은 그대로 표기하였음을 밝혀둔다.

차 례

보이티우스 생애와 사상

A.D. 480년경에 태어난 아니키우스 만리우스 세베리누스 보이티우스(Anicius Manlius Severinus Boethius)는 로마의 전통적 귀족인 아니키아(Anicia) 가문의 사람이었다. 보수적인 가문으로서는 보기 드물게 일찍이 4세기에 기독교로 개종했으며 그 후 막강한 권력과 부(富)를 누리게 되었다.

그의 선조들과 가족 중에는 집정관이 많았으며 두 명의 황제와 한 명의 교황도 있었다. 그의 아버지는 서로마 제국을 멸망시키고 이탈리아의 왕이 된 게르만족 출신인 오도아케르(Odoacer)의 치하에서 영예로운 집정관직을 맡았는데 보이티우스(Boethius)가 소년이었을 적에 일찍 죽고 말았다.

보이티우스는 로마의 귀족인 퀸투스 아우렐리우스 멤미우스 심마쿠스(Quintus Aurelius Memmius Symmachus)──그는 485년에 집정관이었으며 로마 원로원의 우두머리였다──의 집에서 자라게 되었다. 심마쿠스는 보이티우스에게 문학과 철학의 세계뿐만 아니라 자기 딸인 루스티시아나(Rusticiana)를 소개한 후 결혼까지 하게 하였다. 그는 ≪철학의 위안≫에서 그녀에 대한 존경과 찬탄의 마음을 표현하고 있다.

그의 혈족인 에노디우스(Ennodius)에 의하면 보이티우스는 신동(

神童)이었으며 어릴 때부터 학문에 대한 비상한 열의를 보였다고 한다. 그가 받은 교육의 질(質)은 최고의 것이었으며 청년 시절의 보이티우스는 수사학·논리학·천문학에 이르기까지 모든 학문에 뛰어난 자질을 보였다고 한다.

보이티우스는 이른 나이에 동고트족의 테오도리쿠스(Theodoricus) 대왕——그는 493년에 오도아케르(Odoacer)를 멸망시켰다——의 눈에 들게 되었다.

테오도리쿠스 왕은 그에게 부르군디족(Burgundians)의 왕 군도바드(Gundobad)를 위해 물시계와 해시계를 만들고 프랑크족(Franks)의 왕 클로비스(Clovis)를 위해 수금(竪琴)을 연주할 사람을 뽑는 일을 맡겼다.

그는 또한 회계 담당원에 의한 화폐 품질 저하 사건을 조사하는 데에도 기용되었으며 510년에는 단독으로 집정관이 되었다——본래 집정관의 정원은 두 명이다——그런데 서른 살의 나이에 그는 로마의 전통적 공직 중에서 가장 화려한 직위에 오르게 되었다.

그 후——그 연도는 알려지지 않았다——그는 국가 관리 전체의 우두머리가 되고 궁정 관리들의 장(長)이 되었다. 그리고 522년에는 보이티우스가 감옥 안에서도 가장 큰 행복한 사건으로 여겼던 순간이 왔으니——두 아들이 나란히 집정관이 된 날이었다——그것은 보이티우스에게 더할 나위 없는 영광으로서 보이티우스 자신이 테오도리쿠스 왕과 콘스탄티노플(Constantinople)의 황제 두 사람 모두에게 인정받고 있음을 의미하는 것이었다.

집정관직을 떠난 직후 보이티우스의 생애는 확실하지 않다. 하지만 심마쿠스 집에서 집정관 시기에 시작했던 연구를 계속했음이 분명하다. 그의 직무로 보건대 오랫동안 로마에 머물지 못하고 자신의 서재에서 멀리 떨어져 있는 베로나(Verona) 또는 라벤나(Ravenna) 궁정에 머물러야 했으므로 삶의 주요한 위안거리였던 철학 연구에 몰두할 시간이 별로 없었을 것이기 때문이다. 그는 선천적으로 공직 생활에 알맞은 사람이 아니라 철학에 관한 학문을 연구하고 다루는 일을 좋아하는 사람이었다.

그는 질서정연한 확고함을 가지고 그러한 목표들을 추구했다. 우리는 그의 그러한 학자적 특성과 자신에게 스스로 부여한 임무에 대한 침착한 접근 태도에서 진정한 보이티우스를 분명하게 볼 수 있다.

그것은 한때 자랑스러웠던 로마 관직들이 이제는 보잘것없는 것으로 여겨지는 쓰라린 감정에서 벗어나려는 도피주의적 후회가 아니라 동료들에게 진정한 철학 연구를 위한 학문적 기반을 만들어 주려는 헌신적인 연구자로의 의도적인 계획이었다.

캠펜하우젠(Campenhausen)은 '보이티우스는 자기 자신을 서로마의 교사로 보았다'라고 쓰고 있다.

보이티우스는 이렇게 말하고 있다.

"가능한 한 나는 아리스토텔레스의 모든 작품을 로마의 언어로 번역하고 싶고 그의 말들 전체를 라틴어로 성실하게 표현하고 싶다. 어려운 논리학과 중요한 도덕적 경험의 영역 또는 자연적 대상들의 정확한 이해 등에 대하여 아리스토텔레스가 썼던 모든 표현을 나는 그대로 정확하게 옮길 것이다. 거기에다 해석적 설명을 덧붙여 그것들을 이해하기 쉬운 것으로 만들겠다.

또한 플라톤의 〈대화편〉을 라틴어로 번역하고 설명을 붙여 그것들을 소개하고 싶다. 그 일이 이루어지면 일반적으로 생각되는 것과는 달리 아리스토텔레스와 플라톤의 개념들은 상반되는 것이 아니라 모든 면에서 조화를 이루고 있다는 것을 증명할 수 있을 것이다. 그리고 결정적인 점들에 있어서 그들의 견해가 철학적으로 서로 일치한다는 것을 증명할 것이다. 내게 목숨과 시간이 허락하는 한 나는 이러한 임무에 전념할 것이다."

보이티우스는 그의 이러한 계획을 모두 완성하지 못했지만 학생들의 입문서로 활용하기 위해 포르피리오스(Porphyrius)가 번역한 아리스토텔레스의 ≪범주론(Categoriae)≫과 아리스토텔레스의 번역과 논리학——오르가논——에 관한 작품들의 번역을 끝마쳤다.

그의 번역서에는 ≪명제론(De interpretatione)≫, ≪변증론(Topica)≫, ≪분석론전서(Analytica Priora)≫, ≪분석론후서(Analytica Posteriora)≫, ≪궤변론(De Sophisticis Elenchis)≫ 등이 있으며 또한 포르피리오스의 아리스토텔레스 ≪범주론≫과 자신이 번역한 아리스토텔레스의 모든 작품과 키케로의 ≪토피카(Topica)≫에 관한 주석서를 완성했다.

그런데 그의 철학적 작업은 번역에만 그친 것이 아니었다. 그는 논리학에 관해 다섯 개의 독자적인 작품을 쓰기도 했다.

이 모든 작업의 중요성은 역사적으로 엄청난 것이었다. 아리스토텔레스의 지식이 서로마에서 살아남은 것은 오로지 보이티우스가 번역한 그의 논리학을 통해서였기 때문이다.

보이티우스는 철학 용어들을 정밀하게 번역함으로써 중세의 스콜라 철학자들에게 새로운 철학 어휘들을 창조해 주었으며 그들에게 아리스토텔레스에 관한 주석서의 한 모델을 제공했다.

중세에 있었던 유명론자(唯名論者)들과 실재론자(實在論者)들 사이의 격렬한 논쟁은 포르피리오스에 관한 보이티우스의 주석 중의 한 구절에서 발아(發芽)한 것이었다.

'로마인들의 끝이 곧 스콜라학자들의 시작'이라는 이 말은 철학을 정확하고 조직적인 체계화를 통해 고대 세계에서 스콜라 철학의 학구적인 토론으로 건너가게 해 주는 통로로서의 보이티우스의 위치를 명백하게 말해 주고 있다.

논리학 · 수사학 · 수학 · 기하학 · 음악 · 천문학 등 여러 학문은 성 아우구스티누스(St. Augustinus)에게 있어서와 마찬가지로 보이티우스에게도 철학을 위한 예비 학문으로서의 가치를 지니고 있었다. 그리하여 그는 수학 · 기하학 · 천문학 · 역학에 관한 논문들을 번역했다.

이러한 것들은 중세 교육의 발전에 중요한 역할을 했는데 음악에 관한 그의 논문은 18세기까지 옥스퍼드 대학교의 교과서로서 남아 있었다.

또한 그는 자유 인문의 완성을 의미하는 '4과(四科, quadrivium)'——즉 수학 · 기하학 · 음악 · 천문학——라는 말을 남겼는데 그는 '이

네 가지 길을 통해 고귀한 지혜에 다가가지 않는 한 철학 연구의 완벽한 정상에 다다르기는 불가능하다'라고 믿었다.

그는 신학(神學)에 관한 다섯 개의 소논문(小論文)을 썼다고 전해지는데 그것들은 논리학에 관심이 있는 한 철학자가 철학적 방법들을 사용하여 스스로 존재하는 계시된 진리의 실체를 증명하고자 한 것으로서 중요하다.

보이티우스는 논리학적 방법들과 아리스토텔레스의 용어들을 신학적인 문제들에 적용하면서 다시금 스콜라 철학자들의 선구자로서 분명하게 주목받았다.

이 모든 활동이 그의 위대한 마지막 작품인 ≪철학의 위안≫의 지적 배경을 이루고 있으며 그는 바로 이 작품으로 인해 우리에게 기억되고 있다.

그러나 이 작품은 여러 가지 의문들──그것이 구성된 상황들은 어떤 것이었는가. 테오도리쿠스(Theodoricus) 왕의 오른팔로 신임받던 그가 왜 갑작스럽게 권력에서 밀려나게 되었는가. 보이티우스는 기독교도였는가. 정말 그가 기독교도였다면 투옥과 죽음이 임박한 시간에 마땅히 그의 가장 큰 위안이 돼야 했을 신앙에 대한 언급이 어찌하여 ≪철학의 위안≫ 속에 전혀 없는가──로 둘러싸여 있다.

이 의문 중 확실하게 대답할 수 있는 것은 한 가지뿐이다. 그것은 그가 분명 기독교도였을 것이라는 점이다. 그 이유는 첫째, 그가 신학적 소논문들의 저자라는 것을 의심할 수 없으며 둘째, 만일 그가 이교도였다면 그는 6세기 초의 공직 생활에서 그렇게까지 높은 자리에 오를 수 없었을 것이기 때문이다.

그가 기독교도였다는 사실을 의심할 수는 없지만 그가 믿는 믿음의 특성은 여전히 견해가 분분한 문제 중의 하나이다. 그리고 그의 몰락을 둘러싼 역사적 사실들을 되살리기는 불가능하지만 우리는 보이티우스 자신의 말들과 그 시대의 증거들에서 하나의 가설을 구성해 볼 수 있다.

우선 우리가 기억해야 할 것은 로마 제국은 4세기 초부터 콘스탄티노플(Constantinople)에 동부의 수도를 두게 되었고 4세기 말부터는 서로마 황제와 동로마 황제의 공동 지배로 통치되었다는 점이다. 그런데 서로마 제국은 황제권이 약화한 데다가 게르만족의 침입을 받아여러 차례 혼란에 빠지게 되면서 게르만 출신의 장군들이 정치적 실권을 장악하게 되었다.

그리하여 476년에 이민족——게르만족——사람인 플라비우스 오도아케르(Odoacer)가 서로마 제국의 마지막 왕인 로물루스를 폐위시키고 기장(旗章)을 콘스탄티노플로 보냈다. 이 게르만족의 눈으로 볼때는 오직 로마인만이 제위(帝位)에 오를 수 있었으므로 오도아케르는 로마에 제정(帝政)을 그대로 두고 동로마의 황제 제논(Zeno)을 유일한 황제로 인정하고 그 대가로 파트리키우스(Patricius, 총독)라는 칭호를 받는 것으로 만족했던 것 같다.

그리하여 이민족과 황제 사이에는 잠정 협정(modus vivendi)이 맺어졌다. 실제로는 오도아케르가 자율권을 가진 왕이었지만 표면적으로는——그리고 로마인들이 볼 때는——통합된 단일 제국 내에서 콘스탄티노플에 있는 동로마 제국 황제의 신하, 즉 일종의 총독으로 간주하였다.

493년 동고트족(Ostrogoths)의 왕 테오도리쿠스(Theodoricus)가 오도아케르를 멸망시키고 그 뒤를 이은 후에도 이 체제는 그대로 유지되었다.

테오도리쿠스는 비잔틴——동로마 제국——의 황제 아나스타시우스(Anastasius)에게 보낸 편지에 '우리의 왕국은 당신 왕국의 모조품이며 지구상에서 유일한 제국의 복제품입니다'라고 쓰고 있다.

한 이민족——동고트족——의 군사 지도자였지만 콘스탄티노플 궁정의 세련된 사회에서 교육받은 바 있는——테오도리쿠스는 일곱 살에 콘스탄티노플에 볼모로 보내져 거기서 성장하고 교육을 받았다——테오도리쿠스는 이탈리아를 안정되고 평화롭게 통치할 수 있는 모든 자질을 갖추고 있었다. 이민족의 왕인 동시에 로마 황제의 총독이었던 그는 로마인들과 고트족의 평화로운 공존을 확립하는 데 성공했다.

행정은 로마의 행정 사무 규정에 따라 행해졌지만 실제로 모든 행정은 테오도리쿠스의 강력하고 엄격한 교시에 의해 통제되었다. 그는 리베리우스(Liberius)·카시오도루스(Cassiodorus)·보이티우스(Boethius) 등 재능 있는 로마인들을 끌어들일 수 있었다. 산업이 번창하고 평화가 지속되고 건물들과 수로(水路)들이 재건되고 개축되었다. 국외에서 그의 세력이 점점 커졌다는 사실은 국내에서의 그의 통치가 성공했다는 것을 반영하는 것이었다.

종교에 있어서 테오도리쿠스는 기독교도였지만 모든 고트족과 마찬가지로 아리우스(Arius)파로서 성부(聖父)와 성자(聖子)가 '한 실체'가 아니라고 믿는 이단적 분파에 속해 있었다. 이 이단으로 인해 교회가 분열되기는 했지만 테오도리쿠스는 교황의 도시와 정교(政敎)의 수도에서 통치하는 데는 아무런 어려움이 없었다.

그는 모든 사람――다른 종교를 신봉하는 사람들을 제외한 모든 사람――에게 완전한 신앙의 자유를 보장해 주었고 정교 사제들과도 여전히 우호적인 관계를 유지했으며 한때는 교황 선출의 분쟁을 중재하도록 초대된 적도 있었다. 아무튼 미래의 의혹과 적대감의 씨앗들은 당분간 잠들어 있었다.

테오도리쿠스의 각료로 봉직하겠다는 보이티우스의 결정은 우리가 앞에서 보았듯이 보이티우스에게 커다란 희생을 가져다주었다.

그는 자기 장인인 심마쿠스(Symmachus)가 그러했듯이――심마쿠스는 그리스어에 능통한 학자로서 역사가이며 저술가인 동시에――뛰어난 웅변가였다.

그는 이민족의 군주들을 섬기면서 그들에 대해 항상 냉담함과 조심하는 태도를 보였다. 하지만 그는 자신의 책들에 둘러싸여 연구에 몰두하는 생활을 더 좋아했을 것이다.

그가 정치에 발을 들여놓겠다고 결심한 것은 명예욕 때문이 아니라 일종의 의무감 때문이었다. 즉 보이티우스 자기 말들로 미루어 볼 때 그를 자극한 것은 철인(哲人)에 의해 통치되는 플라톤적 이상 국가였으며 공직을 수행하는 데 그를 인도한 것은 철학적 교훈들이었다는 것을 우리는 알 수 있다.

보이티우스의 그러한 행동 원칙들과 사심(私心) 없는 도덕적 고지식함을 고려할 때——그리고 정치적 생활에서 마주치게 되는 적개심, 의심, 속임수, 모함, 자기 세력 확대 등을 고려할 때——보이티우스가 적을 만들지 않는다는 것은 불가능한 일이었다.

처음에 그는 고트족 사람들의 포악함에 대항하는 데 성공했고 테오도리쿠스도 그를 지지했다. 그러나 그러한 외면적 상황은 당연히 바뀔 것이었다.

484년 비잔틴 주교 아카키우스(Acacius)에게 교황이 유죄를 판결하자 동로마와 서로마 사이에 아카키우스 분쟁이라고 알려진 교리적 분열이 생겼다.

콘스탄티노플에 대한 교황과 이탈리아 성직자들의 적의(敵意)가 동로마에서 테오도리쿠스의 독립을 강화하게 하는 한 그것은 테오도리쿠스에게 달가운 것이었지만 제국의 통합을 소중하게 여겼던 사람들——거기에는 보이티우스와 대부분의 원로원 의원들과 심마쿠스를 중심으로 한 집단도 포함된다——에게 그러한 분열은 몹시 안타깝고 한스러운 것이었다.

우리가 알기로는 그 교회의 분쟁에 보이티우스가 초연하기는 했지만 그가 쓴 신학적 소논문(小論文)들은 그 분쟁을 해결하기 위해 신중하게 의도된 것인지도 모른다. 그 분열은 519년에 끝나게 되었지만 물론 그 분쟁이 단번에 끝난 것은 아니었다. 보이티우스는 동로마 편에 섰고 522년에 그에게 주어진 영예는 아마도 황제에 의해 제안

된 것이리라.

이 교회 분열의 종말과 그 결과는 신학적 의미뿐만 아니라 정치적 의미도 있다. 동로마와 서로마 사이의 친교가 회복되자 테오도리쿠스의 위치가 위협을 받게 되었다.

로마인들이 볼 때 그들의 진정한 군주는 역시 정교(正敎)를 섬기는 황제인 데 반해 테오도리쿠스는 여전히 침략자이며 이단자였기 때문이다.

여러 가지 상황들이 겹쳐 보이티우스는 어쩔 수 없이 전락(轉落)하게 되었다. 그는 정치가라기보다는 원리원칙의 인간이었으며 고트족화(化) 되어 가는 키프리아누스(Cyprianus)의 집단보다는 로마 제국과 로마의 문화 편에 확고하게 서 있었다.

그로 인해 동로마에서 아리우스파를 박해하는 것에 더욱 화가 난 테오도리쿠스 왕의 마음속에 생긴 의구심을 보이티우스의 정적들이 이용하기에 이르렀다.

콘스탄티노플로 가는 편지들이 도중에 가로채였는데 그 편지 속에서 알비누스(Albinus)라는 한 원로원 의원이 경솔하게 자신의 이름을 드러냈다. 그는 최근에 있었던 동로마 편인 요한 1세의 선출과 관련하여 자신을 드러내려는 것으로 생각된다. 보이티우스는 그 사건을 그냥 지나치려 했지만 증거——보이티우스가 주장하는 것처럼 그 증거가 거짓된 것인지 아닌지 우리는 알 수 없다——가 제출되어 결국 보이티우스도 그 사건에 연루되고 만다.

보이티우스는 코니가스트(Conigast)와 트리궐라(Triguilla) 등 고트족 사람들에게 대항하여 싸웠으며 이단인 아리우스파에 대항하는 글을 썼던 사람이 아니었던가. 얼마 후 그는 체포되어 사형 판결을 받고 귀양을 가 처형을 기다리게 되었다.

그 후 테오도리쿠스 왕에게 심한 위협을 받은 원로원은 보이티우스를 사형에 처하는 것이 옳다고 인정하기에 이르렀다. 그리하여 보이티우스는 잔인한 고문을 당한 뒤에 524년 또는 그 이듬해에 귀양지인 파비아(Pavia)에서 처형되었다.

그 사건의 진실은 절대로 알 수 없었다. 그러나 보이티우스 자신으로서는 로마 제국의 이념에 충실함과 동시에 고트족 왕을 위해 일하는 것이 양립될 수 있는 것처럼 생각할 수 있지만 이민족의 눈을 통해 볼 때는 그것이 반역으로 보일 수 있다는 것도 또한 이해할 만하다. 그 일이 어떻게 되었든 테오도리쿠스의 보복은 보이티우스가 처형된 이후에도 계속되어 심마쿠스와 황제에게까지 미쳤다. 그처럼 서슬이 시퍼렇던 늙은 테오도리쿠스 왕도 526년에 비참하게 죽었다.

– 달라이 라마 –

당신이 바라는 것을 갖지 못하는 것은 때로 커다란 행운이라는 것을 명심하라.

제1권
철학의 여신

제1장
변덕스러운 운명이 나를 파멸시켰다

나 한때는 간절한 열정으로 시(時)를 지었건만
이제는 슬픔에 빠져 슬픈 노래에서 피난처를 찾는구나.
뮤즈(Muse)들은 온통 뺨이 찢진 채
내 얼굴을 눈물로 적시는 비가(悲歌)를 짓는다.

그러나 어떤 두려움도 뮤즈들이
나와 함께 하는 것을 막지는 못하리라.
뮤즈들은 나의 행복한 젊음의 영광이었으며
아직도 불운한 나이의 나를 위로해 준다.

몰아친 고난으로 인해 노령은 갑자기 나를 찾아왔고
그러자 슬픔이 나를 지배하기 시작하였다.
나의 머리카락은 때 이르게 백발이 되었으며
나는 살가죽이 붙어있는 뼈다귀에 지나지 않는다.

만일 죽음이 행복한 사람들의 목숨을 빼앗지 않고
비참한 사람들의 소원에 귀 기울여 준다면

죽음은 행복한 것이 되리라.

그러나 이제 죽음의 귀는

절망적인 외침에는 귀머거리가 되었으며

죽음의 두 손은

눈물 흘리는 가없은 눈을 감겨 주려 하지 않는구나.

변덕스러운 운명은

처음에 내게 짧은 동안 부(富)를 주었지만

그다음엔 순식간에 나를 거의 파멸시켜 버렸도다.

운명이 그 변덕스러운 얼굴을 바꾼 이후

목숨을 연장하는 나날은 내게 반가운 것이 없도다.

어리석도다, 지난날 나를 행복하다고 불렀던 친구들이여!

나의 몰락은 나의 발판이 얼마나 확고하지 못한 것이었는가를

말해 주고 있지 않은가?

혼자서 조용히 이런 것들을 곰곰이 생각하면서 펜에 의지하여 내 슬픔을 쏟아 놓고 있을 때 한 여인이 내 머리 위에서 나를 내려다보며 서 있는 것을 의식하게 되었다. 그녀는 경외심을 불러일으키는 모습을 하고 있었고 두 눈은 보통 사람의 힘으로는 감당할 수 없을 만큼 예리하고 불타는 듯했다. 그녀는 나와 같은 시대의 사람이라고는 생각되지 않을 정도로 나이가 들어 보이는 것과는 상관없이 생기 있는 혈색과 왕성한 활력을 지니고 있었다.

그녀의 키가 얼마인지 확실히 알기는 어려웠다. 어떤 때에는 보통 사람의 키와 비슷했으나 또 어떤 때에는 그녀의 머리가 하늘에 닿아 있는 것처럼 보이기도 했기 때문이다. 그녀가 한층 더 높이 몸을 일으키면 그녀의 머리는 하늘을 뚫고 올라가 인간의 눈에 보이지 않게 되기도 했다.

그녀의 옷은 매우 가느다란 실로 짜 지극히 섬세한 솜씨로 만든 닳지 않는 불멸의 천(Imperishable Material)이었다——나중에 그녀는 그 옷을 직접 만든 것이라고 내게 말해 주었다——그러나 오랫동안 손질하지 않아서 그런지 옷들의 빛깔은 마치 먼지에 뒤덮인 동상(銅像)처럼 얇은 막(膜)에 가리어 희미했다.

옷의 맨 아랫단에는 파이(Π)라는 그리스 문자가 또 옷의 맨 윗단에는 세타(Θ)라는 그리스 문자가 수놓아져 있었다.[1] 그리고 이 두 문자 사이에는 아래 문자에서 위의 문자를 향해 사다리 하나가 수놓아져 있었다. 그녀의 옷은 약탈자들이 제각기 옷 조각들을 뜯어가 찢겨 있었다. 그녀의 오른손에는 몇 권의 책을 들고 있었으며 왼손에는 왕홀(王忽)을 들고 있었다.

그녀는 내 곁에서 눈물에 맞춰 시어(詩語)들을 불러 주는 시(詩)의 뮤즈들을 보고는 화를 냈다. 그녀는 꿰뚫는 듯한 불타는 눈으로

---

1) 포르피리오스(Porphyry)의 아리스토텔레스의 《범주론》에 관한 최초의 주석서에서 보이티우스는 두 가지 종류의 철학이 있다고 말한다. 그것은 실천적 철학과 사변적 혹은 관조적 철학으로서, 실천적 철학의 그리스어 명칭은 Pi(Π)로 시작되고 사변적 철학의 그리스어 명칭은 Theta(Θ)로 시작된다. 전자는 도덕철학 · 윤리학을 후자는 신학 · 형이상학 · 자연과학 또는 물리학을 포함하는 것으로 생각된다.

꾸짖었다.

"도대체 누가 광란적이고 방탕한 여자들이 이 병든 사람 곁에 다가가도록 내버려두었느냐? 이 여자들은 이 사람의 고통을 치료해 줄 아무런 약도 갖지 않았을 뿐만 아니라 오히려 그의 고통을 더욱 악화시키는 설탕 바른 독약만을 갖고 있을 뿐이다. 이들이야말로 격정(激情)이라는 열매 맺지 못하는 가시(荊)들로서 이성(理性)의 풍요롭고 기름진 수확물들을 죽여버리는 여자들이다. 이들은 인간을 치유해 주는 것이 아니라 인간을 정신의 병(病)에 스스로 길들어지게 한다.

만일 너희들이 늘 그렇게 해 왔듯이 한 평범한 사람을 유혹하여 너희들의 감언이설의 희생자로 만들려는 것이라면 그것은 내게 아무런 해악도 되지 않기 때문에 아무 문제도 되지 않을 것이다. 그러나 이 사람은 제논(Zeno)[2]과 플라톤(Plato)의 철학을 먹으며 성장한 사람이다.

너희의 치명적인 유혹에는 사이렌(Sirens)[3]이라는 이름이 더 나을 것이다. 사라져라, 사악한 유혹자들이여! 그의 치료와 치유를 나의 뮤즈들에게 맡기고 사라져라!"

이러한 힐책을 듣자 뮤즈들은 부끄러움으로 얼굴을 붉히고 고개를 떨어뜨린 채 침울한 모습으로 떠나갔다. 나의 눈에서는 여전히

---

2) 엘레아 파의 제논. B.C. 490?~B.C. 430?. 그리스의 철학자. 변증법의 시조로 불린다.
3) 그리스 신화에 나오는 바다의 님프들로서 노래로 지나가는 배를 유혹하여 그 노랫소리를 듣는 사람은 누구나 바닷속으로 빠지게 하는 마력을 가지고 있었다.

눈물이 흘러내렸다. 나는 이토록 당당한 권위를 가지고 있는 이 여인이 누구인지 알아낼 수가 없었다. 나는 놀라움에 휩싸여 시선을 땅바닥에 고정한 채 다음엔 그녀가 어떻게 할지 몰라 조용히 기다릴 수밖에 없었다.

그녀는 내게 가까이 다가와 나의 침대 가장자리에 걸터앉았다. 나는 그녀의 시선이 우울과 슬픔으로 가득 찬 나의 얼굴에 머물고 있음을 느꼈다. 이윽고 그녀는 나의 정신의 혼란에 관해 슬픈 목소리로 다음과 같은 시(詩)를 읊기 시작했다.

제2장
탄식할 때가 아니라 치료해야 할 때다

정신은 이토록 깊은 절망에 빠져 있고
시력은 점점 희미해져 가는구나.
인생의 폭풍우가 불어닥쳐
근심의 무게를 부풀리니
정신은 자기 내부의 빛을 몰아내고
외부의 어둠에 자신을 맡기는구나.

예전에 이 사람은 열정을 갖고 자유로이 하늘에 올라
새빨간 태양과 달의 차디찬 아름다움을
관조(觀照)했던 사람이며
예전에는 즐거운 마음으로
자신의 길을 운행하는 행성들을
이해하고 벗 삼았던 천문학자였다.

이 사람은 바다를 노호(怒號)하고 치솟게 하는
폭풍의 근원을 찾아내고
세계를 회전하고 태양을 빛나는 동쪽에서

희미한 서쪽으로 이동하는 원인을 알아냈다.
그는 왜 봄철에는 꽃들이 활짝 피고 포근해지는지
그리고 누가 포도송이를 무르익게 함으로써
가을을 풍요롭게 하는지를 탐구했다.

그러나 보라
일찍이 자연의 숨겨진 비밀들을
탐구하여 밝혀냈던 그의 영혼은
이제 밤의 포로가 되어 쓰러져 누워 있구나.
그의 목은 쇠사슬이 채워진 채 숙여 있으며
그는 그 무게에 짓눌려 어쩔 수 없이
미천한 티끌들만을 응시하고 있구나.

"그러나 지금은 탄식할 때가 아니라 치료해야 할 때이다."
그녀는 나를 빤히 바라보면서 이렇게 말했다.
"너는 나의 젖과 나의 음식을 먹으며 성장한 사람이 아니던가? 나는 너의 힘이 쇠약해지지 않도록 자신을 보호하고 너 자신을 지킬 수 있는 무기들을 주었다. 그러나 너는 그 무기들을 던져 버렸다. 너는 나를 알아보겠지? 그런데도 너는 아무런 말이 없구나. 네가 침묵하는 것은 부끄러움 때문이냐, 아니면 놀라움 때문이냐? 나는 그것이 부끄러움 때문이기를 바라지만 꼭 그 때문은 아닌 것 같구나."
그녀는 내가 말을 하지 않는 것이 아니라 벙어리처럼 말을 할 수 없다는 것을 알고는 손을 나의 가슴 위에 가만히 올려놓고 이렇게 말했다.

"중병은 아니로군. 미혹(迷惑)에 빠진 사람들의 공통된 질병인 기억력 상실이야. 이 사람은 자기가 누구인지 잠깐 잊고 있어. 그러나 곧 나를 알고 있었음을 기억할 거야. 그가 한층 더 빨리 기억을 되찾게 하려고 그의 눈을 세속적인 일들로 흐리게 한 구름을 좀 씻어내야 하겠군."

그녀는 이렇게 말하며 옷자락을 잡아 나의 눈에 가득 고여 있던 눈물을 씻어주었다.

밤은 도망치고 어둠은 사라졌다.
이제 나의 눈에는 예전의 힘이 되돌아왔다.
마치 사나운 서풍(西風)이
먹구름과 폭풍우를 몰고 와 하늘을 뒤덮었을 때
태양은 별이 빛나기도 전에 자취를 감추고
캄캄한 밤이 온 세상을 뒤덮었을 때
북풍(北風)이 그의 트라키아(Thracian) 동굴에서 불어와
어둠을 세차게 때려 포로가 된 낮을 해방하니
태양이 갑자기 드러나 눈 부신 햇살로
눈을 깜박이게 만드는 것처럼.

이처럼 나의 슬픔의 먹구름은 사라지고 나는 햇빛을 들이마셨다.

나는 생각을 가다듬어 나를 치료해 준 여인의 얼굴을 자세히 들여다 보았다. 나는 그녀를 이리저리 살펴본 다음 그녀의 얼굴에 시선을 고정했다. 그녀는 내가 어릴 적부터 그녀의 집에서 보살핌을 받아 왔던 나의 유모 철학이라는 것을 알았다. 나는 그녀에게 왜 높은 천국에서 귀양살이하는 나의 이 쓸쓸한 거처로 내려왔는지를 물었다.

"나처럼 무고(誣告)를 당하신 것입니까?"

그러자 그녀는 이렇게 말했다.

"나의 아이야, 내가 어찌 너를 버리겠느냐? 나의 이름에 대한 증오 때문에 너에게 지워진 고통과 너의 무거운 짐을 어찌 너와 함께 짊어 지지 않겠는가? 내가 무고를 당한다고 해서 어찌 두려워하겠는가? 내가 어찌 그런 일이 처음이기라도 하듯이 두려움에 움츠리겠는가?

지혜가 악의 힘으로 위험에 빠지게 되는 위협을 당한 것은 이번이 처음은 아니다. 나의 종복인 플라톤 시대 이전의 고대(古代)역시 나는 어리석음의 무모한 힘에 대항하여 수없이 싸웠다. 그리고 플라톤 자신이 살고 있던 그 당시에도 그의 스승인 소크라테스(Socrates)가 부당한 죽음에 처했지만[4] 그것은 그의 편에 섰던 나와 함께 얻은 승리의 죽음이었다.

---

4) 소크라테스(B.C. 469~B.C. 399). 그리스의 철학자. 소피스트에 반대하여 진리의 절대성을 주장했으나 말년에 국가의 신(神)을 모독하고 청년들을 부패하게 했다는 죄목으로 사형 선고를 받아 독배를 마시고 죽었다. 사형 판결과 그의 죽음 사이 30일 동안의 대화가 플라톤에 의해 보존되고 있다.

그 이후에 에피쿠로스학파(Epicureans)[5]와 스토아학파(Stoics)[6] 그리고 다른 학파의 폭도들이 저마다 소크라테스가 남긴 지혜의 유산들을 탈취하기 위해 그들이 할 수 있는 모든 짓을 다 했다.

그들은 나를 약탈품으로 끌고 가려고 했지만 나는 싸우고 투쟁했으며 그러다가 내 손으로 짠 옷이 찢겼다. 그들은 그 옷에서 작은 조각들을 찢어내고 그것으로 철학 전체를 얻었다고 믿고는 그것을 가지고 가버렸다.

그들은 그들이 탈취해 간 내 의복의 증표들을 보임으로써 무식한 사람들 사이에서 나와 잘 아는 사람이라는 평판을 얻게 되었고 그 결과로 많은 사람이 기초 교육도 받지 않은 그 폭도들의 무지(無知)함에 의해 타락하게 되었다.

그러나 어떻게 해서 아낙사고라스(Anxagoras)[7]가 아테네에서 추방되고 어떻게 해서 소크라테스가 독배(毒杯)를 마시고 죽게 되었으며 어떻게 해서 제논이 고문을 당했는가[8] 하는 등의 다른 나라 철

---

5) 스토아학파와 더불어 헬레니즘 시대의 대표적 철학 학파. 죽음의 공포를 제거하여 마음의 평화를 얻어야 한다고 주장했다. 외적 환경에서 완전히 독립된 마음의 자유를 얻으려 했던 점에서는 그 시대에 유행했던 스토아학파와 같지만 스토아학파가 덕(德) 자체를 추구한 데 비해 에피쿠로스학파는 덕을 마음의 평화, 즉 행복을 위해 추구했다.

6) 헬레니즘 시대의 대표적 철학 학파. 이 학파는 자연은 이성적인 신의 섭리로 이루어졌으므로 인간은 자기에게 주어진 이성으로 자연의 이성과 법칙을 통찰하고 굳은 의지와 체념으로 감정과 쾌락을 물리쳐 자기의 내면적 독립성을 지켜나가는 가운데 덕이 생기고 행복을 얻을 수 있다고 주장했다.

7) B.C. 500?~B.C. 428? 그리스의 자연 철학자. 아테네에서 약 30년간 머물렀는데 그곳에서 신에 대한 불경과 반역죄로 재판을 받지만 친구들의 도움으로 아테네에서 도망쳤다.

8) 스토아학파의 창시자 제논이 아니라 엘레아의 제논이다. 그리스의 철학자로서 파르메니데스의 제자이며 친구로서 B.C. 490년경에 태어났다. 그는 네아르쿠스라는 폭군에게 죄를 자백하도록 고문당했는데 그 폭군을 조소하기 위해 자기의 혀를 깨물어 폭군을 향해 뱉었다. 그 후 절구에 짓찧어져 죽임을 당했다고 한다.

학자들의 이야기는 모른다고 하더라도 너는 카니우스(Canius)[9] · 세네카(Seneca)[10] · 소라누스(Soranus)[11] 등과 같이 아직도 그들에 대한 기억이 생생하고 널리 알려진 로마의 철학자들에 대해서는 잘 알고 있을 것이다.

그들이 비극적인 수난을 겪게 된 유일한 이유는 나의 가르침이 부도덕한 인간들이 추구하는 것에 반하여 그들의 명백하고도 철저한 경멸 때문이었다. 이 인생의 바다에서 우리가 지향하는 주된 목표는 사악한 인간들을 불쾌하게 만들기 마련이므로 불어닥치는 폭풍우에 우리가 휘말리더라도 별로 놀라운 일이 아니다.

그리고 그들의 수효가 많다 하더라도 그들은 그들을 이끌어 줄 아무것도 갖고 있지 못하여 처음에는 이 길로 다음에는 저 길로 마구잡이로 그들을 엇갈리게 하는 무지에 의해서만 이끌려 가는 까닭에 우리는 그들을 무시할 수가 있었다.

그들이 월등히 많은 병력으로써 우리를 공격할 때 우리의 장군은 어느 요새로의 전략적 후퇴를 명령할 것이며 그러면 그들은 쓸모없는 약탈에 매달리게 되겠지.

그들의 광포한 행위에서도 아무런 해도 입지 않은 채 성벽 저 위에

---

9) 로마 황제 칼리굴라에 의해 사형선고를 받았던 스토아학파의 철학자 줄리우스 카누스인 듯하다.
10) B.C. 4?~A.D. 65? 로마의 철학자. 한때 폭군인 네로의 스승이었지만 후에 네로와의 불화로 네로를 반대하는 음모에 연좌되어 네로에게 자살할 것을 강요받고 자살한다. 그의 학설은 스토아 철학에 기초를 두고 있다.
11) 네로 시대의 탁월한 로마인으로서 공정하고 정력적인 아시아 지역 통치자였다. 그도 세네카와 마찬가지로 네로에게 자살할 것을 강요받고 자살했다.

서 쓸모없는 전리품들을 끌어모으기 위한 저들의 안간힘을 보고 우리는 미소 지을 수 있을 것이다. 우리의 성채는 어리석은 자들의 공격으로 함락될 수 없기 때문이다."

제3장
거만한 운명을 발아래에 깔고

거만한 운명을 발아래에 깔고

마음을 편안히 하고 평온하게 살라.

행운과 불행을 마음의 동요 없이 바라보고

변함없는 태도를 유지하라.

그러면 깊은 밑바닥에서 파도를 솟구치게 하는

바다의 분노 앞에서 동요하지 않고 서 있을 수 있으며

베수비우스(Vesuvius)[12] 활화산이 용광로를 폭발시켜

불길을 뿜어내도 동요하지 않을 것이며

높은 곳의 탑들을 휩쓸어 폐허로 만들어 버리는

불벼락 속에서도 동요하지 않을 것이다.

가련한 인간들이여!

그대들은 어찌하여 폭군들이 진노(震怒)할 때 두려워하는가?

만일 그대들이 먼저 그대들한테서 희망과 두려움을 제거하면

그대들은 이미 폭군의 진노를 무력하게 만든 것이다.

---

12) A.D. 79년에 폼페이와 헤르쿨라네움을 삼켰던, 중부 이탈리아에 있는 유명한 화산.

그러나 두려움과 희망에 흔들리고

자신에 대한 지배력을 잃은 사람은

방패를 던져 버리고 자신이 묶이게 될

쇠사슬을 만드는 셈인 것이다.

"너는 나의 이 말을 이해하느냐?"

그녀는 계속해서 말했다.

"나의 이 말이 너의 정신 속으로 스며들었느냐? 아니면 너는 속담에 나오는 그 당나귀처럼 시(詩)에는 귀머거리인가? 어째서 네가 울고 있으며 어째서 너의 눈에 눈물이 가득한지 내게 말해 다오. 호메로스(Homeros)가 말하듯이[13] '그것을 속에 감추지 말고 밖으로 표현하라.' 네가 의사의 도움을 받으려면 상처를 내보여야만 한다."

"운명이 내게 가한 공격의 가혹함에 대해서는 더 설명할 필요도 없을 것입니다. 너무도 분명하게 드러나 있으니까요. 이곳의 꼴을 보십시오. 당신이 안전한 거처로 택하여 그토록 자주 나와 함께 철학의 주제들[14]을 논의하곤 했던 내 집의 서재가 맞습니까?

나를 보십시오. 나의 옷과 얼굴이 그때——내가 당신과 함께 자연의 비밀들을 탐구하고 당신의 지팡이로 온갖 행성(行星)들의 궤도를 그려 보여 주면서 인간의 윤리와 인간 생활 전체를 천상적(天

---

13) 《일리아스》 1, 363.

14) 보이티우스가 구체적으로 말하는 것은 '인간의 문제들과 신의 문제들'로 철학은 전통적으로 도덕과 자연과학으로 구분된다는 뜻으로 말하고 있다.

上的) 질서의 규범들과 결부시켜 이야기하곤 했던 그때——와 똑같습니까? 당신은 당신의 추종자들에게 이런 식으로 보답하시는군요.

국가가 철학자들이나 또는 철학을 연구했던 사람들에 의해 통치된다면 그 국가는 행복해질 것이라는 플라톤의 견해[15]를 칭찬했던 것은 다름 아닌 바로 당신이었습니다. 당신은 플라톤에게서 실마리를 얻어 행정의 지배권이 사악한 자들의 손에 넘어가 선이 파괴되고 파멸되는 것을 막기 위해서는 반드시 철학자들이 국가 통치를 맡아야 한다고 말했습니다.

그러므로 나는 당신의 그러한 권위 있는 말씀을 근거로 하여 우리의 사사로운 여가 동안에 내가 당신에게서 배웠던 것들을 국정(國政)에 적용하려고 결심했던 것입니다. 나를 다그쳐 어떤 관직이든 맡게 한 것은 오직 선에 대한 일반적인 염원이었으며 현자(賢者)들의 마음속에 당신을 심어 주신 신과 당신이야말로 그에 대한 증인이십니다.

그런 까닭에 나는 단호하게 악(惡)에 대항하지 않을 수 없었습니다. 나는 정의를 지키기 위해 투쟁하면서 나보다 큰 권력을 휘두르는 사람들이 나에 대해 마음속에 품게 된 증오심에 초연했습니다. 그것은 자유롭게 따른 나의 양심을 알고 있음으로써 생겨난 초연함이었습니다.

나는 쿠니가스트(Cunigast)가 힘없는 사람들의 재산을 빼앗으려

---

15) 플라톤의 《국가》 473, d.

는 것을 막았으며 궁정 장관인 트리귈라(Triguilla)[16]가 시작했거나 또는 거의 다 성취할 뻔한 부정을 수없이 막았습니다. 그리고 야만스러운 자들의 끝없는 탐욕이 날조한 모함에 쫓기는 가엾은 사람들을 보호하기 위해 나의 권한을 사용해 왔습니다.

그 무엇도 나를 불의(不義) 쪽으로 이끌지는 못했습니다. 사람들이 권력자의 사적(私的)인 수탈이나 공적(公的)인 수탈——과세——로 재산을 약탈당하고 파멸해 가는 것을 볼 때마다 나는 당사자만큼이나 괴로워했습니다.

언젠가 캄파냐(Campania) 지방[17]에 극심한 기근이 닥쳐왔을 때 정부는 그 지방을 말살시켜 버리기 위한 것처럼 보이는 매점령(買占領)을 공포했습니다. 이해할 수 없는 그 매점령은 너무 가혹한 것이어서 캄파냐 지방은 극심한 궁핍으로 인해 파멸의 위협을 받게 되었습니다. 그때 나는 그들을 위해 최고 행정장관에게 강력히 대항했으며 그런 나의 행동들을 왕이 알고 있었음에도 그 매점령을 막는 투쟁에 성공했습니다.

또한 야심과 탐욕으로 가득 찬 궁정의 개——앞잡이——들이 파울리누스(Paulinus)[18]라는 전(前) 집정관의 재산을 삼키기 직전에 나는 그들의 아가리에서 그것을 빼냈습니다. 또 알비누스(Albinus)[19]

---

16) 고트족 사람으로 그의 사악한 음모가 보이티우스에 의해 저지당했다고 전해지고 있으나 그 음모가 어떤 종류의 것이었는지 알려지지 않았다.

17) 로마에서 살레르노까지 펼쳐져 있는 이탈리아의 지방.

18) 집정관직에 있던 로마인으로 보이티우스는 그를 고트족의 흉포함에서 보호해 주었다.

19) 키프리아누스에 의해 반역죄로 고발되었던 집정관직에 있었던 로마인. 보이티우스가 그를 옹호하자 키프리아누스는 그 죄과를 보이티우스까지 확대했다.

라는 전(前) 집정관이 억울하게 유죄로 인정되어 고소를 당했을 때 나는 그를 구하기 위해 공소관(公訴官) 키프리아누스(Cyprianus)[20]의 미움을 받아야만 했습니다. 이제 나에 대한 사람들의 적대감이 상당했다는 것에 당신은 동의하실 것입니다.

이처럼 내가 정의에 대한 사랑으로 인해 궁정의 조신(朝臣)들 사이에서 나의 안전을 지켜 줄 호의를 받지 못했다면 그 밖의 다른 사람들 사이에서라도 더 안전해야 마땅했을 것입니다. 하지만 나를 쓰러뜨린 고소자들은 누구였습니까? 그들 중 하나는 바실리우스(Basilius)[21]였으며 그는 전에 왕실에서 근무하다가 쫓겨난 사람으로서 자신의 채무 때문에 어쩔 수 없이 나를 고소했습니다. 그리고 나를 고소한 다른 두 사람은 바로 오필리오(Opilio)[22]와 가우덴티우스(Gaudentius)[23]였습니다.

그들이 수없이 저지른 사악한 행위 때문에 왕명에 의해 추방 선고를 받았는데 그들은 거기에 응하지 않고 성역(聖域)──면죄 구역──안으로 도망쳤습니다. 그 소식이 왕에게 전해지자 왕[24]은 지정

---

20) 귀족 태생의 로마인. 고트족과 결속했던 자들 중 하나로 알비누스와 보이티우스의 고발한 자. 그는 고트족인 서로마 왕 테오도리쿠스의 총애를 받는 충실한 신하였다. 그가 임무 중에 동로마 편인 서로마 내 집단의 음모를 처음으로 캐낸 것은 동로마 비잔틴으로 갔을 때로 생각된다.

21) 로마인으로서 보이티우스를 고발한 사람 중의 한 사람.

22) 키프리아누스의 동생. 그는 테오도리쿠스 왕의 총애를 잃었다가 보이티우스를 밀고해서 자신의 지위를 되찾았다.

23) 보이티우스를 밀고한 사람이며 평판이 좋지 않았던 사람이라는 것 말고는 알려진 바 없다.

24) 테오도리쿠스(471~526) 왕을 가리킨다. 그는 동고트족의 왕이었으나 당시 이탈리아 왕이었던 오도아케르를 죽이고 이탈리아의 왕이 되었다. 보이티우스는 테오도리쿠스 왕의 총애를 받았으나 후에 왕의 총애를 잃고 죽임을 당한다.

된 날까지 라벤나(Ravenna)²⁵⁾ 시(市)를 떠나지 않으면 그들의 이마에 낙인(烙印)을 찍어 추방해 버리겠다고 공포했습니다. 그보다 더 혹독한 형벌은 없을 것입니다.

그런데 바로 그날 그들은 나를 고소했고 고소는 즉각 받아들여졌습니다. 과연 나의 행위들이 그런 대접을 받을 만한 것이었습니까? 충분한 심의도 없이 유죄 판결을 받았다고 나를 고소한 자들이 갑자기 의로운 사람들이 되는 것은 분명 아닙니다. 운명의 여신은 죄 없는 사람이 고소되는 것을 보고 또한 적어도 나를 고소한 자들의 사악함을 보고 얼굴을 붉혔어야 했을 것입니다.

당신은 내게 가해진 죄목을 알고 싶을 것입니다. 그것은 내가 원로원(元老院)의 안전을 기원했다는 것 때문이었습니다. 즉 원로원의 반역죄를 입증하기 위한 문서를 내가 제출하지 못하도록 방해했다고 누군가가 밀고했다는 것입니다.

스승이시여, 당신의 충고가 무엇인지 말해 주십시오. 당신을 욕되게 하지 않기 위해 나의 죄목을 부정해야 할까요? 하지만 나는 원로원의 안전을 원했으며 앞으로도 그러할 것입니다. 아마도 나는 자인해야겠지요. 그 밀고자를 방해하려는 나의 시도가 계속되지 않았다는 것을 제외하고는 말입니다. 그런데 원로원의 안전을 염려한 것을 범죄로 여겨야 할까요? 어쨌든 그들 자신의 판결로써 그것을 범죄로 만들어 버렸습니다.

---

25) 이탈리아 아드리아 해안에 있는 도시. 5세기 초부터 서로마 제국의 수도였다.

무분별함은 자신을 속일 수는 있겠지만 사물의 참된 가치를 변경할 수는 없습니다. 그러므로 거짓에 동의하고 진실을 감추는 것은 아주 그릇된 것이라는 소크라테스의 가르침은 내가 진실을 숨기거나 거짓에 동조하는 것을 금하고 있습니다. 그 사건들에 관한 판단은 당신과 현자(賢者)들에게 맡기겠습니다. 나는 후세 사람들이 그 사건들을 기억할 수 있도록 그 진상을 적어 두어 보존하겠습니다.[26]

내가 로마의 자유를 바란다는 증거로 사용된 그 위조 서간(書簡)에 관해 이야기한들 무슨 소용이 있겠습니까? 만일 이런 사건에서 가장 크게 작용하는 고소자들의 자백을 받는 것이 내게 허락되었더라면 그것들이 위조임이 명백하게 드러났을 것입니다.

그러나 이제 내게는 아무런 자유도 남아 있지 않습니다. 만일 나에게 자유가 남아 있다면 나는 카니우스(Canius)[27]가 칼리굴라(Caligula) 황제[28]에게 대답했던 것과 똑같은 대답을 했을 것입니다. 카니우스는 칼리굴라 황제를 해치려는 음모에 가담했다는 모함을 받았을 때 황제에게 '만일 내가 당신을 해치려는 음모를 알고 있었다면 당신은 그 음모를 알지 못했을 것입니다.'라고 대답했습니다.

나는 지금 슬픔으로 정신이 흐려져 사악한 자들이 수많은 범죄를 저질렀음을 통탄하는 것은 아닙니다. 하지만 나를 경악하게 하는 것은 그들의 사악한 소원을 성취했다는 사실입니다. 사악한 소원을 품

---

26) 불행하게도 그 기록은 현재까지 전해지고 있지 않다.
27) 칼리굴라에 의해 사형선고를 받았던 스토아학파의 철학자 줄리우스 카니우스로 생각된다.
28) 12~41. 로마 황제. 재위 기간 37~41. 초기 황제 중 가장 독재적인 황제였다.

는 것은 인간적인 약점일 수 있습니다. 그러나 범죄자들이 마음 놓고 무고한 사람들을 해치고 자기의 목적을 달성시키는 것을 신(神)이 보고만 있다는 것은 정말로 무서운 일입니다.

그렇다면 당신의 가족 중 한 사람[29]이 '만일 신이 존재한다면 악(惡)은 어디에서 오는 것이며 신이 존재하지 않는다면 선은 어디에서 오는 것인가?'라고 물은 것은 당연한 일이었습니다.

모든 선량한 사람들과 원로원 의원들의 피를 탐하는 사악한 자들이 내가 그들을 옹호하는 것을 보고 나를 없애려 했던 것은 당연한 일일 수 있겠지만 내가 그 사악한 자들에게 받는 똑같은 대접을 원로원 의원들에게도 받아야 한단 말입니까?

내가 연설이나 행동 방침을 준비하고 있을 때마다 당신은 항상 나와 함께 있으면서 나를 지도해 주었으므로 모든 것을 기억하고 계실 것입니다. 베로나(Verona)[30]에서 알비누스(Albinus)가 반역죄로 고소되자 원로원 전원을 완전히 없애버리고 싶어 안달이 났던 왕이 그 반역죄를 아무런 죄도 없는 원로원 의원 모두에게까지 덮어씌우려 했던 것을 당신은 기억하실 것입니다. 그리고 그때 나 자신의 어떠한 위험도 무릅쓰고 원로원 의원들을 옹호했던 것도 당신은 기억하실 것입니다.

당신은 내가 지금 사실을 말하고 있으며 나의 장점을 나 스스로 자랑한 적이 없다는 것을 아실 것입니다. 사람이 자화자찬(自畵自

---

29) 이 철학자는 에피쿠로스학파의 한 사람으로 생각된다.
30) 이탈리아 북부에 있는 도시. 테오도리쿠스 왕은 이곳을 임시 수도로 사용했다.

讚)하여 명성이라는 보답을 받게 되면 기쁨을 누리는 마음속의 양심은 그 내밀한 가치를 잃기 때문입니다. 그런데 당신은 지금 나의 결백함이 어떤 결과를 가져다주었는지 보고 계십니다. 나는 지금 나의 참된 선에 대한 보답 대신 저지르지도 않은 죄에 대한 형벌을 받고 있습니다.

아무리 확실한 범죄자라 할지라도 인간적인 약점이나 불확실한 운명에 대한 마음의 여유도 없이 가혹한 형벌을 내리는 것에 대해 배심원 중 단 한 사람도 빠지지 않고 모두 동의할 수는 없습니다. 설령 내가 교회를 불태우려 했다든가 신부(神父)를 살해하려는 신성모독을 계획하고 선량한 사람들을 학살하려는 죄로 고소되었더라도 저들은 나를 재판하여 내가 자백하거나 아니면 나의 유죄가 증명된 다음에 판결했어야 했을 것입니다.

그런데 지금 나는 사형을 선고받고 재산을 몰수당하고 항변할 기회마저 얻지 못한 채 약 오백 마일쯤 떨어진 이곳에 추방되어 있습니다. 이 모두는 내가 원로원을 지지했기 때문입니다. 그렇다면 비슷한 죄과로 유죄 선고를 받지 않을 사람이 어디 있겠습니까? 나를 고소한 사람들까지도 그 죄상이 오히려 나에게 품위를 안겨 준다는 것을 알고 있었지만 그들은 그것을 가리기 위해 '그는 고위직을 차지하려는 야심으로 신성모독적인 행위를 했으며 그로 인해 그의 양심을 더럽혔다.'라는 허위 주장을 하면서 내게 또 하나의 죄상을 덧붙였습니다.

당신은 나의 내부에 거처를 정하시고 나의 마음속에서 인간의 야심에 관한 생각들을 몰아내곤 하셨습니다. 그러므로 나의 내부에는 당신의 눈길을 피한 신성모독에 관한 생각이 숨어 있을 리가 없습니다. 당신은 날마다 나의 귀와 나의 마음속에 '신을 따르라'라는 피타고라스(Pythagoras)[31]학파의 금언(金言)을 주입하곤 했습니다. 그리고 당신이 나의 정신을 신의 그것과 흡사한 경지까지 이끌어주시던 까닭에 내가 가장 비열한 정신의 도움을 구하려 한다는 것은 거의 있을 수 없는 일입니다.

그뿐만 아니라 나 자신의 나무랄 데 없는 가정생활과 고결한 사람들과의 친교와 당신만큼이나 존경을 받아도 마땅한 나의 장인 심마쿠스(Symmachus)[32]의 고귀함 등은 내게 그러한 죄의 혐의가 없음을 보증해 주고 있습니다.

그런데 이 일의 고약한 점은 그들이 이 사건에서 확신을 얻은 것은 바로 당신에게서였다는 것입니다. 왜냐하면 내가 당신의 가르침에 몰두하여 덕(德)에 길들어져 있다는 사실은 그들이 악습(惡習)에 빠져 있음을 증명해 주는 것으로 보이기 때문입니다. 그들에게는 당신에 대한 나의 몰두가 내게 아무런 도움도 주지 못했다는 것만으로는 충분치 않아 이제 당신은 오직 나에게만 향할 증오심의 희생자가 되셨습니다.

---

31) B.C. 6세기의 그리스의 천문학자·종교가·수학자·철학자.
32) 로마의 집정관(A.D. 485)이며 원로원의 우두머리(A.D. 524). 그는 보이티우스에게 학문을 가르쳤으며 자기 딸과 결혼시켰다. 로마의 이상에 관한 사랑으로 동시대인들을 감명시켰던 역사가이며 웅변가였다. 테오도리쿠스 왕을 섬기기는 했지만 그가 받은 교육은 이교도이며 이민족인 테오도리쿠스에게 대항하게 했다. 그 후 525년에 처형되었다.

더구나 나의 불행의 짐을 더욱 무겁게 하는 것은 세상 사람들이 사물과 행위를 판단하는 데 있어 그 진가(眞價)에 의해 판단하지 않고 우연한 결과에 따라 판단하며 행운의 축복을 받은 것들만을 옳고 선한 것으로 여긴다는 것입니다. 그러므로 세상 사람들의 선의(善意)로 가장 먼저 버림을 받는 것은 항상 불행한 사람들입니다.

나는 지금 나돌고 있는 온갖 풍문과 구구한 억측을 떠올리고 싶지 않습니다. 다만 내가 말하고 싶은 것은 불행이 희생자들에게 짊어지게 하는 무거운 짐은 그들이 죄를 뒤집어쓰게 되었을 때 그런 일을 당하는 게 당연하다고 사람들이 믿는다는 것입니다. 그리하여 나는 호의를 베푼 대가로 재산을 빼앗기고 명예는 더럽혀진 채 관직에서 쫓겨나 형벌을 받는 것입니다.

행복과 기쁨이 넘쳐흐르는 죄인들의 사악한 소굴이 보이는 듯합니다. 가장 구제 불능인 자들이 새로운 허위 고발로 선량한 사람들을 위협하고 있는 것이 보이는 듯합니다. 선량한 사람들은 내가 당하는 위험을 보고 두려워하며 납작 엎드려 있고 파렴치한 악당들은 벌 받지 않을 것이라는 기대와 심지어 보상받을 것이라는 희망에 온갖 범죄를 저지르려고 날뛰는 것이 보이는 듯합니다. 평온함과 안전함을 빼앗기고 자기방어의 기회까지도 빼앗겨버린 무고한 사람들이 보이는 듯합니다."

제4장
눈물로 얼룩진 모습을 본 순간

별들 반짝이는 창공의 창조자시여
영원한 옥좌 위의 주인이시여
당신은 하늘을 움직여 회전시키고
별들을 일정한 법칙에 따르게 만드셨습니다.

당신은 작은 별들을
빛나는 달빛 앞에서 흐리게 하고
달 또한 태양의 반대편에 있을 때는 밝으나
이윽고 태양에 가까이 다가가면
그 빌려온 빛을 모두 잃어버립니다.

당신은 이른 밤에 저녁별이 차고 맑게 솟아올랐다가
샛별로 변해 새로 떠오르는 태양의 빛 앞에서
창백해지게 만드셨습니다.
겨울의 추위가 나무들을 발가벗기면
당신은 낮을 붙잡아 단단히 가두어 두고
여름의 찌는 듯한 더위가 오면

밤을 빨리 지나가게 만드십니다.

당신의 힘은 변화하는 세월을 다스리니
북풍이 앗아갔던 부드러운 나뭇잎들을
봄의 서풍에 다시 나타나게 만들고
겨울에 새로이 심었던 씨앗들은
여름이 완전히 자란 곡물들로 자라게 합니다.
만물이 태곳적부터의 법칙에 순종하고
모든 것들이 그 고유의 임무를 수행하느니
만물을 당신의 엄격한 한계 내에서 잡아두심이라.

그러나 오직 인간의 행동에만은 만물의 주인인
당신의 합당한 지배가 거부되었습니다.
그렇지 않고서야 어째서 붙잡기 어려운 운명은
수없이 변하며 죄인에게나 알맞은 형벌이
어째서 죄 없는 자들을 괴롭히는 것입니까?
이상하게도 타락한 인간들은 높은 자리에 오르고
불행은 오히려 성스러운 인간들의 목을 짓밟습니다.

빛나는 덕(德)은 구름에 가려
광채를 잃은 채 어둠 속에 놓여 있고
불의(不義)의 인간들이 의로운 인간들에게

유죄 판결을 내리지만
그럴듯하게 꾸민 위증이나 거짓에 대해서는
어떠한 처벌도 없습니다.
그들은 변덕이 나면 자기들의 힘을 이용하여
수많은 사람을 공포 속으로 몰아넣는
대왕들까지도 굴복시킵니다.

오, 만물의 끈을 묶어 주는 창조자시여
지상의 모든 비참함을 굽어보시라.
이 위대한 창조물 중에 인간은 비천한 부분이라서
운명에 의해 내팽개쳐야 하는 겁니까?
신이여, 천체들을 다스리는 그 끈으로
달려드는 파도를 막아 주시고
지상의 모든 땅을 안정시켜 주십시오.

내가 이렇게 길고 소란스럽게 슬픔을 털어놓고 있는 동안 철학은 줄곧 냉정을 잃지 않고 있었다. 내가 나의 슬픔을 다 털어놓자 그녀는 조용히 나를 바라보며 말했다.

"눈물로 얼룩진 너의 슬픈 모습을 본 순간 나는 네가 추방의 불행에 빠져 있다는 것을 알았다. 그러나 네가 얼마나 멀리 추방되었는지는 너의 말을 듣고서야 비로소 알았다. 하지만 너는 단순히 너의 집에서 멀리 추방된 것이 아니다. 너는 너 스스로 헤매다 멀리 온 것이다. 설령 네가 추방된 것이라고 여겨지기를 원하더라도 그 추방의 도구가 된 것은 바로 너 자신이다. 너 자신 이외에는 누구도 너를 추방할 수 없기 때문이다.

너의 출생지인 그 나라를 기억해 보라. 그 나라는 옛날의 아테네처럼 다수결 원리에 의해 통치되는 것이 아니라 호메로스의 말처럼

'하나는 그 주(主)이고 하나는 그 왕(王)이니,'[33]

한 사람에 의해 통치되고 있으며 그는 사람들을 추방하기보다는 다수의 많은 신민(臣民)을 거느리기를 더 좋아하는 것이다. 그의 지배에 순종하고 그의 법(法)에 복종하는 것이 곧 자유이다.

너는 그 사회의 가장 오래된 법(法), 즉 그곳에 자기의 거처를 정한 사람은 누구든 추방하지 않을 신성한 권리를 갖고 있다는 것을 잊어버린 것 같구나. 그곳의 성벽들과 해자(垓字, 성 주위에 둘러 판 못) 안에 있는 사람에게 추방의 두려움은 있을 수 없다. 그러나 만일 더 이상 그곳에서 살기를 원치 않는다면 그는 자동으로 그곳에서 살 자격을 잃는 것이다.

그러므로 내가 걱정되는 것은 이곳의 광경이 아니라 너의 모습이다. 그리고 내가 찾는 것은 유리와 상아로 장식된 네 서재의 벽면이 아니라 너의 정신이 깃든 곳이다. 너의 정신이야말로 일찍이 내가

---

33) 《일리아스》 2. 24.

나의 책들이 아니라 그 책들로 가치를 지니게 하는 것들——책 속에 담긴 철학——을 쌓아 두었던 곳이다.

네가 언급한 공익(公益)을 위한 봉사에 대해 말하자면 네가 행한 수많은 선행(善行)을 고려할 때 그것은 극히 일부분에 지나지 않는다. 그리고 너의 고소 사건의 진실과 거짓에 대한 너의 이야기는 이미 많은 사람에게 알려진 것이다. 너를 고소한 사람들의 죄와 속임수에 관해서는 더 이상 말할 필요가 없다고 생각한 것은 네가 옳았다. 그 모든 것들을 알고 있는 사람들의 끊임없는 얘깃거리밖에 되지 않기 때문이다.

너는 원로원의 부당한 처사에 대해 몹시 비난했고 그 고소에 나까지 포함된 것에 슬퍼했으며 나의 명예가 손상되고 훼손당한 데 대해 눈물을 흘렸다. 그리고 마지막으로 너는 운명의 여신에 대해 심한 분노를 터뜨렸고 공적에 따라 보상이 주어지지 않음에 대해 불만을 터뜨렸으며 결정적으로 너의 성난 시(詩)에 천상(天上)을 지배하는 평화가 지상(地上)도 지배하게 해 달라고 기도했다.

이 커다란 감정의 격랑이 덮쳐 너는 지금 슬픔과 분노와 고뇌로 갈가리 찢겼다. 이러한 너의 현재 정신적 상태로 보아 지금은 강한 치료 약들을 쓸 때가 아니다. 나는 보다 순한 치료 약을 쓸 것이다. 이러한 혼란스러운 격정들에 의해 격해지고 경직된 너에게 그 약은 한층 더 순하게 누그러뜨려 네가 이보다 강한 치료 약을 받아들이기 쉽게 해 줄 것이다."

제5장
하지의 태양이 거해궁을 태울 때

하지(夏至)의 태양이 거해궁(巨蟹宮)[34]을 태울 때

씨앗을 뿌리는 농부는

수확하지 못하고 도토리나 먹게 된다.

온 벌판이 사나운 북풍 앞에서

벌벌 떨며 신음할 때는

봄꽃을 꺾기 위해 마른 숲속을 헤매지 말라.

포도가 몹시 먹고 싶다고 5월에 포도나무를 꺾지 말라.

포도나무는 가을의 선물로 포도송이를 너에게 줄 것이다.

신이 각 계절에 각각의 임무를 정해 주신 까닭에

각 계절은 자신의 임무만을 수행할 뿐이다.

그러니 신이 정해 놓은 질서를 깨뜨리려 하는 것은

무엇이건 허락지 않으시며

그 반항은 성공하지 못하는 것이다.

"먼저 네 영혼의 상태를 알아보기 위해 너에게 몇 가지 질문을 해

---

34) 게자리. 하지가 되면 태양은 이 별자리 가까이에 있게 된다.

도 되겠는가? 너를 치료하는 가장 좋은 방법을 발견할 수 있는 길일 수 있기 때문이다."

"무엇이든지 물어보십시오. 대답해 드리겠습니다."

내가 대답했다.

"너는 이 삶이 무질서하고 우연한 일들로 이루어졌다고 믿는가? 아니면 이 삶이 어떤 합리적인 원칙에 의해 지배되고 있다고 생각하는가?"

"나는 이토록 질서정연한 일들이 무질서한 우연에 의한 것이라고는 도저히 믿을 수 없습니다. 왜냐하면 나는 창조주이신 신이 자신의 피조물들을 보살펴 주고 계심을 알고 있기 때문입니다. 내가 그러한 믿음의 진리를 저버리는 날은 정녕 오지 않을 것입니다."

"그것은 사실이다."

그녀는 말했다.

"너는 방금 바로 그것을 노래했으며 오직 인간만이 신의 보살핌에서 벗어나 있다고 한탄했다. 인간을 제외한 모든 사물은 신의 이성(理性)에 의해 지배된다는 것이 너의 확고한 신념이었다. 네가 그토록 건전한 믿음을 품고 있는데 어떻게 너의 영혼이 병들 수 있는지 나는 도저히 이해할 수가 없다. 아무튼 좀 더 시험해 보기로 하자. 나는 너의 정신 어딘가에 무언가가 결핍되어 있다는 느낌이 든다. 너는 이 세계가 신에 의해 지배된다는 것에 대해서는 조금도 의심하지 않고 있다. 그렇다면 신이 이 세계를 이끌어가는 방법이 무엇이라고 생각하는지 말해 보라."

"저는 그 말이 무슨 뜻인지를 이해하지 못하겠습니다."

내가 대답했다.

"그렇다면 뭔가가 결핍되어 있다고 생각한 내가 옳았구나. 너의 방어력에 틈이 생겨 그 틈을 통해 너의 영혼이 정서의 혼란이라는 열병의 감염된 것이다. 그렇다면 만물의 궁극적 목적이 무엇이며 자연 전체가 지향하는 목표가 무엇인지 너는 기억하느냐?"

"언젠가 그것을 들은 적이 있습니다. 그런데 지금은 슬픔으로 인해 그것을 기억할 수가 없습니다."

"그렇다면 만물(萬物)이 어디에서 생겨나는지 그 근원은 알고 있느냐?"

"네, 그것은 신입니다."

내가 대답했다.

"만물의 근원은 알고 있으면서 만물의 궁극적 목적을 모르다니 어찌 된 일이냐? 이러한 정신의 혼란의 특성이란 한 인간을 평소 그의 위치에서 다른 곳으로 옮길 힘을 가지고 있다는 것이다. 그렇다고 해서 정신의 혼란은 그를 완전히 거꾸러뜨리거나 뿌리째 뽑아버리지는 못한다. 다시 대답해 보라, 너는 네가 인간이라는 것을 기억하느냐?"

"제가 어찌 그것을 기억하지 못하겠습니까?"

내가 말했다.

"그렇다면 인간이란 무엇인지 내게 말할 수 있겠느냐?"

"인간이란 이성적 동물이며 반드시 죽어야 할 동물이라는 것을 제가 알고 있는지 어떤지를 물으시는 것입니까? 저는 그것을 잘 알고 있으며 저 또한 그런 동물이라는 것을 인정합니다."

"너는 너 자신이 그 이상의 존재가 아니라는 것을 확신하느냐?"

"물론입니다."

"그렇다면 너는 이제 네 병(炳)의 가장 큰 원인을 알겠구나. 너의 병의 가장 큰 원인은 네가 너의 참된 본질을 잊어버렸다는 것이다. 이제 나는 네 병의 원인을 알게 되었으며 너의 건강을 회복시켜줄 수 있는 방법을 찾을 수 있게 되었다.

네가 눈물을 흘리며 너 자신이 추방당하고 너의 모든 소유물을 강탈당했다고 주장한 것은 네가 기억을 잃어버려 혼란해졌기 때문이다. 그리고 사악한 자들과 죄인들이 권세와 행복을 누리고 있다고 생각하는 것은 네가 만물의 궁극적 목적이 무엇인지를 모르고 있기 때문이다. 더구나 너는 이 세계가 어떤 방법으로 다스려지고 있는지를 잊어버렸기 때문에 운명의 흥망성쇠(興亡盛衰)가 아무렇게나 제멋대로 일어나는 것이라고 믿는 것이다. 이러한 것들이 너의 병(病)의 중대한 원인이다. 이들은 병(病)에 이르게 할 뿐만 아니라 죽음에까지 이르게 한다.

그러나 다행스럽게도 자연은 너를 완전히 버리지는 않았다. 그에 대해 건강의 주재자(主宰者)이신 신에게 감사하라. 세계의 지배에 대한 너의 참된 믿음 속에 너의 건강이 회복될 수 있다는 희망이 있는 것이다. 그런데 이제 그 작은 불씨가 생명의 불길로 타올랐으니 너는 조금도 두려워할 필요가 없다.

그러나 아직은 강한 약을 쓸 때가 아니기 때문에 참된 믿음을 거부하고 그릇된 믿음을——혼란의 안개가 솟아올라 그 참된 통찰력을 흐리게 하는 그릇된 믿음을——취하는 것이 정신의 본성에 대한 일반적인 견해이므로 나는 강도(强度)가 순한 약을 씀으로써 그 혼란의 안개를 조금씩 없애고자 한다. 이러한 방법으로 기만적인 격정(激情)의 어둠은 사라질 것이며 너는 찬란한 진리의 빛을 볼 수 있을 것이다.”

제2권
신성한 가르침

제1장
철학의 가르침에서 얻은 견해

먹구름 속에 감추어진 별들은 빛을 발할 수 없다.
사나운 바람이 바다를 휘몰아쳐 폭풍우를 일으키면
청명한 날은 금세 흐려지고 수정처럼 맑던 물결이
흙탕물로 탁해져 물속까지 꿰뚫어 볼 수 없게 된다.
높은 언덕에서부터 굽이굽이 흘러 내려오는 시냇물은
때때로 바위에 부딪혀 언덕 비탈에서 흩어져버린다.

만일 네가 진리를 바라보기를 원한다면
갈팡질팡하지 않고 확고한 길을 따르고자 한다면
너 자신에게서 기쁨과 두려움을 없애고
희망을 몰아내고 슬픔을 쫓아버려라.
그러한 것들이 지배하는 곳에서
정신은 흐려지고 사슬에 묶이게 된다.

이렇게 노래한 다음 그녀는 한동안 침묵에 잠겼다. 한동안의 침묵이 내가 그녀에게로 주의(注意)를 돌리게 했다. 그녀는 다시 말하기 시작했다.

"내가 네 병의 원인과 본질을 정확하게 진단한 것이라면 너는 예전의 행운을 그리워하고 갈망하기 때문에 야위어 가는 것이다. 네가 행운을 상실했다고 상상하게 하며 그토록 너의 정신을 어지럽히고 있다.

나는 행운이라는 그 요물(妖物)의 수많은 위장된 모습을 알고 있으며 또한 그 요물이 얼마간 자기가 속이고자 하는 사람들을 우정(友情)으로 유혹하다가 마침내 순식간에 그들을 버림으로써 견딜 수 없는 슬픔에 빠지게 한다는 것을 알고 있다.

만일 네가 그녀——행운——의 성격이나 술책과 그녀가 주는 호의의 종류를 마음속에 떠올릴 수 있다면 너는 네가 그녀를 통해 가치 있는 것은 아무것도 얻지도 않았으며 잃지도 않았다는 것을 알 수 있을 것이다.

그러나 그 모든 것들을 너의 기억 속에 되살려 주기 위해 내가 애쓸 필요는 없을 것이다. 왜냐하면 그녀——행운——가 알랑거리며 너에게 다가올 때마다 너는 씩씩하게 그녀를 꾸짖고 나——철학——의 신성한 가르침에서 얻은 견해들로 그녀를 쫓아버리곤 했기 때문이다.

그렇지만 갑작스럽게 처지가 바뀌게 되면 반드시 정신에 커다란 혼란이 일어나는 법이다. 그래서 너 역시 얼마간 너의 평소의 침착성을 잃은 것이다. 그러니 이제는 네가 부드럽고 유쾌한 영양분을 취해야 할 때이다. 너의 몸속에서 흡수되어 네가 보다 강해질 수 있도록 해 주는 영양분을.

이제는 달콤한 혀를 가진 수사학(修辭學)에서 설득력——나의 가르침에 따르지 않은 수사학의 설득력은 참된 길에서 벗어나 곧 그릇된 길로 빠지게 된다——의 도움을 받기로 하자. 그리고 내 집의 하녀인 음악으로 우리를 위해 여러 가지의 노래를 부르게 하자.

오, 유한(有限)한 존재인 인간이여! 너를 슬픔과 절망의 수렁 속에 던져 넣은 것은 무엇인가? 너는 기이(奇異)하고 예기(豫期)치 못한 일을 당한 것이 틀림없다. 그렇다고 해서 운명의 여신(女神)이 너를 배반했다고 생각하는 것은 잘못이다. 변하는 것이야말로 그녀——운명——의 정상적인 행위이며 그녀의 참된 본성이다. 오히려 그녀는 변덕스러운 행위를 함으로써 그녀 고유의 불변성을 지속하는 것이다.

그녀가 너에게 알랑거리고 그릇된 종류의 행복을 미끼로 너를 유혹했을 때도 그녀 고유의 불변성을 지속하고 있었다. 이제 너는 그 변덕스러운 여신(女神)의 변화무쌍한 얼굴들을 보았다. 다른 사람들에게는 여전히 베일에 가려져 있지만 너에게는 이제 그녀의 모습이 완전히 드러났다. 만일 네가 그녀의 수법에 만족한다면 너는 불평하지 말고 그 수법들을 받아들여야 한다.

그런데 만일 네가 그녀의 변덕스러움에 몸서리가 쳐진다면 너는 그녀에게서 등을 돌리고 위험한 게임에 더 이상 빠져들지 말아야 한다. 그녀는 마땅히 평온의 근원이 되어야 하는 것과는 상관없이 너의 헤아릴 수 없는 슬픔의 근원이 되었다. 그녀가 네 곁을 떠났기 때문이다. 아무도 그 불변함을 믿을 수 없는 그녀가.

너는 스쳐 지나가게 마련인 그런 종류의 행복을 진정으로 소중한 것으로 여기느냐? 그녀가 네 곁에 머물러 있으리라는 것을 믿지 않고 또 그녀가 네 곁을 떠나면 너는 슬픔 속에 내던져질 텐데도 너는 그녀——운명의 여신——의 존재를 진정으로 소중히 여기느냐? 또한 그녀를 마음대로 붙잡아둘 수 없고 그녀가 도망쳐버려 인간들이 파멸에 직면하게 된다면 그런 덧없는 것은 다가올 재앙에 대한 경고가 아니고 무엇이겠는가?

코앞에 있는 것만을 보아서는 안 된다. 그것의 결과가 어떻게 될지 사려 깊게 처신해야 한다. 변덕스럽다는 사실이야말로 운명의 위협도 두려워할 것이 없고 운명의 매력적인 유혹도 좋아할 것이 없음을 의미하는 것이다.

그리고 마지막으로 일단 그녀——행운——의 지배에 머리를 굽혔다면 너는 그녀의 세력권 안에서 일어나는 일은 무엇이건 침착하게 참고 견디지 않으면 안 된다. 왜냐하면 너의 의지로 너의 인생을 지배하는 여주인으로 선택하고서도 그녀가 네게 다가오고 떠나가는 것을 통제할 법칙을 너 스스로 만들어 내고자 한다면 너의 그러한 행동에는 아무런 정당성도 없을 것이며 너의 초조함은 너의 힘으로는 변경할 수 없는 네 운명을 악화시킬 뿐이기 때문이다.

네가 너의 배(船)를 바람에 맡겼다면 너는 네가 원하는 대로가 아니라 바람이 부는 대로 항해하지 않으면 안 될 것이다. 만일 네가 밭에 씨앗을 뿌리는 농부라면 너는 풍년만 있는 것이 아니라 흉년도 있음을 예상할 것이다. 그러니 일단 네가 너를 운명의 지배에 맡겼다면 너는 그녀——운명——의 방법에 복종해야 한다.

만일 네가 운명의 수레바퀴[1]를 멈추게 하려고 애쓴다면 너는 인간 중에서도 가장 어리석은 인간이 될 것이다. 만일 그것이 멈추기 시작한다면 그것은 이미 운명의 수레바퀴가 아니기 때문이다."

운명은 거센 물결이 밀어닥치고 밀려가는
변덕스러운 만(灣)의 격류(激流)처럼
난폭한 손으로 운명의 수레바퀴를 돌린다.
그녀의 무자비한 의지로
한때는 무시무시했던 왕들이 쫓겨났고
때로는 패자(敗者)의 고개 숙인 얼굴을 들어 올린다.

그녀는 처참한 울부짖음에 귀 기울이지 않고
눈물에도 아랑곳하지 않으며
그녀의 행위에 대한 신음에는 무쇠 같은 마음으로 비웃는다.
그런 장난을 하며 그녀는 자신의 힘을 시험해 보는 것이다.
만일 우리가 짧은 시간 동안에
폐허에서 행복이 자라는 것을 보게 된다면
그것은 그녀의 강력한 힘을 과시한 것이다.

---

1) 이 말은 키케로가 즐겨 사용하던 표현이다. 이것은 《철학의 위안》에서 나타나는 가장 두드러진 이미지 중의 하나이다.

제2장
운명의 여신이 주장하는 것

"나는 운명의 여신이 주장하는 것을 인용하면서 잠시 우리의 논의를 계속하고자 한다. 그러니 그녀의 주장이 정당한지 아닌지 너 스스로 생각해 보기 바란다. 운명의 여신은 너에게 이렇게 물을 것이다.

'유한(有限)한 존재인 인간이여, 그대는 어찌하여 날마다 불평에 찬 비난으로 나를 괴롭히는가? 내가 그대에게 무슨 해(害)를 주었단 말인가? 내가 그대의 소유물을 훔쳤는가?

그대가 좋아하는 재판관을 선택하여 부귀(富貴)의 소유권 문제에 대해 나를 소송해 보라. 그리하여 부귀의 어느 한 부분이라도 유한한 인간의 소유임을 입증할 수 있다면 나는 그것이 진정으로 그대의 소유였다고 기꺼이 인정하리라.

자연이 그대를 어머니의 자궁으로부터 내놓았을 때 나는 아무것도 없는 알몸뚱이인 그대를 받아 나의 힘으로 그대를 먹여 길렀다. 나는 그대에게 호의를 베풀고 내가 할 수 있는 온갖 화려함과 풍요로움으로 그대를 감싸 응석받이로——그래서 그대는 나에게 짜증을 부리게 된 것이지만——키웠다.

이제 나는 그대에게 손을 떼려고 결심했다. 이제까지 그대는 나의 호의로 인해 자신의 소유물이 아닌 다른 사람의 소유물을 사용해 온 것이다. 그러므로 그대의 소유물을 잃기라도 한 듯이 불평할 권리가 그대에게는 없는 것이다. 그대는 나에게 투덜거릴 이유가 없다. 나는 그대에게 난폭한 짓을 한 적이 없기 때문이다.

부(富)와 명예는 모두 나의 지배에 있다. 그런 것들은 모두 나의 하인들로 그들의 여주인이 누구인지 잘 알고 있다. 그러므로 내가 오면 그것들은 나와 함께 오고 내가 가면 그것들도 역시 떠난다. 만일 그대가 잃어버렸다고 슬퍼하는 그것들이 진정 그대의 것이었다면 그대는 결단코 그것들을 잃어버릴 수 없었을 것이라고 나는 자신 있게 말할 수 있다. 자기의 권리를 행사하는 것이 부당하다고 말하는 것은 나 하나뿐이 아니던가?

하늘은 환한 대낮의 햇빛을 생기게 했다가 그것을 밤의 어둠 속에서 쉬게 할 수 있으며 계절은 대지(大地)를 꽃들과 과일들로 뒤덮었다가는 구름과 추위로 망쳐 놓을 수도 있다. 그리고 바다는 때로는 잔잔하여 사람들을 부르기도 하고 때로는 폭풍우에 휩싸인 파도를 노호(怒號)하게 할 수도 있다.

그런데 만족할 줄 모르는 인간의 탐욕만이 나를 나의 습성과는 반대되는 불변성에 묶어 두고 있다. 변덕스러움이야말로 나의 본질이다. 그것이 내가 수레바퀴를 끊임없이 회전시키면서 그치지 않고 장난하는 놀이이다. 꼭대기를 밑바닥이 되게 하고 밑바닥을 꼭대기가 되게 하면서 나는 기쁨에 가득 찬다.

좋다, 원한다면 나의 수레바퀴 꼭대기에 올라서라. 그러나 그 때문에 네가 전락(轉落)하기 시작할 때 그것을 해악(害惡)으로도 여기지 말라. 그것이 그 게임의 규칙이다. 너는 분명 나의 습성을 알고 있었을 것이다.

너는 한때는 키로스(Cyrus)[2]를 공포에 떨게 했던 리디아(Lydia)의 왕 크로이소스(Croesus)[3]가 비참하게 패배하자 키로스에 의해 화형(火刑)에 처할 때 소나기가 그를 구해 주었다는 이야기를 분명 들었을 것이다. 그리고 너는 아이밀리우스 파울루스(Aemilius Paulus)[4]와 페르세우스에 관한 이야기——즉 포로인 마케도니아(Macedonia)의 마지막 왕 페르세우스(Persus)[5]에게 온갖 재난이 덮쳤을 때 아이밀리우스 파울루스가 그를 위해 동정의 눈물을 흘리는 이야기——를 분명 들었을 것이다. 행복했던 왕국의 붕괴야말로 운명의 비극이 눈물과 격정으로 기념하는 바가 아니겠는가?

어린 소년 시절에 너는 신의 집 안에 두 개의 단지가 놓였을 때 하나의 단지는 악(惡)으로 가득 차 있고 다른 단지는 선으로 가득 차 있다는 호머(Homer)의 이야기[6]를 분명 들었을 것이다.

---

2) 아케메네스 왕조 페르시아 제국의 건설자. 통치 기간 B.C. 559~B.C. 529.
3) ?~B.C. 546. 리디아 왕국의 마지막 왕. 그는 부(富)로 유명하다. 특히 그와 그리스의 현인 솔론(Solon)과의 만남은 유명하다. 그것은 크로이소스가 솔론에게 "당신이 만난 사람들 중 누가 가장 행복한 사람이냐?"라고 물었을 때 솔론이 한 대답 때문이다. 솔론은 그에게 "운명이 인간에게 아무리 아름다운 미소를 지을지라도 그의 인생의 마지막 날을 보기 전에는 행복하다고 말할 수 없습니다. 인간의 일은 운명의 사소한 손놀림만으로도 정반대의 상태로 바뀌기 때문입니다."라고 대답했다. 그 후 크로이소스는 델포이의 신탁을 잘못 믿고 페르시아의 키로스 왕과 싸우다 패해 화형에 처하게 되었다. 그러자 그는 솔론의 이름을 부르며 기도했다. 솔론이 어떤 사람인지를 잘 아는 키로스 왕은 크로이소스 왕을 풀어주었다.
4) 로마의 장군이며 통치자. 집정관을 지내기도 했다. B.C. 168년에 마케도니아의 왕 페르세우스를 격파하고 마케도니아를 정복했다.
5) 마케도니아의 마지막 왕(B.C. 179~B.C. 168). 그는 로마의 아이밀리우스 파울루스에게 붙잡혀 개선식에서 로마 곳곳으로 끌려다녔다.
6) 《일리아드》 24. 527.

여태까지 너는 너의 몫보다 더 많은 행복을 누려 왔다. 그런데도 내가 너를 버렸단 말이냐? 사실 나의 변덕스러움 자체가 너에게 보다 좋은 것들을 원할 만한 정당한 이유를 준 것이다. 그러므로 너는 모든 사람에게 똑같이 주어진 세계에서 너 자신의 법칙에 따라 살려고 함으로써 너 자신을 지치게 해서는 안 된다."

풍요가 자신의 풍요로운 뿔에 후한 손으로
거센 폭풍이 몰아칠 때
바다에 이는 모래알만큼이나 많은 선물을
또한 별이 총총한 밤에 반짝이는 별들만큼이나
많은 선물을 인류에게 나누어 준다고 하더라도
인류는 여전히 불평을 반복하리라.

신이 인간들의 기도를 들어 주셔서
그들에게 황금의 선물을 내려주시고
그들의 탐욕을 고상한 자존심으로 장식해 주더라도
신이 내려주신 그 모든 것이 그들에게는 무(無)로 보일 것이다.
그리하여 그들의 격렬한 탐욕은
곧 그 모든 것을 삼키고 또다시 입을 딱 벌린다.

신의 과분한 선물이 일단 그것을 먼저 차지하고자 하는
그들의 탐욕을 부채질하게 되면 어떤 고삐도

그들의 끝없이 뻗치는 욕망을 제어하지 못할 것이다.

그리하여 더 많은 것이 필요하다고 확신하여

몸부림치며 괴로워하는 자는

절대로 부유한 자가 되지 못한다.

제3장
인간사에는 변하지 않는 것이란 없다

"만일 운명의 여신이 너에게 이상과 같이 말했다면 너는 그에 대해 한마디도 대답하지 못했을 것이다. 그러나 만일 너의 불평에 대한 정당한 변호로써 주장할 것이 있다면 너는 그것을 제시해야 하며 우리는 너의 주장에 귀를 기울일 것이다."

그리하여 내가 말할 차례가 되었다.

"당신이 말씀하신 것들은 모두가 설득력이 있고 또한 수사학(修辭學)과 음악의 달콤한 꿀로 버무려져 있습니다. 그러나 당신의 그런 말씀은 실제로 당신의 말을 듣고 있는 동안에만 우리를 즐거움으로 가득 차게 할 뿐이며 불행한 사람들에게 있어서 그들의 고통은 더욱 깊어집니다.

그러므로 당신의 말씀이 더 이상 우리의 귀를 울리지 않게 되면 우리의 정신은 그 즉시 깊숙한 곳에 자리 잡은 우울함에 짓눌리게 됩니다."

그러자 그녀가 대답했다.

"그것은 사실이다. 내가 한 말은 너의 상태——정신의 병——에 대한 치료제가 아니다. 그것은 아직도 치료를 거부하는 너의 슬픔을 누그러뜨리는 데 도움이 되는 일종의 진정제(鎭靜劑)일 뿐이다.

적당한 때가 되면 나는 너의 내부에 깊숙이 스며들 약을 사용할 것이다. 그때까지는 너 자신이 불행 속에 내던져졌다고 생각하는 것을 중지하라.

여러 면에서 네가 얼마나 운이 좋았던가를 잊었느냐? 그것을 하나하나 열거하지는 않겠다. 하지만 네가 고아였을 때는 지체 높은 사람들의 보살핌을 받으며 자랐고 뛰어난 인물들을 배출한 자랑스러운 가문과 결혼할 수 있었다.[7] 너는 그들과 혈연관계를 맺기 전부터 그들의 사랑을 얻기 시작했으며 그것이야말로 가장 소중한 친족 관계인 것이다.

새로운 인척들로 인해 네가 얻은 영예와 정숙한 아내 그리고 축복인 두 아들[8]을 생각해 볼 때 너를 이 세상에서 가장 운이 좋은 사람이라고 부르지 않을 사람은 하나도 없다. 나는 그 밖의 일상적인 일들에 대해 언급함으로써 시간을 낭비하고 싶지 않다. 네가 젊었을 때 얻었던 여러 작위(爵位)[9]——그 높은 작위들은 대부분 사람에게는 어떤 나이에도 주어지지 않는 것이다——에 대한 언급은 건너뛰기로 하겠다.

나는 너의 행운의 절정에 대해 말하고자 한다. 만일 세속적인 축복의 즐거움이 행복의 척도가 된다면 저 화려했던 지난날의 기억은

---

7) 보이티우스가 소년이었을 때 부모를 잃고 로마의 집정관과 원로원 의원 등을 지낸 전통적 가문 심마쿠스의 집에서 성장했다. 그 후 성장한 후 심마쿠스의 딸 루스티시아나와 결혼했다.
8) 보이티우스의 두 아들은 함께 집정관직에 올랐다.
9) 보이티우스는 30세의 나이에 로마의 모든 공직 중 화려한 직책들을 두루 거쳤다.

불행의 무게가 아무리 무겁더라도 절대로 그에 의해 파괴될 수는 없을 것이다.

내가 말하는 화려했던 날이란 너의 두 아들이 수많은 원로원 의원들에게 둘러싸인 채 사람들의 환호를 받으며 집정관이 된 날을 의미하며——원로원 회의실의 공식적인 자리에 앉아 네가 왕을 위한 축하 연설을 하는 것을 듣고 천부적인 재능의 너의 웅변이 최고로 인정받는 것을 너의 두 아들이 보던 날을 의미하며——경기장에서 집정관인 두 아들 사이에 앉아 경기의 승리가 마치 전투에서의 승리이기나 한 것처럼 하사품(下賜品)을 내려 너의 주위에 앉아 있는 수많은 사람의 흥분된 기대감을 충족시킨 날을 의미하는 것이다.

내가 생각하기에 운명의 여신이 너를 사랑하고 총아로서 소중히 여기는 동안에만 너는 공허한 말들로 운명의 여신을 찬양했다. 너는 운명의 여신에게서 누구에게도 주어진 적이 없는 값진 선물을 받았다. 너는 운명의 여신과 손익을 따져 보고 싶겠지? 잘 생각해 보면 운명의 여신이 너에게 박정하게 한 것은 이번이 처음이라는 것을 알게 될 것이다.

이제까지 너에게 일어났던 모든 일을 생각해 보고 그것들이 어떤 종류의 것들이었는지——그리고 그것들이 행복한 것들이었는지 아니면 불행한 것들이었는지——생각해 본다면 이제까지 너는 운이 좋지 않았다고 말할 수는 없을 것이다.

만일 네가 예전의 기쁨이었던 것들이 사라졌다고 해서 자신이 운이 좋았다고 생각하지 않는다면 너는 지금 불행에 빠져 있다고 생각해서도 안 된다. 왜냐하면 비참해 보이는 그 일들 또한 사라져가고 있기 때문이다.

어찌하여 너는 이제 막 인생 무대에 도착한 이방인처럼 행동하는가? 인간은 순식간에 무(無)로 변할 수 있으며 인간사(人間事)에는 변하지 않는 것이란 없다는 것을 너는 잘 알고 있다. 심지어 네가 우연한 사건들로 이루어진 인생에서 변하지 않고 오래가는 것은 아무것도 기대할 수 없다 하더라도 한 인간의 최후의 날에 운명의 여신이 그와 함께 머물러 있을 때마저도 행운에는 종말이 있는 것이다.

한 인간이 죽을 때 그가 운명의 여신을 버리는 것인가 아니면 운명의 여신이 달아남으로써 그를 버리는 것인가? 너는 어느 쪽이라고 생각하는가?"

태양의 신 아폴로(Apollo)가 진홍빛의 마차를 타고
하늘에 온통 자신의 빛을 펼치기 시작하면
창백하게 질린 별들은
이내 그의 눈부신 광휘 앞에서 희미해져 간다.
봄의 미풍이 불 때 숲들은 아름다운 심홍색 장미들을 입지만
바람이 차갑게 불어 제치면 가시들만 앙상하게 드러난다.

때로 바다는 그 일렁이는 파도가 쉬고 있어 평온하고 고요하지만
북풍이 노호하는 폭풍우를 일으켜 심해(深海)를 거세게 휘젓는다.
세상이 오랫동안 변치 않고 똑같은 상태에 머무는 일은

거의 없으며 그 변덕스러움은 너무도 심하다.

그러므로 행운의 변화를 알라.

그리고 부귀의 유한함을 알라!

영원의 법칙 속에서 변화에서 벗어날 수 있는 것은 아무것도 없다.

제4장
운명의 여신이 주신 소중한 선물

"당신의 말씀은 모두가 사실입니다."

나는 그녀의 말에 동의했다.

"진실로 당신은 모든 덕(德)의 어머니이십니다. 내가 빠른 속도로 영달(榮達)의 길에 올랐다는 것을 부인할 수 없습니다. 사실 그것이야말로 기억이 날 때마다 나를 슬픔에 빠지게 만드는 것입니다. 운명(運命)이 주는 불행 중에서도 가장 비참한 것은 예전에는 행복했었다는 것입니다."[10]

"하지만 너는 그릇된 신념으로 인해 괴로워하는 것이다. 그러므로 너의 고통을 다른 그 무엇의 탓으로도 돌려서는 안 된다."

그녀가 대답했다.

"진실로 네가 우연한 행운이라는 공허한 이름에 그토록 이끌리고 있다면 너는 지금 나와 함께 네가 아직 누리고 있는 큰 축복의 수효를 헤아려 볼 수도 있을 것이다. 그리하여 운명의 여신이 주신 선물 중에서 네게 가장 소중한 것을 아직도 소유하고 있다는 것을 발견하게 된다면——그리고 신의 능력으로 그것이 손상되지 않은 채 그

---

[10] 이 유명한 말은 《철학의 위안》에 나오는 다른 말들과 마찬가지로 단테와 같은 후세 작가들에 의해 자주 활용된다.

대로 보존되어 있다는 것을 발견하게 된다면——네가 훌륭한 축복을 소유하고 있으면서도 불행을 운운한다는 것은 아무런 정당성도 없을 것이다.

인류의 소중한 위인 중의 한 사람이며 너의 장인인 심마쿠스(Sym-machus)를 보라. 그는 아직도 활력이 넘쳐 있으며——그를 위해 기꺼이 너의 목숨을 바치고자 하는 사람이다——완전한 지혜와 덕으로 이루어진 사람으로서 자신은 조금도 생각지 않고 너의 재난 때문에 눈물을 흘리고 있다.

비길 데 없이 고결하고 정숙한 성품을 지닌 너의 아내도 또한 살아 있다. 그녀의 자질을 한마디로 요약한다면 그녀의 아버지를 거울에 비춘 모습이라고 말할 수 있을 것이다. 그러한 너의 아내가 아직도 살아 있으며 이 삶을 버거워하면서도 오직 너 하나만을 위해 생명을 이끌어가고 있다. 그녀는 너를 애타게 그리워하며 눈물과 괴로움으로 야위어 가고 있다. 너의 행복을 감소시키는 것으로 인정하고 싶은 것은 오직 그것뿐이다. 소년이었을 때와 마찬가지로 지금도 아버지와 할아버지의 성품을 그대로 본받은 집정관인 너의 두 아들에 대해서는 무슨 말을 더해야 할지 모르겠다.

그러므로 너의 참된 행복이 어디에 있는지를 안다면 너는 너 자신을 행복한 사람으로 여길 것이다. 인간의 주요 관심사는 자신의 생명을 유지하는 것인데 너는 생명 그 자체보다도 더 소중한 누구도 의심치 않는 축복을 지금도 소유하고 있기 때문이다.

그러니 눈물을 거두어라. 운명의 여신은 아직 너의 축복에 증오를 돌리지 않았다. 격렬한 폭풍은 아직 너를 덮치지 않았다. 너의 닻들은 굳건하게 견디어 내고 있으며 너에게 현재의 안락과 미래의 희망을 허락해 주고 있다.”

“그 닻들이 굳건하게 견디어 주기를 기원하겠습니다.”

나는 말했다.

“그 닻들이 굳건하게 견디는 한 우리는 폭풍우를 이겨낼 것입니다. 그러나 나의 영광의 시절이 지난 후 얼마나 오랫동안 재난들이 계속되었는지 보십시오.”

“네가 더 이상 너의 운명 전체를 불만스럽게 생각하지 않는다면 우리는 약간의 진전을 본 셈이다.”

그녀가 말했다.

“그렇지만 나는 너의 불만에 찬 태도와 행복에 뭔가가 빠져 있다며 근심 걱정에 찌들고 비탄에 잠긴 채 투덜거리는 소리를 견딜 수 없다. 어느 면에서든 현재 상태에 불만이 전혀 없을 정도로 그렇게 완벽하게 행복한 사람은 하나도 없다. 불안과 근심으로 가득 찬 것이 인간사(人間事)의 본질이다. 인간사(人間事)는 절대로 모든 것이 완벽하게 잘되지 않는 법이며 또한 항상 변함없이 머물러 있는 일도 없다.

어떤 사람의 경우에는 부유하기는 하되 천민(賤民)의 태생임을 수치로 여기며 또 어떤 사람은 가문은 고귀하되 가난함 때문에 널리 알려지는 것을 달가워하지 않는다. 어떤 사람들은 부(富)와 고귀한 태생의 축복을 받지만, 아내가 없어서 불행하고 또 어떤 사람들은 행복한 결혼을 했지만, 자식이 없으므로 자기의 핏줄이 아닌 상속자를 위해 그들의 돈을 절약하는 셈이 되며 또 어떤 사람들은 자식들을 두는 축복을 받았지만, 자식들의 나쁜 행위에 눈물을 흘린다.

운명의 여신이 내려준 운명을 받아들이기란 누구나 쉬운 일이 아니다. 우리 각자는 그것을 경험하지 않은 사람은 절대 알 수 없으며 그것을 경험한 사람은 공포심을 불러일으키는 그 무엇이 있다.

행복하다고 하는 사람들은 신경이 지나치게 예민하여 상처받기 쉽다는 것 또한 기억하라. 그들은 곤경을 경험해 본 적이 없으므로 모든 일이 그들 기분에 따르지 않으면 지극히 사소한 충격에 의해서도 좌절해 버린다. 그러므로 지극히 사소한 것들조차도 행운의 절정에 있는 한 인간의 완전한 행복을 앗아갈 수 있는 것이다.

지금도 네가 누리고 있는 행운의 작은 부분만이라도 소유한다면 마치 천국에 있기라도 한 것처럼 행복해할 사람들이 얼마나 많은지 너는 아느냐? 너에게는 유배지인 바로 이곳만 하더라도 이곳에 사는 사람들에게는 고향이다. 그러므로 네가 어떤 것을 불행이라고 생각할 때만 그것이 불행일 뿐 그 어떤 것도 불행이 아니다. 그리고 그 반대의 경우도 마찬가지로서 운명을 침착하게 참고 견디는 사람에게는 모든 운명이 좋은 운명이다.

만일 초조함에 굴복하고 만다면 누구도 운명을 바꾸고 싶지 않을 정도로 행복하지는 못할 것이다. 그러므로 인간의 행복은 쓸쓸하면서도 달콤한 것이다. 행복을 누리는 사람에게 행복은 즐거움으로 가득 찬 것으로 보이겠지만 행복이 살며시 빠져나가려고 할 때는 막을 수가 없는 것이다.

그러므로 인생에 있어 행복이 얼마나 보잘것없는 것인가는 자명해지는 것이다. 인생의 행복이란 참을성 있게 견디어 내는 사람들에게 오랫동안 머무르지도 않고 고통을 당하는 사람들을 만족시켜 주지도 않기 때문이다. 유한한 인간이여! 너는 어찌하여 외부에서 행복을 찾고 있는가? 너는 오류(誤謬)와 무지(無知)에 의해 그릇된 길로 이끌리고 있다.

완전한 행복이란 무엇에 의해 결정되는지 간단하게 보여 주겠다. 너에게 너 자신보다 소중한 것이 있느냐고 묻는다면 없다고 대답할 것이다. 그러므로 만일 네가 너를 소유하고 있다면 너는 네가 정녕 잃고 싶지 않은 어떤 것——운명의 여신이 절대로 빼앗아 갈 수 없는 어떤 것——을 소유하고 있는 셈이다.

행복이 우연에 의해 지배되는 사물들 사이에 존재하지 않는다는 것을 알기 위해서는 다음과 같은 방법으로 행복을 바라보라. 만일 행복이 자연의 이성적 최고선(最高善)이라면 그것은 무엇에 의해서도 빼앗길 수 없으며 빼앗길 수 있는 것이 최고선이 아니라면——왜냐하면 빼앗길 수 없는 것은 빼앗길 수 있는 것보다 우월한 것이기 때문이다——행운은 그 변하기 쉬운 성질 때문에 행복이 될 수 없는 것이다.

또한 언제라도 사라질 수 있는 행복에 끌려다니는 사람은 그런 행복은 믿을 수 없는 것임을 알 수도 있고 모를 수도 있다. 만일 그가 그 사실을 모른다면 그 무지(無知)의 맹목 속에 어떤 부류의 행복이 있을 수 있겠는가? 만일 그가 그 사실을 알고 있다면——행복을 잃을 수 있음을 알고 있으므로——행복을 잃지 않을까 하는 두려움에서 벗어날 수 없다. 그는 끊임없는 두려움으로 행복해질 수가 없는 것이다. 그런데 만일 그가 행복을 잃는 것을 대수롭지 않은 일로 생각하고 있다면 즉 행복을 잃어버려도 평온한 상태로 견딜 수 있는 선이라면——그것은 보잘것없는 선이 틀림없다.

더구나 너는 수많은 증거를 통해 인간 정신의 불멸(不滅)을 완전하게 확신하고 있는 사람이다. 우연에 의해 좌우되는 행복은 육체의 죽음과 더불어 끝난다는 것은 분명하다. 그러므로 만일 우연에 의해 좌우되는 이 행복이 즐거움을 가져다줄 수 있다면 온 인류는 죽음의 순간에 불행에 떨어지게 된다는 것은 의심할 여지도 없을 것이다.

그러나 우리는 많은 사람이 죽음을 통해 심지어는 고통과 괴로움을 통해 행복의 향유(享有)를 추구했다는 것을 알고 있다. 사라짐으로 인간을 불행하게 만들 수 없는 행복은 있음으로 인간을 행복하게 만들 수도 없을 것이다."

사려 깊은 사람은
동쪽에서 천둥처럼 불어닥치는 거센 폭풍에도
끄떡 않는 견고한 집을 지으려 할 것이다.
그는 파도가 위협하는 바닷가도 피할 것이며
남쪽에서 거센 바람이 세차게 불어오는
산봉우리도 택하지 않을 것이다.

그는 무게에 눌려 무너지는

메마른 모래밭도 택하지 않을 것이며

보기에는 좋아도 위험한 곳은 피할 것이다.

그는 나지막한 암석을 찾아 그 위에 집을 지을 것이다.

그리하여 폭풍우가 몰아치고

들끓는 바다가 거센 파도를 일으켜도

그는 그것들에서 안전하고 튼튼하게 세워진 벽돌을 믿으며

평온한 삶을 이끌어가면서

노호하는 폭풍우에도 미소 지으리라.

제5장
선한 것은 해악을 끼치지 않는다

"네게 사용한 이론(理論)의 약기운이 스며들기 시작하고 있으므로 보다 강력한 약을 사용할 때가 온 것 같구나. 만일 운명의 여신이 제공하는 선물들이 덧없고 일시적인 것이 아니라면 그 선물 중에서 영원히 너의 소유일 수 있는 것이 어떤 것이며 잠깐이라도 무가치하다고 생각하지 않는 것이 어떤 것인지 말해 보라.

무엇이 재물을 귀중한 것으로 만드는가? 그것들이 너의 소유라는 사실인가? 아니면 그것들만이 지니는 어떤 특성인가? 어느 쪽인가? 황금 그 자체인가? 아니면 축적된 재물에 의해 생기는 힘인가?

탐욕스럽게 굴면 미움을 받고 너그럽게 굴면 좋은 평판을 얻는다면 인간은 재물을 축적하는 것보다 재물을 사용하는 것이 더욱 좋은 평판을 얻게 될 것이다. 그리고 다른 사람들에게로 옮겨져 더 이상 소유 당하지 않을 때 비로소 그 재물은 가치 있게 되는 것이다.

만일 그 재물이 많은 사람에게서 한군데로 모여 어느 한 사람의 소유가 된다면 나머지 사람들은 돈이 없어 궁핍해질 것이다. 네가 말을 할 때 너의 목소리는 너의 말을 듣는 많은 사람의 귀를 똑같은 정도로 채워 주지만 너의 재물은 줄어들지 않고서는 그런 식으로 많은 사람에게 똑같이 나누어질 수는 없다.

재물이 사람들에게 나누어질 때는 반드시 그것들을 넘겨주는 사람들을 가난하게 만든다. 그러므로 재물이 줄어듦 없이 많은 사람이 그 재물을 나누어 가진다거나 또는 한 사람이 다른 모든 사람을 가난하게 하지 않고 그 재물을 소유한다는 것은 불가능한 일임을 생각할 때 재물이란 얼마나 하찮고 무익한 것인지 분명해진다.

아마도 너의 두 눈은 보석이 빛을 반사하는 모습에 이끌릴 것이다. 그러나 보석의 찬란한 광채에 어떤 특별한 특질이 있다면 그것은 인간의 빛 속에 있는 것이 아니라 보석의 빛 속에 있는 것이다. 그러므로 나는 인간이 보석을 찬미할 수 있다는 사실에 놀라움을 금할 수 없다.

생명을 가진 이성적(理性的) 존재인 인간이 생명도 없고 구조도 없는 것들을 아름답다고 여기는 것이 과연 올바른 일이겠는가? 그러한 것들은 창조주의 작품으로서 그것들 나름의 장식적인 본질로서 작은 아름다움을 끌어낼 수 있겠지만 뛰어난 피조물인 너희들보다 열등한 것으로 절대 너희들의 경탄을 받을 만한 가치가 없는 것이다.

또한 너는 전원(田園)의 아름다움에서 즐거움을 발견할 것이다. 신의 천지창조는 그야말로 지극히 아름다우며 우리는 전원의 풍경이나 잔잔한 바다의 모습을 보고 즐거워하며 때로는 하늘과 별들과 달과 태양을 경이로운 눈으로 바라본다.

그러나 그런 것 중 어느 하나도 너와는 아무런 상관이 없기 때문에 너는 감히 그것들의 화려함을 너의 자랑거리로 삼을 수 없다. 봄철에 꽃들이 핀다는 사실이 너에게 영예를 주는 것도 아니며 가을 수

확의 풍요로움도 네가 만든 것이 아니다. 그런데도 너는 공허한 기쁨들에 휩싸여 너와는 아무런 상관도 없는 축복을 마치 너 자신의 것인 양 껴안는다. 너에게 묻노니 그 이유는 무엇인가? 운명의 여신은 너와는 아무런 상관없는 자연을 절대로 너의 것으로 만들어 줄 수 없는 것이다.

물론 자연의 열매들은 살아 있는 생물들의 식량으로 정해진 것이다. 그런데 네가 본능적 욕구를 만족시키기를 원할 뿐이라면——그리고 본성이 요구하는 것이 그것뿐이라면——너는 운명의 여신에게서 그 외의 것을 구할 필요가 없다. 왜냐하면 본성은 적은 것만으로도 만족하기 때문이다. 만일 네가 필요한 것 이상의 것을 억지로 더 보태려고 한다면 그 여분의 것은 유해하거나 구역질 나는 것이 될 것이다.

아마도 너는 온갖 다채로운 의복의 화려함이 아름다움을 뜻한다고 생각할 것이다. 그런데 만일 그 의복이 나의 눈을 사로잡게 된다면 나의 찬탄은 옷감의 질이나 재봉사의 솜씨에 향해질 것이다.

만일 네가 너의 곁에서 시중을 들어 줄 하인들을 많이 거느리는 데에서 즐거움을 느낀다면 너는 두 가지를 고려하지 않으면 안 된다. 그것은 첫째, 너의 하인들이 무뢰한들일 경우 그들은 주인인 너에게 위험스러운 짐이며 위협적인 존재에 지나지 않는다는 것이며 둘째, 그들이 성실한 사람들이라 할지라도 타인의 성실함이 너의 재산으로 간주할 수 없다는 것이다.

이 모든 것들로 보아 너의 행복들 가운데 포함하는 것 중 어느 하나도 너의 것이 아님이 분명하다. 그렇다면 그러한 것들이 추구할 만한 아름다움을 조금도 가지고 있지 않은데 어찌하여 그것들을 잃어버렸다고 울며 소유하고 있다고 기뻐하느냐? 설령 자연이 그것들에 아름다움을 주었다 하더라도 그것이 너와 무슨 상관이 있느냐?

그것들은 너의 재산에서 분리되어 따로 떨어져 있어 그 자체만으로도 즐거움을 주는 것이 되었을 것이다. 그것들은 네 재산의 일부이기 때문에 귀중한 것이 아니라 네가 그것들을 귀중한 것으로 여기기 때문에 너의 재산에 넣고자 하는 것이다.

네가 운명의 여신에게 그토록 소리 높여 구하는 것이 도대체 무엇인가? 풍요로워짐으로써 궁핍을 추방하고자 하는 것인가? 만일 그렇다면 결과는 그와 정반대가 된다. 너의 귀중한 소유물들이 다종다양(多種多樣)할수록 너는 그것들을 지키기 위해 그만큼 많은 도움이 필요할 것이며 옛말에도 있는 것처럼 많이 가진 자는 더 많은 것을 원하기 때문이다. 또한 그 반대도 진리이다. 부(富)를 본성의 욕구에 따르는 사람은 허식적인 것이 필요하지 않고 최소한의 것을 필요로 한다.

너는 마치 네 소유의 행복은 아무것도 가지고 있지 않다고 생각하여 외부 사물에서 행복을 구하고 있는 것처럼 보이는구나. 신과 같은 특질을 부여받은 이성적 본성을 가진 존재가 영예란 오직 생명이 없는 사물을 소유하는 것에 있을 뿐이라고 생각한다면 그것은 자연의 질서에 대한 파괴이다.

다른 피조물들은 그들의 것으로 만족하는데 신의 정신을 닮은 너희는 너희를 창조한 창조주에게 큰 잘못을 저지르고 있다는 것도 모른 채 너희만의 우월한 본성을 열등한 사물들로 치장하려 한다.

인간이 지상의 모든 피조물을 지배하게 하는 것이 창조주의 뜻이었건만 너희는 스스로 모든 피조물 중 가장 낮은 위치로 떨어뜨렸다. 만일 사물이 그것을 소유하고 있는 인간보다 더 가치 있는 것으로 여겨진다면——자기 판단으로 무가치한 사물들을 너희 재물로 여긴다면——너희 스스로 그 사물보다 낮은 상태로 만드는 것이므로 그럴 때 너희가 그러한 상태로 되는 것은 당연한 일이다.

실제로 인간의 본성의 상태는 다음과 같은 것이다. 인간이 자기 자신의 본성을 인식하고 있는 동안은 다른 피조물들보다 우월하지만 자기 본성을 잊어버리면 짐승 이하로 떨어진다. 다른 생물들은 자기를 알지 못하는 것이 당연한 일이지만 인간에게는 그것이 하나의 결함인 것이다.

어떤 것이든 자기 것이 아닌 장식품에 의해 자신의 가치가 높아질 수 있다고 생각하는 것은 명백한 잘못이다. 그리고 그것은 불가능한 일이다. 왜냐하면 가꾸고 꾸며 돋보이는 장식품이 있더라도 찬양받는 것은 그 치장일 뿐이며 치장의 베일에 가려 숨겨진 그 자체는 여전히 추한 상태로 남아 있기 때문이다.

좋은 것과 선한 것은 그것이 무엇이든 그 소유주에게 절대로 해악을 끼치지 않는다. 이에 대해서는 너도 반박하지 않을 것이다. 그러나 부(富)는 자주 그 소유주에게 해악을 끼친다. 즉 몹시 저열한 자들은 부(富)를 소유하면 할수록 다른 사람들의 재산을 한층 더 탐하여 오직 자기가 모든 금과 보석들을 소유해야 한다고 확신하는 것이다.

지금의 너는 너의 재산을 탐한 자들의 몽둥이와 칼을 생각하기만 해도 두려움에 몸이 떨리겠지만 만일 네가 텅 빈 주머니로 이 삶의 길을 출발했다면 도중에 어떤 강도를 만나더라도 휘파람을 불며 지나갔을 것이다.

그러니 언제라도 사라질 수 있는 재물의 행복이 얼마만큼이나 화려할 수 있겠느냐! 일단 네가 재물을 얻게 되면 그 재물들은 다시는 너를 평온한 상태로 버려두지 않을 것이다."

오오,
오래전에 잃어버린 그 시절은 행복했었네.
사람들은 자연의 풍성한 과실로 만족했고 게으름과 사치를 몰랐네.
그들은 쉽사리 얻을 수 있는 도토리를
제때가 되기 전에는 먹으려 하지 않았고
꿀로 포도주를 달게 만드는 묘책도 알지 못했으며
티리언 퍼플(Tyrian purple)[11]로 비단을 아름답게 물들일 줄도 몰랐네.

짚으로 만든 침상은 그들에게 단잠을 주었고

---

11) Tyrian은 페니키아 해안에 있는 도시로서 진홍빛 염료 산업으로 유명했다.

흘러가는 강물은 그들에게 마실 것을 주었으며
키 큰 소나무들은 그들에게 그늘을 주었네.
사람들은 약탈은 하지도 않았고
상품들을 가지고 바다를 가로질러
이국(異國)의 해안으로 다니지도 않았다네.

그 시대엔 전쟁의 나팔 소리도 들리지 않았고
심한 증오심으로 피를 흘림으로써 대지를 붉게 물들이는 일도 없었지.
그 시대에는 무슨 이유로 적개심을 가지고
광적인 무력 충동을 꾀했으랴.
흘린 피에 대한 보람도 없이 얻는 것이라곤 벌어진 상처뿐인데.
우리도 옛날로 돌아가 그렇게 순수하게 살 수 있다면…….

그러나 이 시대 사람들의 소유욕은
에트나(Etna) 화산[12]의 불길보다 더 거세게 타오른다.
아아, 누구였던가!
땅속에 묻혀 있던 황금과 다이아몬드를 맨 처음 파내어
우리에게 그토록 값비싼 위험을 안겨 준 것은.
바로 그 사람 때문이로다!

---

12) 시칠리섬의 활화산

제6장
행운은 선한 것과 결합하지 않는다

"나는 고관대작(高官大爵)들의 권력 행사에 대해 말해 주고자 한다. 나는 권력과 고위 관직의 참된 본질을 알지 못하는 너와 같은 사람들이 자신의 관직에 기고만장하여 우쭐거리는 것을 보면 당황스럽다. 고위 관직이 사악한 자들의 손아귀에 떨어질 때마다 그 재앙은 항상 홍수나 화산폭발보다 컸다.

너의 선조들은 집정관들의 오만함 때문에 집정관 제도를 폐지하기를 원했으며 그 이전에도 왕의 그러한 오만함 때문에 왕의 칭호를 폐지하게 되었다는 것을 너도 기억하고 있을 것이다.

그와는 반대로 고위 관직에 있는 사람들이 총애를 받게 되는 아주 보기 드문 일이 일어나는 이유는 그 관직에 있는 사람들의 정직함 때문일 것이다. 그때 관직을 가진 사람의 덕으로 인해 영예를 받게 되는 것이다.

그러나 너희가 그토록 찬양하고 추구하는 권력이란 것을 검토해 보기로 하자. 지상의 피조물들이여 너희 권력의 지배를 받는 너희와 똑같은 인간들을 잠시 생각해 보지 않겠는가?

만일 생쥐들의 사회에서 한 마리의 생쥐가 다른 생쥐들에 대해 부당하게 권력과 세도를 부리는 것을 본다면 너희는 웃음을 참지 못할 것이다. 또한 인간의 육체에 대해 생각해 보라. 아주 작은 벌레마저 종종 인간을 물거나 체내(體內)로 기어들어 가서 인간을 죽일 수 있음을 생각한다면 인간보다 더 약한 존재를 찾아볼 수 있느냐?

한 인간이 다른 인간에게 권력을 행사할 수 있는 유일한 방법은 그 사람의 육체 또는 육체보다도 열등한 그의 소유물에 대해 권력을 행사하는 것뿐이다. 자유로운 정신에는 아무것도 강요할 수 없으며 이성(理性) 위에 확고하게 세워진 평온한 정신을 그 내면적 평정 상태에서 떠나게 할 수 없다.

폭군인 네아르코스(Nearchus)[13]는 철학자 제논[14]을 고문하여 자기를 해치려는 음모에 가담한 그의 동료 공모자들을 폭로하게 만들 수 있으리라고 생각했지만 제논은 스스로 혀를 깨물어 잘라내어 그것을 폭군의 얼굴을 향해 던졌다. 네아르코스는 그 고문을 포학 행위를 위한 기회로 생각했지만 제논은 그 고문을 영웅적 행위를 위한 기회로 삼았다.

한 인간이 다른 인간에게 가할 수 있지만 자기 자신 역시 다른 사람의 손에 당할 수도 있다. 이집트의 왕 부시리스(Busiris)[15]가 이방인들을 죽음에 처하곤 하다가 마침내 자신도 헤라클레스(Hercules)[16]라는 한 이방인에 의해 죽임을 당했다는 이야기를 우리는 알고 있

---

13) 그리스의 폭군.
14) 엘레아(Elea)의 제논. B.C. 490년경에 태어난 그리스의 철학자. 네아르코스에 의해 절구에 짓찧어져 죽음을 당했다.
15) 신화에 나오는 이집트의 왕으로 그는 이집트에 들어오는 모든 이방인을 죽여 제우스에게 제물로 바쳤다. 그러나 그는 헤라클레스에게 패배해 죽임을 당했다.
16) 신화에 나오는 그리스 영웅으로 힘이 세고 용감한 것으로 유명하다.

다. 그리고 첫 번째 포에니 전쟁(Punic Wars)[17]에서 너희의 장군 레굴루스(Regulus)[18]는 수많은 카르타고인 포로들에게 족쇄를 채웠지만 그 후 얼마 안 되어 한 정복자의 쇠사슬을 받아야만 했다.

한 인간이 다른 사람들에게 가할 수 있는 일을 다른 사람이 자신에게 가하지 못하도록 보장할 수도 없는데 너는 그것을 도대체 권력이라고 생각할 수 있겠느냐? 더구나 만일 그러한 고위 관직들과 권력에 자연적인 고유의 선이 있다면 고위 관직과 권력은 절대로 사악한 자들의 손아귀에 떨어지지 않을 것이다. 양립할 수 없는 것들은 서로 결합하지 않는 법이며 자연은 상반되는 것들이 결합하기를 거부하기 때문이다.

그런데 고위 관직을 차지하고 있는 것은 대부분 사악한 자들이라는 것은 의심할 여지도 없기 때문에 고위 관직과 권력이 본질 그대로 선한 것이 아님은 분명하다. 따라서 고위 관직과 권력은 사악한 사람들과 결합할 수 있기 때문이다.

그리고 운명의 여신이 주는 모든 선물도 당연히 이와 똑같은 결론을 내릴 수 있을 것이다. 왜냐하면 운명의 여신이 주는 선물들은 가장 사악한 사람들에게 훨씬 더 풍성하게 내려지기 때문이다.

운명의 여신이 주는 선물들에 대해 고려해야 할 점이 또 한 가지 있다. 용기를 부여받은 사람이 민첩하다는 것은 아무도 의심치 않

---

17) B.C. 264~B.C. 241. 로마와 카르타고의 전쟁.
18) B.C. 3세기의 로마 장군. B.C. 255년에 그는 카르타고인에게 패배해 사로잡힌 후 포로 교환으로 로마로 보내졌다.

는다.

그와 마찬가지로 음악은 한 인간을 음악가로 만들고 의약(醫藥)은 한 인간을 의사로 만들며 웅변술은 한 인간을 웅변가로 만든다. 어떤 사물에 고유의 특성을 부여하는 것은 그 사물의 본질이기 때문이다. 사물의 본질은 그것과 반대되는 사물들의 기능과 뒤섞이지 않을 뿐만 아니라 자기와 반대되는 것들을 배척하는 것이다.

그러나 재물이란 만족할 줄 모르는 탐욕을 가라앉히지 못하며 권력이란 한 인간이 사악한 탐욕의 쇠사슬에 묶여 있을 때 자신의 지배자로 만들어 주지 못한다. 그와 같은 이유로 고위 관직이 무가치한 자들에게 주어지면 그 고위 관직은 그들을 가치 있는 사람으로 만들어 주기는커녕 오히려 본질을 드러내어 그들의 무가치함을 드러낼 뿐이다.

그 이유는 너희가 사물들을 지칭(指稱)하는 데 그릇된 언어들을 사용하는 데 길들어 있으므로 그 사물들은 너희가 사용하는 언어들과는 근본부터 다른 것들로 그것의 기능에 의해 쉽게 증명되는 것이다. 그러므로 재물도 권력도 그리고 고위 관직도 그러한 언어들로 불려서는 안 되는 것이다.

그리고 마지막으로 우리는 행운에 대해서도 이와 똑같은 결론에 도달할 수 있다. 즉 행운은 추구할 만한 가치가 없으며 참된 선을 조금도 가지고 있지 않다. 그러므로 행운은 절대로 선한 사람들과 결합하지 않으며 행운과 결합하는 사람들을 선한 사람으로 변화시키지도 않는다.”

우리는 네로(Nero)가 초래한 파멸을 알고 있다.

로마가 불타고 위대한 사람들이 죽임을 당했던 때를

그의 손에 의해 형제가 살해되고

자신의 어머니가 흘린 피에 흠뻑 젖었다.

그는 눈물로 뺨을 적시지도 않았고 어머니의 시체를 향해

눈을 굴리며 싸늘한 미(美)의 냉정한 감식자가 되었다.[19]

당시 그가 손아귀에 쥐고 흔들었던 제국은

동쪽의 해 뜨는 곳에서 시작하여

낮이 기울어 해가 지는 곳까지 펼쳐져 있었다.

그 제국의 북쪽 국경은 두 웅좌(熊座)가 서 있는 곳이었고

그 제국의 남쪽 국경은 타는 듯한 남풍이

메마른 사막을 불태워 익히는 곳이었다.

동쪽에서 서쪽으로 뻗친 그의 엄청난 권력이

네로의 광포한 짓을 저지할 수 있었는가?

끔찍스럽게도 운명은 너무 자주 사악한 자들에게 칼을 쥐어 준다.

---

19) 이 시에서 보이티우스는 네로가 자기의 이복동생인 브리타니쿠스(Britannicus)와 어머니
   아그리피나(Agrippina)를 살해한 것과 어머니의 시체를 살펴보며 그 아름다운 모습을 음미
   했다는 이야기에 대해 언급하고 있다.

제7장
영예는 좁은 둘레도 채우지 못한다

나는 그때 그녀에게 말했다.

"내가 세속적인 야심에 지배된 적이 없다는 것은 당신도 잘 알고 있을 것입니다. 덕을 찬양받지 못한 채로 묵혀 두지 않기 위해 정치에 종사할 수단을 찾았던 것뿐입니다."

그러자 그녀는 이렇게 대답했다.

"그것이야말로 천부적인 탁월함을 부여받았으되 완전한 덕이라는 마무리 손질이 없어 아직은 완벽하지 않은 정신들을 유혹할 수 있는 유일한 것이다.

다시 말해 그것은 영예에 대한 욕망이며 국가에 대한 고귀한 봉사로 명성을 얻고자 하는 생각의 발로이다. 그러나 그러한 명성이 얼마나 보잘것없고 하찮은 것인지 생각해 보라.

세상 사람들이 잘 알고 있듯이 그리고 천문학자들에 의해 증명되었듯이 천공(天空)의 크기에 비하면 지구의 크기는 한 점에 불과하다.

즉 천구(天球)의 광대함에 비하면 지구는 조금의 넓이도 가지고 있지 않다고 할 수 있다.

지구의 표면은 그토록 작으며 너도 지리학자인 프톨레마이오스

(Ptolemy)[20]에게 배워서 알고 있듯이 그중에서도 우리에게 알려진 생물들이 사는 곳은 그 4분의 1 정도에 지나지 않는다. 더구나 그 4분의 1밖에 안 되는 지역에서 바다와 늪으로 뒤덮여 있는 지역과 수분이 없어 사막이 된 광대한 지역을 빼면 인간이 살 수 있는 지역은 극히 조금밖에 남지 않게 된다.

이처럼 차단되고 제한된 한 점 가운데서도 극히 작은 한 점 속에서 너희는 명성과 명망을 떨치려고 하는 것이다. 마치 그토록 작고 좁은 한계 내에 제한된 영예가 무슨 웅대함이나 화려함을 가질 수 있기라도 한 듯이.

더구나 우리가 사는 그 협소한 지역에 언어와 풍습과 생활 방식이 서로 다른 수많은 민족이 살고 있음을 생각해 보라. 언어가 서로 다르니 여행하기가 어렵고 교역이 빈번하지 않아 개인의 명성은 고사하고 대도시들의 명성마저 각 민족에게 미치지 못하는 것이다.

당시 로마 제국은 이미 완전히 커져 동쪽에 있는 파르티아인들(Parthians)[21]과 다른 민족에게 공포의 대상이 되었음에도 키케로(Cicero)[22]는 어느 저서에 '우리 시대 로마의 명성은 아직도 캅카스 산맥(Caucasus mountains)[23]을 뚫지 못했다'라고 말하고 있다.

그러니 너희가 그토록 널리 떨치려고 애쓰는 명성이 얼마나 제한

---

20) 그리스의 지리학자. 그는 삼각법 · 천문학 · 광학 · 지리학에 관한 글을 썼다.
21) 유프라테스강과 인더스강 사이에 살던 반(半)유목민족으로 전통적 로마의 적이었으며 마술(馬術)이 유명했다.
22) B.C. 106~B.C. 43. 로마의 웅변가이며 철학자.
23) 흑해에서 카스피해까지 뻗쳐 있는 산맥으로 세계의 끝으로 여겨졌다.

되고 한정된 것인지 분명히 알 수 있을 것이다. 로마 시민 중 어느 한 사람의 명성이 로마라는 영예로운 이름마저 미치지 못하는 지역 속으로 뚫고 들어가는 데 성공하기를 기대할 수는 없을 것이다.

또한 여러 민족의 풍습과 관습이 너무도 달라 똑같은 일이 어떤 민족에게는 찬양받을 만한 일로 여겨지고 어떤 민족에게는 처벌받아야 할 일로 여겨지기도 한다. 어떤 민족 사이에서는 자기의 명성이 널리 알려지는 것을 기뻐하지만 다른 민족들 사이에서는 명성을 널리 떨치는 것이 자기에게 전혀 이익이 되지 않는다고 여겨지기도 하는 것이다. 그러므로 자기 민족 사이에 명성을 떨치면 인간은 그것으로 만족할 수밖에 없기 때문에 그의 빛나는 불후의 명성은 단 하나의 민족 내에 제한될 것이다.

많은 사람이 그들의 시대에 유명해졌지만 기록해 줄 역사가 없었기 때문에 그들에 대한 기억은 없어져 버렸다. 그리고 역사 자체도 역사가들과 마찬가지로 모든 것을 희미하게 만들어 버리는 심연 속에 떨어지기 때문에 별로 도움이 되지 않는다.

너희는 미래의 명성이 너희 자신에게 일종의 불멸을 창조해 주리라고 생각한다. 그러나 영원이라는 무한한 휴지기간(休止期間)——너희의 이름이 존속되지 않는 기간——을 생각한다면 너희의 이름이 어떤 기간 동안 존속하는 것을 기뻐할 이유가 없을 것이다.

1초의 기간은 일만 년과 비교될 수 있다. 왜냐하면 1초와 일만 년은 모두 시간의 유한한 길이이며 1초의 기간은 비록 짧은 기간이지만 비례적인 가치를 지니고 있기 때문이다. 그러나 일만 년이라든가 또는 그 수만 배 수십만 배의 기간이라 할지라도 무한한 영원과는 비교될 수 없다. 유한한 것과 유한한 것은 비교될 수 있지만 유한한 것과 무한한 것은 절대로 비교될 수 없기 때문이다.

그러므로 너희의 명성이 아무리 오랫동안 지속되더라도 무한한 영원에 비하면 그것은 짧다기보다는 오히려 무(無)인 것이다. 그런데도 너희는 대중의 총애와 공허한 명성을 위해서가 아니면 올바르게 행동할 줄을 모른다. 너희는 올바른 그러한 행위의 뛰어난 품격과 양심과 덕을 무시하고 사람들의 칭찬 속에서 그 보답을 찾는 것이다.

어떤 사람이 자신을 과대평가하여 자만심에 차 있던 천박한 사람을 멋지게 골려 준 이야기를 할 테니 들어 보라. 언젠가 어떤 사람이 덕을 행하기보다는 자기의 지나친 자만심을 만족하기 위해 철학자로 속이고 다니는 사람에게 심한 욕설을 퍼붓고 나서 '만일 당신이 나의 욕설을 침착하고 태연자약하게 견디어 낼 수 있다면 나는 당신이 철학자임을 인정하겠소'라고 덧붙였다.

그는 한동안 태연한 체하며 상대방이 퍼붓는 모욕을 받아들인 다음 비웃으며 '이제 내가 철학자임을 인정하겠소?'라고 물었다. 그러자 그는 '당신이 그 말을 하지 않고 계속해서 침묵을 지켰더라면 그랬을 것이오'라고 대답했다.

그러나 우리가 염두에 두고 있는 것은——위대한 사람들, 즉 덕을 위해——명성을 추구하는 사람들이다.

모든 것을 끝장내는 죽음으로 인해 그들의 육체가 생명 없는 것으로 되어 버리는데 명성에 대해 무엇을 걱정하는가? 만일 죽음으로 인해 인간의 모든 것과 육체와 영혼이 없어진다면——우리의 이성(理性)은 그러한 믿음을 금하고 있지만——명성이란 완전히 무가치한 것이다. 왜 그런가 하면 명성을 얻은 그 사람이 존재하지 않기 때문이다.

　그런데 만일 죽음으로 인해 정신이 지상(地上)의 감옥에서 해방되어 자유롭게 천상(天上)의 것을 추구할 때도 계속해서 의식을 가졌다면 정신은 분명 지상적(地上的)인 모든 것들을 경멸할 것이다. 그럴 때 정신은 천상의 것들을 경험하며 지상에서 해방된 것을 기뻐할 것이다."

　찬사를 받는 것 이외에는
　다른 어떤 목표도 가지지 아니하고
　명성을 얻는 것을 최고의 목표로 생각하는 사람에게
　천상의 광대한 넓이를 생각하게 하고
　그 광대함을 좁은 지상과 비교하게 하라.

　퍼져 가는 그의 영예(榮譽)는
　이 세계의 좁은 둘레마저도 채우지 못하나니
　오, 부끄러움이여
　어찌하여 오만한 자들은 인간의 유한성이라는
　숙명적인 멍에로부터 도망치려 애쓰는가?

명성은 멀리 떨어진 여러 민족에게로 퍼져나갈 수 있고

사람들의 혀를 수다스럽게 만들 수도 있으며

그 집안을 찬란한 명예로 빛나게 할 수도 있지만

영예의 오만함을 멸시하는 평등주의자인 죽음은

신분의 높고 낮음을 무시하고 모든 것을 똑같이 격하하며

힘 있는 자들이나 미천한 자들이나 모두 동등하게 만든다.

지조 높은 파브리시우스(Fabricius)[24]의 뼈들은 지금 어디에 있는가?

굽힐 줄 모르는 카토(Cato)[25]는 어디에 누워 있으며

또 브루투스(Brutus)[26]는 어디에 누워 있는가?

그들의 강직함과 도덕 생활의 엄격함이

한두 구절의 공허한 세평(世評)으로

작은 명성이 돌에 새겨져 있을 뿐이다.

우리는 그들의 화려한 이름을 알고 있으나

그들 자신을 알고 있는 것은 아니다.

---

24) B.C. 3세기의 로마 장군이며 정치가. 그는 고대 로마인의 덕을 상징하는 엄격함과 청렴결백의 대명사였다.

25) 소(小) 카토를 가리킨다. B.C. 95~B.C. 45. 대(大) 카토의 손자로서 로마 공화정 말기의 정치가이며 철학자. 그는 스토아 철학자로 엄격한 도덕 생활을 한 덕의 화신으로 알려져 있다. 그는 시저에게 대항하다 자살했다.

26) B.C. 44년에 줄리어스 시저 살해에 참여했으며 카토·파브리시우스와 함께 도덕적인 강직과 덕으로 유명했다.

너희들 또한 사람들에게

전혀 알려지지 않은 채 누워 있게 될 것이며

어떠한 명성도 너희를

널리 알려지게 하지는 못할 것이다.

설령 너의 유한한 명성이 불멸하더라도

그 명성이 너의 생명을 연장하게 하더라도

너의 명성마저 빼앗아 갈 날이 올 것이며

따라서 두 번째의 죽음이

너를 기다리고 있기 때문이다.

제8장
행운보다 불운이 더 유익하다

"하지만 내가 운명의 여신을 적대시한다고는 생각하지 말기 바란다. 때로는 운명의 여신도 인간을 희롱하기를 그만두고 도와주기도 하기 때문이다. 운명의 여신이 그렇게 행동하는 것은 가면을 벗어버리고 자신을 드러낼 때이며 자신의 장난을 인정할 때이다.

아마도 너는 아직 나의 말을 이해하지 못할 것이다. 내가 말하고자 하는 바는 일종의 패러독스(Paradox, 역설)이며 나는 그것을 말로 표현하기 힘들다.

그것은 행운보다 불운이 인간에게 더 유익하다는 것이다. 행운은 항상 행복을 가져다주는 것처럼 보이지만 실제로는 미소로 너희를 속인다. 반면에 불운은 변화함으로써 그 참된 모습인 변덕스러움을 드러내기 때문에 항상 진실하다. 행운은 인간을 속이지만 불운은 인간을 깨우친다. 행운은 그럴듯한 재물들을 보여 줌으로써 그것을 누리는 사람들의 정신을 노예로 만드는 반면에 불운은 행복이란 것이 얼마나 깨지기 쉬운 것인가를 알게 함으로써 인간을 해방한다.

그러므로 운명의 여신은 한편으로는 변덕스럽고 제멋대로이며 늘 일정치 않으나 다른 한편으로는 맑은 정신을 가졌으며 역경의 체험으로 현명해진다는 것을 너는 알 수 있을 것이다. 그리고 마지막으로 행운은 감언이설로 인간을 꾀어 참된 선의 길에서 벗어나게 하지만 불운은 구부러진 지팡이를 가진 목자(牧者)처럼 인간을 참된 선의 길로 인도한다.

너는 가혹하고 극심한 불행 덕분에 너에게 충성스러운 마음을 지닌 친구들이 누구인지를 밝혀 준 것은 대수롭지 않은 일이라고 생각하느냐? 너의 불행은 어떤 친구의 미소가 참된 미소였으며 어떤 친구의 미소가 거짓된 미소였는지를 밝혀 주었다. 운명의 여신은 너를 떠날 때 그녀의 친구들을 데리고 갔으며 너의 진정한 친구들만을 남겨 놓았다.

만일 네가 아무런 해악도 당하지 않았더라면, 그리고 네가 원했던 것처럼 운명의 여신에게 축복받았더라면 너는 절대로 그런 인식을 얻지 못했을 것이다. 그러므로 너는 모든 부(富) 중에서 가장 값진 것——즉 진정한 친구들——을 발견했으면서도 잃어버린 재산에 대해 우는 것이다."

세계는 끊임없이 변화하면서도 조화를 유지하며
원소(元素)들은 본질 그대로 상충하면서도 평온을 유지한다.
황금 마차 속의 태양은 장밋빛 낮을 끌어내고
달의 여신이 지배력을 행사할 때 저녁은 밤을 가져온다.
일정한 조수(潮水)가 탐욕스러운 바다에 한계를 정해 주므로
파도는 들판과 초원을 덮치는 일이 절대 없을 것이다.

땅과 바다와 하늘에 있는 사물들의 이 모든 연결 고리를
한 지배자가 손에 쥐고 계시느니.
그러므로 만일 사랑의 여신이 그 고삐를 늦춘다면
지금 평온을 유지하고 있는 모든 사물은
끊임없이 싸움을 일으켜 화합으로 다져진
아름다운 우주의 구조가 파괴되고 말 것이다.

사랑은 협정이라는 신성한 계약으로
결합한 여러 민족을 지켜주고
결혼이라는 순수한 사랑의 거룩한 매듭을 엮어 준다.
사랑은 우정의 충실한 결속을 위한 계율을 공표한다.
오오, 행복하여라 인류여
하늘을 지배하는 사랑이 너희의 마음까지도 지배할 수 있다면!

제3권
영혼을 위한 위안

제1장
개간하지 않은 땅에 씨앗을 뿌리려면

그녀는 노래를 중지했다. 그러나 나는 여전히 그녀의 노래에 매혹되어 있었다. 나는 그녀의 노래에 빨려 들어가 계속 더 듣고 싶었다. 잠시 후 나는 그녀에게 말했다.

"당신은 지쳐버린 영혼을 위한 가장 큰 위안입니다. 당신이 당신의 깊은 교의(敎義)와 즐거운 노래로 나를 기운 차리게 해 주셨으므로 이제 나는 운명이 가져다주는 재난에 맞설 수 있게 되었습니다. 당신은 더 강한 치료 약에 관한 이야기를 하셨지요. 이제 그 약에 관한 생각도 더 이상 나를 두렵게 하지 않습니다. 사실 나는 당신에게 더 많은 것을 듣기를 열망하고 있으며 또 당신이 그렇게 해 주실 것을 간절히 바라고 있습니다."

그녀가 대답했다.

"나도 알고 있다. 네가 나의 말에 조용히 그리고 열심히 귀 기울이기 시작했을 때 이미 나는 네가 그러한 태도를 보이리라고 예상했다. 아니, 좀 더 정확히 말하자면 나 자신이 너의 내부에 그러한 태도를 만들어 주었다. 앞으로 사용하게 될 그 치료 약들은 혀에는 쓰지만 일단 흡수되고 나면 점점 달콤해지는 그러한 약이다.

그런데 너는 내게 보다 많은 것을 듣기를 열망한다고 말했지. 내가 너를 데리고 가고자 하는 목적지를 알게 된다면 너는 한층 더 열망하게 될 것이다."

나는 그녀에게 그 목적지가 어디냐고 물었다. 그녀는 그 목적지란 참된 행복이라고 대답하고는

"너의 정신은 참된 행복을 꿈꾸고 있지만 너의 눈은 행복의 환영(幻影)에 흐려져 참된 행복의 실체를 보지 못하고 있다."라고 말했다. 나는 그녀에게 참된 행복의 본질을 빨리 보여 달라고 간청했다. 그러자 그녀는 이렇게 말했다.

"내 너를 위해 기꺼이 그렇게 해 주마. 하지만 나는 먼저 행복에 관한 개념을 묘사해 보여 주고자 한다. 그러면 너는 참된 행복에 관한 올바른 견해와 인식을 하게 되어 너의 시선을 다른 방향으로 돌릴 수 있게 될 것이기 때문이다."

누구든 개간하지 않은 땅에 씨앗을 뿌리고자 하려면
먼저 들판의 잡초와 덤불을 없애고
굵은 양치류(羊齒類) 식물들과 가시나무들을 낫으로 쳐내어
풍부한 곡식을 수확할 수 있도록 길을 열어 놓는다.

쓰디쓴 음식을 맛본 혀는 벌꿀의 단맛을 더 많이 느낀다.
남쪽에서 날아온 바람이 폭풍우를 휘몰아 간 다음에는
별들이 더욱 아름답게 반짝거린다.

새벽에 뜨는 별이 어둠을 몰아내면

아름다운 낮이 장밋빛 마차를 타고 달려온다.

너 또한 일찍이 거짓 행복의 얼굴을 보았고

이제 그 사악한 멍에에서 너의 목을 쳐들기 시작했으니

이제 참된 행복이 너의 정신 속에 스며들 것이다.

제2장
모든 사물은 적합한 곳을 추구한다

그녀는 깊은 생각에 잠긴 듯이 한동안 땅바닥을 응시하며 서 있다가 다시 말하기 시작했다.

"사람들은 온갖 노력을 기울이며 헤아릴 수 없이 많은 일을 하면서 또 사람들마다 각기 다른 길을 따라가지만 그들은 모두 한 가지 똑같은 목적──복된 행복──에 도달하고자 애쓰고 있다. 행복이란 일단 손에 넣게 되면 바랄 나위 없는 최고의 선이기 때문이다.

행복은 좋은 모든 것들의 완성이며 자신의 내부에 좋은 모든 것을 품고 있다. 거기에 뭔가 빠져 있다면 그것은 완전한 행복일 수 없다. 거기에 품고 있지 않고 뭔가가 부족하다면 여전히 그것을 원하게 될 것이기 때문이다.

그러므로 행복이란 모든 좋은 것이 있으므로 완전한 상태이며 우리가 앞에서 말한 바와 같이 모든 사람이 각기 다른 길을 통해 도달하고자 애쓰는 목표임이 분명하다. 참된 선에 대한 욕망은 처음부터 인간의 정신 속에 심어있는데 다만 오류가 인간의 정신을 미혹에 빠지게 하여 거짓된 선으로 향하게 하는 것일 뿐이다.

어떤 사람들은 완전한 선이란 궁핍함이 없는 데에 있다고 믿고 재산을 모으기 위해 애쓰며 참된 선이란 큰 존경을 받는 데 있다고 생각하고 국민에게 존경받기 위해 높은 지위를 얻으려고 애쓰며 참된 선은 최고 권력에 있다고 판단하고 스스로 지배자가 되려고 권력을 가진 사람들에게 붙으려고 애쓴다. 그리고 명성을 최고의 선으로 생각하여 호전적인 술책으로든 평화적이든 이름을 떨치려고 애쓴다.

그러나 대부분 사람은 선의 소유를 그 선이 가져다주는 기쁨과 즐거움의 양에 의해 측정하여 완전한 쾌락에 빠지는 것을 행복의 최고 형태로 확신한다. 또 어떤 사람들은 목적과 수단을 혼동하여 권력과 쾌락을 얻기 위해 재물을 갈망하기도 하고 돈이나 명성을 얻기 위해 권력을 추구하기도 한다.

그러므로 인간의 활동과 욕망의 목적이 발견되는 것은 이러한 대상들과 이와 비슷한 다른 대상들——다른 것이 아닌 명망을 부여해주는 명성과 인기——남자들에게 즐거움을 주는 그들이 갈망하는 아내와 자식들에게서이다.

우정에 대해서 말하자면 가장 순수한 우정은 행운의 표지가 아니라 도덕적 가치의 표지로 간주하지만 그 밖의 다른 모든 우정은 권력이나 쾌락을 얻기 위해 추구하는 것이다.

그런데 육체적 재산은 더욱 높은 행복이다. 왜냐하면 육체적인 강인함과 큰 체구는 인간에게 힘을 주고 육체의 아름다움과 민첩함은 인간에게 명성을 주며 육체적인 건강은 인간에게 즐거움을 주기 때문이다. 그러므로 이상의 모든 것들을 살펴보건대 인간이 염원하는 유일한 것은 행복임이 분명하다.

인간은 누구나 자기가 염원하는 것을 최고선(最高善)으로 생각한다. 우리는 이미 최고선을 행복으로 규정한 바 있다. 따라서 인간은 각기 자기가 가장 염원하는 상태를 행복한 상태라고 판단하는 것이다.

너는 행복의 일반적인 형태인 부(富)·지위·권력·명성·쾌락 등을 일찍이 맛보았다. 에피쿠로스(Epicurus)[1]는 오직 이러한 것들을 염원했던 까닭에 "쾌락이야말로 최고선(最高善)이다. 그런 것들은 우리의 정신에 즐거움을 주기 때문이다"라고 아주 확고하게 말했다.

그렇다면 인간이 추구하는 것들로 되돌아가기로 하자. 기억이 희미해졌음에도 인간의 정신은 각기 자기가 선이라고 생각한 것을 따라간다. 그러나 인간의 정신은 마치 술에 취한 사람처럼 집으로 돌아오는 길을 찾지 못하는 것이다.

자기가 원하는 것을 손에 넣으려고 애쓰는 사람들을 보고 그릇된 사람이라고 말할 사람은 아무도 없을 것이다. 왜냐하면 선의 모든 것이 갖추어져 있는 상태——부족함이 없어 스스로 만족하는 상태——만큼 행복을 훌륭하게 창조해 줄 수 있는 것은 없기 때문이다.

또한 큰 존경과 숭배의 대상이 되는 것을 최고의 것으로 생각하는 사람들을 보고 그릇된 사람들이라고 말할 사람은 아무도 없을 것이다. 왜냐하면 존경과 숭배를 받는 것은 무가치하고 하찮은 일이 아

---

1) B.C. 342~B.C. 271. 아테네의 철학자. 그는 인간의 자연적 목적과 최고선(最高善)은 쾌락, 즉 '정신과 육체가 자주적이며 평화로운 상태'라고 가르쳤다. 그가 최고선으로 본 쾌락은 단순한 감각적 쾌락이 아니라 모든 덕을 함양함으로써 얻을 수 있는 마음의 평화이다.

니며 거의 모든 사람이 얻고자 애쓰는 것이기 때문이다.

권력 또한 선한 것들 속에 포함되어야 한다. 다른 어떤 것보다 우월하다고 인정되는 것이 약하고 무력한 것으로 간주할 수 없기 때문이다. 명성도 또한 무가치한 것으로 간주할 수 없다. 매우 뛰어난 명성은 무시할 수 없는 것이다.

인간은 자기가 추구하는 것을 소유하고 누리게 되면 그것이 하찮은 것이라 할지라도 그것은 인간에게 기쁨을 준다. 이러한 사실을 생각할 때 행복이란 불안과 슬픔이 없고 고통의 지배에서 벗어난 상태라고 말하는 것은 당치 않은 일이다.

그러므로 사람들이 손에 넣고자 애쓰는 것은 바로 이러한 것들로서 부(富)와 높은 지위 · 높은 신분 · 영예 · 쾌락을 추구하는데 그러한 것들을 통해 자기만족과 존경 · 권력 · 명성 · 행복을 얻을 수 있다고 확신하기 때문이다. 이것이야말로 사람들이 그토록 다양하게 추구하는 선인 것이다.

그러므로 이러한 점에서 인간의 본성을 설명하기는 어렵지 않다. 그 이유는 견해가 그토록 다양하고 제각기 다른 것과는 상관없이 선을 그들의 목표로 선택함에 있어서는 일치하기 때문이다."

강력한 자연이 어떻게 만물을 지배하고 있으며
광대한 세계를 안정시키기 위해
자연이 어떻게 자신의 법칙을 만들고
자연이 어떻게 무엇으로도

끊을 수 없는 끈으로 만물을 묶어 다스리는지를
유연한 현악기를 타며 노래하는 것이 나의 즐거움이로다.

카르타고(Carthage)의 사자는 장식 달린 쇠사슬에 묶인 채
조련사의 채찍을 참고 견디며
조련사가 손을 내밀어 먹이를 줄 때
조련사를 두려워하며 그 먹이를 받아먹지만
만일 털이 곤두선 아가리에 피가 닿게 되면
잠들어 있던 그 사자의 영혼이 되살아나서
그 사자는 단 한 번의 포효로 예전의 자신을 되찾게 되고
쇠사슬은 그의 목에서 끊어져 떨어져 내릴 것이다.
그리하여 조련사의 사지(四肢)는 갈가리 찢기고
조련사가 흘린 새로운 피는
되살아난 사자의 분노를 더욱 키울 것이다.

요란스럽게 재잘대는 자유로운 새를 새장에 가두면
설령 새장 속에 꿀이 가득 담긴 컵들을 놓아주고
인간들이 정성 들여 만든 맛있는 음식을 많이 주더라도
새는 새장 속에서 푸닥거리며
즐거운 숲의 그늘 드리워진 곳만 바라보리라.
새는 새장 속의 음식들을 흩트려 버리고는
슬픈 표정으로 오직 숲만을 그리워하고

오직 숲만을 바라보며 나직이 노래를 부르리라.

연약한 나뭇가지는 억센 손에 어쩔 수 없이 복종하여

그 머리를 땅바닥을 향해 굽히지만

그 억센 손이 나뭇가지를 구부리기를 그만두면

나뭇가지는 다시 튀어 올라 하늘로 머리를 향한다.

태양은 서쪽 바닷속으로 가라앉지만

땅속의 숨겨진 길을 통하여 동쪽에서 떠오른다.

모든 사물은 각각 저마다

자기의 가장 적합한 곳을 추구하며

그곳을 되찾으면 기뻐한다.

어떤 사물이든 자신의 시작과 종말을 하나로 동여매어

끝이 없는 순환으로 만들지 않는 한

자신이 부여받은 질서를 유지하지 못하기 때문이다.

제3장
재물은 궁핍을 제거하지 못한다

"너희 지상의 피조물들이여 너희는 그 모습이 아무리 희미할지라도 너희의 근원을 꿈꾸고 있다. 너희는 행복의 참된 목표에 관해 불분명하지만 어떤 관념을 가지고 있다. 따라서 본능적인 방향 감각이 너희를 참된 선으로 이끌어가며 여러 가지 오류들이 너희에게 길을 잃게 하는 것이다. 그러므로 사람들이 자기에게 행복을 안겨 줄 것으로 생각하는 수단들에 의해 그들이 정해진 목표에 도달할 수 있을지 없을지 생각해 보라.

만약 돈이나 높은 지위나 그 밖에 그와 비슷한 것들이 어떤 것도 결핍되지 않은 것처럼 보이는 어떤 상태를 가져다준다면 나는 사람들이란 그러한 것들을 소유함으로써 행복해진다는 너희의 견해에 동의할 것이다. 그렇지만 만일 그런 것들이 가져다주는 상태에 좋은 것들이 많이 결핍되었다면 인간은 그런 것들 속에서 행복의 허상을 붙잡고 있다는 것이 분명해진다.

너는 얼마 전까지도 부유한 사람이었으므로 너에게 몇 가지 질문을 하겠다. 네가 그 엄청난 부(富) 속에 파묻혀 있을 때 너의 정신은 피해의식으로 인한 근심으로 시달리지 않았느냐?"

"시달렸습니다."

나는 대답했다.

"사실 나의 정신이 근심 걱정에서 해방되었던 때가 거의 없습니다."

"그렇다면 그것은 모자라지 않기를 바랐던 것이 모자라기 때문이거나 아니면 존재하기를 바라지 않았던 어떤 것이 그 속에 존재했기때문이었을 것이다."

"그렇습니다."

"너는 전자——모자라지 않기를 바랐던 것——가 존재하기를 원했으며 후자——존재하기를 바라지 않았던 것——가 모자라기를 원했다."

"맞습니다."

"어떤 것을 소유하지 못했음을 애석해한다면 그에게는 분명 그것이 결핍된 것이다. 그렇지 않은가?"

"그렇습니다."

"그리고 어떤 것이 결핍되어 있다면 그는 모든 면에서 스스로 만족한 상태는 아니다."

"그렇습니다."

"그렇다면 너는 부(富)를 소유하고 있었음에도 부족함을 느꼈을 것이다."

"네, 맞습니다."

"우리는 부(富)가 한 인간에게 부족함에서 벗어나게 하여 스스로만족한 상태로 만들어 줄 것처럼 보였지만 실제로 부는 그렇게 해

주지 못하는 것이다. 그리고 돈에 대해 매우 중요한 것이 또 한 가지 있다. 돈을 소유하고 있는 사람이 빼앗기지 않으려 한다고 해서 다른 사람이 빼앗는 것을 막지는 못한다는 사실이다."

나는 그녀의 말에 동의하지 않을 수 없었다. 그녀는 계속해서 말했다.

"돈을 빼앗기지 않으려는 사람에게서 그보다 힘이 강한 사람이 돈을 빼앗는 일이 생길 때 소송 이외에는 다른 방법이 없을 것이다."

"그건 사실입니다."

"그렇다면 인간은 자기의 돈을 빼앗기지 않기 위해 외부의 도움에 의존하지 않으면 안 될 것이다."

"그렇습니다."

"그런데 빼앗길 만한 돈을 전혀 가지고 있지 않으면 외부의 도움이 필요하지 않을 것이다."

"그렇습니다."

"그렇다면 상황이 뒤바뀐 것이다. 인간을 만족한 상태로 만들어 줄 것으로 생각했던 부가 실제로는 외부의 도움에 의존하게 만드는 것이다. 그러한 때 부가 어떻게 결핍을 몰아낼 수 있겠는가?

만일 네가 부유한 사람들은 굶주림과 목마름과 추위를 쫓아버릴 수 있는 수단──돈──을 가지고 있다고 말한다면 궁핍은 돈에 의해 제거될 수 없다고 나는 대답할 것이다. 굶주림과 심한 궁핍은 돈의 도움으로 채워질 수 있지만 그래도 여전히 채워져야 할 궁핍이 남아 있게 마련이기 때문이다.

본성은 작은 것으로도 만족하지만 탐욕은 그 무엇으로도 만족하지 않는다는 것을 언급할 필요는 없으리라. 그러므로 재물은 궁핍을 제거해 주기는커녕 그 나름의 또 다른 궁핍을 만들어 내므로 재물이 네게 만족을 제공해 준다고 믿을 이유가 없는 것이다."

부유한 자가 억제할 수 없는 황금 욕심으로
자기의 탐욕을 만족시키지 못하는 부를
아무리 많이 거둬들이더라도
그리고 페르시아의 육중한 진주 목걸이[2]를
자기 목에 걸어 휘어지게 하더라도
수십 마리의 황소로 그의 땅을 갈더라도
그는 날마다 마음을 갉아먹는
근심과 더불어 살 것이며
그가 죽게 되면
변덕스러운 그의 재물은 그를 저버릴 것이다.

---

2) 로마인들에게 페르시아의 해변은 파도에 의해 밀려온 진주와 보석들로 가득 뒤덮여 있다고 여겨졌다.

제4장
지위의 존엄성은 시대에 따라 다르다

"또한 사람들은 높은 지위에 오르면 그 지위가 그를 명예와 존경을 받을 만한 사람으로 만든다고 말한다. 높은 지위가 그 지위를 차지한 사람들의 정신 속에 덕을 심는 힘은 분명 가지고 있지 않을 것이다. 그렇지 않은가? 그렇다면 높은 지위는 그 지위를 차지한 사람들의 정신에 악덕(惡德)을 제거하는 힘을 가지고 있는가?

그렇지 않다. 사실은 그 반대이다. 높은 지위는 그들의 사악함을 제거하기는 고사하고 오히려 드러낸다.

그러한 까닭에 높은 지위가 사악한 자들에게 넘어가는 것을 보고 우리는 분노하는 것이다. 노니우스(Nonius)[3]가 높은 지위에 있었음에도 카툴루스(Catullus)[4]가 그를 악성 종양과 같은 자라고 부른 것은 무엇 때문이겠는가?

높은 지위가 사악한 자들에게 얼마나 많은 치욕을 안겨 주는지 너는 분명 알고 있을 것이다. 만일 그들이 높은 지위에 올라 유명해지지 않았더라면 그들의 저열함은 덜 드러날 것이다. 수많은 위협도 끝

---

3) 로마의 정치가.
4) B.C. 84~B.C. 54. 로마의 시인. 서정적이고 에로틱하고 독설적이고 신랄한 시들을 주로 썼다.

내 너를 데코라투스(Decoratus)5)와 함께 관직을 수행하도록 만들지는 못했다. 그것은 그가 아첨꾼과 밀고자로 철저하게 사악한 영혼의 소유자임을 네가 알고 있었기 때문이 아닌가?

높은 지위에 합당치 않은 저열한 사람이라고 판단될 때 우리는 그가 가지고 있는 높은 지위 때문에 그를 존경할 만한 사람이라고 생각할 수는 없을 것이다. 그렇지만 만일 지혜를 타고난 사람을 만난다면 너는 그를 존경할 만한 사람이 아니라고 생각하거나 그러한 지혜를 타고난 것이 합당치 않다고 생각하지는 않을 것이다. 그렇지 않은가?"

"그렇습니다."

"덕은 특유의 가치를 가지고 있으며 덕을 소유한 사람이라면 누구에게나 자신 특유의 가치를 건네준다. 그러나 관직은 그런 일을 하지 못하므로 관직이 자기 고유의 아름다움이나 가치를 전혀 가지고 있지 않다는 것은 의심의 여지가 없다.

우리가 특별히 주목해야 할 것이 또 한 가지 있다. 만일 하잘것없는 사람일수록 그만큼 사람들에게 경멸받는다면 높은 지위는 그들을 대중에게 드러내 보일 뿐 존경받을 만한 사람으로 만들지 못하므로 오히려 그들을 더욱 경멸받게 만든다는 것이다.

그리고 그때 그들의 높은 지위 또한 그들에 의해 해악을 당하게 된다. 왜냐하면 악한 사람들은 자기들의 높은 지위에 걸맞은 악행을

---

5) 로마의 젊은 귀족으로 변호사. 언젠가 보이티우스는 그와 함께 재판관에 임명되었는데 보이티우스는 그를 경멸하여 그 관직에 오르지 않았다.

하기 때문이다. 즉 그들은 높은 지위와 관계를 맺음으로 그들의 지위까지 욕되게 하는 것이다.

나는 네가 높은 지위의 헛된 명예를 통해 참된 존경이 얻어질 수 없는지 깨닫기를 바란다. 이를테면 집정관에 있었던 어떤 사람이 우연히 다른 민족에게 가게 되었다. 그때 높은 지위가 그를 이민족들에게 존경받게 해 주겠는가?

만일 존경이 높은 지위의 본래의 특성이라면 높은 지위는 세상 어디에서든 반드시 그러한 효력을 나타내야 할 것이다. 불이 세상 어디에서나 항상 뜨거운 것과 마찬가지지만 높은 지위를 존경과 결부하는 것은 지위의 본래 특성이 아니라 인간의 그릇된 견해이므로 높은 지위를 명예로 여기지 않는 사람들은 즉시 무(無)로 된다. 그가 다른 민족에게 갔을 때는 그러한 일이 생기는 것이다.

그렇다면 그의 높은 지위가 조국에서는 영원히 계속되겠는가? 한때는 집정관직이 커다란 권력을 가진 관직이었던 적도 있었지만 지금 집정관직은 공허한 이름에 지나지 않으며 원로원 의원들의 주머니를 축내는 존재에 지나지 않는다. 또한 옛날에 곡물 배급을 담당하는 사람은 굉장한 사람으로 여겨졌지만 지금 곡물 배급을 담당하는 관직은 어느 관직보다도 낮은 관직이 돼버렸다.

우리가 방금 이야기했듯이 만일 어떤 사물이 자기의 고유한 미점(美點)을 가지고 있지 않다면 그 사물의 존엄성은 시대에 따라 달라지고 그것을 사용하는 사람들의 견해에 따라 달라질 것이다.

그러므로 높은 지위가 그 지위를 가진 사람을 존경받을 만한 사람

으로 만들지 못한다면——또 한 걸음 더 나아가 높은 지위가 악한 사
람과의 접촉으로 더럽혀진다면——그리고 시대에 따라 그 빛을 잃
고 다른 민족들의 평가로 하찮은 것이 되어 버린다면 도대체 높은
지위를 열망할만한 가치가 있는 어떤 미점(美點)이 있단 말인가?"

오만한 군주 네로는
진홍빛 예복과 하얀 보석을 걸쳤지만
사납고 잔혹한 방탕아인 그는
모든 이의 미움을 받게 되었다.
때때로 그 사악한 자는
존경스러운 원로들에게 높은 지위를 주곤 했지만
비천한 사람이 주는 벼슬을
그 누가 영예로운 것으로 생각하겠는가?

제5장
난폭한 욕망의 굴레에 굴복하면

"어떤 사람이 왕이나 또는 왕의 친구가 된다고 해서 그것이 그에게 권세를 줄 수 있겠는가? 만일 네가 '그렇습니다. 그의 행복은 끊임없이 지속될 것이기 때문입니다'라고 대답한다면 나는 '역사 속에서나 우리의 시대 역시 왕이 되어 그의 행복이 파멸로 변한 예는 헤아릴 수 없이 많다'라고 대답할 것이다. 권세가 자기 자신을 보존하는 일마저도 충족하게 하지 못하는 것을 보면 권세란 얼마나 보잘 것없는 것인가!

만일 왕의 권세가 행복의 근원이라면 그 권세에 결함이 생긴다는 것은 행복의 감소와 불행의 도래(到來)를 의미하는 것이다. 그렇지 않은가? 인간의 제국이 아무리 클지라도 어떤 왕의 지배도 받지 않는 사람들이 있게 마련이다. 그리고 인간을 행복하게 만들어 주는 권력이 끝나는 곳에 반드시 권력의 결핍이 생겨나 그들을 불행하게 만든다. 그러므로 왕들에게는 반드시 더욱 큰 비참함이 존재하는 것이다.

시라쿠스(Syracuse)[6]의 폭군 디오니시우스(Dionysius)[7]는 지위

---

6) B.C. 734년경에 코린토스인에 의해 세워진 도시 국가. 시칠리섬의 동쪽에 있다. 한때는 서방 세계에서 카르타고 다음가는 강대한 힘을 가졌으나 B.C. 212년에 로마군에게 항복했다.
7) B.C. 430~B.C. 367. 디오니시우스 1세. 시라쿠스의 폭군.

의 위험을 너무도 잘 알고 있었다.

그래서 그는 머리카락 한 개로 검을 매달아 머리 위에 걸어 두게 함으로써 다모클레스(Damocles)[8]에게 왕위(王位)의 두려움을 예시(例示)해 주었다.

그렇다면 이 권력이란 무엇인가? 근심의 괴로움과 공포의 아픔도 물리치지 못하는 이 권력이란 도대체 무엇이란 말인가? 왕들은 근심에서 해방되어 살고 싶지만 그렇게 할 수가 없다. 그런데도 그들은 권력을 뽐내는 것이다!

자기가 이룰 수 없는 어떤 것을 소유하지 못한 사람을 만날 때 너는 그를 권력 있는 사람이라고 생각하느냐? 신하들을 두렵게 만들면서도 신하들이 자기를 두려워하는 것보다 더 신하들을 두려워하여 항상 호위병을 데리고 다니는 사람과 또한 그의 권력에 의해 권리가 섬기는 사람들의 의지로 좌우되는 사람을 너는 권력 있는 사람이라고 생각하느냐?

왕위(王位) 자체마저 이러한 결함으로 가득 차 있는데 하물며 왕의 친구들에 대해서야 말할 게 무엇이 있겠는가? 그들은 왕권이 침해당하지 않고 지속되는 동안에도 종종 파멸하지만 왕권이 무너지는 때도 파멸하는 일이 매우 흔하다.

---

8) 시라쿠스의 디오니시우스 1세의 조신(朝臣). 그가 디오니시우스 왕에게 부유함과 행복에 관해 과장해서 말했을 때 디오니시우스 왕은 자기 위치가 불안함을 보이는 상징으로 그를 위해 화려한 향연을 벌여 놓고 머리카락 한 올로 칼을 매달아 놓은 다음 그 밑에 앉아 있게 했다고 한다.

네로의 친구이며 스승이었던 세네카[9]는 다름 아닌 네로에게 자살할 것을 강요받아 자살했으며 궁정의 오랜 권력자였던 파피니아누스(Papinianus)[10]는 카라칼라(Caracalla) 황제[11]에 의해 병사들의 칼 앞에 내던져졌다.

그들 두 사람 모두 자기의 권력을 기꺼이 포기하려 했다. 세네카는 심지어 자기의 재산을 네로에게 주고 은거 생활을 하려고까지 했다. 그러나 그들은 마치 발판을 잃고 자신의 몸무게로 인해 떨어져 내리는 사람들처럼 자기가 원하는 바를 이루지 못했다.

권력을 소유하고 있는 사람에게 공포를 불어넣는 권력——권력을 원하면 아무런 안전도 제공해 주지 못하는 권력과 권력을 포기하고 싶을 때도 뜻대로 할 수 없는 권력——그것이 도대체 무슨 권력이란 말인가?

또한 너의 개인적인 특성으로 인해서라기보다 너의 행운 때문에 생긴 친구들에게서도 의지할 것은 아무것도 없다. 네게 성공을 가져다준 친구는 네가 불행에 처해 있을 때 너의 적으로 변한다. 그리

---

9) B.C. 5~A.D. 65. 저명하고 부유했던 로마의 웅변가이며 철학자. 네로 황제의 가정교사였다. 70세가 가까워졌을 때 그는 자기의 막대한 재산을 네로에게 넘겨주고 은퇴하려 했으나 네로가 거절했다. 후에 그는 네로에 반대하는 음모에 연루되어 네로에게 자살할 것을 강요받고 자살했다.

10) 146?~212. 고대 로마의 법학자. 뒷날 황제가 된 세베루스와 함께 공부했다. 그리하여 세베루스가 황제가 되었을 때 그는 고관이 되어 카라칼라와 게타 두 왕자의 스승이 되었다. 세베루스가 죽은 후 카라칼라는 공동 지배자인 게타를 죽이고 그 정당성을 주장하는 문안을 작성할 것을 파피니아누스에게 명령하자 그는 단호히 거절하고 사형을 당했다.

11) 188~217. 로마의 황제(121~217). 세베루스 황제의 아들. 아버지가 죽은 후 공동 통치자인 동생 게타를 암살하고 독재자가 되었다.

고 적으로 변한 너의 친구보다 너를 가장 쉽게 해칠 수 있는 악마는
더 이상 없다."

　　높은 권력을 휘두르기 원하는 자는
　　자신의 격렬한 감정을 길들이지 않으면 안 된다.
　　그의 마음은 악(惡) 앞에서 움츠러들거나
　　욕망의 난폭한 굴레에 굴복해서는 안 된다.

　　설령 머나먼 나라인 인도가
　　너의 강력한 지배 아래서 벌벌 떨고
　　북해(北海)에 있는 툴레(Thule)섬[12]이
　　너의 권력 앞에 고개를 숙인다고 할지라도
　　네가 근심과 결핍의 희생물이 된다면
　　너는 왕이 아니라 노예이다.

---

12) 북대서양에 있는 섬으로서 지금의 아이슬란드. 당시 로마인들은 이 섬이 세계의 북쪽 끝으
　　로 여겼으며 인도는 동쪽의 끝으로 여겨졌다.

제6장
명성은 하찮은 사람도 치켜세운다

"명성은 그야말로 수치스러운 것이며 너무도 자주 우리를 기만한다. 현명한 에우리피데스(Euripides)[13]는 안드로마케(Andromache)[14]로 하여 다음과 같이 외치게 했다.

'오, 명성이여. 오, 명성이여!
너는 수많은 하찮은 사람들을 높이 치켜세웠도다.'

명성을 얻을 만한 가치가 없으면서도 부당하게도 사람들의 그릇된 견해로 인해 명성을 얻었던 사람들이 너무도 많다. 그보다 더 수치스러운 일이 어디 있겠는가? 부당하게 찬사를 받는 사람들은 그들이 받는 찬사에 얼굴을 붉히지 않을 수 없을 것이다. 설령 찬사를 받을 만한 현자(賢者)가 정당하게 찬사를 받았다 할지라도 그 현

---

13) B.C. 485?~B.C. 406? 아테네의 3대 비극 시인 중의 한 사람. 대부분 생을 살라미스섬의 동굴에서 독서와 집필로 보냈다. 그의 작품으로는 《트로이의 여자》, 《안드로마케》, 《안드로메다》, 《박카스의 신도들》 등이 있다.
14) 그리스 신화 속의 트로이 제1의 영웅인 헥토르의 아내. 그녀는 남편에 대한 신뢰에 차 있으며 눈물 속에서도 웃음을 잃지 않는 다정한 아내로 묘사되고 있다. 헥토르는 트로이 전쟁의 원인이 된 파리스의 형.

자의 감정에 아무것도 더 해 주지 못한다. 현자는 사람들의 평판에 의해서가 아니라 자신의 양심의 참된 목소리에 의해 행복을 측정하기 때문이다.

만일 명성을 널리 떨치는 것을 훌륭한 일이라고 생각한다면 명성을 널리 떨치지 못하는 것은 부끄러운 일로 여겨져야 할 것이다. 그러나 내가 방금 말했듯이 어떤 사람이 큰 명성을 가지고 있다 하더라도 그 명성이 미치지 못하는 다른 민족들이 반드시 있게 마련이며 이웃 지역의 사람들은 그의 이름조차 들어 본 적이 없을 것이다.

내가 대중의 평판을 언급할 가치조차 없는 것으로 여기는 것은 그때문이다. 대중에게서 평판을 얻는 것은 우연한 일이며 그 평판은 언제라도 잃을 수 있다.

고귀한 혈통이라는 것에 대해 말하자면 그것의 공허함과 무가치함을 모르는 사람은 아무도 없다. 만일 고귀한 혈통이 명성에서 유래하는 것이라면 그것은 다른 사람에게서 빌려온 고귀함이다. 분명 그의 조상들의 행적(行績)에서 유래된 일종의 찬사일 것이기 때문이다.

명성은 찬사의 산물이다. 그러므로 찬사를 받는 당사자가 유명해지는 것이 이치에 맞는 일이다. 그러므로 네가 너의 힘으로 유명해지지 않는 한 다른 사람이 받는 찬사는 반드시 너를 고귀하게 만들어 주지는 못한다.

만일 있을지도 모르는 고귀한 태생에 장점이 있다면 그에게는 조상들의 덕(德)에 미치지 못하는 인물이 되어서는 안 된다는 필연적인 조건이 부과되어 있다는 것뿐이라고 나는 생각한다.”

온 인류는 한 근원에서 생겨났다.

그분은 만물을 지배하는 만물의 아버지시다.

그는 태양에는 빛을 달에는 여러 얼굴들을 주셨으며

하늘을 아름답게 하려고 별들을 그리고 땅에는 인간들을 주셨다.

그는 높은 곳의 정신을 끌어내려 인간의 육체 속에 가두셨으니

이것이 유한한 인간들을 위한 고귀한 기원(起源)이라.

그런데 어찌하여 너희는 친족과 조상을 찬양하느냐?

너희가 온 곳을 알라.

그리고 너희를 창조하신 신을 잊지 말라.

비천한 것들을 위해 본래의 근원을 버림으로

죄를 짓지 않는 사람은 타락하지 않는다.

제7장
육체적 쾌락에는 고통이 따른다

"육체적 쾌락에 대해서는 할 말이 거의 없다. 육체적 쾌락의 추구는 열망으로 가득 차 있고 육체적 쾌락의 충족은 후회로 가득 차 있다. 사악함에 대한 일종의 보답과도 같이 육체적 쾌락은 그것을 즐거움의 원천으로 삼는 사람들에게 종종 큰 질병과 견딜 수 없는 고통을 준다.

나는 육체적 쾌락의 열정 속에 어떤 행복이 존재하는지 알지 못한다. 그러나 쾌락의 끝이 슬픔이라는 것은 방탕함을 회상하는 사람들에게는 잘 알려진 사실이다. 만일 육체적 쾌락이 행복을 만들어 낼 수 있다면 동물들이 행복하다는 것을 부인할 수는 없을 것이다. 왜냐하면 생(生)에 있어서 동물들의 목표는 오로지 육체적 욕구의 충족에 지향되기 때문이다.

아내와 자식들에서 유래하는 즐거움은 가장 순수한 즐거움이다. 그런데 자식들이 고통의 근원임을 발견했다는 너무도 당연한 이야기도 있다. 그러한 상태가 얼마나 고통스러운 것인지 너에게 상기시킬 필요는 없을 것이다. 너 자신도 그러한 상태를 체험했고 지금도 여전히 그 근심에서 벗어나지 못하고 있기 때문이다.

그러므로 나는 에우리피데스(Euripides)가 '자식이 없는 사람은 자식이 없는 불행 속에서도 행복하다'라고 말한 것에 동의한다.”

모든 쾌락은 똑같이 한 가지 특징을 가지고 있으니
쾌락을 탐하는 자들을 막대기로 몰아친다.
그리고 마치 날아다니는 꿀벌 떼처럼 모든 쾌락은
처음에는 그들의 달콤한 꿀을 쏟아 주고는
이윽고 돌아서서 그들은 희생자의 가슴을 찌르고
깊게 박힌 독침을 남겨 둔 채 떠나버린다.

제8장
명성과 쾌락은 행복하지 못하다

"그러므로 이러한 길들은 행복에 이르는 길이 아니며 그 길들이 약속했던 목적지에 우리를 데려다주지 못한다는 것은 의심할 여지도 없다. 그러한 길들이 얼마나 큰 악(惡)들로 둘러싸여 있는지 네게 간략하게 설명해 주겠다.

만일 돈을 긁어모으려고 한다면 너는 돈을 강제로 빼앗아야 할 것이며 또한 고위 관직에 올라 눈부신 인물이 되고자 한다면 너는 고위 관직을 내려주는 사람 앞에서 굽실거려야 할 것이다. 그러므로 다른 사람들보다 높은 명예를 갖기를 원한다면 구걸함으로써 나 자신을 값싸고 비굴한 존재로 만들어야 할 것이다.

그리고 만일 권력을 원한다면 너는 너의 부하들의 음모에 너 자신을 내맡기고 위험한 모험을 감행해야 할 것이다. 만일 네가 추구하는 것이 명성이라면 너는 거친 길 위에서 이리저리 끌려다니다가 마침내 근심으로 지치게 될 것이다. 만일 쾌락적인 삶을 살겠다고 결심했다면 너를 무가치하고 덧없는 육체의 노예라며 조소(嘲笑)하고 경멸하지 않을 사람은 하나도 없을 것이다.

사람들이 육체의 행복을 목표로 내세울 때 그들이 손에 넣으려고 그토록 애쓰는 것이 얼마나 하찮고 깨지기 쉬운 것인가를 생각해 보

라. 마치 너희는 몸집의 크기에서 코끼리를 힘에서 황소를 빠르기에서 호랑이를 능가할 수 있기라도 한 듯한 태도이다.

하늘의 궁륭(穹窿, 둥근 천장)을 올려다보라. 하늘의 기반이 튼튼함과 하늘의 운행을 보고 하잘것없는 것들을 찬양하는 일을 중지하라. 하늘은 그 기반이 튼튼함과 운행의 빠름보다는 하늘을 지배하는 질서 때문에 더욱 감탄스러울 것이다.

미인의 아름다운 모습은 봄철의 꽃보다 더 덧없고 일시적이며 빨리 사라지는 것이다. 아리스토텔레스(Aristotle)가 말한 바와 같이 만일 우리가 신화 속 린케우스(Lynceus)[15]처럼 사물들을 속속들이 꿰뚫어 볼 수 있다면 그토록 아름다운 알키비아데스(Alcibiades)[16]의 육체마저도 우리에게는 더할 나위 없이 추하게 보일 것이다. 그의 몸속 창자까지도 환히 보일 것이기 때문이다.

그러므로 네가 아름답게 보이는 것은 너 자신의 본질 때문이 아니다. 그것은 너를 보는 사람들의 시력이 약하기 때문이다. 네가 찬양하는 사람들이 사흘 동안만 타는 듯한 신열(身熱)이 계속되어도 보잘것없는 모습으로 전락해 버릴 수 있다는 것을 너도 잘 알고 있을 것이다. 그러니 육체의 행복을 바라는 염원이 얼마나 터무니없는 것인지 생각해 보라.

---

15) 그리스 신화에서 황금 양털을 찾기 위해 떠나는 아르고 선(船) 일행 중의 한 사람으로서 신화적 인물. 그는 어둠 속에서도 볼 수 있고 보물들이 숨겨진 곳을 발견할 수 있는 날카로운 시력을 가졌다.
16) B.C. 450~B.C. 404. 아테네의 장군. 소크라테스의 제자이며 친구였다. 그는 부와 육체적인 아름다움으로 유명하다. 멋있지만 방탕한 그에 대해서는 플라톤의 《향연》에 잘 묘사되어 있다.

이상 말한 것들을 모두 종합해 볼 때 그러한 것들——재물·지위·권력·명성·쾌락 등——은 약속하는 행복을 만들어 주지 못한다. 그러므로 그것들이 모두 결합해도 완전한 행복이 되지 못하기 때문에 그러한 것들은 행복에 이르는 길이 아니며 그 자체의 힘으로 인간을 행복하게 만들어 주지도 못한다."

　아아, 인간은 무지(無知)에 이끌려
　정도(正道)에서 벗어나 길을 잃도다.
　뻗친 나뭇가지에서 황금을 찾는 자가 어디 있으며
　포도나무에서 보석을 찾는 자가 어디 있는가?

　생선들이 쌓인 식탁을 차리기 위해
　산꼭대기에다 은밀하게 그물을 쳐놓는 자가 어디 있으며
　야생 염소를 사냥하기 위해
　바다에 배를 띄우는 자가 어디 있는가?

　사람들은 파도 높은 바다 밑 깊은 곳까지 알고 있어서
　바닷속 어느 기슭에 진주가 많은지 알고 있으며
　어느 해안에 자줏빛 물감의 조개가 많은지도 알고 있으며
　연한 생선과 갑각류를 잡기 위해서는
　어느 포구로 가야 하는지를 알고 있다.

그러나 그들은 무지로 인하여

자기들이 찾는 행복이 어디 있는지 알지 못한다.

그리하여 하늘보다 높은 곳에 있는 그것을 지상에서 찾는다.

그러니 어리석은 인간들이여

내가 너희에게 무엇을 바랄 수 있겠는가?

부와 명성을 추구해 보라.

그리하여 너희가 애써 거짓 행복을 손에 넣게 되면

그때에야 비로소 너희는 참된 행복이 무엇인지 알게 될 것이다.

제9장
참된 행복은 어디서 찾아야 하는가

"이제까지 나는 거짓 행복의 모습을 충분히 설명했다. 그러니 네가 거짓 행복을 똑똑히 알았다면 이제는 너에게 참된 행복이 어떤 것인지를 보여 주겠다."

"이제 나는 충족함은 재물과 아무런 상관이 없으며 권력은 왕위(王位)와 아무런 상관도 없고 영예는 명성과 아무런 상관이 없으며 행복은 쾌락과 아무런 상관도 없다는 것을 확실히 알았습니다."

"그 이유를 이해했느냐?"

"어렴풋하게 알 것 같습니다. 하지만 당신에게 그 이유를 더욱 분명하게 배우고 싶습니다."

"그 이유는 아주 분명하다. 그것은 본디 하나여서 나누어질 수 없는 것임에도 부당하게 사람들에 의해 세분되어 참되고 완전한 상태에서 거짓되고 불완전한 상태로 옮겨졌기 때문이다. 너는 자족상태(自足狀態)를 권력에 부족함이 있는 상태라고 생각하느냐?"

"전혀 그렇게 생각하지 않습니다."

"물론 그렇지 않을 것이다. 한 존재가 어떤 면에서 부족함을 가지고 있다면 그것은 필연적으로 다른 어떤 것의 도움이 필요할 것이기 때문이다."

나는 그녀의 말에 동의했다.

"그러므로 자족(自足)과 권력은 똑같은 본질을 가진 것이다."

"그런 것 같습니다."

"그렇다면 너는 그러한 종류의 존재를 경멸할 가치마저도 없는 것으로 생각하느냐 아니면 반대로 지극히 존경받을 만한 것으로 생각하느냐?"

"후자(後者)입니다. 거기엔 의심할 여지도 없습니다."

"그렇다면 자족(自足)과 권력과 존경받는 상태를 더하여 이 셋 모두를 하나로 하여 판단해 보기로 하자."

"진리를 인정하고자 한다면 우리는 반드시 그렇게 해야 할 것입니다."

"그렇다면 너는 어떻게 생각하느냐? 그러한 결합체가 인정받지 못하고 알려지지 않으리라고 생각하느냐 아니면 널리 알려지고 명망을 얻게 될 것으로 생각하느냐? 만일 그 결합체가 아무것도 부족한 것이 없고 모든 권력을 가지고 있으며 최고의 존경을 받기에 합당한 것이라면 그것에게 스스로 제공해 줄 수 없는 영예가 빠져 있는지 그래서 제한된 가치만을 가진 것처럼 보이는지 너 자신에게 물어보라."

"저는 그것의 본질을 고려할 때 영예에 있어 다른 어느 것에도 뒤지지 않을 것이라고 말할 수 있을 뿐입니다."

"그렇다면 영예는 우리가 앞에서 말한 세 가지──자족·권력·존경──와 조금도 다른 것이 아니라고 말할 수 있겠지?"

"그렇습니다."

"그렇다면 만일 자족적(自足的)이고 자신의 자원(資源)으로 모든 것을 이룰 수 있으며 영예스럽고 존경받을 만한 사람이 있다면 분명 그는 지극히 행복하겠지?"

"그런 사람에게 슬픔이 닥친다는 것은 생각할 수도 없는 일입니다. 그러한 특성들이 지속되는 한 그는 행복에 가득 차 있을 것입니다."

"그렇다면 똑같은 이유로 우리는 '자족과 권력과 영예와 존경과 행복은 이름은 각기 다르지만 본질에 있어서는 다르지 않다'라는 결론을 내릴 수 있을 것이다."

"그렇습니다."

"그런데 인간의 완고함은 본질적 하나이며 분해할 수 없는 것을 여럿으로 나누어 사물의 부분만을 손에 넣으려고 애쓰다가 그 부분을 얻는 데 성공하지 못하며——부분이란 존재하지도 않으니까—— 그 전체를 얻는 것에도 성공하지 못한다. 그들은 전체에는 관심이 없기 때문이다."

"어떻게 그런 일이 가능합니까?"

"만일 어떤 사람이 가난을 피하려고 부를 추구한다면 그는 권력을 얻기 위해 일하는 것이 아니다. 즉 그는 자기가 손에 넣은 돈을 잃지 않기 위해 사람들에게 알려지지 않고 인정받지 못하는 편을 더 좋아하며 나중에는 본능적 쾌락까지 포기한다.

그러나 그런 방법으로는 절대 충족함을 얻지 못한다. 그는 권력이 없고 근심에 시달리며 자신에 대한 세상 사람들의 낮은 평가 때문에 전혀 중요하지 않고 세상에 알려지지 않은 채 묻혀 있기 때문이다.

또한 어떤 사람이 오직 권력만을 추구한다면——그는 재산을 소비하고 쾌락과 권력이 없는——명예는 경멸하며 영예(榮譽)를 조금도 중요치 않은 것으로 여긴다. 그러나 이러한 사람 또한 얼마나 많은 것들이 빠져 있는지 너는 알 수 있을 것이다. 어떤 때에 그는 생활에 꼭 필요한 것들이 부족하여 근심으로 야위고 자신을 해방할 수 없으므로 자기가 가장 원했던 권력 있는 사람이 이미 아니다.

존경과 명예와 쾌락에 대해서도 이와 비슷한 논법을 적용할 수 있다. 왜냐하면 그것 중 어느 것이나 그것 이외의 다른 것과 똑같으므로 그것 중 어느 하나만을 추구하는 사람은 그가 원하는 그것마저도 얻을 수 없기 때문이다."

"하지만 그것들 모두를 한꺼번에 얻고자 한다면 어떻게 됩니까?"

"그렇다면 그는 행복의 총화(總和)를 추구하고 있다. 하지만 우리는 이미 그런 것들이 스스로 약속한 바를 우리에게 줄 수 없다는 것을 증명했다. 그런데 그런 것들 속에서 그가 행복의 총화를 발견할 수 있으리라고 너는 생각하느냐?"

"아니요, 그렇게 생각하지 않습니다."

"그러므로 우리가 원하는 여러 상태를 하나씩 따로따로 우리에게 줄 것으로 생각되는 그러한 것들 속에서 행복을 찾는다는 것은 불가능 한 일이다."

"그렇습니다. 그보다 더 진실한 말은 없을 것입니다."

"이제 너는 거짓 행복의 본질과 원인을 알게 되었다. 이제 너의 정신의 눈을 다른 쪽으로 돌려 보라. 그러면 너는 내가 약속했던 참된 행복을 조금 뒤에 보게 될 것이다."

"눈먼 사람일지라도 그것——참된 행복——을 볼 수 있을 것입니다. 조금 전 당신이 거짓 행복의 원인을 설명해 주시려고 애쓰실 때 이미 당신은 참된 행복을 드러내 보여 주셨기 때문입니다.

제가 잘못 이해한 것이 아니라면 참되고 완전한 행복이란 자족적(自足的, Self Sufficient)인——강한 인간, 존경받기에 합당한 인간, 영예롭고 유쾌한——인간으로 만들어 주는 그런 행복입니다.

그리고 제가 피상적인 이해에 그치지 않는다는 것을 증명하기 위해 한 가지 더 말씀드리자면 그것들——자족·강함·존경·영예·유쾌함——은 모두 같은 것이므로 그것 중 어느 하나를 진정으로 우리에게 줄 수 있는 행복이야말로 참된 행복이라는 것을 저는 조금의 의혹도 없이 알고 있습니다."

"나의 아이여, 만일 네가 거기에 한 가지를 더 보탠다면 너의 그러한 믿음은 복된 것이다."

"그것이 무엇입니까?"

"인간에게 그런 것을 줄 수 있는 것이 이 유연하고 타락한 사물 중에 있다고 생각하느냐?"

"아니요, 그렇게 생각하지 않습니다. 당신은 이미 더 이상 바랄 수 없을 만큼 잘 증명해 주셨습니다."

"그러한 사물들은 인간에게 참된 행복의 그림자나 또는 불완전한 행복만을 제공해 줄 뿐이며 참되고 완전한 행복을 제공해 주지는 못한다."

"그렇습니다."

"너는 참된 행복의 본질과 거짓된 행복의 모조품을 알았으니 이제 남은 것은 참된 행복을 어디서 찾아야 하는지를 알아야 한다는 것이다."

"그것이야말로 제가 갈구해 왔고 간절히 기다리던 것입니다."

"나의 종복인 플라톤은 그의 저서 《티마이오스(Timaeus)》 속에서 아주 작은 일들에 대해서마저 기꺼이 신의 도움을 청했다. 그것을 생각할 때 최고선(最高善)의 근원을 발견할 자격이 있는 존재가 되기 위해 이제 우리는 무엇을 해야 한다고 생각하느냐?"

"만물의 아버지에게 기도해야 합니다. 기도하지 않는다면 올바른 초석(礎石)이 놓이지 않을 것입니다."

"그렇다."

그녀는 이렇게 말하고는 곧이어 다음과 같은 찬가를 읊기 시작했다.

오, 영원한 이성(理性)으로 만물을 다스리는 분이여
행성(行星)과 하늘을 창조하고 영원에서 시간을 끌어내신 분이여
자신은 불변하면서도 만물을 움직이게 하시는 분이여
당신께서 변하기 쉬운 물질세계를 빚게 한 것은
당신의 내부에 있는 최고선(最高善)의 자애로운 형상뿐이었습니다.

당신은 만물을 당신의 고귀한 원형(原形)에서 끌어내셨습니다.
아름다움의 극치인 당신의 정신에 아름다운 세계를 간직하시니
이 세계를 당신의 아름다운 세계와 닮은 모습으로 형상화하면서
완벽한 부분들에 완벽한 전체를 이루도록 명령하십니다.

당신은 모든 것들을 조화롭게 만드시고
뜨겁고 차가운 것 습하고 마른 것을 균등하게 만드시며
불은 너무 가볍지 않게 흙은 너무 무겁지 않게 하십니다.
당신은 영혼을 만들어 그 영혼으로 3중의 자연을 연결하시니
그 영혼은 모든 자연에 조화롭게 퍼져 있으며 만물을 움직입니다.

그 영혼은 두 세계의 운동을 순환하며
자기에게로 돌아가 정신세계를 순회하고
또 같은 모양으로 하늘을 순회합니다.
당신은 그러한 원인으로 영혼과 작은 생명을 생성하시고
그것들을 하늘과 땅에 분산시킵니다.
그러면 그것들은 당신의 자비로운 법에 따라 회전하다가
고향으로 데려다주는 불을 통해 당신에게 돌아옵니다.

아버지시여
우리의 정신이 당신의 존엄한 자리에 오를 수 있게 하소서.
우리에게 참된 선의 근원을 볼 수 있는 눈을 주시옵고

우리의 정신이 눈을 떠 당신을 응시할 수 있도록 빛을 주소서.

그리고 지상(地上)에서의 구름을 벗겨 주시고

당신의 빛으로 우리를 비추소서.

당신은 당신을 숭배하는 사람들에게 안식이며 평화이십니다.

당신을 아는 것이 우리의 목표입니다.

당신은 우리의 근원이며 창조주이십니다.

또한 주인이시며 길이시며 진리이시며 목표이십니다.

제10장
신보다 우월한 것은 아무것도 없다

"너는 불완전한 행복의 모습과 완전한 행복의 모습을 모두 보았으므로 이제 우리는 그 완전한 행복을 어디에서 찾아야 하며 그 이유는 무엇인지 증명해야 할 것이다. 그에 앞서 내가 조금 전에 규정했던 그런 종류의 행복이 과연 자연 세계에 존재할 수 있는지 네게 질문하고자 한다.

그렇게 해야만 우리는 그릇된 이성과 박약한 이성의 진실에서 벗어나 길을 잃고 헤매지 않을 것이기 때문이다. 그러나 그러한 행복의 존재와 모든 좋은 것의 원천으로 그 기능은 부인될 수 없다. 불완전하다고 일컫는 모든 것의 완전성은 모자람으로 인해 불완전하다고 여기고 있기 때문이다.

그러므로 만일 어떤 종류의 사물 속에서 불완전함이 보이면 그 사물 속에는 어느 정도의 완전함 또한 당연히 들어 있다. 왜냐하면 완전함을 제거하면 불완전하다고 여겨지는 것이 존재한다고 상상조차할 수 없기 때문이다.

자연계(自然界)는 손상되고 불완전한 것에서 유래된 것이 아니라 손상되지 않고 완전한 것에서 생겨 파괴되고 쇠퇴한 상태로 점점 퇴화해 가는 것이다.

그러나 우리는 방금 사멸하기 쉬운 행복 속에는 불완전한 행복이 들어 있다는 것을 증명했으므로 참되고 완전한 행복이 존재하는 것에 절대로 의혹이 있을 수 없다.”

“그것이야말로 아주 확실하고 참된 결론입니다.”

“그렇다면 그 참되고 완전한 행복을 어디서 찾아야 하는가에 대해서는 너는 다음과 같이 생각하지 않으면 안 된다. 만물을 창조하신 신은 선하다는 것이 인간 정신의 보편적인 인식이다. 신보다 더 선한 것은 생각할 수 없으며 그 어느 것보다 선이 우월하다는 데에 이의를 제기하는 사람은 하나도 없다.

우리는 신의 선함이 완벽하다는 것을 확신한다. 우리의 이성은 신이 그토록 선하다는 것을 우리에게 증명해 준다. 그렇지 않다면 신은 창조주가 될 수 없을 것이다. 그렇게 되면 신의 선보다 더 완벽한 선을 소유하고 있는 어떤 다른 것이 존재해야 하며 그 존재는 신보다 우월하고 신보다 훨씬 전부터 존재해야 할 것이다. 완전한 것은 불완전한 것보다 한층 더 우월하기 때문이다.

그러므로 끝없는 논쟁을 종결하기 위해 우리는 최고자 신이 가장 높은 선과 완전한 선으로 충만해 있다는 것을 인정해야만 한다. 그런데 우리는 앞에서 완전한 선은 참된 행복이라는 것에 동의했다. 그러므로 참된 행복은 당연히 최고자인 신에게 찾을 수 있는 것이다.”

“저도 그것을 인정합니다. 거기에는 반박할 여지가 전혀 없습니다.”

그녀가 말했다.

"하지만 너에게 부탁할 것이 한 가지 있다. 그것은 최고자인 신이 가장 높은 선으로 충만해 있다는 우리의 진술에 대한 너의 인정은 아무 조건 없는 최종적인 것이 되어야 한다는 것이다."

"어떻게 말입니까?"

"만물의 아버지이며 최고자인 신이 자신의 최고선을 외부에서 받았다고 억측하거나 또는 신이 그 최고선을 처음부터 소유하고 있었지만 그 최고선의 소유자인 신의 본질과 신이 소유하고 있는 행복의 본질을 별개의 것으로 생각하는 억측은 피해야 한다. 만일 그 최고선을 신이 외부에서 받았다고 생각한다면 너는 그 최고선을 신에게 준 존재가 그것을 받은 신보다 더 우월한 존재라고 여길 수 있기 때문이다.

그러나 우리는 신을 모든 것 중 가장 뛰어난 존재로 여기는 것이 옳다는 데에 의견을 일치하고 있다.

또한 선이 신의 본질적인 특성이기는 하지만 그것이 논리적으로 신과 구분되는 어떤 것이라고 한다면 우리가 창조주인 신에 대해 이야기할 때마다 뛰어난 정신의 사람들은 별개인 그 둘을 하나로 결합하는 어떤 권력자를 상상할 수도 있을 것이다.

마지막으로 한 사물이 다른 사물과 구분되는 경우 전자――한 사물――는 후자――다른 사물――와 같은 것일 수 없다. 그러므로 본질적인 최고선과 구분되는 것은 최고선일 수 없다. 그러므로 신에 대해 이러한 생각을 품어서는 안 된다. 우리는 신보다 우월한 것은 아무것도 없는 것을 인정하기 때문이다.

어떤 것이——본래부터 자기가——생겨난 근원보다 한층 더 우월하다는 것은 있을 수 없는 일이다. 그러므로 나는 완벽한 논리로써 만물의 근원인 신이 본질적인 최고선이라고 결론을 내리고 싶다."

"더할 나위 없이 옳은 말씀입니다."

"그런데 우리는 최고선은 행복과 같은 것이라고 인정하였다."

"그렇습니다."

"그러므로 신은 행복의 본질이라는 것을 인정하지 않을 수 없다."

"당신의 전제(前提)들은 반박의 여지가 없으므로 그러한 결론이 따른다는 것을 알고 있습니다."

"그렇다면 두 개의 최고선이 제각각 서로 분리된 채 독립적으로 존재할 수 없다는 것 또한 확고하게 인정할 수 있을지 생각해 보라. 그 까닭은 만일 그 두 개의 최고선이 서로 분리되어 있다면 한쪽은 다른 한쪽이 될 수 없기때문에 그 두 개의 최고선에는 제각각 다른 쪽 최고선이 모자라므로 그 둘 중 어느 것도 완전한 선일 수 없기 때문이다.

그런데 완전하지 못한 선은 분명 최고선(最高善)이 아니다. 그러므로 두 개의 최고선이 분리된 채 독립적으로 존재할 수는 없는 것이다. 그러나 우리는——행복과 신——양쪽 모두가 최고선이라는 결론을 끌어냈다. 그러므로 당연히 최고의 행복은 최고의 신성(神聖)과 같은 것이라는 결론이 나온다."

"이보다 더 사실에 맞고 논거(論據)에 있어 이보다 더 확실하고 이보다 더 신에게 합당한 결론은 있을 수 없을 것입니다."

"나는 거기에 한 가지 덧붙이고자 한다. 기하학(幾何學)에서 이미 증명된 원리에서의 학술 용어로 그리스어는 '포리스마(Porisma)'라고 불리고 라틴어는 코럴레리(Corollary)라고 불리는 부가적인 추론(推論)을 끌어낼 수 있듯이 나 또한 너에게 일종의 추론(Corollary)을 보여 주겠다.

사람들이 행복해지는 것은 행복을 소유하는 것이며 행복은 신성(神性)이다. 사람들이 행복해지는 것은 신성을 소유하는 것임이 분명하다. 따라서 사람은 정의(正義)를 소유해야 정의로워지고 지혜를 소유해야 지혜로워지는 것과 같은 논리로 신성을 소유하고 있는 사람은 필연적으로 신성이 되는 것이다.

그러므로 행복한 사람들은 각각의 신성이다. 본질 그대로 오직 신만이 신성이지만 그러한 특성을 소유함으로 누구든지 그렇게 될 수 있는 것이다."

"그것에 그리스어 이름을 붙이든 라틴어 이름을 붙이든 당신의 그 말씀은 아름답고 귀중한 말씀입니다."

"그렇지만 가장 아름다운 것은 우리가 논리의 인도로 덧붙이게 될 어떤 것이다."

"그것이 무엇입니까?"

"너는 행복이라는 이름 아래 포함된 것으로 보이는 그 수많은 것들 모두가 제각각 분리되어 있으면서 서로 결합하여 행복이라는 하나의 몸체를 이루는 부품 같은 것으로 생각하는가 아니면 그것 중 행복의 본질을 완전히 제공해 줄 수 있는 것이 하나 있고 다른 모든 것은 그것에 종속된 것으로 생각하는가?"

"보다 구체적으로 질문을 더욱 명확하게 이해할 수 있게 말씀해 주십시오."

"우리는 행복을 선한 것으로 여기고 있다. 그렇지 않은가?"

"그렇습니다. 행복은 최고선(最高善, Supreme good)입니다."

"너는 그것들 모두에 관해서도 똑같은 말을 할 수 있을 것이다. 왜냐하면 완전무결한 충족(Absolute sufficiency)은 행복으로 평가되며 완전무결한 권력·완전무결한 존경·완전무결한 영예·완전무결한 쾌락도 또한 행복으로 평가되기 때문이다.

그러므로 내가 네게 묻고자 하는 것은 충족·권력·존경·영예·쾌락 등 모든 것들이 제각각 선으로──그것들은 행복이라는 하나의 몸체를 구성하는 부품들인가──아니면 선은 일종의 항목이고 그것들이 거기에 종속된 것인가 하는 것이다."

"당신의 질문은 이해하겠습니다. 하지만 그에 대한 당신의 대답은 어떤 것인지 듣고 싶습니다."

"나는 그 문제를 이렇게 풀고자 한다. 만일 그것들 모두가 한 육체를 이루고 있는 사지(四肢)처럼 행복을 이루고 있는 부분들이라면 그것들은 각기 서로 다른 것들일 것이다. 하나의 몸체를 이루면서도 그 몸체를 이루는 부품들이 제각기 다른 것이 부품들의 본질이기 때문이다. 그러나 그 모든 것들이 같은 것이라는 사실은 앞에서 이미 증명되었다.

그러므로 그것들은 행복을 이루는 부품들이 아니다. 더구나 만일 그것들이 행복을 이루는 부품들이라면——앞에서 증명한 바와 같이 그것들은 모두 같은 것이므로——행복은 같은 부품들로 이루어진 하나의 몸체여야 할 것이다. 그러나 하나의 몸체가 서로 같은 부품들로 이루어진다는 것은 불가능한 일이다."

"그것은 조금도 의심할 필요가 없지만 다음 말씀을 얼른 듣고 싶습니다."

"그러므로 그것들이 선에 종속되어 있다는 것은 분명하다. 사람들이 충족을 원하는 것은 충족이 선으로 판단되기 때문이며 사람들이 권력을 추구하는 것은 권력이 선으로 믿어지기 때문이다. 그리고 존경과 영예와 쾌락에 대해서도 우리는 이와 같은 결론에 도달할 수 있을 것이다.

따라서 모든 것들을 추구하는 요체와 이유는 선이다. 왜냐하면 그 자체 내에 실제적인 선이든 아니든 허울뿐인 선이든 간에 아무런 선도 내포하지 않은 것은 절대로 욕망의 대상이 될 수 없기 때문이다. 그러므로 본질적 선이 아닌 것들도 진정한 선으로 보일 때는 추구(追求)의 대상이 되는 것이다.

그 결과 우리는 어떤 것을 추구의 대상이 되게 하고 그것에 동기를 유발하는 것이 선이라는 믿음이 정당하다는 결론에 이르게 된다. 그리고 어떤 것을 추구하도록 동기를 부여하는 것이야말로 가장 큰 욕망의 대상인 것이다. 이를테면 건강을 위해 승마(乘馬)를 원한다면 그가 염원하는 것은 말 타는 행위보다 그 결과에서 오는 선인 건강이다.

그러므로 그 모든 것은 속에 내포된 선 때문에 추구되는 것이므로 누구도 그것을 선 자체만큼 크게 염원하는 것은 아니다. 그런데 우리는 어떤 사물을 염원하는 것은 행복을 위해서라고 인정했다. 그러므로 선 그 자체와 행복이 같은 것임은 명명백백하다.”

　“감히 누구도 거기에 이론(異論)을 제기할 이유가 없을 것입니다.”

　“그런데 우리는 이미 신과 행복이 하나이며 똑같은 것임을 증명한 바가 있다.”

　“그렇습니다.”

　“그러므로 우리는 신이 선 그 자체에서만 발견될 수 있으며 그 이외에는 어느 곳에서도 발견될 수 없다고 결론지을 수 있을 것이다.”

　세속적인 정신(精神) 안에 집을 짓는

　그릇된 욕망으로 사악함에 묶여 포로가 된 너희들이여

　이제 모두 이리로 오라.

　너희는 이곳에서 괴로운 고역(苦役)의 해방을 발견할 것이며

　이곳에서 평온한 고요로 축복받은 안식처와

　늘 열려 있는 피난처를 발견할 것이다.

　타구스(Tagus)강[17]의 모래밭이 주는 황금도

---

17) 스페인의 중요한 강 중의 하나. 이 강은 물고기가 많고 모래는 황금을 많이 포함하고 있는 것으로 유명하다.

허무스(Hermus)강[18]의 반짝이는 기슭이 밀어 올리는 황금도

인더스(Indus)강의 타는 듯한 해변에 뒤덮여 있는

눈부신 진주들이 섞여 있는 푸른색 에메랄드도

지성을 날카롭게 하고 밝게 해 주지는 못하리라.

그리고 부(富)는 자체의 어둠으로 사고력을 흐리게 한다.

그와 같이 정신을 흥분시키고 매혹하는 모든 것들은

깊은 동굴 속 어둠침침한 속세가 길러낸 것들이기 때문이다.

그러한 어둡고 파멸한 영혼들은 하늘을 지배하고

하늘에 생명을 불어넣는 저 밝은 빛을 피하겠지만

한번 그 눈 부신 빛을 보게 되는 사람은 누구나

태양 빛도 그처럼 밝지는 못하다고 말하리라.

---

18) 터키에 있는 강으로 이 강에는 많은 황금이 들어 있다고 한다.

제11장
모든 사물은 선을 갈망한다

"당신의 말씀에 동의합니다. 당신이 말씀하신 모든 것들은 더할 나위 없이 확실한 논리로 연결되어 있기 때문입니다."

그러자 그녀가 물었다.

"만일 네가 선 그 자체를 알게 되었다면 너는 선을 얼마나 귀중한 것으로 생각하느냐?"

내가 대답했다.

"무한히 귀중한 것으로 생각합니다. 제가 선 그 자체인 신 또한 알 수 있게 된다면 말입니다."

"만일 우리가 앞에서 내린 결론들이 유효하다면 나는 반박할 여지가 없는 논리로써 그것을 증명해 주겠다."

"그 결론들은 유효합니다."

"우리는 대부분 사람이 추구하고 있는 다양한 것들이 완전하지도 않고 선도 아님을 증명한 바도 있다. 그 이유는 그것들이 서로 다르기 때문이며 또한 그것들은 서로가 서로에게 결핍되어 있어 완전무결한 선을 제공해 주지 못하기 때문이다.

그러나 참된 선은 그것들이 합쳐져 하나의 형태와 효과적인 힘을 이룰 때——즉 충족이 권력·존경·영예·쾌락과 같은 것이 될 때

──생기는 것이다. 그것들 모두가 하나이며 똑같은 것이 아닌 한 그것들은 추구할 만한 대상에 포함될 자격이 없는 것이다."

"당신은 이미 그것을 증명하셨으며 거기에는 조금도 의심의 여지가 없습니다."

"추구의 대상들이 서로 다를 때는 그것들은 선이 아니지만 그것들이 하나가 되기 시작할 때 그것들은 선이 된다. 그러므로 결국 그것들은 합일(合一)을 이룸으로써 비로소 선이 되는 것이다. 그렇지 않은가?"

"그런 것 같습니다."

"너는 선한 것은 모두 선에 참여함으로써 비로소 선하다는 것에 동의하는가?"

"동의합니다."

"그렇다면 너는 똑같은 논법으로 합일과 선은 똑같다는 것에 동의하지 않을 수 없을 것이다. 본질적인 효능이 같은 것들은 모두 똑같은 본질을 가지고 있기 때문이다."

"그것을 부정할 수는 없습니다."

"그렇다면 너는 존재하는 모든 것들은 그것이 하나인 동안에는 계속해서 존재하지만 그것이 하나이기를 그치면 사멸하여 사라져버리는 것을 알고 있겠지?"

"어째서 그렇습니까?"

"그것은 살아 있는 생물들의 사정과 마찬가지이다. 영혼과 육체가 합쳐져 하나로 된 동안에는 그것을 살아 있는 존재라고 말하지만 구성 요소인 영혼과 육체가 분리되어 합일 상태가 깨져버리면 그 생물은 사멸하여 더 이상 존재하지 않게 된다. 바로 인간의 육체 또한 그 구성 요소들의 결합으로 인해 한 형태로 존재하는 동안만 인간의 모습으로 보이지만 그 구성 요소들이 나뉘고 분리되어 육체의 합일 상태가 파괴되면 그것은 이미 이전의 그것이 아니다.

그 밖의 다른 것들을 살펴본다면 모든 것은 그것이 하나일 때는 계속 존재하지만 그 합일 상태가 깨어지면 사멸해 버린다는 것이 조금의 의혹도 없이 분명하게 드러날 것이다."

"그렇습니다. 당신의 말씀이 들어맞는 수많은 것들을 생각할 수 있습니다."

"자신의 선천적 감정에 충실한 활동을 하는 것 중에 존재하는 의지를 잃어버리고 죽음과 부패를 획득하기를 원하는 것이 있더냐?"

"자연에서 선택의 자유를 부여받고 태어난 동물들에 국한해 생각해 본다면 외부적인 강압이 없는데도 살고자 하는 의지를 포기하고 자발적으로 죽음을 향해 치닫는 것은 아무것도 찾아볼 수 없습니다. 모든 동물은 저마다 자기 안전을 지키기 위해 애쓰고 죽음과 파멸을 피하려 하기 때문입니다. 그러나 식물들과 나무들도 그렇다고 해야 할지 저로서는 약간 망설여집니다."

"식물들과 나무들의 처지는 조금도 망설일 여지가 없다. 왜냐하면 식물들과 나무들은 제각각 자기들에 적합한 장소——즉, 빨리 시들어 죽지 않을 장소——에서 자란다는 것을 알 수 있기 때문이다.

어떤 것들은 들판과 언덕 위에서 자라고 있으며 바위 지대에 달라

붙어 있으며 메마른 사막에서 자라고 있다. 만일 그것들을 다른 서식지(棲息地)로 옮긴다면 그것들은 시들어 죽어버릴 것이다. 그러므로 자연은 모든 생명체에 적합한 것을 주며 생명이 있는 한 그것들이 죽지 않게 하려고 애쓴다.

식물들이 마치 그들의 입을 땅속에 파묻고 있기라도 한 듯이 뿌리를 통해 영양분을 흡수해 올리고 수(髓)와 나무껍질을 통해 힘이 퍼지는 것을 생각해 보라. 그리고 수(髓)처럼 연약한 부분은 항상 내부에 파묻혀 있는 반면에 목재의 단단한 껍질인 외피는 외부에 있어서 심한 악(惡)을 견디는 보호자처럼 기후의 혹독함을 견뎌내는 것을 생각해 보라. 그리고 모든 생명체가 씨를 증식시켜 번식하도록 수고를 아끼지 않는 자연을 생각해 보라.

그들은 살아 있는 기간뿐만 아니라 종(種)의 번식이 지속되는 무한한 기간에도 기계와 같은 활동을 한다는 것을 모르는 사람은 없다.

생명이 없을 것으로 여겨지는 사물들도 이와 비슷한 방법으로 자신들에 적합한 것을 갈망한다. 그렇지 않다면 어째서 불꽃은 그 가벼움에 의해 위로 올라가고 단단한 사물들은 그 무거움에 의해 아래로 내려가겠는가? 그 이유는 오직 그것들의 위치와 움직임이 그 개개의 것들에 적합하기 때문이다.

그뿐만 아니라 그들은 제각각 적합한 것을 보존하는 한편 해로운 것은 파괴해 버린다. 돌처럼 딱딱한 것들은 매우 단단하게 결합해 있어 쉽게 깨지지 않는다. 그러나 공기와 물과 같은 유동체(流動體)는 쉽게 잘리지만 그 잘렸던 부분들과 다시 쉽게 결합한다. 그리고 불은 잘리는 것을 전연 허락하지 않는다.

우리는 지금 정신적 의식을 가진 활동에 관해 이야기하는 것이 아니다. 우리가 먹은 음식물을 소화하겠다는 생각 없이도 그 음식물을 소화하고 또한 숨 쉬는 것을 의식하지 않고 잠을 자면서 숨 쉬는 것과 같은 본능적인 활동에 관해 이야기하는 것이다.

생명체들의 때에 따른 자기를 보존하는 욕망의 정신은 소망에서 기인(起因)하는 것이 아니라 본능의 법칙에 기인하는 것이다. 왜냐하면 어떤 이유로든 한 생명체에 죽음이 강요될 때 그 생명체의 본능은 두려움에 질려 얼굴을 돌리지만 그 생명체의 의지는 죽음을 인정하고 받아들인다. 한편 유한한 생명체들에게 그들의 영속성을 부여해 주는 유일한 활동인 생식 활동 본능이 항상 갈망하는 동시에 때로는 의지로 억제되기도 한다. 그토록 자기 보존의 욕망은 의식적인 욕망에서 유래하는 것이 아니라 자연적인 본능에서 유래하는 것이다.

신은 자신의 피조물에 계속해서 살아가기 위한 한 가지 이유를 주셨으니 그것은 가능한 한 자기를 보존하려는 본능적인 욕망이다. 그러므로 모든 사물은 자기의 생명을 보존하고 파멸을 피하려는 본능적인 욕망이 있는 것에 대해 아무런 의심할 이유가 없다."

"조금 전까지만 해도 불확실해 보였던 것을 이제는 조금의 의심도 없이 이해할 수 있게 되었음을 인정합니다."

"그러므로 계속 존재하고 살아남기를 추구하는 모든 것은 합일 상태를 원한다. 한 사물에서 합일 상태가 없어지면 그 존재 또한 중단되기 때문이다."

"그것은 사실입니다."

"그러므로 모든 사물은 합일 상태를 갈망한다."

"그렇습니다."

"그런데 우리는 합일 상태는 선과 같은 것임을 증명한 바가 있다."

"그렇습니다."

"그러므로 우리는 '합일 상태는 선 그 자체이다'라고 말하는 것이 만물이 선을 추구하고 있음을 설명할 수 있을 것이다."

"그보다 참된 결론을 찾아낼 수는 없을 것입니다. 왜냐하면 만물은 선장이나 조타수(操舵手)가 없는 것처럼 그 어느 것도 지향하지 않고 목표 없이 이리저리 방황하거나 아니면 만물이 지향하는 것처럼 그것은 모든 선의 총화(總和)일 것이기 때문입니다."

"나의 제자여, 나는 몹시 행복하구나. 핵심적인 진리를 너의 정신 속에 새겨 두었으니 이로써 너는 조금 전까지 알지 못한다고 말했던 그것을 알고 있었음을 스스로 드러낸 셈이다."

"그것이 무엇입니까?"

"그것은 무엇이 만물의 목표인가 하는 것이다. 만물의 목표는 만물이 갈망하는 것과 똑같은 것이다. 우리는 만물이 갈망하는 것은 선이라는 결론을 끌어낸 바가 있다. 그러므로 우리는 만물의 목표는 선이라는 것을 인정하지 않으면 안 된다."

진리를 깊이 탐색하고
거짓된 길에 속지 않으려고 애쓰는 자는

누구나 내적인 시선을 자기에게 돌리고
방황하는 생각들을 내부로 모아들이고
외부에서 찾는 것이 자기 정신의 내부에 있는
보석 상자 안에 간직되어 있다는 것을
자기 정신에 가르쳐줄 것이다.

그러면 전에는 오류의 검은 구름에 가려져 있던 것이
이제는 태양보다도 더 밝게 빛나리라.
육체에 관한 일이 인간의 진리를 망각하게 할지라도
그로 인해 정신의 빛이 모두 사라지지는 않는다.
진리의 씨앗은 마음속 깊은 곳에 숨겨져 있나니
가르침은 그 불씨를 부채질하여 새로운 생명을 갖게 한다.

마음속 깊은 곳에 불씨가 타고 있지 않다면
인간이 어떻게 아무런 도움도 받지 않고
스스로 진리를 말할 수 있으랴?
플라톤이 진리를 말하고 있는 것은
배움이란 일찍이 알고 있었으나
잊어버렸던 것을 다시 생각해 내는 것에 불과하다. [19)]

---

19) 플라톤은 〈대화편〉에서 배움은 단순히 어떤 교사에게 가르침을 받는 과정이 아니라 탄생
하기 전에 영혼이 이미 배웠으나 그 후에 잊어버렸던 지식을 내부에서부터 일깨우기 위해
도움을 받는 과정이라고 말한다.

제12장
신은 선으로 만물을 조정한다

그녀가 노래를 마쳤을 때 내가 말했다.

"나는 플라톤의 말에 전적으로 동의합니다. 당신이 내게 이러한 문제를 상기시켜 주신 것은 이번이 두 번째입니다. 첫 번째는 내가 육체적인 영향으로 인해 그 기억을 잃어버렸기 때문이었고 두 번째인 지금은 슬픔의 무게에 짓눌려 그 기억을 잃어버렸기 때문입니다."

"만일 우리가 이미 인정했던 것을 네가 주목한다면 조금 전까지도 모른다고 말했던 것을 너는 기억할 수 있을 것이다."

"그것이 무엇입니까?"

"세계는 어떤 방식으로 다스려지는가 하는 것이다."

"그것을 모른다고 했던 일이 기억납니다. 당신이 하시고자 하는 말씀이 무엇인지 어렴풋이 짐작이 갑니다. 하지만 당신에게 더더욱 분명하게 듣고 싶습니다."

"조금 전에 너는 이 세계가 신에 의해 지배되고 있다는 것은 의심할 여지가 없는 사실이라고 생각했다."

"지금도 그것은 의심할 여지가 없는 사실이라고 생각하고 있으며 나의 그러한 생각은 언제까지나 변함없을 것입니다. 이 문제에 대해 내가 그러한 확신을 하는 논거(論據)를 간략하게 설명하겠습니다.

이러한 다양함을 하나로 통합할 수 있는 한 분이 없었더라면 이 세계는 다양하고 대립적인 부분에서 하나의 형태로 결합하지 않았을 것입니다. 전에 지어냈던 것들을 하나로 결합할 수 있는 권력자가 없었다면 부분들의 다양함 그 자체 때문에 오히려 각각의 부분은 불화를 일으키고 서로 떨어져 나갈 것이며 세계의 합일 상태는 깨져 버릴 것입니다.

각각의 부분들을 통제하는 확고불변(確固不變)한 권력자가 없었다면 자연의 일정한 질서도 자신의 길을 계속 나아갈 수 없을 것이며 온갖 종류의 변화도 공간·시간·효능·서로 간의 거리 그리고 본질에 있어서 그토록 질서정연하게 행해질 수는 없을 것입니다. 그 권력자가 누구이든 간에 삼라만상은 그 권력자로 인해 존재와 운동을 계속할 수 있으므로 나는 그 권력자를 모든 사람이 그렇게 부르듯이 신이라고 부르겠습니다."

그러자 그녀가 말했다.

"너의 견해가 그렇다면 네가 행복을 얻어 안전하고 건전한 상태로 참된 고향에 돌아가기 전에 내가 너를 위해 해야 할 일이 조금밖에 남아 있지 않은 것 같구나. 그전에 우리가 출발했던 논법들을 주목하기로 하자. 우리는 행복 속에 충족을 포함했으며 또한 신이 행복 그 자체임을 인정했다."

"그렇습니다."

"그렇다면 그분은 우주를 통제하는 데 외부의 도움이 전혀 필요하지 않을 것이다. 만일 뭔가가 필요하다면 그분은 완전한 충족을 갖지 못한 셈이 되기 때문이다."

"그런 결론이 나오는 것을 피할 수는 없습니다."

"그러므로 그분은 만물을 혼자 힘으로 통제하시는 것이다."

"그것을 부인할 수는 없습니다."

"그런데 우리는 신이 선 그 자체임을 증명한 바 있다."

"네, 기억이 납니다."

"그러므로 그분이 만물을 다스리는 것은 선에 의해서이다. 그분은 만물을 혼자 힘으로 다스리시며 우리는 그분이 곧 선임을 인정했다.

선은 키[舵]나 방향타(方向舵)와 같은 것으로 우주의 구조가 일정하고 손상되지 않은 상태로 유지되는 것은 바로 이 선에 의해서인 것이다."

"전적으로 동의합니다. 확신은 없지만 그거야말로 당신이 말하고자 하는 것이라고 나는 짐작하고 있었습니다."

그녀가 말했다.

"네 말을 믿는다. 이제는 네가 더욱 주의 깊게 진리를 보려 한다고 생각되기 때문이다. 그렇다면 너는 이제 내가 말하려고 하는 것도 그에 못지않게 분명하게 볼 수 있을 것이다."

"그것이 무엇입니까?"

"우리는 신이 선이라는 키[舵]로 만물을 조정한다고 생각하고 있으며 그것은 옳은 생각이다. 그리고 내가 이미 말한 바와 같이 만물은 선을 지향하는 본능적 성향을 가지고 있다. 그러므로 조타수(操

舵手)와 화합을 이루고 있는 사물이 자기를 조정하는 조타수에게 그러하듯이 모든 만물이 자기를 조정하는 신의 다스림을 기꺼이 받고 신의 뜻에 기꺼이 복종한다는 것은 의심할 여지가 없다."

"그것은 너무도 당연한 일입니다. 왜냐하면 만일 그것이 구원을 기꺼이 받아들이는 것과 같은 것이 아니라 싫어하는 목에 강제로 채워진 멍에와 같은 것이라면 행복한 다스림으로 보이지는 않을 것이기 때문입니다."

"그러므로 신에게 거역하면서 동시에 자신의 본질을 그대로 보존할 수 있는 것은 아무것도 없다."

"그렇습니다."

"설령 어떤 것이 신에게 거역하려 해도 행복으로 인한 권력에서 최고라고 인정했던 그분에 대한 거역은 아무런 진전도 이루지 못할 것이다."

"그렇습니다. 신에 대한 거역은 너무도 무력하여 아무런 효과도 거두지 못할 것입니다."

"그렇다면 이 최고의 선에 대항하고자 하거나 혹은 대항할 수 있는 것이 있겠느냐?"

"없다고 생각합니다."

"그러므로 만물에 강력하고 부드럽게 명령하는 것은 최고선(最高善)이다."

그때 내가 말했다.

"당신의 가장 훌륭한 논법의 결론은 나를 매우 행복하게 해 주었으며 당신이 사용하신 말씀으로 한층 더 행복합니다. 이제 나는 어리석었던 불평에 대해 부끄러움을 느낍니다."

"신화에서 거인족(巨人族)[20]이 하늘을 공격하기 시작했는데 당연한 일이지만 그들도 역시 부드럽고 단호하게 굴복당했다는 얘기를 분명 들었을 것이다.

그러면 우리의 논법들을 서로 상충(相沖)해 보기로 하자. 어쩌면 그런 종류의 상충에서 진리의 아름다운 섬광이 튀어나올지도 모르니까."

내가 말했다.

"무엇이든 당신이 결심하신 대로 하십시오."

"신이 전능하다는 것은 누구도 의심할 수 없을 것이다."

"그렇습니다. 제정신을 가진 사람이라면 그것에 대해 아무런 의심을 하지 않을 것입니다."

"그렇다면 전능한 권력자가 할 수 없는 것은 아무것도 없겠지?"

"그렇습니다."

"그렇다면 신은 악(惡)도 행할 수 있을까?"

"악은 행할 수 없습니다."

"그러므로 악이란 무(無, nothing)인 것이다. 왜냐하면 그것은 무엇이든지 다 할 수 있는 신이 할 수 없는 것이기 때문이다."

---

20) Titan. 그리스 신화에 나오는 올림포스 신 이전의 거인족. 올림포스의 신들에 의해 멸망되었다. 그들은 우라노스(Uranus, 하늘)와 가이아(Gaea, 땅)의 자식들이었다.

"당신은 내가 빠져나오는 길을 찾을 수 없는 논법들의 미로(迷路)를 만들어 나를 조롱하시는군요. 어떤 때 당신이 나와야 할 곳으로 들어가고 또 어떤 때 당신이 들어간 곳으로 나오니 말입니다. 아니면 당신은 신적(神的)인 단일성의 놀라운 순환 체계를 만들어 내는 것입니까?

조금 전 당신은 행복에서 시작하여 행복은 최고선이라고 말했으며 또한 그것은 신에게 찾을 수 있다고 말했습니다. 그리고 나서 당신은 신이 곧 최고선이며 완전한 행복이라고 주장하기 시작했으며 보너스를 주듯 누구도 스스로 신적으로 되지 않는 한 행복해질 수 없다고 덧붙였습니다.

당신은 선의 형태 자체가 신의 실체 및 행복의 실체와 같은 것이라고 말했습니다. 그리고 만물은 합일 상태를 지향하는 본능적 성향을 가지고 있으므로 합일 그 자체가 선과 똑같은 것이라고 가르쳤습니다.

그리고 나서 당신은 신은 선이라는 키[舵]로 만물을 다스리시며 만물은 신의 다스림에 기꺼이 복종한다고 했으며 악(惡)은 무(無)라고 주장했습니다.

당신은 그 모든 것들을 외적인 도움 없이 내적인 한 증거를 다른 내적인 증거에 접목해 그것들이 각각의 앞선 것에서 자기의 진실성을 끌어내도록 전개했습니다."

그러자 그녀가 대답했다.

"나는 너를 조롱하고 있는 것이 아니다. 조금 전 우리가 기원했던 모든 것 중에서 신의 은총으로 가장 위대한 것을 이룩한 것이다. 신적(神的) 실체의 형태는 외부의 사물 속으로 퍼져 들어가지 않고 외부의 사물에서 어떤 것도 자기 속으로 받아들이지 않는 그러한 것이다. 파르메니데스(Parmenides)[21]가 그것에 대해 말하고 있듯이

'모든 면에서 완벽한 구체(球體)의 중심부처럼'

그것은 자신이 움직이지 않으면서 우주라는 움직이는 구체(球體)를 회전하는 것이다. 만일 우리가 이제까지 논의해 온 문제의 범위를 벗어난 논법을 다루고 있는 것이 아니라 문제의 범위 내의 논법을 다루고 있는 것이라면 네가 놀랄 이유는 없다. 우리는 논의하고 있는 주제와 동종(同種)의 언어를 사용해야 한다는 것을 너는 플라톤에게 이미 배웠을 것이다."

선의 빛나는 원천(源泉)을 꿰뚫어 보는
눈을 가진 사람은 행복하여라.
지상의 굴레들을 뒤로 할 수 있는
억제되지 않은 정신을 가진 사람은 행복하여라.

---

21) B.C. 6세기 말~B.C. 5세기 초 그리스의 시인이며 철학자. 엘레아학파의 시조. 모든 존재는 영원하고 불변한 불가분적 일체(一體)인 구(球)라고 주장했다. 이 구절은 플라톤의 《Sophistes》에서 파르메니데스가 한 말이다.

일찍이 오르페우스(Orpheus)22)가 죽음의 강23)을 건너간

자기의 아내를 슬피 애도했을 때

그의 애절한 가락은 움직이지 않는 나무로 움직이게 하고

죽음의 강으로 그 흐름을 멈추게 했으며

두려운 사자로 사슴과 나란히 가게 했으며

산토끼로 음악 소리에 유순해진 사냥개를 두려워하지 않게 했다.

그러나 오르페우스의 슬픔은 누그러들지 않고

오히려 그의 가슴속에 더욱 격렬히 타올랐다.

그의 노래는 만물을 유순하게 만들고 누그러뜨리기는 했지만

그 주인의 슬픔을 가라앉히지는 못했다.

그는 천상의 신들을 원망하며

사랑하는 아내를 찾아 하계(下界)로 내려갔다.

그곳에서 그는 리라(Lyre)를 타면서

감미로운 곡에 맞춰 애절한 노래를 부르자

그의 노랫소리를 듣고 샘에서 뮤즈들이 모여들었다.

---

22) 그리스 신화에 나오는 유명한 음악가로서 그가 하프를 타면 나무들도 감동하고 사나운 짐
승들도 유순해졌으며 돌들까지 그 단단함을 늦추고 부드러워졌다고 한다. 그의 아내 에우
리디케가 뱀에 물려 죽자 아내를 되찾아오기 위해 지하(地下) 세계로 내려갔다. 그는 음악
으로써 지하 세계의 왕 플루토를 감동케 해 아내를 데리고 나오게 되었으나 도중에 플루토
와의 약속을 어겨 실패했다.

23) 그리스 신화에 나오는 지옥의 강인 스틱스(Styx)강. 이 강은 죽은 자만이 건널 수 있다.

그가 눈물을 흘리며 하계(下界)의 주인들[24]에게

은혜를 베풀어 줄 것을 간청했을 때

슬픔과 사랑의 힘은 그의 울음소리에 슬픔을 더했다.

머리가 셋 달린 문지기 개[25]는

오르페우스의 노랫소리에 매혹되어 유순해졌고

인간의 죄에 대해 복수를 하는 복수의 여신들도

슬픔으로 눈물을 흘렸으며[26]

익시온(Ixion)[27]의 머리와 함께 돌아가던 수레바퀴도 정지했으며

탄탈루스(Tantalus)[28]도 그의 노랫소리에

갈증을 잊고 물을 마시려 하지 않았으며

그의 노랫소리가 들려오는 동안에는

독수리들도 거인[29]의 간을 쪼는 일을 중지했다.

---

24) 하계의 왕 플루토와 그의 아내 페르세포네.
25) 그리스 신화에 나오는 저승 세계의 문을 지키는 개 케르베로스(Kerberos). 이 개는 머리 세개와 뱀의 꼬리를 가졌다.
26) 복수의 여신들이 눈물을 흘린 것은 이때가 처음이라 한다.
27) 그리스 신화에 등장하는 인물로 장인을 살해했으나 제우스에 의해 그 죄를 씻게 되고 그 후 제우스의 아내인 여신 헤라를 유혹하려 했으므로 그 벌로 황천의 영원히 돌아가는 바퀴에 묶이게 되었다.
28) 그리스 신화에 등장하는 인물로 자기의 자식들을 잡아먹고 신들의 음식을 훔쳤다. 그는 황천에서 굶주림과 갈증의 고통의 벌을 받게 되었다. 그의 턱 밑에는 물이 있고 머리 위에는 과일들이 주렁주렁 달려 있으나 물을 마시려 하면 물은 아래로 내려가고 과일을 먹으려고 몸을 움직이면 과일은 위로 올라가 버린다.
29) 그리스 신화에 나오는 거인 티티우스(Tityus). 여신을 모욕한 죄로 황천에서 9에이커에 달하는 땅 위에 누운 채 두 마리의 독수리에 의해 간을 쪼아 먹히는 벌을 받는다. 그의 간은 독수리에게 쪼아 먹히면 곧 다시 생겨나 고통은 끝없이 계속되는 것이다.

마침내 사자(死者)들의 왕[30]은 울음 섞인 목소리로
'우리가 졌다. 너의 아내를 데리고 가라.
너는 노래로 죽은 아내에게 생명을 되찾아 주었다.
그러나 지상에 도착할 때까지
너의 아내를 뒤돌아보면은 안된다'라고 말했다.
그러나 사랑 그 자체가 법인 것을
누가 사랑에 법의 굴레를 씌울 수 있겠는가?

오오, 오르페우스는 지상 세계에 거의 다 왔을 때
아내를 돌아보고 말았다.
그 순간 아내는 하계(下界)로 다시 끌려가 버렸다.
나는 정신을 밝은 곳으로 들어 올리기 위해
위로 향하는 길을 찾는 너희에게 슬픈 노래를 들려주노니
아래의 어둠 쪽으로 시선을 던지는 사람은
그 순간 지니고 있던 모든 것을 잃어버리고 마느니라.

---

30) 하계의 왕 플루토.

제4권
징벌당하지 않는 악(惡)

제1장
고통으로 망각을 일깨워라

철학은 위엄 있는 얼굴과 엄숙한 표정으로 이러한 감미롭고 부드러운 노래를 읊었다. 그러나 나는 내 가슴속의 슬픔을 아직 잊지 못했으므로 그녀가 뭔가를 얘기하려고 할 때 그녀의 말을 가로막고 말했다.

"참된 빛을 향해 나를 이끌어주시는 분이여 당신이 이제까지 쏟아냈던 그 모든 것은 분명 사색하기에 신성한 것이며 동시에 당신의 논법은 뒤집을 수 없을 정도로 확증된 것들입니다. 당신은 내가 겪었던 고통 때문에 망각했던 것들을 일깨워 주셨습니다. 그렇지만 내가 고통을 겪기 전까지 그것들이 완전히 생소한 것은 아니었습니다.

그런데 내 슬픔의 가장 큰 이유는 세계를 인도하는 선한 조타수가 계시는 것과는 상관없이 악(惡)이 징벌당하지 않고 묵과될 수 있다는 사실입니다. 당신은 이 사실 하나만으로도 굉장히 놀라운 일이라고 생각하실 것입니다.

그러나 그보다 훨씬 더 놀라운 일이 있습니다. 그것은 사악함이 지배하고 번성할 때 덕은 보상도 받지 못할 뿐만 아니라 심지어는 사악한 자들의 발아래 짓밟히고 악이 받아야 할 처벌을 선이 대신 받는다는 사실입니다. 오직 선만을 원하는 전지전능하신 신이 다스리는 세계에서 이러한 일이 일어날 수 있다는 사실은 당황스러움과 불만스러움을 넘어서는 것입니다.”

그러자 그녀가 말했다.

“네가 생각하는 것처럼 그토록 위대하신 아버지의 질서정연한 집에서 귀중한 그릇들을 희생시키고 무가치한 그릇들을 보살핌으로써 귀중한 그릇들이 더러워지게 된다면 그것은 한없이 놀라운 일일 것이며 어떤 비행(非行)보다 끔찍스러운 일일 것이다. 그러나 사실은 그렇지 않다.

방금 네가 내렸던 결론들이 아직도 변하지 않았다면 우리가 이야기하는 것은 창조주의 나라에 대해서만큼 너는 선한 사람들은 항상 강하지만 악한 사람들은 항상 비천하고 약하다는 것을 창조주 자신에게 배울 수 있을 것이다. 그리고 너는 창조주에게 징벌받지 않는 죄는 절대로 없으며 보상받지 못하는 덕은 더더욱 없다는 것과 선한 사람들에게는 항상 행복이 따르고 악한 사람들에게는 항상 불행이 뒤따르는 것 또한 배울 수 있을 것이다.

일단 너의 불평이 잠잠해지면 너에게 굳건하고 튼튼한 힘을 줄 이러한 종류의 고찰들이 그 밖에도 많이 있다. 앞에서 너에게 참된 행복을 보여 주었을 때 너는 참된 행복의 모습을 보았으며 참된 행복을 어디서 찾을 수 있는지도 알았다.

이제 방해가 되지 않도록 제거해야 할 것들을 대충 살펴보았으므로 너를 참된 고향으로 데려다줄 길을 다시 보여 줄 것이다. 나는 너의 영혼을 높이 들어 올릴 날개를 달아 주겠다. 그렇게 하면 모든 불안과 동요는 쫓겨날 것이며 너는 안전하게 고향으로 돌아갈 수 있을 것이다. 나는 안내자가 되고 길이 되고 탈 것이 되어 주겠다."

나는 높은 하늘로 날아오를 수 있는
날내고 재빠른 날개를 가지고 있으니
너의 영혼이 나의 날개를 가진다면
너의 영혼은 저 아래 지상(地上) 세계를 경멸하리라.

너의 영혼은 달 아래 창공을 올라가 구름을 뒤로 하고
에테르가 열기를 받아들이는 불의 영역을 뚫고 지나가
마침내 별들에까지 솟아올라
거기서 포이보스(Phoebus)[1]와 함께 길을 가고
빛나는 광선의 병사들과 차가운 토성을 따라가리라.

밤이 밝게 빛나는 모든 곳에서
너의 영혼은 한 별의 궤도를 택하여
그 궤도가 끝나면 너의 영혼은 먼 하늘을 떠나리라.
너의 영혼은 재빨리 에테르 밑을 지나서
이제 성스러운 빛을 지니게 되느니라.
거기서는 왕 중의 왕이 지배하기 때문이다.

---

1) 그리스 · 로마 신화에 나오는 태양의 신(神)인 포이보스 아폴로(Poebus Apollo). 그는 제우스와 레토의 아들이며 달의 여신인 아르테미스(다이애나)의 오빠이다. 그는 음악 · 시 · 건강 · 예언의 신이기도 하다.

거기서는 만물의 고삐를 단단히 잡고

스스로는 움직이지 않으면서 마차를 빨리 움직이게 하는

만물의 주(主)가 밝게 빛나고 있기 때문이다.

만일 네가 잃어버린 후 새로이 찾고 있는 그 길이

너를 그곳으로 다시 데려다주면

그때 너는 말할 것이다.

'기억이 나는구나.

나의 고향 나의 근원 그리고 나의 종말도'라고.

만일 네가 떠나온 빛이 없는 지상으로 다시 향하기를 택하면

사람들이 두려워하는 독재자도

고향을 잃은 추방자처럼 보일 것이다.[2]

---

2) 이 시 속에서는 영혼이 신에게로 올라가는 묘사가 나오는데 이것은 보이티우스 우주 체계의 관점에서 이해되어야 한다. 정신은 지상에서 대기를 거쳐 달의 영역으로 올라간다. 이때 정신은 우주 중에서 흙·공기·물·불의 네 원소로 이루어진 그 부분을 떠나게 되는데 네 원소 중 가장 가벼운 불은 달의 궤도 바로 밑에까지 올라가 있어 거기서 자기만의 영역을 이룬다. 달 너머에는 다섯 번째 원소인 퀸테슨스(5번째 요소라는 뜻), 즉 에테르가 있다. 영혼은 별들의 영역을 뚫고 계속 올라간다──여기서 별들이란 항성과 반대되는 떠돌이별들, 즉 행성들을 말하는데 수성·금성·태양·화성·목성·토성 등의 행성들을 거친 뒤에야 항성에 다다르게 된다──마침내 영혼은 에테르를 지나 우주 구석구석에 퍼지는 빛의 원천인 신에게 다다른다. 말하자면 우주를 뒤집어 놓은 것이다. 신을 빛의 중심으로 보고 지상을 우주의 가장 바깥 자리에 있는 암흑의 장소로 본다. 태어날 적에 영혼은 빛을 내뿜거나 신에게서 지상으로 하강하는데 영혼이 올라가는 것은 신에게로 돌아가는 이야기이다.

제2장
현자(賢者)만이 원하는 바를 이룬다

그때 나는 그녀의 엄청난 약속들에 놀라 소리쳤다.

"당신이 약속하실 수 있을 것인가 의심하는 것은 아닙니다. 그렇지만 나를 기다리게 하지 마시고 어서 당신의 약속을 지켜 주십시오, 당신은 이미 나의 욕망을 자극해 놓으셨으니."

그러자 그녀가 말했다.

"그렇다면 첫째 선한 사람들은 항상 강하고 악한 사람들은 모든 힘을 잃게 된다는 것 그것은 너도 알 수 있는 사실로 한쪽은 다른 한쪽에 의해 증명되는 것이다. 왜냐하면 선과 악은 서로 반대되는 것인 까닭에 악의 약함은 선의 강함을 확실히 증명함으로 입증되고 반대로 선의 강함은 악의 약함을 확실히 증명함으로써 입증되기 때문이다.

그러므로 나의 가르침에 대한 너의 신뢰를 강화하기 위해 나는 그 두 가지 방법 모두를 따라가며 나의 주장을 이중(二重)으로 증명해 보이겠다.

자, 인간에게는 행위의 실천을 좌우하는 것이 두 가지 있으니 그것은 의지와 힘이다. 의지와 힘 중 어느 한쪽이 빠져 있다면 어떤 행위도 절대 행해질 수 없다. 의지가 없을 때는 어떤 행위도 하고 싶지 않을 것이며 그 행위를 할 힘이 빠져 있을 때 의지는 아무런 소용이 없다.

그러므로 어떤 사람이 자기가 얻을 수 없는 것을 얻으려 하는 것을 본다면 너는 그에게 빠져 있는——그가 얻고자 하는 힘——것을 분명히 알 수 있을 것이다.”

내가 말했다.

“그것은 부인할 수 없는 명백한 사실입니다.”

“자기가 원하는 것을 이룬 사람을 보았을 때 너는 그가 그것을 해낼 힘을 가지고 있다는 것을 의심치 않을 것이다.”

“그렇습니다.”

“그러므로 인간의 힘 또는 능력은 그 사람이 할 수 있는 것에 의해 판단되는 것이며 인간의 약함은 그 사람이 할 수 없는 것에 의해 판단되는 것이다.”

“동의합니다.”

“그렇다면 너는 전에 추구의 다양함을 통해 나타나는 인간 의지의 본능인 감정의 방향이 완전한 행복으로 향해 있다는 결론에 도달한 사실을 기억하는가?”

“그것 역시 증명되었음을 기억합니다.”

“그리고 행복은 선 그 자체이며 사람들은 행복을 추구하는 까닭에 모든 사람이 선을 갈망한다는 것도 기억하는가?”

“기억하는 정도가 아니라 나의 정신 속에 박혀 있습니다.”

“그러므로 선한 사람이든 악한 사람이든 모든 사람이 한결같이 선에 도달하기 위해 노력하는 본능적 감정과는 아무런 차이도 없는 것이다."

"네, 결국 그렇겠지요."

"그러나 분명히 인간은 선성(善性)을 얻어야 선해지는 것이다. 그렇지 않은가?"

"그렇습니다."

"그러므로 선한 사람들은 그들이 찾고 있는 것을 얻을 수 있겠지?"

"그렇겠지요."

"그러나 만일 사악한 자들이 그들이 원하는 것——즉 선성(善性)——을 얻는다면 그들은 이미 사악한 사람일 수 없을 것이다. 그렇지 않은가?"

"그렇습니다."

"그런데 선한 사람과 악한 사람 양쪽 모두 선성(善性)을 원하지만 한쪽은 그것을 얻고 다른 한쪽은 그것을 얻지 못하므로 선한 사람들은 강하고 악(惡)한 사람들은 약하다는 데에는 아무런 의심도 있을 수 없을 것이다."

"그것을 의심하는 사람은 현실의 심판관도 논법적 논리의 심판관도 될 수 없을 것입니다."

그녀가 말했다.

"자, 똑같은 자연적인 임무가 맡겨진 두 사람이 있다고 하자. 그런데 그중 한 사람은 자연적인 행동으로 그 임무를 성취하고 완수하는 반면에 다른 한 사람은 자연에 어긋나는 다른 방법을 사용하며 그 임무를 완수하지 못하고 다만 그 임무를 완수하는 것에 가까울 뿐이라면 너는 어느 쪽이 더 많은 힘을 가지고 있다고 말하겠느냐?"

"무슨 말씀인지 짐작은 할 수 있습니다만 더 분명하게 말씀해 주셨으면 좋겠습니다."

"너는 걷는다는 것이 자연적이며 인간적인 행동임을 부인하지는 않겠지?"

"그렇습니다."

"그리고 너는 걷는 것이 발의 자연적인 기능이라는 것을 의심하지 않겠지?"

"물론 그렇습니다."

"그렇다면 한 사람은 발로 걸어 다닐 수 있는데 다른 한 사람은 발의 자연적인 기능이 모자라서 손으로 걸으려 한다면 어느 쪽이 더 능력 있고 힘이 세다고 여기겠느냐?"

"그건 너무도 당연한 일 아닙니까! 자연적인 행동을 할 수 있는 사람이 할 수 없는 사람보다 더 능력이 있다는 것을 의심하는 사람은 아무도 없을 것입니다."

"그런데 최고선(最高善)은 선한 사람들과 악한 사람들 모두의 목표지만 선한 사람들은 최고선을 자연적인 행동──그들이 추구하는 덕(德)의 실행──에 의해 추구하는 반면에 악한 사람들은 똑같은 그 최고선을 그들의 갖가지 욕망으로 얻으려고 애쓴다. 그러나 악한 사람들이 사용하는 그러한 방법은 선을 얻는 자연적인 방법이 아니다. 그렇지 않은가?"

"그렇습니다. 그다음은 어떤 결론이 나오게 될지 또한 명백하니까요. 그러므로 내가 이미 인정했던 선은 강하며 악은 약하다는 결론이 나오게 됩니다."

"옳게 예측했구나. 의사들이 곧잘 말하듯이 그것은 체질이 다시 강해져 질병에 대한 저항력이 향상됐다는 표시이다. 이제 너의 이해가 빠른 것을 알았으니 나는 계속해서 여러 논거를 열거하겠다.

사악한 사람들에게서 볼 수 있는 약함이 얼마나 중대한 것인지 생각해 보라. 그들은 자연적인 성향(性向)에 거의 강제적으로 이끌리게 되는 그러한 목표조차 다다르지 못하는 것이다. 그러니 만일 그들이 이 위대하고 저항할 수 없는 힘의 도움을 받지 못하게 된다면──즉 자연이 그들에게 길을 가르쳐주기를 중지한다면──그들은 어떻게 되겠는가?

사악한 자들을 방해하는 약함이 얼마나 큰지를 생각해 보라. 그들이 얻으려다 실패한 상(賞)들은 그저 운동 경기의 승리 기념패 같은 것이 아니다. 그들이 실패한 것은 모든 것 중에서 가장 고귀하고 중요한 것에 대한 추구이다. 이처럼 가엾은 사람들은 다른 것들을 제쳐놓고 밤낮으로 추구에 애쓰지만 성공하지 못하고 똑같은 추구지만 선한 사람들의 힘은 두드러지게 드러나는 것이다.

만일 어떤 사람이 걸어서 더 이상 갈 곳이 없는 목표 지점에 다다를 수 있다면 너는 그를 걷기의 챔피언으로 여길 것이다. 그와 마찬가지로 너는 모든 노력의 목표──그 이상 아무것도 없는 목표──를 성취한 사람은 힘에 있어서 최고인 사람으로 판단해야 한다. 그 반대도 사실이다. 즉 그 목표를 성취하지 못한 사람들은 분명 아무런 힘도 없는 것이다.

너에게 묻겠다. 그들이 이렇게 덕에서 악덕(惡德)으로 도피하는 이유는 무엇인가? 만일 네가 '그들은 무엇이 선인지를 모르기 때문입니다'라고 말한다면 나는 '눈먼 무지(無知)보다 더 큰 약함이 어디 있겠는가?'라고 묻겠다.

그리고 만일 네가 '그들은 무엇을 추구해야 하는지 알고 있기는 하지만 쾌락에 쫓겨 그릇된 길을 따라가는 것입니다'라고 말한다면 그래도 역시 그들은 자제력 부족으로 약한 것이다. 악에 저항하지 못했기 때문이다.

그리고 네가 '알면서도 의도적으로 선을 포기하고 악에 의지하는 것입니다'라고 말한다면 그들은 힘이 있는 자가 되지 못할 뿐만 아니라 더 이상 존재하지 않는 것이다. 존재하는 모든 것들의 공통된 목적을 포기하는 사람들은 그 목적을 포기함으로써 더더욱 존재하지 않게 되는 것이다.

우리가 많은 수의 사악한 사람들을 가리켜 존재하지 않는 자들이라고 말하는 것을 듣고 어떤 사람들은 이상하게 생각할지도 모르지만 사실이 그러하다. 나는 사악한 자들의 사악함을 부정하려는 것이 아니다. 나는 사악한 자들의 존재가 절대적이며 완전한 존재라는 것을 부정하는 것이다.

죽은 사람을 송장이라고 부를 수는 있되 그것을 인간이라고 부를 수는 없는 것과 마찬가지로 나는 사악한 자들이 사악하다는 데는 동의하지만 그들이 절대적으로 존재한다는 데는 동의할 수 없다.

한 사물은 고유한 자리를 지키고 그것이 자기의 본성을 간직하고 있을 때 비로소 존재하는 것이다. 그렇지 못한 사물은 더 이상 존재하지 않는 것이다. 사물의 존재는 그 사물의 본성을 간직하는 데 달려 있기 때문이다.

'악한 사람들도 힘을 가지고 있다'라는 반론(反論)에 대해서 나는 '그들의 그러한 힘은 강함에서 오는 것이 아니라 약함에서 오는 것이다'라고 말하겠다. 만일 그들이 선을 행하는 힘을 지닐 수 있었다면 그들은 악(惡)을 행하는 힘을 원하지 않았을 것이기 때문이다.

그러한 힘은 그들이 아무것도 할 수 없다는 것을 한층 더 분명하게 드러내 줄 뿐이다. 우리가 조금 전에 내린 결론과 마찬가지로 만일 악이 무(無)라고 하면 악한 사람들은 오직 악만을 행할뿐더러 그들은 아무것도 할 수 없다는 게 분명하기 때문이다."

"분명 그렇습니다."

"그런데 나는 우리가 이야기하는 힘의 정확한 본질을 이해해 주기 바란다. 조금 전에 우리는 최고선(最高善)보다 더 큰 힘을 가진 것은 아무것도 없다는 결론을 내렸다."

"그렇습니다."

"그러나 최고선은 악을 행할 수 없다."

"그렇습니다."

"그런데 인간을 전능한 존재라고 생각하는 사람은 아무도 없을 것이다."

"미친 사람이 아니라면 그렇게 생각하는 사람은 없을 것입니다."

"그러나 인간은 악을 행할 수 있다. 그렇지 않으냐?"

"인간이 악을 행할 수 없다면 얼마나 좋겠습니까?"

"그러므로 선만을 행하는 힘은 전능이지만 악도 또한 행할 수 있는 인간은 전능하지 못한 까닭에 그만큼 힘이 적다는 것은 분명한 사실이다. 그뿐만 아니라 모든 형태의 힘은 추구할 가치가 있는 것들 속에 포함되어야 하며 추구할 가치가 있는 모든 대상은 그들 본성의 총체에 관련된 것만큼 선에 관련되어 있다는 것을 입증한 바가 있다.

그런데 범죄를 저지를 수 있는 능력은 선의 형태가 아니기 때문에 그러한 능력은 추구할 가치가 없는 것이다. 그러나 모든 형태의 힘은 추구할 가치가 있으나 악을 행할 수 있는 능력은 힘의 형태가 아님이 분명하다. 이 모든 것으로 보아 선한 사람들이 힘을 가지고 있음은 분명하며 악한 사람들이 약하다는 것 또한 의심의 여지가 없는 것이다.

그리고 플라톤이 《고르기아스(Gorgias)》에서 말하고 있는 것, 즉 현자(賢者)만이 자신이 원하는 바를 이룰 수 있으며 악한 자들은 그들에게 쾌락을 주는 것들을 얻기에 급급하지만 참된 목표를 이루지 못한다는 말은 옳다. 악한 자들의 행동은 쾌락을 주는 것들을 통해 그들이 원하는 선을 얻을 수 있다는 믿음에 기반을 두고 있다. 그러나 그들은 선을 얻지 못한다. 왜냐하면 악한 것들은 행복에 도달할 수 없기 때문이다."

높은 왕좌 위에 거드름을 피우며 앉아 있는 왕들을 보라.

그들은 눈부신 붉은 색 옷을 입고 무장한 병사들에 둘러싸인 채

격렬한 분노에 사로잡혀 사나운 얼굴을 하고 있지만

그들에게서 헛된 장식을 벗겨 내면

너는 그들의 내부가 견고한 쇠사슬로 묶여 있음을 보게 될 것이다.

탐욕은 그들의 마음을 어지럽히고

분노는 그들을 몰아쳐 이성(理性)을 잃게 하고

슬픔은 그들을 사로잡고

희망은 그들을 괴롭힌다.

그들은 이처럼 수많은 폭군에 의해 지배되느니라.

그들은 그들 자신의 의지를 빼앗긴 노예들이다.

제3장
재앙은 형벌이기보다 감염이다

"그러므로 너는 죄의 더러움 속에 뒹굴고 선은 빛으로 찬란하다는 것을 알 수 있을 것이다. 선행(善行)에는 반드시 그 보상이 따르고 죄도 반드시 그에 상당한 벌이 따른다는 것은 분명하다. 경기장에서 주어지는 상이 그 경주의 목적인 월계관이듯 모든 행위의 목적이 바로 그 행위에 대한 보상이다.

그런데 행복은 모든 행위의 동기가 되는 선이라는 것을 우리는 입증한 바가 있다. 그러므로 선 자체가 인간의 행위에 대한 공통된 보상이다. 그런데 선은 선한 사람들에게 제거될 수 없는 것이므로 선은 반드시 그에 합당한 보상을 받는다. 그러므로 사악한 자들의 모든 광폭함하고는 상관없이 현자(賢者)들의 월계관이 그들의 머리에서 떨어지거나 시들어 버리는 일은 없다.

즉 사악함은 선한 사람들에게 개인적인 영예를 절대로 빼앗아갈 수 없다. 만일 우리가 다른 사람에게 부여받은 영예를 가지고 뽐내는 것이라면 우리에게 영예를 준 바로 그 사람을 포함하여 다른 사람들이 우리의 영예를 빼앗아갈 수도 있겠지만 그 영예는 선에 의해 각자에게 주어지는 까닭에 우리가 선하지 않게 될 때만 보상을 잃게 되는 것이다.

마지막으로 모든 보상은 선한 것으로 여겨지는 까닭에 추구되는 것이므로 선을 부여받은 사람을 보상받지 못한 사람으로 생각하는 사람은 아무도 없을 것이다. 더구나 그것은 어떤 보상인가? 모든 것 중에서 가장 크고 아름다운 보상이 아닌가?

얼마 전에 내가 강조했던 그 추론에 관해 다시 생각해 보고 그것을 다음과 같이 고찰해 보라. '선은 곧 행복이다. 그러므로 모든 행복한 사람들은 분명 그들이 선한 덕택에 행복을 얻는 것이다'라고. 우리는 행복을 얻는 사람은 신과 같다는 데에 동의했다. 그런데 선한 사람들이 받게 되는 보상──절대로 줄어들 수도 없고 그 누구의 힘에 의해서도 감소할 수 없으며 그 누구의 사악함에 의해서도 가려질 수 없는 보상──이란 신이 되는 것이다.

그러므로 사악한 사람들은 반드시 벌을 받게 된다는 것을 현명한 사람은 조금도 의심하지 않는다. 선과 악이 서로 반대이듯이 보상과 벌은 서로 반대되는 것들이다. 선한 사람들에게 반드시 보상이 주어진다면 사악한 사람들에게는 반드시 그에 합당한 벌이 주어져야 할 것이다. 그러므로 선이 선한 사람들 자신에 대한 보상이듯이 사악함 그 자체가 사악한 사람들에 대한 벌인 것이다.

그런데 벌을 받는 사람은 누구나 자기가 재앙을 겪고 있다는 것을 의심하지 않는다. 그러므로 만일 그들이 자신을 반성한다면 그 중 가장 나쁜 재앙을 겪고 있으니 처벌에서 면제되었다고 생각할 수는 없을 것이다. 재앙은 형벌이기보다는 일종의 뿌리 깊은 감염인 것이다.

또한 선한 사람들에 대한 관점과는 반대되는 관점에서 사악한 사람들을 따라다니는 벌에 관해 생각해 보라. 잠시 전에 너는 존재하는 모든 것은 합일의 상태에 있으며 선 그 자체가 합일이라는 것을 배운 바 있다. 거기에서 우리는 존재하는 모든 것은 선한 것으로 봐야 한다는 결론이 나온다.

그것은 선에서 등을 돌리는 것은 더 이상 존재하지 않는 것을 의미하는 것이기 때문에 사악한 사람들은 더더욱 과거의 그들이 아님을 의미하는 것이다. 과거에 그들이 인간이었다는 사실은 그들의 육체가 아직도 인간의 모습으로 남아 있는 것으로 입증되기 때문이다.

그들은 사악함에 빠져서 인간적인 본질도 잃어버린다. 그런데 오직 선만이 인간을 인간 이상의 수준으로 높여 줄 수 있으므로 사악함은 인간의 상태에서 쫓겨난 사람들을 인간 이하의 수준으로 내던져버리는 것은 이치에 맞는 일이다.

그 결과 너는 사악함으로 인해 인간 이하의 수준으로 변모해 버린 사람을 인간으로 생각할 수는 없을 것이다. 너는 폭력으로 강탈하고 탐욕으로 불타는 사람을 늑대와 같다고 말할 수 있을 것이며 소송을 통해 끊임없이 혀를 놀려대며 잠시도 가만히 있지 못하는 사람을 시끄럽게 짖어대는 개에 비유할 수 있을 것이다.

잠복해 있다가 사람들을 함정에 빠뜨리는 습관을 지닌 사람은 여우에 비유될 수 있을 것이며 급한 성질을 가진 사람이 으르렁거리면 담대한 사람——사자 가슴(Lion-Heart)——이라는 별명을 얻게 될 것이다. 그리고 두려워할 것이 없는데도 두려움에 떠는 소심한 겁쟁이는 암사슴 같다고 할 수 있으며 게으르고 둔하고 어리석은 사람은 당나귀의 삶을 살아간다고 말할 것이다.

관심사가 끊임없이 변하는 변덕스러운 사람은 마치 새와도 같으며 더럽고 불순한 욕정에 빠진 사람은 암퇘지의 더러운 쾌락에 사로잡혀 있는 것이다.

그러므로 결국 선성(善性)을 버리고 더 이상 인간이 되지 못할 때 사람은 신적(神的)인 상태에 오르지 못하고 짐승의 수준으로 떨어지게 되는 것이다."

이타카(Ithaca) 왕[3]의 범선(帆船)들과 해상 수송선들이

바람에 표류하여 동쪽의 한 섬에 이르니

그 섬에는 태양의 딸인 키르케(Circe)[4]라는

아름다운 여신이 살고 있었다.

그녀는 마법으로 만든 술을 새로운 손님들에게 주었다.

그들은 약초의 효력에 능통한 그녀의 손에 의해

여러 가지 동물로 변해버렸다.

---

3) 오디세우스를 가리킨다. 이타카는 그의 왕국. 이 시는 트로이 전쟁이 트로이의 함락으로 끝난 후 오디세우스가 자기의 왕국인 이타카로 돌아가는 십 년 동안에 겪은 모험담 일부를 이야기하고 있다. 그의 표류 모험담은 호머의 《오디세이》의 주제를 이루고 있다.

4) 그리스 신화에 나오는 인물로 그녀는 대단한 마법을 지니고 있었다. 그녀는 마법의 술과 마법의 지팡이로 인간을 온갖 짐승으로 만드는 힘을 가지고 있었다. 오디세우스 일행이 표류하여 그녀가 사는 섬에 도착하니 그녀는 마법을 사용하여 오디세우스의 동료들을 동물들로 만들어 버렸다. 하지만 오디세우스는 헤르메스의 도움으로 그녀를 굴복시키고 동료들을 다시 인간의 모습으로 돌아오게 했다.

어떤 자는 멧돼지의 모양으로 변했으며

어떤 자는 아프리카 사자로 변해 송곳니와 발톱이 크게 자랐으며

또 어떤 자는 늑대로 변해 으르렁거리며 울부짖을 뿐이었으며

또 어떤 자는 온순한 인도호랑이로 변해 이리저리 돌아다녔다.

많은 위험이 오디세우스(Odysseus) 왕을 둘러싸고 있었지만

날개 달린 아르카디아(Arcadia)의 신[5]은

그의 곤경을 가엾이 여겨 키르케의 마법에서 구해 주었다.

오디세우스의 선원들은 악의 힘이 깃든 마법의 술을 마셨기에

인간이 먹는 빵은 먹지 않고 돼지들처럼 옥수수 껍질을 찾았다.

그들에게 변하지 않고 온전히 남은 것이라곤 하나도 없었으며

그들의 목소리와 육체도 변해 있었다.

하지만 정신만은 변치 않고 그대로 남아 있어서

자신들의 끔찍스러운 곤경을 슬퍼했다.

그러나 키르케의 손은 약했으며 그녀의 약초는 무력했다.

약초는 육체의 사지(四肢)를 변하게 할 수 있었지만

그들의 마음만은 변화하게 할 수 없었기 때문이다.

---

5) 그리스 신화에 등장하는 신(神) 헤르메스(로마 신화의 머큐리에 해당함). 그는 신들의 사자(使者)로 날개 달린 모자를 쓰고 날개 달린 신을 신었다. 그는 오디세우스에게 키르케가 가진 마법의 술에 관해 알려 주고 키르케를 이기는 마법의 힘을 가진 약초──몰뤼라는 하얀 꽃──를 오디세우스에게 주었다.

마음이라는 비밀 성채 속에는 인간의 정신이 온전히 숨겨져 있다.

그러나 인간의 내부 깊숙한 곳으로 스며들어와

참된 자아를 끌어내리려 하는 것은 그보다 더 강한 독약이니

그것들은 인간의 육체에는 해를 입히지 않지만

정신에는 참혹한 상처를 입힌다.

제4장
허약함과 사악함은 육체와 정신의 병이다

그때 내가 말했다.

"당신의 말씀에 동의합니다. 사악한 사람들은 인간 육체의 외형을 지니고 있긴 하지만 그들의 정신 상태에 있어서는 짐승으로 변한다는 말이 옳다는 것을 저는 알고 있습니다. 그렇지만 선한 사람들에게 파괴를 가져다주는 잔인하고 사악한 정신을 가진 사람들의 흉포함에는 어떠한 자유도 허용되지 않았으면 좋겠습니다."

그러자 그녀가 말했다.

"적당한 시기에 설명해 주겠지만 그것은 자유의 문제가 아니다. 만일 그들이 누리고 있다고 여겨지는 자유를 빼앗아버린다면 그것은 죄인들을 처벌에서 구원해 주는 셈이 될 것이다.

어떤 사람들에게는 믿을 수 없는 일로 보이겠지만 사악한 자들은 원하는 바를 할 수 없을 때보다 그들의 욕망을 성취할 때 덜 행복하다. 뭔가 사악한 것을 요구하는 것 자체가 불행을 가져온다면 그 사악한 것을 행할 힘을 가졌다는 것은 그보다 더 큰 불행을 가져오기 때문이다. 만일 그들이 그러한 힘을 가지지 않았더라면 그 불행한 욕망은 이루어지지 않았을 테니까 말이다.

그러므로 각각의 단계마다 그 나름의 불행이 있으므로 뭔가 사악한 것을 추구하고 있고 그 일을 행할 힘을 가지고 있으므로 그것을 성취한 사람들은 필연적으로 삼중의 불행을 겪게 되는 것이다."

"그렇습니다. 동의합니다. 하지만 저는 그들이 악을 행할 힘을 잃음으로 그러한 불행에서 벗어나기를 간절히 바랍니다."

"아마도 네가 원하는 것보다 또는 그들 자신이 기대하는 것보다 더 빨리 벗어나게 될 것이다. 인간의 생애라는 아주 짧은 기간 안에서는 영원불멸인 정신에 오랜 기다림으로 생각될 정도로 그렇게 늦게 오지 않기 때문이다.

사악한 자들의 희망과 야심에 찬 범죄 계획은 갑작스레 예기치 않은 죽음에 의해 파괴되기 때문에 죽음은 적어도 그들의 불행에 한계를 부여해 주는 것이다. 사악함이 불행의 원인이라면 그들의 사악함이 오랫동안 계속되면 될수록 사악함은 그들을 더욱 비참하게 만드는 것은 당연한 일이기 때문이다.

만일 죽음이 그들의 악(惡)을 종식해 주지 않는다면 나는 그들을 인간 중에서 가장 불행한 사람들로 여길 것이다. 사악함의 불행에 관해 우리가 내린 결론이 사실이라면 영원히 지속되는 불행이란 당연히 비참하기 때문이다."

"그것은 이상한 결론이어서 받아들이기 어렵습니다. 하지만 우리가 앞에서 인정했던 결론들과 일치한다는 것은 잘 알겠습니다."

그러자 그녀가 말했다.

"네 말이 옳다. 그러나 만일 어떤 특별한 결론을 받아들이기 어렵다면 그 결론이 나오기 전에 그릇된 가정이 있었다는 것을 입증하든가 아니면 논리가 전개된 방법상 반드시 그러한 결론이 나오는 것은 아니라는 것을 입증해야 한다.

그와는 반대로 결론이 나오기 전에 선행되었던 것들을 인정한다면 그 결론에 대해 이론(異論)을 제기할 근거가 전혀 없게 되는 것이다. 이제 내가 말하려는 것 또한 앞의 결론 못지않게 이상하게 여겨질지 모르지만 그것은 우리의 가정(假定)에서 나올 수밖에 없는 필연적인 결론이다."

내가 물었다.

"그것이 무엇입니까?"

"사악한 자들은 정당한 응보(應報)를 받지 않을 때보다도 처벌을 당할 때 더 행복하다는 것이다. 그리고 너는 사악함은 처벌로 고쳐지고 처벌의 두려움에 의해 올바른 길로 되돌려지며 처벌은 다른 사람들이 처벌받을 만한 행동을 하지 말라는 본보기가 된다고 생각할지도 모르지만 나는 그렇게 생각하지 않는다. 처벌의 교정 효과나 다른 사람들에 대한 악행(惡行)의 억제력으로 처벌의 가치는 별문제로 하고 사악한 자들이 처벌을 받지 않게 되면 더욱 불행해진다는 또 다른 면이 있다고 생각한다."

"어떤 다른 면이 있습니까?"

"우리는 선한 사람들은 행복하고 악한 사람들은 불행하다는 것을 인정한 바가 있다. 그렇지?"

"그렇습니다."

"그런데 만일 어떤 사람의 불행이 선한 것에 의해 상쇄되었다면 그는 어떠한 선한 것도 혼합되지 않음으로써 조금도 희석되지 않은 순수한 불행을 겪고 있는 다른 사람보다 더 행복할 것이다. 그렇지 않은가?"

"그런 것 같습니다."

"불행을 감소해 주는 선한 것의 혜택을 조금도 받지 못한 불행한 사람이 그의 불행을 초래한 악들에 더하여 그 이상의 악을 받게 된다면 그는 선한 것으로 감소한 불행을 겪는 사람보다 훨씬 더 불행한 사람으로 여겨져야 할 것이다. 그렇지 않은가?"

"물론 그렇습니다."

"분명 사악한 자들이 처벌받는 것은 정당한 일이고 그들이 처벌을 모면하는 것은 부당한 일이다."

"그것을 부정할 사람은 아무도 없을 것입니다."

"그리고 정당한 것은 선한 것이고 부당한 것은 나쁜 것이라는 것 또한 부정하지 않을 것이다."

나는 동의했다.

"그러므로 사악한 자들이 처벌을 받는다는 것은 선한 것을 받는 것이다. 처벌이란 그 정당성으로 인해 선한 것이기 때문이다. 그러나 그들이 처벌을 당하지 않을 때는 추가로 나쁜 것을 얻게 되는 것이다. 처벌받지 않는다는 것은 우리가 인정한 바가 있듯이 그 부당성으로 인해 나쁜 것이기 때문이다."

"그것을 부인할 수는 없습니다."

"그러므로 사악한 자들은 그들에게 정당한 처벌이 가해질 때보다 부당하게 처벌받지 않게 될 때 훨씬 더 불행한 것이다."

"그것은 우리가 앞에서 내린 결론의 논리적 결과입니다. 하지만 한 가지 묻겠습니다. 그렇다면 당신은 영혼에 대한 어떠한 처벌도 육신의 죽음 이후로 남겨 두지 않는 것입니까?"

"육신이 죽은 이후에는 실제로 커다란 처벌이 있는데 그것은 때로는 가혹한 형벌로 때로는 정화(淨化)시키는 자비로 가해진다고 생각한다. 그러나 그 주제는 지금 내가 논하고자 하는 것이 아니다.

우리가 지금까지 여러 논법을 더듬어 온 것은 완전히 부당한 것으로 생각했던 사악한 사람들의 권력이 절대로 힘이 아니라는 것을 네가 알게 하기 위해서였다. 네가 처벌에서 벗어났다고 불평했던 그들이 사악함에 대해 대가를 치르는 것을 절대로 모면할 수 없다는 것을 네가 알게 되기를 바랐던 것이다.

빨리 종말이 오기를 바라며 네가 기원했던 그들의 자유는 오래 지속되지 않을 것이며 그들의 그러한 자유가 오래 계속되면 될수록 그들은 한층 더 불행해질 것이다. 만일 그러한 자유가 끝없이 지속된다면 그것은 어떤 것보다 가장 비참한 일일 것이다.

그리고 마지막으로 사악한 자들은 정당한 처벌을 받을 때보다 부당하게 처벌에서 벗어날 때 더더욱 불행해지는 것이다. 그러므로 처벌을 모면할 수 있다고 믿어지는 바로 그때 그들은 더욱 무거운 처벌의 짐을 짊어지게 된다는 논리적 결론이 나온다."

그때 내가 말했다.

"당신의 말씀을 생각해 보면 그보다 더 참된 말은 있을 수 없다는 생각이 듭니다. 그러나 일반 사람들의 견해로 보면 당신의 말씀을 믿기는 고사하고 들어 보려고 하는 사람 또한 없을 것입니다.”

그러자 그녀가 말했다.

“그것은 사실이다. 사람들의 눈은 어둠에 익숙해져 있으므로 진리의 눈 부신 빛을 향해 눈을 들어 올릴 수 없는 것이다. 그들은 밤에는 시력이 날카로워지고 낮에는 앞을 보지 못하는 야행성 새들과도 같다. 그들이 자신의 욕망만을 바라보고 창조의 질서를 보지 못하는 한 그들은 죄악을 저지를 수 있는 그들의 자유와 처벌에서 벗어나 있음을 행복한 것으로 생각할 것이다.

그렇지만 영원한 법칙으로 정해져 있는 것이 무엇인지 알아보기로 하자. 만일 너의 정신을 더욱 고귀한 쪽으로 향하게 한다면 상을 내리는 심판자는 필요 없다. 그것은 너를 더욱 우월한 상태로 끌어올린 것이 바로 너 자신이기 때문이며 또한 반대로 네가 천한 것에 열정을 쏟는다면 그에 대한 벌을 외부에서 찾지 말아야 한다. 왜냐하면 그것은 너를 한층 더 열등한 상태로 떨어뜨린 것이 바로 너 자신이기 때문이다.

그것은 마치 네가 하늘과 더러운 땅을 번갈아 쳐다보는 행위만으로도 다른 모든 것은 사라지고——어느 순간에는 네가 진흙탕 속에 있는 것처럼 생각되고——또 그다음 순간에는 네가 별들 사이에 있는 것처럼 생각되는 것과 마찬가지다.

보통 사람들은 그러한 것들을 보지 못한다. 그런데도 우리가 동물과 같다는 것을 입증했던 사람들과 똑같이 되어야 하겠는가? 또 시력을 완전히 잃어버리고 과거의 시력을 가지고 있었다는 사실마저 잊어버린 채 스스로 인간 완성에 속하는 모든 것을 가지고 있다고 생각하는 사람은 어떠한가? 시력을 가지고 있는 우리가 그런 눈먼 사람들과 똑같이 생각해야 하겠는가?

그리고 확고한 논거의 기반 위에 세워진 것으로서 우리가 앞에서 내린 결론에 그들이 동의하지 않으려는 것이 있는데 그것은 불의(不義)를 저지르는 사람들은 그 불의를 당하는 사람들보다 더 불행하다는 것이다."

"그 논거를 듣고 싶습니다."

"너는 모든 사악한 사람들은 처벌을 받아야 마땅하다는 것을 부인하지는 않겠지?"

"그렇습니다."

"그런데 사악한 사람들이 불행하다는 것은 너무도 분명한 일이다."

"그렇습니다."

"따라서 너는 처벌받아 마땅한 사람들은 불행하다는 것을 의심하지 않겠지?"

"그렇습니다."

"그런데 만일 네가 법정의 재판관 자리에 앉아 있다면 너는 누구에게 벌을 내리려 결심하겠는가? 비행(非行)을 저지른 사람인가 아니면 비행을 당한 사람인가?"

"저는 조금도 주저하지 않고 비행을 저지른 사람을 처벌하여 비행

당한 사람을 보상해 주겠다고 말하겠습니다."

"그렇다면 결국 너는 비행을 저지른 가해자가 비행을 당한 희생자보다 더 불행하다고 생각하겠군?"

"그렇게 되겠군요."

"악은 그 자체 본질상 인간을 불행하게 만든다는 사실에 기반을 둔 여러 가지 이유로 어떤 사람이 해악을 당했을 경우 그 불행은 희생자의 것이 아니라 가해자의 것임이 분명하다.

그러나 오늘날의 변호사들은 그 반대의 길을 가고 있다. 즉 그들은 심하고 고통스러운 해악을 당한 사람들에 대한 재판관의 동정심을 얻으려고 애쓰는 것이다. 오히려 죄를 지은 사람들에게 의로운 동정심이 돌아가는 것이 더 당연한 일인데도 말이다.

마치 환자들이 의사에게 인도되듯 그들의 악이 악성 종양처럼 처벌로 잘려 나갈 수 있도록——포악한 검찰에 의해서가 아니라——친절하고 동정심 많은 검찰에 의해 법정으로 인도되어야 한다. 그렇게 되면 변호사들은 할 일이 없어질 것이며 만일 그들이 인간에게 유익한 일을 택하면 변호하는 직업에서 고발하는 직업으로 전향할 것이다.

그리고 만약 사악한 자들이 내팽개쳤던 덕을 언뜻 볼 수 있다면——또한 그들이 처벌의 고통을 통해 악덕(惡德)의 더러움을 내팽개치게 될 것을 스스로 알게 된다면——그들은 선성(善性)을 얻게 될 보상 때문에 처벌을 더 이상 고통으로 여기지 않을 것이기 때문에 그들은 변호사의 도움을 거부하고 그들 자신을 고발자와 재판관에게 완전히 내맡길 것이다.

그 때문에 지혜로운 사람들 사이에는 미움의 여지가 전혀 남아 있지 않게 된다. 어리석은 자들 이외에는 아무도 선량한 사람들을 미워하지 않을 것이며 악인들을 미워할 이유도 전혀 없는 것이다. 왜냐하면 허약함이 육체의 병인 것과 마찬가지로 사악함은 정신의 병이기 때문이다.

따라서 우리는 육체적으로 병든 사람들이 미움보다는 동정을 받아야 마땅하다고 생각하고 있는 만큼 육체적인 질병보다도 더 혹독한 악을 겪고 있는 사람들은 한층 더 비난보다는 동정을 받아야 마땅한 것이다.”

사람들은 자멸로 이끄는 그 손으로
높은 열망과 유혹적인 운명 속에서
무슨 쾌락을 찾고 있는가?
만일 그들이 죽음을 찾고 있는 것이라면
죽음은 부르지 않아도 곧 가까이 오리니
죽음은 자기 준마를 마음대로 달리게 하기 때문이다.

인간은 사자와 호랑이 곰과 멧돼지의 먹이일진대
인간이 또한 인간의 먹이이기도 하다는 말인가.
어째서 인간은 싸움을 일으키며
다른 사람의 칼날에 의해 죽기를 갈망하는가?

그의 생활양식이 다르기 때문인가――바로 그 때문인가.

거기엔 피와 잔혹을 일으킬 정당한 이유도 없다.

너희는 덕이 합당한 보상을 받지 못하는 일이 없기를 바라지.

그렇다면 선한 사람을 사랑하고 악한 사람을 동정하라.

제5장
운명에는 선과 악이 모두 있다

그때 내가 말했다.

"그렇습니다. 나는 선한 사람들의 행위 자체와 분리될 수 없는 어떤 종류의 행복이 있으며 악한 사람들의 행위 자체와 분리될 수 없는 어떤 종류의 불행이 있다는 것을 알고 있습니다. 그런데 나는 보통 사람들의 실제 운명 속에는 선과 악이 모두 들어 있다고 믿습니다.

어떤 현자(賢者)라도 부유하고 존경받고 권세 있는 것보다——그리고 고향에 남아 번영하는 것보다——추방당하고 가난하고 불명예를 안는 것을 더 좋아하지는 않을 것입니다. 그래야만 지배자들——철학——의 행복이 어떻게든 그들이 접촉하는 대중들에게 전해지고 지혜의 효력에 대해 더욱 분명하고 명백하게 입증될 것이기 때문입니다.

더구나 법이 처벌로서 가하는 감옥과 죽음과 그 밖의 다른 모든 고통은 사악한 사람들을 위해 마련된 것입니다. 그런데 어찌하여 그것이 거꾸로 되었으며 어찌하여 범죄자들을 위해 마련된 처벌로 선한 사람들이 고난을 겪고 덕 있는 사람들이 받아야 할 보상을 악한 사람들이 낚아챌 수 있는지 저로서는 몹시 놀랍습니다.

저는 이런 매우 부당한 혼란의 이유를 당신에게 듣고 싶습니다.

만일 이러한 혼란이 우연 또는 예측할 수 없는 작용에 기인한 것이라면 저의 놀라움은 덜할 것입니다. 그러나 저는 우주를 지배하는 권력자가 신이라는 것을 알고 있으므로 저의 의아함은 한층 더 커져 나가게 할 뿐입니다.

　신은 어느 때 선한 사람들에게 잘 대해 주고 악한 사람들에게 나쁘게 대해 주지만 어느 때는 악한 사람들에게 소원을 들어주고 선한 사람들에게는 소원을 들어주기를 거절합니다. 신이 이 두 가지 사이를 너무도 자주 왔다 갔다 하시니 신과 우연을 구별할 다른 근거가 있겠습니까?"

　그러자 그녀가 말했다.

　"사람들이 우주 질서의 원리에 대한 무지로 인해 어떤 현상을 무계획적이고 무질서한 것으로 생각한다는 것은 놀라운 일이 아니다. 그렇지만 너는 우주의 거대한 계획 뒤에 숨겨진 이유를 모르더라도 선한 힘이 세계를 지배하고 모든 현상이 정당하게 일어나는 것을 의심해서는 안 된다."

　만일 너희가 하늘의 가장 높은 극점(極點)을 운행하는

　목동좌(牧童座)[6]의 별들을 모른다면

　또는 마부좌(馬夫座)[7]가 일찍 떠오르면서도

　어째서 마차를 늦게 몰고 가

---

6) 북쪽 하늘에 있는 성좌. 초여름 저녁에 천정(天頂)에 위치함.
7) 북쪽 하늘에 있는 성좌. 겨울철 저녁때 천정(天頂)에 위치함.

자신의 빛을 바닷속에 담그는지를 모른다면
너희는 하늘에서 지켜지는 법칙을 종잡을 수 없으리라.

밤이 보름달의 표면을 가로질러
자신의 경계를 넓혀감에 따라
빛나는 보름달이 희미해지고
조금 전까지만 해도 빛나는 달빛에
숨겨져 있던 별들이 혼란스럽게 드러나면
어리석은 백성들은 빗발치듯 놋 냄비들을 마구 두들겨댄다.[8]

그러나 북서풍이 휘몰아쳐 성난 파도가 해변을 덮칠 때
두껍게 얼어붙은 눈덩이가 태양의 뜨거운 열에 녹을 때
그때는 아무도 그것을 이상하게 여기지 않는다.
그때는 원인을 분명하게 볼 수 있지만
숨겨진 하늘의 원인은 정신을 어리둥절히 만드니
드물게 일어나는 일은 정신을 혼란하게 하고
뜻밖에 일어나는 일은 인간을 두렵게 만든다.
그러므로 무지의 구름이 걷히면
그러한 일들은 더 이상 이상하게 여기지 않을 것이다.

---

8) 고대의 무지한 사람들은 월식을 마귀들의 주문 때문이라고 생각했다. 그래서 그들은 마귀들의 주문 소리를 막고 월식이 예고해 주는 불행한 사건들을 피하려고 종, 나팔, 트럼펫 등을 울려 큰 소음을 일으키는 것이 관습이었다.

제6장
성스러운 사람은 하늘에 의해 만들어진다

내가 말했다.

"그것은 사실입니다. 저는 그런 기이한 현상으로 몹시 혼란해져 있습니다. 감추어진 일들의 원인을 해명하고 어둠 속에 숨겨진 원인을 드러내 보이는 것은 당신 임무의 일부이니 그 점에 관해 당신의 가르침을 들려주시기를 간절히 바랍니다."

그녀는 잠시 침묵을 지키고 있다가 미소를 지은 후 대답했다.

"너는 여러 문제 중에서 가장 큰 문제와 완전히 설명할 수 없는 문제로 나를 몰아붙이는구나. 그 주제는 마치 히드라(Hydra)[9]의 머리처럼 한 가지 의혹이 제거되면 그 대신에 헤아릴 수 없이 많은 다른 의혹이 솟아나는 그런 주제이다.

그 헤아릴 수 없이 많은 의혹이 솟아나는 것을 막는 유일한 길은 강렬한 지적(知的) 불길로 막는 것뿐이다. 그 문제의 일반적인 연구 주제들은 섭리의 단일성, 운명의 흐름, 우연적인 사건과 우연론의 본질, 신의 인식과 예정, 그리고 의지의 자유 등과 관련 있는 그것들

---

9) 그리스 신화에 나오는 괴사(怪蛇)로 아르고스 지방을 위협하고 있던 물뱀. 이 뱀은 아홉 개의 머리를 가지고 있는데 머리 하나를 벨 때마다 그 자리에 새로운 머리가 두 개씩 나왔다. 이 뱀은 헤라클레스에 의해 퇴치되었다. 이 뱀의 퇴치는 헤라클레스의 열두 가지 노역 중의 하나였다.

이 얼마나 어려운 것인지 너 자신도 알 수 있을 것이다.

그렇지만 그러한 것들을 인식하는 것 또한——네 치유의 일부이므로——시간의 한계는 있지만 우리가 결론을 끌어내 보기로 하자. 그러니 나의 매혹적인 노래가 너에게 즐거움을 주더라도 내가 서로 긴밀하게 연결된 논증들을 올바른 순서대로 하나하나 짜 맞추는 동안 잠시 그 즐거움을 뒤로 미루어야 할 것이다."

내가 말했다.

"무엇이든 당신이 원하시는 대로 하십시오."

그러자 그녀는 새로운 논리를 시작하려는 듯이 다음과 같이 말했다.

"만물의 생성과 사물들의 모든 변화 과정과 어떤 식으로든 움직이는 모든 것은 원인과 질서와 형태를 영원히 변치 않는 신의 정신에서 부여받는다. 신의 정신은 단일성이라는 높은 성채(城砦) 속에 수많은 사건을 위한 한 가지 계획을 세워 놓았다.

그 계획이 순수하게 신의 인식에서 고찰될 때는 섭리라 이르고 그 계획이 모든 사물과 관련해 고찰될 때는 옛날 사람들이 그랬듯이 운명이라고 이른다.

만일 누군가가 그것들——섭리와 운명——의 의미를 캐내려면 그에게는 곧 두 가지 측면이 서로 다르다는 것이 분명하게 드러날 것이다. 섭리는 신의 이성(理性) 그 자체이다. 그것은 모든 것들 위에 있으며 모든 것들을 적재적소에 배치한다. 반면에 운명은 변화하는 사물들 속에 계획된 질서이므로 운명은 바로 그 계획된 질서를 매개로 모든 사물을 저마다 지정된 위치에 묶어 두는 것이다.

섭리는 사물이 아무리 다양하고 무한하다 할지라도 모든 사물을 동시에 포괄하는 반면 운명은 다른 시간 다른 장소에서 서로 다른 개개의 사물의 움직임을 지배한다. 그러므로 그 계획의 전개가 신의 정신인 선견지명(先見之明) 속에 하나의 통일된 전체로 합쳐 있을 때는 섭리이며 그 통일된 전체가 시간의 흐름 속에서 전개될 때는 운명이다.

그 둘은 서로 다르지만 서로가 서로에게 의존해 있다. 운명의 질서는 섭리의 단일성에서 유래된다. 장인(匠人)은 만들려고 하는 작품의 설계도를 정신 속에 미리 그리고 나서 제작에 착수해 정신의 눈에 떠올랐던 것 자기가 보았던 것을 만든다.

그와 마찬가지로 신은 자기의 섭리 속에서 앞으로 일어날 모든 일에 대한 단 하나의 확고한 계획을 세우지만 신이 계획했던 모든 것이 시간의 흐름 속에서 수많은 개개의 세부적인 모양으로 실현되는 것은 운명에 의해서이다.

그러므로 운명의 작용이 섭리라는 신의 정신의 도움으로 이루어지든 아니든, 운명의 사슬이 짜이는 것이 우주의 영혼에 의한 것이든 자연의 복종에 의한 것이든, 천상 별들의 운동에 의한 것이든 천사들의 권능에 의한 것이든, 정령(精靈)들의 여러 가지 재능에 의한 것이든 이 모든 것 중 일부에 의한 것이든, 이 모든 것 전부에 의한 것이든 한 가지만은 분명하다.

그것은 사건들에 대해 단일하고 변치 않는 계획이 섭리이며 운명은 신이 자기의 단일성에서 계획했던 모든 사건에 대해 시간 속이나 시간을 통해 배정해 놓은 항상 변하는 그물과 같은 것이라는 것이다.

그러므로 운명의 지배를 받는 것들은 또한 섭리의 지배를 받지만——왜냐하면 운명 그 자체가 섭리의 지배를 받기 때문이다——섭리의 지배를 받는 것 중 어떤 것들은 운명의 쇠사슬을 초월해 있다. 그런 것들은 최고의 신성(神性) 가까이에 확고하게 자리 잡은 덕분에 운명에 의해 지배되는 변화의 질서를 초월하여 높이 솟아 있는 것들이다.

같은 축(軸)을 중심으로 회전하는 동심원——중심이 같은 둘 이상의 원——들을 생각해 보라. 가장 안쪽에 있는 원은 중심에 가장 가까이 있으므로 바깥쪽에 있는 원들에는 그 자체가 중심이 된다. 가장 먼 곳에 있는 원은 넓은 궤도를 따라 회전하며 중심에서 멀리 있는 원일수록 회전하는 원의 공간이 크다. 그러므로 중앙의 원에 가까운 것은 모두 단일한 중심에 다가가고 더 이상 넓게 뻗어나가지 않는다.

그와 마찬가지로 최고의 지성——신(神)——에서 멀리 떨어져서 움직이는 것일수록 더욱 강한 운명의 사슬에 얽매이게 되고 만물의 중심에 가까운 것일수록 운명에서 그만큼 자유로워진다. 그리고 신의 확고부동한 정신에 밀착된 것은 움직임에서 해방되어 운명의 여신에 의해 짊어진 피할 수 없는 운명을 벗어나게 된다.

항상 변화하는 운명의 흐름과 섭리의 확고부동한 단일성의 관계는 추론과 오성(悟性)과의 관계, 생성 중인 것과 이미 존재하고 있는 것과의 관계, 시간과 영원과의 관계, 움직이고 있는 원과 정지해 있는 중심점과의 관계와도 같다.

운명의 흐름은 하늘과 별들을 움직이고 원소 간의 관계를 다스리며 상호 변화를 통해 그것들을 변형시킨다. 운명은 자식과 씨앗의 생식 작용으로 태어나고 죽어감에 따라 만물을 새롭게 한다. 또한 운명은 서로 분리할 수 없는 연쇄적인 원인으로 인간의 행위와 운수를 지배한다.

그런데 운명은 불변의 섭리에 기원을 두고 있으므로 연쇄적인 원인 또한 불변이다. 만일 신의 정신 속에 있는 단일성의 원인이 불변의 질서를 만들어 내어 자신의 불변성에 의한 모든 것——변화의 지배를 받는 모든 것들——을 다스린다면 그것이 우주를 통치하는 가장 좋은 방법이며 그렇지 않을 때는 모든 것이 제멋대로 마구 동요할 것이다.

모든 것들이 혼란스럽고 거꾸로인 것처럼 보이는 것은 너희 인간들이 이러한 질서를 깊이 생각할 수 있는 위치에 있지 못하기 때문이다. 그러나 모든 사물은 자기 자신의 위치——사물이 선으로 향하도록 그 사물을 다스리는 고유의 위치——를 가지고 있다.

악으로 인해 또는 사악한 사람들의 계략으로 인해 일어날 수 있는 일이란 없다. 우리가 충분히 증명한 바가 있듯이 그들은 선을 찾다가 잘못과 오류에 의해 선에서 벗어난 것이며 우주의 중심에 있는 최고선에서 유래하는 질서는 그 누구도 그의 기원(起源)에서 벗어나게 하지는 못한다.

분명 너의 반론은 선한 사람의 운명이나 악한 사람의 운명이나 똑같이 역경과 행운 사이를 끊임없이 왔다 갔다 하는 것보다 더 부당한 혼란은 있을 수 없다는 것이다. 그렇다면 네게 묻겠다. 너희 인간이 누가 선하고 누가 악한지를 판단하는 데 절대로 실수를 저지르지 않을 만큼 건전한 사고를 하고 있는가? 그렇지 않다. 이 문제에 있어서 인간의 판단은 서로 상충한다. 그러므로 보상받아야 마땅하다고 여겨지는 사람들이 다른 사람들에게 벌을 받아야 마땅한 사람들로 여겨지는 것이다.

설령 어떤 사람이 선과 악을 판단할 수 있다고 인정한다고 하더라도――그렇다고 해서――그가 인간 정신의 내부에 숨겨져 있는――물리학 용어를 빌리자면――기질10)을 알 수 없다.

실제로 너의 놀라움은 똑같이 건강한 육체를 가진 사람 중에서도――어찌하여――어떤 사람들은 단 것이 맞고 어떤 사람들은 쓴 것이 맞는지, 그리고 똑같이 병든 사람 중에서도――어찌하여――어떤 사람들은 순한 치료법이 유익하고 어떤 사람들은 강한 치료법이 유익한지를 알지 못하는 사람의 놀라움과 같다. 그러나 건강한 상태와 병든 상태 각각의 성질의 차이를 알고 있는 의사에게는 그다지 놀라운 일이 아니다.

그런데 우리는 정신에서 건강은 선성(善性)을 의미하며 병(病)은 사악함을 의미한다는 것을 알고 있다. 그리고 선한 사람들의 보호자

10) 엄격하게 말해서 영어의 '기질(Temperament)'이라는 용어는 'Temper', 'Temperatur'와 마찬가지로 중세 물리학에서 빌려온 용어로서 이 세 가지 용어는 모두 흙·공기·물·불의 네 가지 원소의 혼합 혹은 조합을 일컫는 말이다.

이며 악한 사람에게 징벌을 내리는 정신의 인도자이며 영혼의 의사인 신이라는 것 또한 알고 있다.

신은 섭리의 망루(望樓)에서 내려다보며 사람들에게 무엇이 적합한지를 살핀 다음에 그에게 적합한 것으로 생각되는 것을 적용하는 것이다. 이것이야말로 운명의 질서가 가지고 있는 뛰어난 놀라움인 것이다. 그러므로 무엇이든지 알고 있는 신은 행하고 무지한 인간들은 신이 행하는 일들을 놀라운 눈으로 바라보는 것이다.

신의 심오함에 관한 몇 가지 사실들——인간의 이성으로 이해할 수 있는 몇 가지 사실들——을 잠깐 살펴보기로 하자. 너는 어떤 사람을 정의의 전형이며 위대한 수호자로 생각하지만 모든 것을 알고 있는 신은 그렇게 생각하지 않는다.

나 자신——철학——의 가족인 한 사람 시인 루카누스(Lucanus)[11]는 그의 저서 《파르살리아(Pharsalia)》 1권에서 카이사르(Caesar)와 폼페이우스(Pompey)[12]의 싸움에서 승리는 신들의 마음에 들었지만 패배는 카토(Cato)[13]——카토는 덕의 본보기이었던 것과는 상

---

11) B.C. 39~65. 로마의 서사시인. 철학자 세네카의 조카이다. 그는 네로 암살 음모에 가담한 것이 발각되어 죽임을 당했다. 그의 작품으로는 카이사르와 폼페이우스와의 내란을 다룬 서사시 《파르살리아》만이 현존한다.

12) B.C. 106~B.C. 48. 로마의 정치가이며 무장. 그는 카이사르의 사위였으나 후에 카이사르와 정면으로 대립하여 테살리아 파르살루스 싸움에서 패배하여 이집트로 도주하였다. 그는 그곳에서 암살당했다.

13) 소(小) 카토. B.C. 95~B.C. 46. 로마의 정치가. 그는 스토아 철학을 익혀 엄격한 도덕 생활을 했다. 그의 엄격한 도덕성은 유명하다. 카이사르와 폼페이우스의 전쟁에서 카이사르에게 대항해 폼페이우스 편을 들었으나 그 싸움에서 폼페이우스가 패하자 아프리카로 건너갔다. 그러나 모든 아프리카가 카이사르에게 귀속되자 그는 포로가 되는 쪽을 택하지 않고 자살했다. 루카누스는 《파르살리아》에서 카토를 덕의 화신으로 묘사했다.

관없이——를 기쁘게 했음을 우리에게 상기시켰다.

그러므로 어떤 일이 너의 기대와는 다르게 일어나는 것을 보게 될 때마다 그 사건들에는 합당한 질서가 보존되고 있는 것과는 상관없이 너의 생각에는 혼란과 오류가 생기는 것이다.

그런데 인간의 판단과 신의 판단이 일치할 정도로 훌륭한 도덕적 선성(善性)을 가졌지만 정신적인 힘에 있어서 약한 사람이 있다고 가정해 보자. 그때 역경이 그를 덮치면 자신의 행운을 안전하게 지켜주지 못한 순결한 정신에 실천하기를 포기할 것이다. 그러므로 현명한 신은 역경으로 심하게 고통받는 사람을 아끼고 역경에 적합지 않은 사람은 고난을 피하게 하는 것이다.

또 어떤 사람은 덕에 있어 완전하며 성스럽고 신에 아주 가까이 있다. 섭리는 그런 사람이 역경을 만나는 것은 부당한 일이라고 판단하여 그런 사람이 육체적인 질병에 의해 멸망하는 것마저도 허락하지 않는다. 나보다 더 뛰어난 어떤 이가 말했듯이[14]

'성스러운 사람의 육체는 하늘에 의해 만들어진 것이다.'

사악함이 왕성해지는 것을 막기 위해 선한 사람들에게 최고의 힘을 주는 일이 종종 있다. 다른 사람들은 정신의 질(質)에 따라 행운과 불운의 혼합물을 받는다. 섭리는 어떤 사람들에게 지나치게 오랫

---

14) 이 말의 원전이 무엇인지 알려지지 않고 있다.

동안 행복을 주는 것을 피하고자 괴로움을 주기도 하고 또 어떤 사람들에게는 그들의 인내심을 활용하고 훈련함으로 정신의 덕을 강화하고 힘든 운명의 고통을 겪는 것을 내버려 둔다.

어떤 사람들은 견딜 수 있을 정도의 고통을 지나치게 두려워하고 또 어떤 사람들은 견딜 수 없는 고통을 깔보기도 한다. 섭리는 이 두 종류의 사람들이 고난으로 저마다 자기 발견에 이르게 한다.

그리고 어떤 사람들은 영예로운 죽음을 대가로 지불하고 후세의 사람들이 찬양할 만한 명성을 얻었으며 또 어떤 사람들은 형벌 앞에서도 굴하지 않음으로 악이 덕을 패배하게 하지 못한다는 사례를 보여 주었다.

그러한 일들이 일어나는 것은 정당하며 계획된 것이고 실제로 그러한 일들이 당사자들에게 일어나는 것이 적합하다는 것은 의심할 여지가 없다.

사악한 사람들에게도 운명의 부침(浮沈)이 있다는 사실 또한 이와 똑같은 원인에 기인한다. 사악한 사람들이 고통받을 때는 아무도 놀라지 않는다. 모두가 그들은 불행을 겪어도 마땅하다고 생각하기 때문이다. 그리고 그들이 받는 벌은 다른 사람들에게 죄를 저지르지 않게 함과 동시에 처벌받는 당사자들을 바로잡아 준다.

그리고 사악한 사람들이 흥할 때 선한 사람들에게는 사악한 사람들의 그러한 행복——선한 사람들의 눈에 종종 사악한 사람들에게 따르는 것으로 보이는 그러한 행복——에 대해 어떤 판단을 내려야 하는가에 대한 강력한 논증이 된다.

계획된 것으로 보이는 다른 예를 들어 보기로 하자. 몹시 고집이 세고 충동적인 본성을 가지고 있는데 가난 때문에 범죄에 이끌리기 쉬운 사람이 있을 것이다. 그런 사람의 병은 섭리가 부(富)라는 치료약을 주는 것으로 치료될 수 있다.

또 어떤 사악한 사람은 자기 행위의 사악함을 보고 양심이 더럽혀져 있음을 알고 마땅히 받아야 할 벌과 누리고 있는 행복을 비교해 볼 것이다. 그런 사람은 누리고 있던 즐거움을 잃는 견디기 어려운 고통을 두려워할 것이며 또 행복을 잃을 것을 두려워하여 그의 방식을 바꾸고 사악함을 버릴 것이다.

또 어떤 사악한 사람들은 자기의 행복을 무가치하게 사용함으로 마땅히 받아야 할 재앙 속으로 곤두박질치며 또 어떤 사악한 사람들에게는 다른 사람을 처벌할 권리를 주기도 한다. 그것은 선한 사람들에게는 시련의 근원이 되고 악한 사람들에게는 처벌의 근원이 되도록 하기 위함이다. 왜냐하면 선한 사람들과 악한 사람들 사이가 화목하지 않은 것과 마찬가지로 사악한 사람들은 그들 자신과도 화목하지 않기 때문이다.

그들이 그렇게 되지 않을 수 없는 것은 자신의 악덕으로 양심이 갈가리 찢긴 채 자기와 다투기 때문이며 또한 그들은 종종 후회하는 일들을 저지르기 때문이다.

그러므로 최고의 섭리는 가끔 뛰어난 효과──즉 악한 사람들이 다른 악한 사람들을 선한 사람으로 만들게 하는 뛰어난 효과──를 연출하기도 한다. 왜냐하면 어떤 악한 사람들은 자신이 악한 사람들의 손에 부당한 일을 당하고 있다는 생각이 들면 증오심으로 불타올라 자신이 증오하는 그런 사람들과는 다른 사람이 되기를 간절히 원하게 되어 개심(改心)하고 덕 있는 사람으로 변하기도 하기 때문이다.

악이 선으로 변하는 것 또한 오직 신의 권능에 의한 것으로 신은 악을 적절히 이용해서 좋은 결과를 끌어내는 것이다. 어떤 일정한 질서는 만물을 포괄하고 있으므로 어떤 사물이 그 사물에 지정되고 계획된 질서를 벗어나더라도 결국 질서 속으로 떨어지는 것일 뿐이니 그것은 섭리 안에서 그 어느 것도 우연에 내맡기지 않도록 하기 위함이다.

그러나《일리아스(Iliad)》에 표현한 대로 '신처럼 말한다는 것은 나로서는 어려운 일'이다. 그리고 신이 하시는 일을 생각으로 이해하거나 말로 상세히 설명하는 것은 인간에게 허용되어 있지 않다. 만물의 창조주이신 신이 만물에 명령하고 만물을 선성(善性) 쪽으로 향하게 한다는 것을 안 것만으로 만족하기로 하자.

신은 자신의 형상대로 창조한 것을 빠짐없이 지켜주시고 운명에 의해 관장하는 필연의 사슬로 모든 악을 신의 나라의 영역에서 추방한다. 사람들은 지상에 악이 가득 차 있다고 생각한다. 그러나 네가 만일 신의 계획을 알 수 있다면 너는 그 어디에도 악이 존재한다고 생각하지 않을 것이다.

그러나 네가 오랫동안 이러한 문제의 중압감에 짓눌려 있다는 것을 나는 알고 있다. 너는 논리의 장황함에 지쳐 있으며 내 노래의 달콤함을 기다리고 있다. 그러니 너의 원기를 회복시키고 네가 다음 문제들에 대해 더욱 면밀하게 생각을 기울일 수 있게 해 줄 한 모금의 달콤한 노래에 취하도록 하라."

만일 네가 순수한 정신으로
신의 법칙들을 보고 이해하기를 원한다면
떠도는 별들이 사물들 사이의 적합한 계약으로
태곳적의 평화를 보존하고 있는
하늘의 높은 곳에 너의 시선을 두라.

자신의 찬란한 불꽃에 밀려 앞으로 나가는 태양은
얼음처럼 차가운 달의 궤도를 막지 않고
하늘의 가장 높은 극점에 있는 웅좌(熊座)는
자신의 항로를 빠르게 돌면서
서해로 지는 다른 별들을 따르려 하지 않고
자신의 불꽃을 대서양 깊은 바닷속에 담그지 않는다.

샛별은 날마다 똑같은 시간에 저녁 황혼을 알려 주고
새벽에는 샛별로 다시 나타난다.
그러므로 영원한 항로들은 서로의 사랑으로 개조되고
전쟁의 불화는 하늘나라에서 추방된다.
이러한 화합은 모든 요소를 똑같은 정도로 다스리니

젖은 것은 그 반대인 마른 것에 복종하고
차가운 것은 사이좋게 뜨거운 것과 결합하며
가벼운 불은 공중으로 솟구치고
무거운 흙은 아래로 가라앉는다.

이러한 까닭으로
따뜻한 봄이 오면 꽃이 피고 달콤한 향기가 풍기고
뜨거운 여름철에는 곡식이 자라고
무르익은 과일과 함께 가을이 오고
내리는 비가 겨울을 적신다.
이처럼 계절의 변화는
지상에서 숨을 쉬는 모든 것들을 탄생시키고 기르며
죽음의 종말에 떨어진 모든 것들을 붙잡아 가버린다.

그러는 동안 만물의 왕이시며
주인이며 원천이며 기원이며 법칙이며
무엇이 옳고 합당한가에 대한 심판관인 그분은
높은 곳에 앉아 모든 피조물을 지배하고 인도하신다.
그분은 자신이 움직이게 한 모든 것들을 통제하시며
그것들이 길을 잃고 방황할 때 제 길로 인도해 주신다.
만일 그분이 참된 길로 불러들이지 않는다면
그리고 제 궤도로 돌려보내지 않는다면

지금은 확고한 질서에 의해 보호받고 있지만
그것의 진정한 원천에서 분리되어 떨어져 나갈 것이다.
이것이 만물이 함께 받는 사랑이며 선의 목적이며
선택된 목적이며 종결이다.
그러므로 자기가 받는 사랑에 대해
사랑으로 보답하지 않는 한
그리고 그것들을 탄생시킨 근원을 다시 찾지 않는 한
계속 존재하기를 기대할 수는 없다.

제7장
모든 운명은 다 선하다

"우리가 이야기했던 것들의 결론이 무엇인지 이제 알겠느냐?"

"모르겠습니다. 결론은 무엇입니까?"

"모든 운명은 다 선한 것이라는 것이다."

"어째서 그렇습니까?"

"들어 보아라. 유쾌한 운명이든 불행한 운명이든 모든 운명은 선한 사람들에게 보상을 주거나 선한 사람들을 단련시키기 위한 것이며 또한 악한 사람들을 처벌하거나 바로잡아 주기 위한 것이다. 그러므로 우리는 운명의 정당함과 유익함에 대해 의견을 같이하고 있다. 따라서 모든 운명은 선한 것이다."

"당신의 말씀은 옳습니다. 그리고 당신이 조금 전에 제게 가르쳐 주신 섭리와 운명에 대해 생각해 보면 당신의 그러한 견해는 확고한 기반 위에 세워진 것입니다. 그렇지만 그러한 견해는 우리가 얼마 전에 믿기 어려운 견해라고 불렀던 그것들 속에 포함해야 할 것입니다."

"어째서 그렇지?"

"'누구누구의 운명은 나쁘다'라는 표현은 사람들에 의해 자주 사용되는 일반적인 표현이기 때문입니다."

"그렇다면 너는 우리가 흔히 쓰는 일반적인 어법(語法)에서 동떨어진 그런 어법을 피하고 일상적인 언어에 가까운 언어를 사용하기를 바라는가?"

"그렇습니다."

"그렇다면 좋다. 너는 유익한 것을 선한 것으로 생각할 것이다. 그렇지?"

"그렇습니다."

"그런데 단련시켜 주거나 바로잡아 주는 역할을 하는 그런 운명은 유익한 것이다. 그렇지 않은가?"

"그렇습니다."

"그러므로 그런 운명은 선한 것이다. 그렇지?"

"그렇습니다."

"그런데 그런 종류의 운명은 역경과 싸울 때 이미 덕의 길로 들어선 사람들의 운명이거나 아니면 악의 길을 중지하고 덕의 길로 돌아선 사람들의 운명이다."

"그렇습니다."

"그렇다면 선한 사람들에게 보상으로 주어진 유쾌한 운명의 경우는 어떠한가? 사람들은 그런 운명을 좋지 않다고 말하지 않는다. 그렇지?"

"그렇습니다. 사람들은 그런 운명을 사실 그대로 지극히 좋은 것으로 생각합니다."

"좋다. 그럼 마지막 종류의 운명처럼 정당한 처벌로써 악한 사람들에게 제재를 가하는 역경에 찬 운명은 어떠한가? 사람들은 그런 운명을 선한 것으로 생각하는가?"

"아닙니다. 그렇게 생각하지 않습니다. 사람들은 그런 운명을 상상하기도 싫은 가장 비참한 운명으로 생각합니다."

"일반적인 견해를 따랐을 때도 우리는 정말로 믿기 어려운 결론을 끌어낸 것이 아니라는 사실에 유의하라."

"무슨 뜻입니까?"

"우리가 앞에서 인정했던 모든 것들의 결과는 덕을 소유하고 있는——덕의 소유가 안전한 것이든 아직 성장하고 있는 것이든 아니면 시작 단계에 있는 것이든 간에——사람들의 운명이 어떠한 종류의 것이든 간에 그들의 운명은 선한 것이며 반면에 그러한 사실과 반대되는 사악함 속에 머물러 있는 사람들의 운명은 지극히 나쁜 것이라는 것이다."

"그것을 인정하지 않더라도 그것은 사실입니다."

"그러므로 지혜로운 사람은——즉 용감한 병사가 전투의 요란한 소리에 당황하지 않듯이——운명과 싸우게 될 때 그것을 나쁜 것으로 여겨서는 안 된다.

또한 그들 양자(兩者)에게는 그 고난이 하나의 기회로 작용해서 용감한 병사는 역경을 이겨내고 영예를 얻을 기회이며 지혜로운 사람은 자기 지혜를 펼치고 강화할 절호의 기회이다.

이러한 덕이 덕이라는 이름을 얻게 된 것은 바로 그 때문이다. 따라서 앞에서 말한 덕을 실천함으로써 그 덕은 힘이 굳세어 역경에

정복당하지 않는다.[15]

덕을 증대하는 길을 따라온 네가 이토록 멀리까지 오게 된 것은 그 저 너 자신을 즐거움에 빠지게 하거나 쾌락으로 수척해지게 하기 위 함이 아니다. 너는 역경일 때 운명의 희생물로 전락하는 것을 피하려 고 하고 순조로울 때 운명에 의해 타락을 하는 것 피하려고 온갖 종 류의 운명을 상대로 괴롭지만 용감한 싸움을 하는 것이다.

모자라거나 지나친 것은 무엇이든 간에 행복에 이르지 못하며 수 고에 대해 아무런 보상도 얻지 못한다.

네가 너를 위해 어떤 운명을 만들지는 너 자신의 손에 달려 있다. 역경의 기능에는 단련시키고 바로잡아 주는 기능 이외에는 처벌하 는 기능밖에 없기 때문이다."

아트레우스(Atreus)[16]의 잔인한 아들 아가멤논(Agamemnon)[17]은 십 년 동안 전쟁[18]을 하여 마침내 트로이(Troy)에서

---

15) 보이티우스는 라틴어의 virtus(덕, virtue)와 vires(힘, strength)라는 단어의 비슷함을 가지고 재담(才談)을 하는 것이다.

16) 그리스 신화에 나오는 인물로 아가멤논의 아버지. 미케네의 왕이었다.

17) 그리스 신화의 영웅 미케네의 왕. 스파르타 왕 메넬라오스——트로이 전쟁의 원인이었던 헬레네의 남편——의 형. 트로이 전쟁 때 그리스군의 총지휘관이었다.

18) 그리스 신화에 나오는 트로이 전쟁을 가리킨다. 이 전쟁은 트로이와 그리스군의 싸움으로 십 년 동안 계속되었으며 결국 그리스군의 승리로 끝났다. 여기서 트로이 전쟁의 원인을 살펴보는 것도 이 시의 이해를 위해 큰 도움이 될 것이다. 이 전쟁의 발단은 트로이의 왕 자인 파리스가 스파르타 왕 메넬라오스의 아내인 헬레네——그녀는 최고의 미녀였다—— 를 훔쳐 트로이로 데리고 간 것이었다. 메넬라오스 왕의 형인 아가멤논은 헬레네를 되찾기 위해 그리스군의 총사령관이 되어 트로이를 공격했다. 이 전쟁은 십 년 동안 계속되었으며 마침내 그리스군의 승리로 끝났다. 그리스 연대기에 따르면 이 전쟁은 B.C. 1200년 전후 로 추정되며 이 트로이 전쟁은 고대의 가장 위대한 시 《일리아스》, 《오디세이》, 《아에네이 스》 등의 주제가 되고 있다.

동생[19]의 결혼생활을 파괴한 데 대한 복수를 했다.

그는 그리스 함대를 출범하고자

자기 딸의 피를 바쳐 순풍을 얻으려 했으니[20]

그는 아버지이기를 포기하고 무시무시한 사제(司祭)로 변하여

가련한 딸[21]의 목을 베려고 했다.

폴리페모스(Polyphemus)[22]가 거대한 동굴 속에 누워

오디세우스(Odysseus)의 동료들을 뱃속에 삼켰을 때

오디세우스는 분노와 고통을 참지 못하고

잃어버린 동료들을 위해 울었지만

그 거인은 눈을 잃고 외눈박이 장님이 되어

고통으로 광란하며 즐거움에 비참한 눈물로 값을 치렀다.

---

19) 스파르타의 왕이며 헬레네의 남편인 메넬라오스를 가리킨다.

20) 그리스군의 총사령관인 아가멤논이 그리스 함대를 출범시켜 트로이를 공격하려 했을 때 군대 안에는 괴질이 퍼지고 바람이 불지 않아 출범할 수 없었다. 아가멤논이 사냥을 하다가 처녀신 아르테미스——다이애나——에게 봉헌된 사슴을 죽였기 때문에 그 여신이 화가 나서 군대에 괴질을 퍼뜨리고 바람을 멈추게 했다. 아가멤논은 예언자가 자신의 딸 이피게네이아를 여신의 제물로 바치지 않는 한 여신의 노여움을 가라앉힐 수 없다는 말을 듣고는 딸의 목을 베려고 했다. 그 순간 여신의 노여움은 풀리고 그는 순풍을 얻어 트로이를 공격할 수 있었다.

21) 아가멤논의 딸 이피게네이아.

22) 그리스 신화에 나오는 외눈박이 거인족인 키클롭스(Cyclops) 중에서 가장 유명한 거인. 트로이가 함락된 후 오디세우스가 부하들과 함께 자기의 왕국인 이타케로 돌아가는 도중 일행은 키클롭스가 사는 나라에 이르렀다. 그곳에서 일행들이 폴리페모스라는 키클롭스에 잡아먹혔다. 나중에 오디세우스는 외눈박이 거인 폴리페모스가 잠자는 동안에 불에 달군 나무로 그의 눈을 찔러 장님으로 만들어 일행과 함께 도망쳤다.

위대한 헤라클래스(Hercules)[23]는

어려운 일들을 해낸 것으로 유명하다.

그는 폴로에(Pholoe)에서 오만한

켄타우로스(Centaurs)[24]를 길들였고

네메아(Nemea)에서 사자의 생가죽을 벗겼고[25]

화살로 스팀팔루스(Stymphalus)의 새들을 쏴 죽였으며[26]

용이 지키고 있는 헤스페리데스(Hesperides)의

황금 사과를 가져 왔으며[27]

케르베로스(Cerberus)를 붙잡아 사슬로 묶어 데리고 왔다.[28]

그리고 그는 디오메데스(Diomedes)의 암말들을 사로잡아

---

23) 그리스 신화에 등장하는 영웅으로 제우스와 알크메네 사이에서 태어난 아들. 그는 제우스의 본처인 헤라의 간계로 아르고스의 왕 에우리스테우스의 하인이 되어 왕의 명령으로 '헤라클레스의 열두 가지 난업(難業)'이라 불리는 노역을 성취했다. 다음에 나오는 이야기들은 그의 열두 가지 노역들이다.

24) 그리스 신화에 나오는 야만 종족. 이 종족은 상반신은 인간이고 하반신은 말[馬] 모양의 괴물이다. 헤라클레스는 에리만토스의 멧돼지를 죽여 없애는 과정에서 켄타우루스족 폴루스를 만나게 되는데 그가 헤라클레스에게 포도주를 대접하자 켄타우루스족이 포도주 향기를 맡고 폴루스의 동굴을 공격했다. 결국 헤라클레스는 그들을 이겼다.

25) 에우리스테우스가 헤라클레스에게 네메아 계곡에 출몰하는 무서운 사자의 모피를 가져오라고 명령했다. 그리하여 그 사자를 손으로 목 졸라 죽이고 죽은 사자를 어깨에 메고 돌아왔다.

26) 스팀팔루스 호수의 새들은 인간의 살을 먹고 사는 무서운 새들이다. 에우리스테우스는 헤라클레스에게 이 새들을 없애라고 명령했다.

27) 헤스페리데스의 황금 사과는 헤라가 대지의 여신에게서 결혼 선물로 받은 것으로 헤라 여신은 그것을 헤스페리데스에게 지키게 하고 잠자지 않는 용까지 두었다. 그 사과는 아틀라스 산에 있었는데 하늘을 떠받치는 무서운 벌을 받는 아틀라스는 헤스페리데스의 삼촌이었으므로 헤라클레스는 그 용을 죽인 다음 아틀라스에게 그 사과를 가져다 달라고 부탁해 성공했는데 그동안 헤라클레스는 아틀라스 대신에 하늘을 떠받치고 있었다.

28) 케르베로스는 명계(冥界)의 입구를 지키는 괴물 개다. 헤라클레스는 하계로 내려가 그 개를 사로잡아 에우리스테우스에게 가져다주었다가 다시 하계로 데려다주었다.

그 말들에게 주인 디오메데스의 살을 먹게 했으며[29]

또한 히드라(Hydra)를 불태워 독을 사라지게 하고[30]

아켈로오스(Achelous)에게 치욕적인 상처를 입혀

그의 수치스러운 얼굴을 강둑 밑으로 숨기게 했다.[31]

그리고 리비아(Lybia)에서 안타이오스(Antaeus)를 쓰러뜨렸고[32]

카쿠스(Cacus)를 죽여서 에반드로스(Evandros)의 분노를 풀었다.[33]

하늘을 떠받쳤던 그의 두 어깨가

에리만토스의 멧돼지[34]가 흘린 게거품으로 더럽혀졌다.

그의 마지막 노역(勞役)은

굽힐 줄 모르는 목으로 하늘을 떠받치는 것이었으니

---

29) 헤라클레스는 에우리스테우스의 명령으로 트라키아의 비스토네스 왕인 디오메데스의 암말들——그 말들은 사람을 잡아먹는 무서운 말들이었다——을 사로잡았다. 그가 그 말들에게 디오메데스의 살을 먹이자 말들은 사나움을 잊어버렸다.

30) 히드라는 아르고스 지방을 위협하는 머리가 아홉 개인 뱀으로서 헤라클레스가 머리를 하나씩 벨 때마다 그 자리에 두 개의 새로운 머리가 솟아났으므로 그는 그 뱀을 불에 태워 죽였다.

31) 아켈로오스는 강의 신(神)으로 그는 데이아네이라라는 미녀를 차지하기 위해 헤라클레스와 싸웠다. 아켈로오스는 황소로 변하여 그에게 대항했으나 헤라클레스는 그의 뿔 하나를 뽑아버렸다. 그러자 아켈로오스는 그 부끄러운 상처를 감추기 위해 강둑 밑으로 자기의 얼굴을 숨겼다.

32) 안타이오스는 대지(大地)의 여신인 가이아의 아들로서 힘이 센 거인이었다. 그가 자기 어머니인 대지에 닿아 있는 한 누구도 그를 이길 수 없었다. 그는 사람들에게 자기와 씨름할 것을 강요해 많은 사람을 죽였다. 헤라클레스는 그를 번쩍 들어 올려 공중에서 교살했다.

33) 카쿠스는 주위의 나라들을 횝쓸고 있던 거인. 헤라클레스가 살아 있는 인간 중 가장 힘센 인간이라고 일컬어지는 게리온——그는 세 개의 몸뚱이를 가지고 있는 괴물이다——의 황소들을 사로잡아 돌아오는 도중 카쿠스는 그의 황소 중 가장 훌륭한 놈들을 몰래 자기의 동굴에 숨겼다. 헤라클레스는 나중에 그 황소들을 발견하고 카쿠스를 죽였다. 에반드로스는 신화에 등장하는 신으로 로마에 정착하고 있었는데 카쿠스는 그의 땅을 휩쓸었다.

34) 에리만토스의 멧돼지(Erymanthian boar). 그리스 신화에 나오는 상상의 동물이다. 이 멧돼지는 사방으로 쿵쾅대며 날뛰면서 주변의 논밭을 파헤치거나 곡식을 시들게 했다.

그는 이 공적에 대한 보상으로 하늘나라에 자리를 얻게 되었다.[35]

그대 강한 자들이여

이제 가거라, 위대한 본보기가 인도하는 숭고한 길로

어찌하여 망설이는가?

어찌하여 그 숭고한 길로부터 등을 돌리는가?

지상의 것들을 뛰어넘어야만 별들이 주어지는 것이다.

---

35) 헤라클레스가 죽자 신들은 그의 공적을 높이 평가하여 그의 영혼을 하늘로 올려 별들 사이
에서 살게 하였다.

제5권

우연이 존재하는 것

제1장
무(無)에서 생기는 것은 아무것도 없다

그녀가 이야기를 멈추고 다른 화제로 옮기려고 할 때 내가 끼어들었다.

"당신의 권유는 당신과 같은 권위를 가진 분에게는 아주 적합하고 어울리는 것입니다. 그런데 방금 섭리의 문제는 다른 많은 문제와 밀접한 관계가 있다고 말씀하셨는데 나는 그것을 시험해 보고 싶습니다. 당신은 우연이 있다고 생각하는지 그리고 우연이란 무엇인지 알고 싶습니다."

그러자 그녀가 말했다.

"내가 한 약속은 일종의 네게 진 빚이므로 나는 그 빚을 갚으려 한다. 즉 너의 진정한 고향을 다시 찾을 수 있도록 길을 열어 주고자 하는 것이다. 그런데 다른 문제들에 대해 아는 것은 유익한 일이기는 하지만 우리가 계획했던 길에서 약간 벗어난 것들이므로 본제(本題)에서 벗어난 문제들에 지쳐 우리의 여행을 완수할 수 있을지 걱정되는구나."

내가 대답했다.

"그런 걱정은 마십시오. 나를 즐겁게 해 주는 것들을 알 수 있게 된다면 그것은 휴식만큼이나 유익할 것입니다. 동시에 당신의 논법은 어느 면으로 보나 확고한 기반 위에 서 있어 그 신뢰성은 의심할 여지가 없으므로 다음에 무엇이 오든 간에 아무런 의혹이 없습니다."

그러자 그녀는,

"너의 소원을 따르겠다."

하고는 이어 이렇게 말하기 시작했다.

"만일 우연을 아무런 인과관계(因果關係)도 없이 아무렇게나 되는 대로 일어나는 일이라고 정의(定義)한다면 나는 우연이란 없으며 그런 우연은 우리가 논하는 주제를 의미하기는 고사하고 완전히 무의미한 어휘에 지나지 않는다고 말하겠다. 만일 신이 만물에 질서를 부여한다면 아무렇게 마구 일어나는 일은 있을 수 없다. 그러므로 '무(無)에서 생겨나는 것은 아무것도 없다.'라는 금언은 진리이다.

고대인들은 이 금언을 유효한 원인이 아니라 물질적인 대상들과 관련하여 특별히 자연 철학의 원칙으로 이용했지만 아무도 그것을 부정하지는 않았다. 만일 어떤 것이 아무런 원인도 없이 일어난다면 그것은 분명 무(無)에서 생겨나는 것이다. 그러나 만일 그런 일이 있을 수 없다면 우리가 방금 정의를 내린 그런 종류의 우연이 존재하는 것 또한 있을 수 없는 일이다."

내가 물었다.

"그렇다면 엄밀하게 우연이라든가 또는 우발적이라고 부를 수 있는 것이 아무것도 없습니까? 일반 사람들이 그것을 인식하지 못하더라도 그러한 어휘들이 적용될 수 있는 것이 없습니까?"

그러자 그녀가 말했다.

"나의 아리스토텔레스(Aristotle)가 그의 저서《물리학(Physics)》에서 우연에 대해 간단명료하고 진실에 가깝게 정의한 것이 있다."

"정의를 어떻게 내렸습니까?"

"목적을 위해 일이 행해질 때 어떤 이유로 인해 원래 일어나게 하려고 의도했던 일이 아닌 다른 일이 일어나게 될 때 그것을 우연이라고 부른다는 것이다.

이를테면 어떤 사람이 농사를 짓기 위해 밭을 갈다가 누군가가 숨겨 놓은 금화가 파묻혀 있는 곳을 발견했다면 사람들은 그것을 우연히 일어난 일로 믿겠지만 그것은 무(無)의 결과로 일어난 것이 아니다. 거기에는 나름의 원인이 있고 그 원인은 예상하지 않은 결합의 결과로 생각지도 않게 우연한 일을 일어나게 한 것이기 때문이다.

만일 그 사람이 밭을 갈지 않았더라면 그리고 금화를 숨겨 놓은 사람이 그것을 그곳에 파묻어 두지 않았더라면 금화는 발견되지 않았을 것이다. 그러므로 이러한 것들이 우연한 수확의 원인이다. 그것은 행위자가 의도한 결과가 아니라 상반되는 원인이 결합한 결과이다.

금화를 파묻어 둔 사람도 밭을 갈고 있던 사람도 모두 금화가 발견되리라는 것을 예상하지 않았다. 그렇지만 내가 말한 바와 같이 금화의 발견은 한쪽이 금화를 파묻어 두었던 곳을 다른 한쪽이 파기 시작했다는 우연한 일치의 결과로 일어난 것이다.

그러므로 우리는 우연을 어떤 목적을 위해 행해지는 행위와 원인의 합치로 일어나는 예상하지 않은 사건이라고 규정할 수 있을 것이다. 원인의 결합과 일치는 피할 수 없는 인과관계에 의해 생기는 질서——섭리의 원천에서 내려와 만물을 저마다 고유의 시간과 장소에 배열하는 질서——의 결과로 초래되는 것이다."

거친 아르메니아(Armenia)고원
한복판에서 도망치던 파르티아인들(Parthians)[1]이
몰려오는 적들을 향해 화살을 쏘았던 곳에서
한 원천에서 티그리스(Tigris)와 유프라테스(Euphrates)가
함께 흘러내리다가 이내 두 줄기로 갈라진다.
그러나 두 개의 강줄기가 합쳐져 하나가 되면
그때에는 두 개의 강물에 실려 가는 모든 것도 합쳐지리라.

그러면 배들도 잘린 나무줄기도 서로 만나고
뒤섞여 흐르는 물줄기는
아무 곳으로나 길을 만들며 흘러가겠지만
그렇게 만들어진 대로(大路)의 우연도
땅의 기복과 낮은 곳으로 흐르는 물의 성질에 의해 지배된다.
완전히 고삐가 풀려 마구 날뛰는 것처럼 보이는
그러한 우연도 구속받고 법칙의 지배를 받는 것이다.

---

1) 유프라테스강과 인더스강 사이에 살던 반(半)유목민족으로 전통적으로 로마의 적이었다. 그들의 마술(馬術)은 유명하다.

제2장
운명의 사슬은 정신을 지배한다

"이해하겠습니다. 그리고 당신이 말씀하신 것이 사실 그대로임을 인정합니다. 하지만 밀접하게 연결된 이러한 인과관계의 사슬 속에 의지의 자유가 존재할 여지가 있습니까? 아니면 운명의 사슬은 인간 정신의 충돌까지도 지배하는 것입니까?"

그러자 그녀가 말했다.

"거기에는 의지의 자유가 있다. 어떤 이성적 존재든 의지의 자유 없이 존재한다는 것은 불가능한 일이기 때문이다. 본질상 이성을 사용하는 것은 각각의 문제를 결정할 수 있는 판단 능력을 갖추고 있으며 그 판단 능력은 피해야 할 것과 원해야 할 것을 스스로 분간할 수 있다.

그런데 인간은 자신이 바람직하다고 판단한 것을 추구하고 바람직하지 않다고 생각한 것은 피한다. 그러므로 선천적으로 이성의 힘을 가지고 있는 존재들은 하겠다든가 아니면 하지 않겠다든가 하는 의지의 자유——비록 그 의지의 자유가 모든 것에 있어서 똑같은 것은 아니기는 하지만——도 가지고 있다.

천상적(天上的)·신적(神的) 존재들은 명철한 판단력과 더럽혀지지 않은 의지와 그리고 바라는 것들을 성취할 힘을 가지고 있다.

인간의 영혼은 필연적으로 신의 정신에 관한 묵상을 할 때 더 자유롭고 물체에 내려갈 때 덜 자유로우며 지상의 육신에 갇히게 되면 더욱 자유롭지 못하다. 인간의 영혼은 사악함에 굴복하여 그 고유한 이성의 소유를 상실할 때 노예 상태의 극치에 이르게 된다. 인간의 영혼은 저 위에 있는 진리의 빛에서 낮고 어두운 사물에 눈을 돌리면 곧 무지(無知)의 안개에 의해 시력을 잃게 된다.

인간의 영혼을 괴롭히는 파괴적인 열정은 자신의 노예 상태를 조장할 뿐이기 때문에 인간의 영혼은 어느 면에서는 자유의 포로가 되는 것이다. 하지만 이런 사실들은 섭리의 눈에는 환히 보이기 때문에 영원으로 모든 것을 내다보면서 각 인간의 가치에 따라 예정된 몫을 나누어 정하는 것이다."

호머(Homer)는 달콤한 말로
빛나는 태양이 지상의 모든 것을
얼마나 환하게 보고 있는지 노래한다.
하지만 그 빛은 너무 약해
깊은 내부까지는 꿰뚫을 수 없으니
태양은 땅속과 바닷속 깊은 곳은 보지 못한다.

그러나 세계의 창시자는 그러하지 않으니
그의 높은 시선에는 물체의 가득 찬 내부도
구름 낀 밤의 어둠도 환하게 펼쳐져 있다.

지금 존재하는 것과 과거에 존재했던 것

그리고 장래에 존재하게 될 것을

신의 정신은 흘낏 시선을 던지는 것만으로도

모두 볼 수 있는 것이다.

오직 신에게만 모든 것들이 보이느니

우리는 그를 진정한 태양으로 여겨야 하리라.

제3장
사물의 질서는 섭리에서 유래한다

내가 말했다.

"나를 당황스럽고 혼란스럽게 만드는 훨씬 더 어려운 문제가 있습니다."

그러자 그녀가 말했다.

"너를 괴롭히고 있는 것이 무엇인지 짐작할 수 있다만 그것이 무엇인지 어디 말해 보아라."

"신이 모든 것을 미리 본다는 것과 의지의 자유가 있다는 것——이 두 가지는 완전히 상반되는 것——으로 생각됩니다. 만일 신이 모든 것을 미리 보고 또한 절대로 오류를 범할 수 없다면 신의 섭리가 미래의 사건으로 미리 본 것은 반드시 일어날 것입니다.

그러므로 만일 섭리가 영원에서 인간들의 행동뿐만 아니라 인간들의 생각과 바라는 바까지도 미리 알고 있다면 의지의 자유는 절대 존재하지 않을 것입니다.

어떤 일이 있더라도 오류를 범할 수 없는 신의 섭리가 예견했던 것이 아닌 다른 행동이나 욕망은 존재할 수가 없을 것입니다. 만일 그것들이 변화하여 예견되었던 것과는 다른 것이 될 수 있다면 미래에 대한 확실한 예지(豫知)란 없고 다만 불확실한 견해만이 있을 뿐일 테니까요. 그렇지만 신에 대해 그렇게 믿을 수는 없다고 생각합니다.

사람들은 어떤 논법에 따라 이러한 난제를 해결할 수 있다고 믿고 있지만 나는 그들의 논법에 동의하지 않습니다. 즉 그들은 일이 일어날 수 없는 것은 섭리가 그것을 미래의 사건으로 예견했기 때문이 아니라 반대로 어떤 일이 일어날 것이기 때문에 그것은 신의 섭리에 숨겨질 수 없다고 말합니다. 이렇게 하여 필연성은 그들에 의해 반대쪽으로 넘겨집니다.

그들은 일어날 것으로 예견되는 것이 반드시 일어나는 것이 필연이 아니라 일어나기로 정해져 있는 것이 반드시 예견되는 것이 필연이라고 말합니다. 마치 어느 쪽이 원인인가 미래에 대한 예지가 또는 사건의 필연성이 원인인가 아니면 그 사건의 필연성이 미래에 대한 예지의 원인인가 하는 것이 쟁점이기라도 한 듯이 말입니다.

그런데 내가 입증하려는 것은 어느 것이 어느 것의 원인이든 간에 미래 사건들에 대한 예지가 그것에 필연성을 부여하는 것처럼 보이지 않더라도 예지 된 사건들이 일어나는 것은 필연적이라는 것입니다.

사람이 앉아 있다면 그가 앉아 있다고 결론짓는 견해가 참되다는 것이 필연적이고 반대로 그가 앉아 있으므로 그 사람에 대한 견해가 참된 것이라면 그가 앉아 있는 것이 필연적입니다. 그러므로 이 두 가지 말 어느 쪽에도 필연성이 들어 있습니다. 즉 그 사람이 앉아 있다는 말에도 필연성이 들어 있으며 그 견해가 참되다는 말에도 필연성이 들어 있습니다.

　그렇지만 그 사람이 앉아 있는 것은 그 견해가 참되어서가 아닙니다. 오히려 그 견해보다 그 사람의 앉아 있는 행위가 선행되기 때문에 그 견해는 참된 것입니다. 그러므로 그 참됨의 원인이 어느 한쪽에서 생기더라도 양쪽 모두 어떤 공통된 필연성이 들어 있는 것입니다.

　이와 같은 추론은 분명 섭리와 미래의 사건에도 적용할 수 있을 것입니다. 왜냐하면 미래의 사건들은 예견되었기 때문에 일어나는 것이 아니라 일어날 것이기 때문에 예견되었다 하더라도 미래의 사건들이 신에 의해 예견된다는 것이 필연적이거나 아니면 예견된 사건이 예견된 대로 일어나는 것이 필연적이기 때문입니다. 그러므로 이것만으로도 의지의 자유를 없애기에 충분합니다.

　그렇지만 일시적 사건들의 발생이 영원한 예지(豫知)의 원인이라고 말하는 것은 너무나 터무니없는 일입니다! 미래의 일이 일어나도록 정해져 있으므로 신은 미래의 일을 예견한다는 견해는 단 한 번 발생하는 사건들이 최고 섭리의 원인이라고 믿는 것과 똑같습니다.

　더구나 내가 어떤 것이 존재한다는 것을 알고 있을 때 그것이 존재하는 것은 필연적인 것과 마찬가지로 내가 어떤 것이 존재하게 될 것임을 알고 있을 때 그것이 존재하게 될 것은 필연적입니다. 그러므로 예지 된 사건의 발생은 피할 수 없다는 결론이 나옵니다.

　마지막으로 어떤 사람이 사물을 실제의 그 사물과 다르게 생각한다면 그것은 지식이 아닐 뿐만 아니라 지식의 진실과는 거리가 아주

먼 그릇된 견해일 뿐입니다. 그러므로 만일 일이 일어나기로 정해져 있기는 하지만 그 발생이 불확실하고 필연적인 것이 아니라면 그 일이 일어날 것임을 누가 미리 알 수 있겠습니까?

지식이 거짓에 의해 변질되지 않는 것과 마찬가지로 지식에 의해 이해된 것은 이해된 그대로의 것이 아닌 다른 것으로 될 수는 없습니다. 지식에 아무런 거짓도 들어 있지 않은 사물들은 지식이 그것들을 이해하는 바와 똑같이 존재하기 때문입니다.

그러므로 문제는 미래의 일들이 불확실하다면 그것들이 일어나리라는 것을 신이 어떻게 알 수 있겠는가 하는 것입니다. 만일 신이 미래의 일들이 반드시 일어나리라고 생각하고 있음에도 그것들이 일어나지 않을 가능성이 존재한다면 그것은 신이 속았다고 생각할 수도 말할 수도 없는 사악한 일입니다.

그런데 그러한 일들이 지금 일어나고 있듯이 앞으로 일어날 것이라는 신의 지식이 일어날 수 있는 것과 마찬가지로 일어나지 않을 수도 있다는 식의 지식이라면——확실하고 확고부동한 것마저도 파악하지 못하는 지식이——무슨 지식이겠습니까?

그런 지식이 호라티우스(Horace)[2]의 《풍자시(Satires)》에 나오는 '내가 말하는 것은 무엇이든지 일어나거나 아니면 일어나지 않을 것이다'라는 테이레시아스(Tiresias)[3]의 우스꽝스러운 예언과 무엇이 다르겠습니까?

---

2) B.C. 65~B.C. 8. 로마의 시인. 아우구스투스 황제의 사랑을 받아 계관시인의 지위를 얻음.
3) 전설에 나오는 테베의 장님 예언자.

그리고 신의 섭리가 인간의 견해와 마찬가지로 일어날 것인지 아닌지 확실치 않다면 신의 섭리가 인간의 견해보다 무엇이 우월하겠습니까?

만물의 가장 확실한 저 원천에 아무런 불확실함도 있을 수 없다면 신이 미래의 사건들로 확고하게 예지하고 있는 것들은 틀림없이 일어날 것입니다. 따라서 인간의 사고와 행동에는 아무런 자유도 없을 것입니다. 절대로 오류에 빠지는 일이 없이 만물을 예견하는 신의 정신은 인간의 사고와 행동을 발생의 단 한 가지 방식에 묶어놓기 때문입니다.

이것을 인정한다면 인간사(人間事)는 분명 엄청난 혼란에 빠질 것입니다. 그렇게 되면 선한 사람들에게 주어지는 보상도 악한 사람들에게 주어지는 처벌도 공허한 것이 될 것입니다. 그럴 때 선한 사람들에게 주어지는 보상과 악한 사람들에게 주어지는 처벌은 정신의 자유롭고 의지적인 활동으로 주어지는 것이 아니기 때문입니다.

지금 가장 공정하다고 판단되고 있는 것——즉 악한 자들에 대한 처벌과 선한 사람들에 대한 보상——은 가장 불공정한 것으로 보일 것입니다. 인간들을 선 또는 악으로 몰아가는 것은 그들 자신의 의지가 아니라 일어나게 될 일들의 확고한 필연성이기 때문입니다.

그렇게 되면 악도 선도 존재하지 않을 것이며 모든 가치는 뒤섞여 서로 구별되지 않을 것입니다. 이보다 더 사악한 일은 없습니다. 사물의 모든 질서가 섭리에서 유래되고 인간의 사고가 작용할 여지가 전혀 없으므로 결국 우리의 사악함 역시 모든 선의 창조자인 신에서 유래한다는 결론이 나오기 때문입니다.

그러므로 뭔가를 희망하거나 뭔가를 피하려는 것은 모두 부질없는 일입니다. 인간이 바라는 것들 모두 인간의 힘으로는 어떻게 할 수 없는 끈으로 묶여 있는데 무엇을 희망하고 무엇을 피하려고 할 수 있겠습니까?

그러므로 설령 우리가 겸손의 대가로 신의 은총이 헤아릴 길 없는 보답을 얻더라도 신과 인간 사이의 유일한 교류 수단인 희망과 기도가 없어지게 될 것입니다. 그런데 희망과 기도야말로 인간이 신과 대화할 수 있고 다가갈 수 없는 빛에 자신을 결합하여 그 빛을 얻을 수 있는 유일한 수단입니다.

그런데 미래 일들의 필연성을 인정하는 희망과 기도가 아무런 힘도 가지고 있지 않다면 우리가 저 최고의 주인과 결합하여 하나가 되는 방법이 어디 있겠습니까? 그렇게 되면 조금 전에 당신이 노래했듯이 인류는 자기의 원천에서 떨어져 나와 점점 약해지고 피폐해질 운명에 처할 것입니다.”

어떤 적대적인 원인이 사물들의 결합을 이렇게 갈라놓는가?
어떤 신이 두 개의 진리 사이를 그토록 반목시켰기에
그 두 개의 진리는 저마다 개별적으로 독립해 있을 뿐
공통된 한 개의 멍에를 지기 거부하는가?

아니면 그 진리들 사이엔 아무런 불화도 없이

항상 하나로 결합해 있는 것일까?

아니면 정신은 눈먼 육체에 짓눌려 있는 까닭에

희미한 빛 속에서 사물을 연결하는

가느다란 끈을 볼 힘이 없는 것일까?

그렇다면 어찌하여 정신은 진리의 비밀스러운

징후들을 배우고자 하는 열망으로 그토록 불타는가?

어쩌면 정신은 자신이 배우고자 하는 것을 이미 알고 있는 것일까?

하지만 누가 이미 알고 있는 것을 또 배우고자 하겠는가?

만일 모르고 있다면 정신은 맹목적으로 무엇을 찾고 있는 것일까?

누가 모르면서 어떤 것을 추구할 수 있으며

누가 자기에게 알려지지 않은 것을 찾을 수 있으며

또 어디서 그것을 발견할 수 있겠는가?

설령 그것이 발견된다고 하더라도

무지(無知)함이 그 숨겨진 형태를 식별할 수 있겠는가?

언젠가 신의 정신을 보았을 때

정신은 진리들의 총합과 제각각 인식하고 있었던 것일까?

지금은 육체의 어리석음에 가려져 있지만

정신은 자신에 관한 기억을 모두 잊어버리지는 않았다.

정신은 각각으로 수많은 진리를 잃어버렸지만

아직도 그 총합은 간직하고 있는 것이다.

그러므로 진리를 추구하는 자는

아는 상태에 있는 것도 아니지만

완전히 모르는 상태에 있는 것도 아니니라.

그러므로 정신 속에 간직하고 보전되는

진리들의 총합에 관해 숙고하고

자신이 높은 곳에서 보았던 것을 생각하는 것으로

잃어버린 부분들을 자기가

간직하고 있는 것들에 더하기 위함이다.

제4장
의지의 행위는 정해져 있지 않다

내가 노래를 마치자 철학이 말했다.

"그것은 섭리에 관해 옛날부터 있어 온 불만이다. 키케로(Cicero)도 그의 논문《예지에 관하여(De Divinatione)》에서 그 점을 맹렬히 공격했고 너 자신도 그 점을 아주 상세하게 연구해 왔다. 그러나 지금까지 너희들 중 아무도 그것을 충분히 주의 깊고 엄밀히 설명하지는 못했다. 그러한 무지의 이유는 인간의 추론 작용이 신의 예지(豫知)의 직접성(Immediacy)에 접근할 수 없기 때문이다.

만일 이 직접성이 어떤 방법으로 이해될 수 있다면 모든 불확실함은 제거될 것이다. 나중에 그 점을 명백히 밝히려고 노력해 보기로 하고 먼저 너를 괴롭히고 있는 문제들을 다루어 보겠다.

신의 예지는 미래에 대해 필연성을 부과하지 않으며 의지의 자유는 예지로 침해되지 않는다고 믿는 사람들의 예를 들어 보자. 나는 네가 어째서 그들의 추론을 헛된 것으로 여기는지 알고 싶다. 미리 정해져 있다는 것에 대한 너의 증거의 근원은 예지 된 일이 일어나지 않을 수 없다는 너의 믿음뿐이기 때문이다.

그러므로 네가 조금 전에 말했던 것처럼 미리 정해진 신의 예지가 미래에 아무런 운명도 책임지지 않는다면 의지의 행위들이 미리 정해져 있는 것은 무슨 까닭일까? 그러나 논증을 위해 그리고 다음에 이어질 결론을 네가 이해할 수 있도록 예지는 없다고 가정해 보자. 그러면 의지의 행위들은 미리 정해져 있지 않을 것이다. 그렇지?"

"그렇습니다."

"이번에는 예지는 존재하지만 사물들에 미리 정해진 아무런 운명도 부과하지 않는다고 가정해 보자. 이때 의지의 자유는 침해받지 않은 완전무결한 상태로 남아 있을 것이다.

하지만 너는 '예지는 미래의 미리 정해진 운명과 똑같은 것이 아니라 할지라도 미래에 불가피하게 일어날 것이라는 표시이다.'라고 말할 것이다.

이럴 때 예지가 존재하지 않더라도 누구나 미래의 발생이 예정되어 있다는 데에는 동의할 것이다. 표시들이란 그것들이 의미하는 것을 예시할 뿐 그것을 일으키지는 않기 때문이다.

그러므로 맨 먼저 해야 할 일은 필연성이 아닌 다른 것으로 인해 일어나는 것은 아무것도 없다는 것을 입증하는 일이다. 그래야만 예지가 필연성의 표시로 여겨질 것이기 때문이다. 만일 그와는 반대로 필연성이 존재하지 않는다면 그 예지 또한 존재하지 않는 어떤 것의 표시일 수 없다.

그런데 우리는 확고한 이성에 기반을 둔 증거를 표시들이나 외부에서 들여온 논증으로 끌어낼 수 없다는 데에 동의한다. 그런 증거는 서로 부합하고 차례로 이어지는 논증에서 나와야만 하기 때문이다.

미래의 사건으로 예지 된 것은 일어나지 않을 수 없다. 그것은 섭리가 미래의 사건으로 예지한 것들이 일어나더라도 스스로 그것들은 본질상 예정된 일이라고 믿지 않고 그런 일들——섭리가 미래의 사건으로서 예지하고 있는 일들——이 일어나지 않으리라고 믿는 것과 같다.

다음과 같은 방법으로 생각해 보면 너는 그 점을 쉽게 알 수 있을 것이다. 즉 우리는 많은 일들——이를테면 마부들이 마차를 몰고 가기 위해 하는 행동들과 같은 종류의 일들——이 우리의 눈앞에서 일어나는 것을 본다. 그러나 그런 행동 중 그 어느 것도 필연성으로 일어나는 것은 아니다. 그렇지?"

"그렇습니다. 왜냐하면 만일 그런 행동들이 모두 필연성으로 일어나는 것이라면 노련한 솜씨를 마음대로 조종하는 것도 부질없는 일이기 때문입니다."

"그러므로 필연성으로 일어나는 것이 아닌 일들은 일어나기 전의 상태에서는 일어날 예정인 미래의 일일 뿐 필연성으로 일어날 예정인 미래의 일은 아니다. 왜냐하면 현재의 사물들에 대한 지식이 일어난 일들에 대해 아무런 필연성도 부과하지 않는 것과 마찬가지로 예지(豫知)는 일어날 예정인 일들에 대해 아무런 필연성도 부과하지 않기 때문이다.

그러면 너는 '문제의 발생이 필연적이 아닌——즉 일어나지 않을 수도 있는——그런 사물들에 대한 예지도 있을 수 있느냐 하는 것입니다'라고 말할 것이다.

그러나 거기에는 모순이 있는 것처럼 보인다. 너는 사건들의 필연성은 그것들이 예지 되는 데서 연유하는 것이며 필연성이 존재하지 않는다면 그것들은 예지 될 수 없다고 생각한다. 그 까닭은 확실한 것이 아닌 한 그 어느 것도 지식에 의해 파악될 수 없다고 믿기 때문이다.

발생이 불확실한 사건들이 마치 발생이 확실한 것처럼 예지 된다면 그것은 모호한 견해일 뿐 지식의 진리는 아니라고 너는 생각하고 있다. 실제의 사실들과는 다른 것에 대해 견해를 갖는 것은 완전한 지식이 아니라고 믿기 때문이다.

이러한 오류의 원인은 사람들이 지식의 완전성은 그 대상의 인식되는 성질과 능력에 달려 있다고 생각하기 때문이다. 그러나 그것은 모두 잘못된 것이다. 인식되는 모든 사물은 그 사물 자체의 성질에 따라 이해되는 것이 아니라 그 사물을 인식하는 사람의 인식 능력에 따라 이해된다.

간단한 예를 들어 그 점을 밝혀 보기로 하자. 형체가 똑같이 둥근 것이라 할지라도 시각에 의한 것과 촉각에 의한 것이 서로 다르게 인식된다.

시각에 의해 인식할 때는 거리를 두고 눈에서 건너가는 시선에 의해 그 형상 전체를 동시에 파악하지만 촉각에 의해 인식할 때는 구체(球體)에 바짝 다가가 그 구체를 잡고 둥근 상태를 한 부분 또 한 부분씩 파악하는 것이다.

인식하는 대상이 인간일 때도 그와 흡사하여 감각으로 인식되는 것과 상상력에 의해 인식되는 것이 이성(理性)에 의해 인식되는 때

와 이지(理智)에 의해 인식되는 때에 따라 각각 다르게 인식된다.[4]

감각은 물질로 이루어진 인간 형체를 관찰하고 상상력은 물질이 없는 인간 형체만을 생각하며 이성은 상상력의 영역을 넘어서 보편적인 고찰로 각각의 인간에게 내재해 있는 종(種)의 개념을 숙고한다. 그리고 보편성의 영역을 초월하는 이지의 눈은 정신의 순수한 시선으로 단일 형상 자체를 보는 것이다.[5]

---

[4] 이 대목에서 '이지(理智, intelligence, 라틴어로는 intelligentia)'는 이성적 영혼이 발휘한다고 추측되는 두 가지 능력, 즉 '지(智, intellect, 라틴어로는 intellectus)'와 '이(理, reason, 라틴어로는 ratio)'를 일컫는 기술적 의미를 지니고 있다. '지(智, intellect)'는 여기서 '이해'를 의미하여 물질로 되어 있지 않은 영(靈)이 갖은 완전한 이지(理智, intelligence)에 대응되는 물질로 되어 있는 인간이 지닌 불완전한 능력이다. 지(智)의 이(理)에 대한 관계는 성 토마스 아퀴나스에 의해 다음과 같이 설명되고 있다. '지(智)는 이해가 가능한 어떤 진리에 대한 단순한——즉 분리될 수 없는 다른 것이 섞여 있지 않은——이해력이지만 이(理)의 작용(reasoning)은 한 가지 점을 이해하고 다른 한 가지 점으로 옮겨감으로써 이해할 수 있는 진리를 향해 나아가는 것이다. 따라서 그 둘 사이의 차이는 휴식과 움직임 간의 차이 또는 소유와 획득 간의 차이와 같다. 우리가 어떤 자명한 진리를 '단순히 보고 있을' 때는 지(智)를 누리고 있는 것이고 자명하지 않은 어떤 진리를 증명하기 위해 한 걸음씩 나아갈 때는 이(理)를 활용하는 것이다.'

[5] 인식은 인식되는 대상의 능력이 아니라 인식하는 주체의 능력에 달려 있다는 이 주장의 전거(典據)는 이암블리코스, 암모니우스, 그리고 프로클루스의 저술들에 있다. 이 대목에서 보편적인 것(universal)과 형상(form)이라는 두 가지 용어에 대해서 짧은 설명이 필요하다. 전자에 대해서 아리스토텔레스는 "보편적인 것(universal)이라는 말로써 내가 의미하는 것은 많은 주체를 가졌다고 단정할 수 있을 만한 그러한 본질을 가진 어떤 것이다"라고 말하는데 예를 들어 개별적인 말[馬]들과 대립하는 것의 '말[馬]'이라는 개념이 그러한 것이다. 그러나 아리스토텔레스에게 보편적이란 단지 주관적인——심적인——개념만은 아니다. 그것은 정신과 물체 또 양자에 있어서 실제적이다. '엄격하게 말해 아리스토텔레스에게 객관적인——물적인——보편적이란 없지만 정신 속의 주관적이며 보편적인 것을 위한 객관적인 기반이 물체들 속에 있다. 말[馬]이라는 보편적인 것은 하나의 주관적 개념이지만 그것은 구체적인 개개의 말들을 알리는 실체적 형태 속에 객관적 기반을 가진다(코플스톤 《철학의 역사》 중에서).' 이와 비슷하게 플라톤도 보편적이란——그는 그것에 이데아(idea) 또는 형상(form)이라는 이름을 붙였지만——실제적인 어떤 것이지만 아리스토텔레스와는 달리 그 형상(form)을 비(非)실제적인 일상적 감각 세계와는 다른 '진정한 실재성'의 비(非)감각적 세계 속에 있는 독립된 실체와 일치시켰다. 이 대목에서 형상(form)이라는 단어의 쓰임새는 성 아우구스티누스에 한층 더 가까운 것으로 보이는데 그는 플라톤보다 중기(中期) 아카데미와 플로티누스 쪽을 따르고 있다.

여기서 가장 중요한 점은——우월한 인식 방법은 열등한 인식 방법을 포함하지만——열등한 인식 방법이 우월한 인식 방법으로 올라가는 것은 불가능하다는 것이다.

감각은 물질을 넘어선 어떤 것도 인식할 수 없고 상상력은 보편적 종(種)의 개념을 고찰하지 못한다. 또한 이성은 단일 형상을 파악하지 못하지만 이지는 위에서 내려다보듯이 먼저 형상을 인식한 다음 그 밑에 있는 모든 것을 식별하는 이지는 어떤 인식 방법으로도 알 수 없는 형상 자체를 파악하는 것이다.

이지는 이성과 상상력과 감각을 사용하지 않고 형체의 따라 정신의 시선을 단 한 번의 던짐으로써 보편적인 것에 대한 이성의 지식과 형체에 대한 상상력의 지식과 물질에 대한 감각의 지식을 안다. 이성도 역시 보편적인 것을 바라볼 때 상상력이나 감각을 사용하지 않고 상상력을 통해 알 수 있는 것과 감각을 통해 알 수 있는 모든 것을 파악할 수 있다. 그러므로 보편적 개념을 규정하는 것은 이성이다.

보편적 개념이란 이를테면 '인간은 두 발을 가진 이성적 동물이다' 와 같은 것으로 이것은 보편적 개념인 까닭에 상상력이나 감각을 통해 인식할 수 있는 개념이라는 것을 누구나 알고 있다. 그러나 이성은 상상력이나 감각을 통해서가 아니라 이성적 파악력으로 고찰하는 것이다.

상상력 역시 여러 형태를 보고 그것들을 형상화하는 원래의 능력을 감각에서 취해 왔을지 모르지만 감각이 없을 때도 상상력은 감각으로 알 수 있는 모든 것을 감각적 인식이 아니라 상상적 인식으로 고찰할 수 있다.

그러므로 너는 감각·상상력·이성·이지의 인식 방법들은 모든 대상물의 인식 능력이 아니라 자기 인식 능력을 사용한다는 것을 알 수 있을 것이다. 그리고 그것은 지극히 당연하다. 왜냐하면 모든 판단은 판단하는 사람의 행위이므로 각자가 다른 어떤 것의 능력이 아니라 자기의 능력으로 판단하는 것이 필연적이다."

채색된 주랑(柱廊)의 스토아학파[6]는
일찍이 몽매한 철학자들에게
감각을 통해 배우게 되는 것들을 주위에 있는 물체들에
정신에 새겨지는 영상들로 생각하도록 가르쳤다.
마치 옛날에 아무런 긁힌 자국도 없는 넓은 밀랍 위에
재빠르게 움직이는 펜으로 깊게 새겼던 글자들처럼
그렇게 새겨지는 영상들로 생각하도록 가르쳤다.

---

6) 스토아학파라는 이름은 스토아 철학의 창시자인 키티온(Citium)의 제논(B.C. 335~B.C. 263)이 아테네의 스토아 포이킬레(Stoa Poikile, 벽에 그림이 있는 주랑(柱廊)이라는 뜻)에서 가르침을 폈다 하여 생긴 이름이다. 스토아 철학은 유물주의적 철학이었다. 즉 이 철학에 있어서는 오직 물질들만이 실재적인 실체적 존재를 가진 것으로 스토아학파의 인식 논리는 그 자체가 물질인 영혼이 어떻게 다른 물질들——이미 알려진 사물들——에 의해 영향을 받는가에 대한 설명이었다. 키티온 제논의 뒤를 이은 클레안테스(B.C. 331~B.C. 232)는 실제로 한 대상이 감각 인식으로 영혼에 끼치는 영향을 묘사하기 위해 밀랍 위에 눌러 찍혀진 인장의 비유를 사용했다. 이 유물주의적 이론 체계에는 플라톤의 형상(form)과 같은 객관적으로 존재하는 보편적인 것들이 설 자리가 없었다. 보이티우스가 이 수동적 수용 이론과 대립하고 있는 정신의 능동적 능력은 아리스토텔레스의 '능동적 이성'에서 얼마간 빌려온 것 같다.

그러나 만일 힘을 가진 자신의 능동적인 정신이

아무것도 배우거나 발견하지 못하고 완전히 수동적으로

외부의 물체들이 새겨 놓은 것만을 받아들인다면

만일 그런 능동적인 정신이 거울처럼

사물의 공허한 영상을 반영하면 모든 것들을 식별하는

그러한 정신의 강한 관념은 어디에서 오는 것일까?

어떤 힘이 개체들을 보게 하고 본 것을 분석하게 하고

그 분석을 종합하여 서로 엇갈리는 길을 나아가게 하는가?

정신은 자기 머리를 가장 높은 것에 들어 올리기도 하고

가장 낮은 것들에 향하게 하기도 하며

다시 자기에게 되돌려 그릇된 것을 참된 것으로 뒤덮는다.

이것은 외부의 사물들이 새겨 놓은 것을

수동적으로 기다리는 것보다

더 강력하고 더욱 힘차고 유효한 원인이다.

그러나 살아 있는 것들 속에 있는 수동성이

정신을 불러일으켜 움직이는 것보다 우선하는 것이니

마치 그것은 빛이 눈에 닿거나 소리가 귀를 울리면

그때 일깨워진 정신의 능동적인 힘이

내부에서 여러 종(種)을 불러일으켜

유사한 한 가지 종류의 움직임을 갖게 하는 것과 같다.

그리하여 정신의 능동적인 힘은

그것을 외부에 새겨진 흔적에 맞추고

받아들인 영상을 내부에 감춘

형상과 조합하는 것이다.

제5장
육체보다 정신을 들어올려라

"그러나 물질적 현상을 인식하는 데 외부의 자극이 감각 기관에 부딪혀 영향을 준다고 하더라도 물질적 수동성이——정신의 능동성을 자극해 정신 속에서 잠자고 있는 형상들을 불러일으키는 수동성이 ——정신적 능동성을 선행하더라도 물질적 현상을 인식하는 데 정신이 수동적으로 영향받지 않고 그 물체에 종속되는 경험을 자기 힘으로 판단한다면 물질적 영향을 전혀 받지 않는 인식방식을 가진 존재들을 생각해 보라.

그러한 존재들은 사물을 인식하기 위해 외부적 자극에 반응할 필요 없이 자기 정신을 일깨워 활동할 수 있다. 그러므로 이러한 논법으로 서로 다른 실체들에 제각각 수많은 종류의 인식 방법이 주어진 것이다.

바위에 붙어 자라는 조개류처럼 움직일 능력이 없는 동물들은 다른 인식 능력은 주어지지 않고 오직 감각을 통한 인식 능력만이 주어졌으며 상상을 통한 인식 능력은 움직일 능력이 있고 사물을 선택하거나 피하고자 하는 의지가 있는 동물들에게 주어졌다.

그리고 이성은 오직 인류에 속해 있으며 이지는 신에 속해 있는 것이다. 그 결과 본질 그대로 자기 인식의 대상뿐만 아니라 다른 인식 방법의 인식 대상까지 알고 있는 저 인식 방법——이지——이 다른 인식 방법들을 능가하는 것이다.

그런데 만일 감각과 상상력이 감각 또는 상상력을 통해 인식될 수 있는 것들은 보편적일 수 없다는 이유로 이성에 반대하여 '이성이 자기가 볼 수 있다고 생각하는 보편적인 것들은 전혀 존재하지 않는다. 그러므로 이성의 판단이 옳고 감각을 통해 인식할 수 있는 것은 아무것도 없거나 아니면 이성 자신도 사물들이 감각과 상상력을 통해 인식될 수 있다는 것을 알고 있는 만큼 이성의 인식 방법이 무가치한 것이거나——왜냐하면 이성은 감각을 통해 알 수 있는 개체의 것들을 일종의 보편적으로 생각하기 때문이다——둘 중의 하나이다'라고 말한다고 가정해 보라.

그리고 이에 대해 이성이 '보편적인 것들을 고찰하는 데 이성은 감각으로 인식되는 것들과 상상력으로 인식되는 것들을 빠짐없이 보고 있지만 감각과 상상력은 그 인식 방법이 물질적 형체들을 넘어설 수 없으므로 보편성의 인식까지 올라갈 수 없는 것이다. 그러므로 사물의 인식 방법의 문제에 있어서는 더욱더 확실하고 완전한 식별력을 가진 쪽을 신뢰해야 한다'라고 대답한다고 가정해 보자.

이러한 논쟁이 일어날 때 상상력은 감각으로 인식할 수 있는 능력뿐만 아니라 이성을 통해 인식할 수 있는 능력을 지닌 우리는 분명 이성 쪽의 주장에 찬성할 것이다.

이와 마찬가지로 인간의 이성은 신의 이지가 인간의 이성이 인식하는 방법이 아닌 다른 방법으로 미래를 볼 수 있다는 것을 믿으려

하지 않는다. 그 논법을 전개하면 다음과 같다.

어떤 사물의 발생이 예정된 확실성을 가지고 있지 않은 것으로 보일 때 그 사물은 미래의 사건으로 예지 될 수 없다. 그러므로 그러한 때에 예지란 없다. 만일 우리가 그러한 때도 예지가 존재한다고 믿는다면 필연성으로 일어나지 않는 것은 아무것도 없다.

그러므로 만일 이성을 부여받은 존재인 우리가 신의 정신에 관해 판단할 수 있다면 감각과 상상력이 이성에 순종하는 것이 옳다고 생각했듯이 인간의 이성이 신의 지혜 앞에 고개를 숙이는 것이 지극히 당연하다고 생각해야 할 것이다.

그리고 나서 할 수만 있다면 자신을 최고 이지의 높이까지 끌어올려야 한다. 그렇게 되면 이성은 자기 힘으로 알 수 없는 것을 알게 될 것이다. 즉 이성은 발생의 확실성도 가지고 있지 않은 것이 어떻게 확실하고 확고한 예지——견해가 아닌 인식의 최고 형태인 이지의 무한한 직접적인 예지——에 알려질 수 있는지를 알게 될 것이다."

세상에는 얼마나 많은 다른 삶의 형태들이 존재하는가!
어떤 것들은 기다란 형체와 강한 갈비뼈로
고랑을 그리며 먼지 속을 기어 다니고
어떤 것들은 날개로 가볍게 바람을 치면서
드넓은 창공을 유려하게 날며 떠 있고
어떤 것들은 땅 위에서 한 발짝 한 발짝
들판이나 숲 가로 발자국을 옮긴다.

네가 보기에 그들은 다른 형태를 하고 있으나
그것들의 시선은 땅을 향해 아래로 숙이고
감각은 무디어져 있다.
그런데 오직 인간만이 머리를 높이 쳐들 수 있고
땅바닥을 외면하고 몸을 똑바로 세울 수 있다.
이러한 모습은 인간에게
땅바닥에 얽매인 어리석은 인간들을 제외한
모든 인간에게 이렇게 경고한다.

'얼굴을 들어 올린 채
눈을 하늘로 향한 그대들이여
높이 솟아 있는 정신이
육체보다 땅으로 낮게 가라앉지 않도록
그대들의 정신 또한 높이 들어 올려라'라고.

제6장
신은 영원하고 세계는 영속하다

"따라서 바로 조금 전에 우리가 입증한 바와 같이 인식의 모든 대상은 그 주체가 되는 본질의 결과가 아니라 그것을 인식하는 본질의 결과로 인식되는 것이므로 우리가 할 수 있는 데까지 신적(神的) 주체의 본질을 조사해 보기로 하자. 그래야만 신의 인식 방법이 어떠한 것인지 알 수 있을 테니까.

신이 영원하다는 것은 이성을 가지고 사는 존재들의 공통된 판단이다. 그러니 영원성의 본질을 고찰해 보기로 하자. 그에 대한 고찰은 우리에게 신의 본질과 신의 인식 방법을 동시에 밝혀 줄 것이다. 영원성은 영원히 지속되는 생명의 전체적이고 동시적이며 완전한 소유이다. 이 점은 시간 속에 존재하는 피조물들과 비교해 보면 명백해질 것이다.

시간 속에 살아 있는 것은 모두 현재에 존재하면서 과거에서 미래로 나갈 뿐이며 자기의 생명 전체를 동시에 포괄할 수 있는 것은 아무것도 없다. 시간 속에 존재하는 것이란 내일은 아직 소유하지 못하고 어제는 이미 잃어버린 상태에 있는 것이기 때문에 오늘의 삶도 재빠르게 지나가 버리는 순간을 살 뿐이다.

그러므로 시간 속에 존재하는 상태에 놓인 것은 무엇이건 간에 그것이 시작도 없고 끝도 없으며 그 생명이 시간의 무한대까지 뻗치더라도——아리스토텔레스는 세계가 바로 그러하다고 생각했다——그것은 영원한 것으로 간주할 수 없는 것이다.

그것은 생명이 무한히 길지 모르지만 자기의 생명 전체를 동시에 포괄하고 이해하지는 못한다. 미래는 아직 소유하지 못하고 과거는 이미 잃어버린 상태에 있는 것이다. 그러므로 영원히 지속되는 생명 전체를 동시에 포괄하고 소유하는 것——미래의 것을 소유하고 과거의 어느 것도 잃어버리지 않는 것——을 영원한 것이라고 말할 수 있다.

영원한 것은 필연적으로 항상 자신에 대해 현존하며 자신을 지배하며 흘러가는 무한한 시간을 항상 현재로 가지고 있다. 그러므로 플라톤은 '세계가 시간상으로 아무런 시작도 갖지 않았으며 또한 끝도 갖지 않을 것임을 믿었다'라는 얘기를 듣고서 '창조된 세계는 그 창조주와 같이 영원하다'라고 주장하는 철학자들은 틀린 것이다. 왜냐하면 플라톤의 이론 속의 세계처럼 영원히 계속되는 생명을 가지고 있다는 것과 영원히 계속되는 생명 전체를 같은 하나의 현재 안에 포괄하고 있는 것은 다른 것이다.

이것이 신의 정신의 한 특성이다. 신은 시간의 길이와 관련해서가 아니라 신의 본질인 직접성이라는 특성과 관련하여 창조된 세계보다 먼저 존재하기 시작했다고 여겨야 한다. 시간 속에 존재하는 사물들이 무한히 변화하는 것은 변화하지 않는 생명의 이러한 현재 상태를 닮고자 하는 시도이다.

그러나 시간 속에 존재하는 그것——세계——은 그러한 상태를 재현하거나 그러한 상태와 똑같이 될 수 없으므로 불변에서 변화로, 즉 존재의 직접성에서 과거와 미래의 무한함에 떨어지는 것이다.

그것——세계——은 자신의 생명 전체를 동시에 소유할 수는 없지만 그 존재가 끝나 버리는 것은 불가능하다는 바로 그 사실에 의해 자신이 성취하거나 표현할 수 없는 그것——영원한 것——을 어느 정도 흉내 내고 있는 것으로 보인다.

그것은 사라져 가는 작은 순간 속에서 어떤 현재에 매달려 그러한 흉내를 내는데 현재는 영원히 변치 않는 현재와 닮은 점을 가지고 있으므로 현재는 그 현재를 소유하는 어떤 것이든 흉내 내고 있는 대상의 겉모양을 부여하는 것이다.

그러나 그것은 머물 수 없는 까닭에 시간을 통해 무한한 여행을 하고 앞으로 나아감으로써 머물렀을 때 그 전체를 포괄할 수 없었던 생명을 지속시킬 수 있게 된다. 그러므로 우리가 그것들에 합당한 이름을 붙이고자 한다면 우리는 플라톤을 따라 신은 영원하고 세계는 영속하다 말해야 할 것이다.

따라서 모든 판단은 판단하는 주체에 주어진 일들을 그 주체 정신의 본질에 따라 이해하는 까닭에——신의 상태는 항상 영원한 현재의 상태인 까닭에——신의 인식 또한 시간적 변화를 초월하여 신의 현재의 직접성에 머물러 있는 것이다. 신의 인식은 무한한 과거와 미래를 모두 포괄하며 모든 과거와 미래를 마치 현재 일어나고 있는 것처럼 자기 인식의 직접성 속에서 보는 것이다.

만일 네가 신이 모든 것들을 알아내는 그러한 예지 또는 선견(先見)을 고찰하고자 한다면 그것은 미래에 대한 일종의 예지로서가 아니라 절대로 끝나는 일이 없는 현재에 대한 인식으로 생각하는 편이 옳은 일일 것이다. 그러므로 그것은 선견 또는 '미리 내다보는 것'이라고 불리는 것보다 섭리 또는 '바라보는 것'이라고 불리는 편이 옳을 것이다. 마치 높은 산꼭대기에서 내려다보는 것처럼 아래에 있는 사물을 멀리 떨어져 내려다보기 때문이다.

그런데도 어찌하여 너는 신의 시선에 의해 자세히 관찰된 모든 것은 필연적인 것이 된다고 고집하느냐? 인간은 사물들을 보지만 그렇다고 해서 그 사물들을 필연적인 것으로 만드는 것은 아니다. 사물들을 보는 것 자체는 네가 현재 보고 있는 사물들에 아무런 필연성도 부여해 주지 않는다. 그렇지 않으냐?"

"그렇습니다."

"그리고 만일 인간의 현재와 신의 현재가 비교될 수 있는 것이라면 지금 네가 너의 시간 속에 있는 사물들을 보는 것과 마찬가지로 신은 자신의 영원한 현재 속에 있는 모든 사물을 보는 것이다. 그러므로 이러한 신의 예지는 사물들의 본질과 특성을 변화시키지 않는다.

신의 예지는 다만 자신의 현재 안에 있는 사물들을 그것들이 어느 시기에 미래의 사건으로 일어나게 될 모양 그대로 보는 것일 뿐이다. 그것은 사물들에 관해 아무런 혼란한 판단도 내리지 않고 그 정신의 시선으로 한 번 보는 것으로 일어나게 될 모든 것이 필연적인지 아닌지를 식별하는 것이다.

너도 어떤 사람이 땅 위를 걸어가는 것과 태양이 하늘로 솟아오르는 것을 동시에 보면 그 두 광경이 동시에 일어나는 것이기는 하지만 너는 그 두 가지를 구분하여 전자(前者)는 의지로 일어난 것이고 후자(後者)는 필연으로 일어난 것으로 판단할 것이다.

그와 마찬가지로 신의 시선은 모든 사물을 내려다보지만 그 사물들의 본질을 교란하지는 않는다. 신에게 그것들은 현재의 사물들이지만 시간의 조건에서 그것들은 미래의 사물들이다. 그러므로 신이 어떤 일이 일어날 것임을 알고 있으며 또한 일어날 그 미래의 일에 아무런 필연성도 따르지 않음을 안다면 그것은 견해가 아니라 진실 위에 세워진 지식인 것이다.

만일 네가 '신이 미래의 사건으로 보고 있는 것은 일어나지 않을 수 없으며 일어나지 않을 수 없는 것은 필연으로 일어나는 것입니다'라고 말하는 것으로 나를 필연이라는 말에 묶어 두려고 하는구나. 그렇다면 나는 그것이 확고한 진리의 문제라는 것을 인정해야 하겠지만 그것은 신의 연구자 이외에는 누구도 통찰할 수 없었던 문제이다.

그렇지만 나는 똑같은 미래의 일일지라도 신의 예지와 관련하여 고찰될 때는 필연적이지만 그 자체로 고찰될 때는 아무런 제약도 받지 않는 완전히 자유로운 것으로 생각된다고 대답하겠다.

필연에는 두 가지 종류가 있다. 하나는 단순 필연으로 예를 들면 '인간이 죽는다는 것은 필연이다'라는 사실이 그것이며 다른 하나는 조건적 필연으로 어떤 사람이 걷고 있는 것을 네가 알고 있다면 그가 걷고 있는 것은 필연이다. 왜냐하면 한 인간이 알고 있는 그것은 알려진 바가 아닌 다른 것이 될 수 없기 때문이다.

그러나 이 조건적 필연은 단순 필연을 내포하지 않는다. 조건적 필연은 그 자체의 본질 덕분에 존재하는 것이 아니라 거기에 덧붙여진 조건 덕분에 존재하는 것이기 때문이다. 어떤 필연도 자신의 자유 의지에 따라 걸어가고 있는 사람에게 걸어가도록 강요하지는 못한다. 물론 그가 발을 내디딜 때 그가 걷는 것은 필연적인 일이긴 하지만.

이와 마찬가지로 만일 섭리가 어떤 것을 현재의 것으로 보고 있다면 자신의 본질 속에 아무런 필연도 가지고 있지 않더라도 그것이 일어나는 것은 필연적이다. 신은 자유 의지로 일어나는 그러한 미래의 사건들을 현재의 사건으로 보는 것이다.

그러므로 그러한 사건들은 신이 그것들을 본다는 것과 관련하여 고찰될 때는 신의 인식이라는 조건의 결과로 필연적으로 일어나는 것이지만 그것들 자체로 고찰될 때는 제 본질의 절대적인 자유를 잃지 않는 것이다. 그러므로 신이 미래에 일어날 것으로 알고 있는 모든 것들은 의심할 여지 없이 일어나지만 그것 중 어떤 것들의 발생은 자유 의지의 결과이다.

그것들이 일어난다는 사실에도 그 존재는 참된 본질을 빼앗아가지 않으며 그 본질 덕분에 그것들이 일어나기 전까지는 실제 일어나지 않을 가능성도 존재했다.

발생이 필연적이 아닌데도 신의 예지라는 조건 때문에 마치 그것들이 필연적인 것처럼 나타나면 그것이 무슨 문제가 되겠는가? 그에 대한 대답은 이러하다. 방금 내가 말했던 두 가지 사건——태양이 솟는 것과 사람이 걸어가는 것——은 일어나고 있으므로 일어나지 않으리라는 것은 불가능하다.

그러나 그중 한 가지——태양이 솟는 것——가 일어나는 것은 그것이 일어나기 전부터 필연적이지만 다른 한 가지——사람이 걸어가는 것——의 예는 그렇지 않다. 그러므로 신에게 있어 현재의 것으로 존재하는 것들은 의심할 여지 없이 일어나지만 그중 어떤 것들의 발생은 자체의 필연에서 오는 결과이며 또 어떤 것들의 발생은 그것을 행하는 사람들의 능력에서 오는 결과이다.

그러므로 그것들이 신의 예지와 관련하여 고찰될 때는 필연적이지만 그것들 자체로서 고찰될 때는 필연성의 굴레에 얽매이지 않은 자유로운 것이라고 하더라도 틀린 말이 아니다. 그것은 감각이 인식하는 모든 것들은 이성과 관련하여 고찰될 때는 보편적이지만 그 자체로 고찰될 때는 개별적인 것과 마찬가지이다.

그렇다면 너는 이렇게 말할 것이다.

'만일 어떤 행위의 계획된 길을 변경하는 것이 나의 능력 안에 있다면 나는 신의 섭리를 피할 수 있을 것입니다. 신이 예지하고 있는 것을 내가 바꿔 놓았을 것이기 때문입니다'라고.

그에 대한 나의 대답은 이러하다. 너는 너의 계획을 변경할 수 있다. 그러나 네가 계획을 변경하든 변경하지 않든 네가 어떤 식으로 계획을 변경하든 항상 현재이며 실제인 섭리는 그것을 다 보고 있으므로 너는 신의 예지에서 도망칠 수 없다. 그것은 자기 의지로 다양한 행동을 취하더라도 현존하여 지켜보고 있는 시선을 피할 수 없는 것과 마찬가지다.

너는 또 이렇게 물을 것이다. '내가 나의 계획을 재조정한 결과로 신의 지식이 바뀌지 않겠습니까? 내가 나의 소망을 바꿈에 따라 신의 지식 또한 바뀌지 않겠습니까?'라고.

그것은 그렇지 않다. 미래의 모든 일은 신의 고유한 인식 방법인 현재로 바뀌어 신의 시선으로 예견(豫見)되는 것이다. 그러므로 신의 시선은 네가 생각하는 것처럼 어떤 때는 이렇게 또 어떤 때는 저렇게 바뀌는 지식과 더불어 변하는 것이 아니라 한 번 보는 것으로 그 불변의 상태에서 너의 변화를 예견하고 알아채는 것이다.

신은 그러한 현재의 인식 상태와 모든 사물에 대한 통찰을 미래 사물의 실현으로 얻는 것이 아니라 자신의 직접성으로 얻는 것이다. 그러므로 네가 조금 전에 제기했던 이의(異議), 즉 '우리의 미래가 신에게 인식의 원인을 제공한다면 그것은 합당치 않다'라고 말하는 것으로 그 이의는 풀리게 된다.

모든 사물을 현재의 이해에서 포괄하는 이러한 인식 능력은 스스로 사물들에 어떤 한계를 두었으며 그 이후에 오는 사건들은 아무런 영향도 받지 않는다. 이러한 까닭에 인간 의지의 자유는 침해당하지 않은 채로 남아 있으며 또 인간의 의지가 모든 필연성에 자유로우므로 법률이 보상과 처벌을 부과하는 것이 부당한 일이 아니다.

신은 예지가 있으며 높은 곳에서 만물을 내려다보는 관찰자이다. 그러므로 신의 통찰력은 현재의 영원성이 선한 사람에게는 보상을 주고 악한 사람에게는 벌을 내리는 것처럼 그것은 우리 행위가 미래의 질(質)에 자기를 적용하는 것이다.

희망이 헛되이 신에게 걸려 있는 것이 아니며 기도들이 헛되이 만들어진 것이 아니니 그것들이 올바른 것들이라면 효력이 없을 수는 없다. 그러므로 악을 멀리하고 덕을 키워라. 너의 정신을 올바른 희망으로 들어 올리고 높은 곳을 향해 겸손한 기도를 올려라.

네가 자신에 대해 정직하기를 원한다면 너에게는 커다란 필연성——즉 선해져야 한다는 커다란 필연성——이 부과되어 있으니 그 까닭은 네가 만물을 보고 계시는 한 심판관의 시선 속에 살고 있기 때문이다."

보이티우스 연보

475?~480?

• 10월 23일 아니키우스 만리우스 세베리누스 보이티우스(Anicius Manlius Severinus Boethius)는 로마의 전통적 귀족 아니시아 명문가 집정관의 아들로 로마에서 태어났다(생몰 연대와 태어난 곳이 확실하지 않음).

• 그는 중세 초기에 동고트 왕국에서 활동한 로마계 원로원 의원이었으며 집정관이자 최후의 로마인으로 그리스 · 로마의 스콜라 철학자였다.

• 그의 가문은 보수적이었지만 일찍이 기독교로 개종했으며 선조들과 가족 중에는 여러 명의 집정관과 두 명의 황제와 한 명의 교황을 배출한 막강한 권력과 부(富)를 가진 집안이었다.

• 보이티우스의 아버지 플라비우스 보이티우스도 서로마 제국을 멸망시키고 이탈리아의 왕이 된 게르만족 출신인 오도아케르의 치하에서 원로원이자 집정관이었다.

484년

• 로마 교회와 콘스탄티노폴리스 교회의 분열 때문에 비잔틴 주교 아카키우스에게 교황이 유죄를 판결하자 동로마와 서로마 사이에 분쟁이 벌어진다.

485?~490?

• 그가 채 성장하기 전인 오도아케르의 치하에서 집정관직을 맡아보던 아버지가 갑자기 세상을 떠난다.

490?~492?

• 그는 어린 나이에 아버지가 일찍 죽자 당시 실력자였던 로마 집정관이며 원로원의 우두머리인 아우렐리우스 심마쿠스에게 입양되어 체계적인 교육을 받으면서 자랐다. 어릴 때부터 신동으로 불리고 학문에 대한 비상한 열의를 보이는 보이티우스에게 심마쿠스는 체계적으로 문학과 철학에 관한 공부를 가르치고 후에 자기 딸 루스티시아나와 결혼하게 하였다.

• 그가 받은 교육의 질(質)은 최고의 것이었으며 청년 시절의 보이티우스는 수사학·논리학·천문학에 이르기까지 모든 학문에 뛰어난 자질을 보였다.

493?

• 그는 이른 나이에 오도아케르를 멸망시킨 동고트족의 테오도리쿠스 왕의 눈에 들어 원로원 위원이 되었고 부르군디족의 왕 군도바드를 위해 물시계와 해시계를 만들고 프랑크족의 왕 클로비스를 위해 수금(竪琴)을 연주할 사람을 뽑는 일과 화폐 품질 저하 사건을 조사하는 일을 맡는다.

510년

• 서른 살의 나이에 로마의 전통적 공직 중에서 가장 화려한 직위인 일인 집정관에 오르게 되었다. 그 후 국가 관리 전체의 우두머리가 되

고 궁정 관리들의 장(長)이 되었다.

520?~524?

• 그는 철학 연구를 위한 학문적 기반인 아리스토텔레스의 모든 작품과 플라톤의 〈대화 편〉을 라틴어로 번역하고 설명을 붙여 그것들을 소개하고 거기에다 해석과 설명을 덧붙여 이해하기 쉬운 것으로 만들려는 계획을 세우고 포르피리우스의 ≪아리스토텔레스의 범주론 입문≫을 번역했다.

• 그 후 아리스토텔레스의 오르가논인 ≪명제론(De Interpretatione)≫ · ≪변증론(Topics)≫ · ≪분석론 전서(Prior Analytics)≫ · ≪분석론 후서(Posterior Analytics)≫ · ≪궤변론(Sophistical Fallacies)≫ 등을 번역하고 키케로의 ≪토피카(Topica)≫에 관한 주석서를 완성했다.

522년

• 두 아들이 집정관으로 임명됨.

523?~524?

• 484년에 일어난 로마 교회와 콘스탄티노폴리스 교회의 분쟁 때 보이티우스는 어쩔 수 없이 로마 편에서 고트족 사람들에게 대항하여 싸웠으며 이단인 아리우스파에 대항하는 글을 썼다는 이유와 동로마 편인 요한 1세의 선출과 관련한 반역죄에 연루되어 체포된 후 원로원에서 사형 판결을 받고 파비아로 귀양을 가 처형을 기다린다. 아마도 이 기간에 《철학의 위안》을 집필한 것으로 보임.

• 그가 옥중에서 쓴 《철학의 위안》은 철학과 신학을 비롯해 수학과 음

악에까지 영향을 끼치고 '중세의 가장 맑고 친절한 지혜의 책'으로 불리고 있다. 또한 그는 철학자 플라톤의 영향을 받아 그리스도교의 여러 문제를 응용해 스콜라 철학자들의 선구자로 주목받았다.

525?

• 귀양지 파비아에서 처형당함.

526년

• 서슬이 시퍼렇던 고트족 테오도리쿠스 왕이 병으로 죽음.

1883년

• 교황 레오 13세가 보이티우스를 가톨릭 정교회 성인품으로 시성(諡聖)함.

안티쿠스 책장
철학의 위안

초판 1쇄 | 2024년 4월 15일 발행

지은이 | 아니키우스 보이티우스
옮긴이 | 박병덕

펴낸이 | 이경자
펴낸곳 | 육문사

편   집 | 김대석
교   정 | 이정민
디자인 | 인지숙

주   소 | 경기도 고양시 일산동구 산두로 128 909동 202호
전   화 | 031-902-9948   팩스 | 031-903-4315
이메일 | dskimp2000@naver.com

출판등록 | 제 2016-000182 호 (1974. 5. 29)

ISBN 978-89-8203-050-5 03160

쇼펜하우어의
냉철한 조언

쇼펜하우어의
냉철한 조언

초판 1쇄 인쇄 2024년 5월 10일
초판 1쇄 발행 2024년 5월 16일

지은이 | 김옥림
펴낸이 | 임종관
펴낸곳 | 미래북
편 집 | 정윤아
본문 디자인 | 디자인 [연:우]
등 록 | 제 302-2003-000026호
주 소 | 경기도 고양시 덕양구 삼원로73 고양원흥 한일 윈스타 1405호
전화 031)964-1227(대) | 팩스 031)964-1228
이메일 miraebook@hotmail.com

ISBN 979-11-92073-52-1 03800

삶의 고통과 괴로움에서 벗어나게 하는

쇼펜하우어의
냉철한 조언

김옥림 지음

MIRAE
BOOK

책은 읽는 것이 아니라 배우는 것이다.

아르투어 쇼펜하우어

쇼펜하우어의 가르침에서
삶의 답을 찾다

◆

"모든 불행은 나를 다른 사람들과 비교하는 것에서 시작된다."

이 말을 남긴 독일의 철학자 아르투어 쇼펜하우어Arthur Schopenhauer는 부유한 상인의 아들로 태어나 어린 시절 가정교사로부터 교육을 받았다. 그 후 사립학교에 들어가 계몽주의를 배웠다. 갑작스럽게 아버지를 여읜 그의 가족은 독일로 갔다. 쇼펜하우어는 예술과 과학에 몰두하며 대학입시를 준비했다.

1809년 괴팅겐대학 의학부에 입학 허가를 받고 자연과학 강의를 듣다 인문학부로 옮겨 플라톤과 칸트를 공부했다.

그 후 1813년 예나대학에서 철학박사 학위를 받았다. 그는 바이마르에서 지내면서 괴테와 교류하며 여러 가지 철학적 주제를 놓고 토론을 벌였다. 또 그는 동양학자인 프리드리히 마이어로부터 고대 인도에 대해 듣고 플라톤과 칸트와 더불어 자신의 철학적 체계를 세우는 데 있어 기초로 생각했다.

그는 아이작 뉴턴에 반대하고 괴테를 지지하는 논문 〈시각과 색에 관하여〉를 완성하고, 3년 내내 《의지와 표상으로서의 세계》를 저술했다. 이 책은 4권으로 이루어졌다. 1, 2권은 의지를 긍정적인 방식으로 접근하여 다루고 3, 4권은 미학과 윤리학을 다루는데 의지의 부정이 해방 가능성을 지적하여 다룸으로써 쇼펜하우어 사상의 정점을 이룬다.

쇼펜하우어는 장기간에 걸쳐 이탈리아 여행을 하는데, 돌아와서는 헤겔과 논쟁을 벌여 만족한 결과를 얻는다. 그리고 베를린대학에서 교수로 강의를 하지만 큰 성과를 거두지 못한다. 또한 그의 책 역시 주목을 받지 못했다. 그리고 두 번째 이탈리아 여행을 다녀와 강의를 했지만 역시 성과를 거두지 못했다.

결국 그는 교수직을 내려놓고 프랑크푸르트에서 지내며 집필에 몰두했다. 은둔을 통해 금욕주의적인 생활을 하고, 유행이 뒤떨어진 옷을 입는 등 칸트의 삶을 모범으로 삼아 지내면서 《자연에서의 의지에 관하여》라는 책을 출간했다.

쇼펜하우어의 사상은 이성이 아니라 직관력과 창조력, 비합리적인 것으로 니체, 야코프 부르크하르트를 비롯해 바그너, 게르하르트, 토마스만 등 많은 이들에게 영향을 끼쳤다. 또한 철학사에서 그를 일러 염세주의 철학자라고 한다. 그는 헤겔의 관념론을 반대하고 의지의 형이상학을 주창했다. 그의 사상은 실존주의 철학과 프로이트 심리학에도 큰 영향을 끼쳤다. 주요 저서로는 《의지와 표상으로서의 세계》, 《윤리학》 외 다수가 있다.

쇼펜하우어 사상의 핵심은 '의지'이다. 그는 말하기를 우리가 살고 있는 세계의 진정한 본질은 '의지'라고 강조한다. 그리고 그 속에 있는 모든 존재는 맹목적인 삶의 의지에 지배당하고 있다고 말한다. 나아가 쇼펜하우어는 우리가 일상적으로나 학문적인 관점에서 바라보는 세계는 단지 '표상表象'의 세계일 뿐이라고 말한다. 그런 까닭에 표상의 세계는 우리의 삶과 세계의 참된 본질에 대해 이렇다 저렇다 하지 않는다는 것이다. 그 이유는 표상의 세계에는 곧 의지의 세계가 우선하는 까닭이라고 말한다.

이는 무엇을 말하는가. 우리의 삶은 의지가 지배하는 세계라는 것이다. 그러니까 우리의 삶에서 일어나는 모든 것들은 이러한 의지에 의해서라는 것이며, 그런 까닭에 그가 말하는 의지는 이성보다 우위에 있다는 것이다.

그래서일까, 쇼펜하우어의 여러 저서를 읽다 보면 나도 모르게 무릎을 치곤 한다. 촌철살인寸鐵殺人적인 그의 말은 매우 현실적이고 직설적이라는 것을 알 수 있기 때문이다. 마치 200년을 훌쩍 뛰어넘어 지금 그가 하는 말이라고 해도 어색함이 전혀 없다. 그러다 보니 그가 심오한 철학을 연구하고 저술한 철학자가 아니라, 마치 친근한 이웃집 아저씨나 괴짜 같지만 진정성 있는 선배 같은 느낌이 들곤 한다. 이런 느낌을 갖게 하는 몇 가지 말을 보자.

"우리는 다른 사람들처럼 되기 위해 우리 자신의 대부분을 거의 잃어버리고 산다."

이 말은 마치 치열한 경쟁시대에서 살아가고 있는 우리에게 하는 말 같다. 사람들 중엔 자신의 본질을 망각한 채 자신보다 더 낫다고 생각하는 사람처럼 되기 위해 물불을 가리지 않는다. 그러다 보니 자신의 부족함을 채우기 위해 편법을 쓰고 남에게 상처 주는 일도 서슴지 않는다.

사람은 저마다 자신의 몫이 있고, 자신만의 재능을 갖고 태어난다. 그런데 이처럼 소중한 자기의 능력을 계발하고 자기다운 삶을 살지 않고 남들처럼 되기 위해 무리하다 보면 자기다움을 잃는 불행한 결과를 맞게 된다.

"나만 힘들고, 나만 피곤하고, 나만 희생당한다는 착각에서 벗어나라. 이 세상에서 나만 외롭고, 나만 힘들고, 나만 피곤하고, 나만 희생당한다는 망령에 사로잡히는 것이다."

사람들 중엔 힘들고 피곤해서 살 수 없다고 말하는 이들이 많다. 그만큼 자신의 현실이 고달프다는 말이다. 그런데 이는 지금 우리 사회 현실에선 누구나 느끼는 사회적 현상이다. 단지 힘들고 피곤하다고 말을 안 할 뿐이다. 그런 까닭에 나만 그렇다는 생각을 버려야 한다. 그리고 나아가 쇼펜하우어의 말처럼 자신만이 희생당한다는 망령에서 벗어나야 한다. 그렇지 않으면 점점 더 힘들고 피곤하게 느끼게 됨으로써 자신의 심신을 스스로 괴롭히는 결과를 낳게 될 것이다.

"지나치게 가벼운 배는 뒤집어지기 쉽듯이, 삶에도 고통이나 근심이 없다면 방종에 빠지고 만다."

온실 속에 화초처럼 자란 사람은 조금만 힘들어도 고생하며 자란 사람보다 몇 배는 더 힘들어한다. 그것은 삶의 어려움과 고통과 근심을 겪어보지 않은 데에 따른 것이다. 하지만 어려움과 고통과 근심을 겪어 본 사람은 힘들어하면서도 힘듦을 이겨내기 위해 이를 악물고 참고 견디며 앞으로 나아간다. 그런 까닭에 힘듦과 고통을 이겨내고 자신이 바라는 것을 이루어낸다. 또한 아무렇게나 행동함으로써 자신의 삶을 망가트리지 않는다.

왜 그럴까. 이 모두는 삶의 힘듦과 고통을 통해 함부로 살아서는 안 된다는 것을 깊이 깨쳤기 때문이다.

생 어 우 환 사 어 안 락
生於憂患 死於安樂

이는《맹자孟子》〈고자하편告子下篇〉에 나오는 말로, '지금 힘들고
어려운 상황이 결국은 나를 살리는 계기가 될 것이며, 지금 편
안하고 안락한 상황이 나를 죽음으로 내몰게 될 것이다'라는
말이다. 이를 맹자孟子의 '역경이론'이라고 하는 바, 그러니까 삶의
고통은 도리어 나를 강하게 만드는 원동력이라는 말이다. 그런
까닭에 고통은 나를 살리는 삶의 근본과도 같다는 말이다.

그렇다. 삶의 이치가 이럴지니 쇼펜하우어의 말처럼 나만 피
곤하고, 나만 희생당한다는 착각에서 벗어나야 한다. 그리고
불평불만은 저 멀리로 내던지고 심기일전하여 노력하는 것이
야말로 자신을 잘 되게 하는 지혜인 것이다.

"책을 산다는 것은 좋은 일이다. 이와 함께 읽을 수 있는 시간
까지 살 수 있다면 말이다."

쇼펜하우어는 책을 사는 것은 좋은 일이지만 '시간까지 살
수 있다면 말이다'라고 말한다. 이는 무엇을 의미하는가. 책만
사고 읽지 않는 것을 빗대서 하는 말로, 책을 열심히 읽어야 한

다는 말이다.

책은 보이지 않는 스승이며, 만인의 연인이며, 지식의 보물창
고이며, 미래를 훤히 밝히는 진리의 등불이며, 천하 만물을 품
은 대자연이다. 그런 까닭에 책을 읽는다는 것은 우주를 품에
안는 것과 같다 하겠다.

그런데 우리나라 성인들은 책을 잘 안 읽는다. 이를 잘 알게
하듯 문화체육관광부가 발표한 2021년 국민 독서실태 조사에
따르면 우리나라 성인의 연간 독서량은 4.5권에 불과하다. 이
는 경제협력개발기구(OECD) 38개 회원국 중에서 최하위다.
성인 10명 중 4명은 1년에 단 1권의 책도 읽지 않는다고 하니
참으로 놀라운 일이 아닐 수 없다.

책을 읽어야 한다. 책은 종이로 만든 단순한 물건이 아니다.
지혜가 살아 숨쉬고, 삶이 살아 숨쉬고, 미래가 살아 숨쉬는 삶
의 나침반이며 삶의 어둠을 환히 밝히는 등불인 것이다,

이 책은 쇼펜하우어의 저서 중 현실을 살아가는 데 있어 빛
과 소금이 되는 말들을 가려 뽑아 나의 사상과 철학, 경험에서
터득한 삶의 성찰을 접목하여 쓰여졌다. 나아가 동서고금의 현
인과 철학자, 예술가, 학자 등 다양한 인물들의 일화, 명언 등을
넣어 읽는 이들이 쉽게 이해할 수 있도록 했다. 이를 마음에 새
기고 실천해나간다면 삶을 살아가는 데 많은 도움이 될 것이

다. 이것이 바른 독서법이기 때문이다.

올바른 독서의 자세에 대해《탈무드》에는 다음과 같은 문장이 있다.

"책은 읽는 것이 아니라 배우는 것이다."

그렇다. 책은 읽고 배우는 것이다. 이 책을 읽은 모든 이들이 인생을 살아가는 데 있어 도움이 되길 바라며, 삶의 축복과 행복이 함께하길 바란다.

김옥림

Chapter 3

상쾌한 아침 같이 밝고 맑은 삶을 살라

Chapter 6 우리가 사소한 일에 위로를 받는 이유

비교하지 않는 삶
비교하지 않는 행복

*Arthur
Schopenhauer*

하루도 작은 일생이다

하루도 자그마한 일생이다.
날마다 잠이 깨어 자리에서 일어남이 그날의 탄생이며,
시원한 아침마다 짧은 청년기를 맞는 것과 다름없다.
그러나 저녁, 자리에 누울 때는
그날 하루의 황혼기를 맞는다는 것을 알아야 한다.

쇼펜하우어 어록 01

───────────●───────────

아르투어 쇼펜하우어Arthur Schopenhauer는 하루를 '작은 일생'이
라고 말했다. 날마다 잠이 깨어 자리에서 일어나면 그것은 곧
그날의 시작이며, 아침마다 청년기를 맞는 것과 같다고 했다.
그리고 저녁에 자리에 누울 때는 그날 하루의 황혼기를 맞는
거라고 말했다.

이 말이 지닌 의미는 무엇인가. 그러니까 한마디로 시간을
소중히 여기라는 것이다. 시간을 낭비하는 것은 하루라는 작
은 일생에서 볼 땐 엄청난 손실이 아닐 수 없다. 시간을 어떻게
관리하고 쓰느냐에 따라 그 사람의 일생은 달라지는 것이다.

시간은 사람을 속이는 법이 없기 때문이다.

공자孔子 또한 시간의 소중함에 대해 이렇게 말했다.

"일 년의 계획은 봄에 있고 하루의 계획은 아침에 있다. 봄에 갈지 않으면 가을에 거둘 것이 없고, 아침에 일찍 일어나서 서두르지 않으면 그날 할 일을 못한다. 젊은 시절은 일 년으로 치면 봄이요, 하루로 치면 아침이다. 봄은 꽃이 만발하고 눈과 귀에 유혹이 많다. 이목耳目의 향락을 쫓아가느냐 부지런히 땅을 일구느냐로 그 해의 운명이 결정된다."

공자孔子의 말처럼 일 년의 계획은 봄에 있고, 하루의 계획은 아침에 있다. 또한 젊은 시절은 일 년으로 치면 봄이며, 하루로 치면 아침인 것이다.

이는 무엇을 말하는가. 시간을 소중히 여겨 시간을 잘 써야 한다는 것이다. 시간을 낭비하는 것만큼 자신의 인생은 마이너스가 되기 때문이다. 그런 까닭에 눈과 귀를 유혹하는 것들로부터 자신을 지키고, 부지런히 일을 해야 한다는 것이다. 이것이 곧 그 사람의 운명을 결정짓는 중대사한 일이기 때문이다.

이치가 이럴진대 사람들 중엔 오늘 못 하면 내일 하고, 내일 못 하면 그다음 날 하면 되지 하며 퍼마시고 즐기는 일에 땀을 쏟는다.

삶은 치밀하고 정확한 심판자와도 같다. 오늘이 마지막인 듯이 부어라 마셔라 즐겨라 외쳐대는 자에게는 그에 합당한 대가를 주고, 땀 흘리고 수고한 자들에게는 그에 합당한 대가를 준다.

"늦게 일어나서 아침을 짧게 하지 마라."

이 또한 쇼펜하우어가 한 말로, 시간을 낭비하지 말고 잘 쓰라는 말이다.

그렇다. 시간을 낭비하는 만큼 인생은 낭비되고, 시간을 잘 쓰는 만큼 인생은 기쁨과 행복의 결실로 축적되는 것이다.

인생의 텍스트와 주석註釋

인생의 최초
사십 년은 내게 텍스트를 준다.
그 후 삼십 년은
텍스트에 대한 주석을 부여해준다.

쇼펜하우어 어록 02

쇼펜하우어는 '인생은 텍스트text를 부여받고 텍스트에 대한 주석註釋을 다는 것'이라고 비유적으로 말한다. 이를 좀 더 부연하면 인생의 사십 년, 즉 전반기는 텍스트를 부여받고, 후반기 삼십 년은 텍스트에 대한 주석을 부여해준다고 말한다. 이는 무엇을 의미하는가. 텍스트의 사전적 의미는 '주석, 번역, 서문 및 부록 따위에 대한 본문이나 원문'을 말한다. 그러니까 쇼펜하우어가 비유적으로 말하는 텍스트란, 인생의 과제를 뜻하는 것으로 사람은 저마다 자신에 대한 인생의 과제를 부여받게 된다. 그런 까닭에 자신에게 부여된 과제를 인생의 전반기에는 풀어야 할 의무가 있다.

그런데 여기서 문제가 따르게 된다. 어떤 사람은 자신에게 부여된 과제에 대해 열심히 연구하고 노력함으로써 과제에 대한 답을 풀기 위해 애쓴다. 하지만 어떤 사람은 과제를 미루어 두고, 엉뚱한 일로 딴짓거리에 시간을 쏟다가 끝내는 과제를 풀지 못한다. 이는 스스로를 무시하고 하찮게 여기는 것과 다름이 없는 바, 참으로 어리석은 일이 아닐 수 없다.

인생의 후반기를 맞아서는 인생의 전반기 때 부여했던 과제에 대한 주석을 부여받는다. 그런데 여기에 매우 중요한 포인트가 있다. 전반기에 부여받은 과제에 대해 열심히 연구하고 노력한 자에게는 과제에 대한 주석이 부여된다는 것이다. 주석의 사전적 의미는 '낱말이나 문장의 뜻을 쉽게 풀이하거나 또는 그런 글'을 말한다. 그러니까 비유적인 이 말이 지닌 뜻을 풀이하자면 그 사람이 추구하는 인생을 살게 된다는 것이다.

그러나 전반기의 과제에 대해 게을리하고 엉뚱한 일로 시간을 쏟은 사람은 주석을 부여받지 못한다. 그런 까닭에 자신이 꿈꾸는 인생을 살지 못하게 된다는 것이다.

이렇듯 인생을 살아가면서 사람마다 각자가 추구하는 일을 성공적으로 해내기 위해서는, 그 목표를 향해 한눈팔지 말고 부지런히 정진해야 한다. 그래야만 자신이 추구하는 일을 통해 인생을 멋지고 보람 있게 구가할 수 있다. 하지만 목표를 두고도 딴짓거리를 하고, 한눈을 팔고, 게을리하면 비통하고 쓸쓸한 인생을 맞게 될 뿐이다.

"인생의 최초 사십 년은 내게 텍스트를 준다. 그 후 삼십 년은 텍스트에 대한 주석을 부여해준다."

자신이 바라는 인생을 멋지고 보람 있게 살고 싶은가. 그렇다면 문제는 간단하다. 그렇게 살기 위해서는 쇼펜하우어의 이 말을 마음에 깊이 새겨라. 그리고 꾸준히 부지런히 실천하라. 그것만이 자신의 인생에 부여된 텍스트에 멋진 주석을 달고 스스로 만족한 인생을 사는 첩경인 것이다.

인생의 참된 행복을 찾는 법

사람들은 자기의 올바른 이성과
양심을 담기에 애쓰는 것보다 몇천 배의
재물을 얻고자 하는 일에 머리를 쓴다.
그러나 우리의 참된 행복에 있어서는
우리 자신 속에 있는 물건이 소중한 것이지
옆에 있는 물건이 소중한 것은 아니다.

쇼펜하우어 어록 03

인생의 참된 행복이란 무엇인가. 이는 사람이라면 누구나 하는 보편적인 생각이다. 이에 대해 '돈'이 많아야 행복하다는 사람들과 '건강'하면 행복하다는 사람들과 사회적 '지위'와 '명예'를 지녀야만 행복하다는 사람들과 '일'하는 것이 행복하다는 사람들 등 저마다 행복의 기준이 있다. 하지만 대개의 사람들은 돈이 많아야 행복하다고 생각하는 경향이 많다. 돈이 있어야 사고 싶은 것도 사고, 하고 싶은 것도 할 수 있는 까닭이다.

물론 사람이 살아가는 데 있어 돈은 절대적으로 필요하다.

하지만 돈이 인생의 전부라는 생각은 잘못된 생각이다. 돈이 많은 사람들 중에는 자신이 불행하다고 생각하는 이들이 의외로 많다.

이는 무엇을 말하는가. 돈이 채워주지 못하는 것이 있다는 것이다. 가령, 몸이 아프다든지, 자신이 하고 싶은 것을 할 능력이 부족해서 하지 못한다든지 등 돈으로 해결할 수 없는 것도 많다. 이런 경우 돈이 아무리 많아도 행복하지 않다고 느끼게 된다.

반면에 돈이 많지 않지만 자신을 행복하다고 말하는 사람들이 있다. 이들은 대개 자신이 좋아서 하는 일을 하거나 좋아하는 것을 통해 만족감을 느끼기 때문이다. 이런 경우 돈이 없어도 자신을 불행하다고 하지 않는다. 돈보다는 자신의 가치관을 더욱 소중하게 생각하기 때문이다. 참된 행복에 대해 쇼펜하우어는 이렇게 말했다.

"사람들은 자기의 올바른 이성과 양심을 담기에 애쓰는 것보다 몇천 배의 재물을 얻고자 하는 일에 머리를 쓴다. 그러나 우리의 참된 행복에 있어서는 우리 자신 속에 있는 물건이 소중한 것이지 옆에 있는 물건이 소중한 것은 아니다."

쇼펜하우어의 말에서 보면 사람들은 재물을 얻기 위해 머리를 쓴다. 하지만 참된 행복을 위해서는 재물을 얻기 위해 머리 쓰는 것처럼 하지 않는다. 이것이 참된 행복을 가로막는 것이다.

행복은 멀리 있는 것이 아니다. 자신 가까이에 있다. 다만 그것을 느끼지 못할 뿐이다. 이에 대해 고대 그리스 시인인 호라티우스Horatius는 다음과 같이 말했다.

"사람들은 행복을 찾아 세상을 헤맨다. 그런데 행복은 누구의 손에든지 잡힐 만한 곳에 있다. 그러나 마음속에 만족을 얻지 못하면 행복을 얻을 수 없다."

그렇다. 참된 행복은 손에 잡힐 수 있을 만큼 자신 가까이에 있다. 그런데 물질에서만 찾으려고 한다면 그것은 극히 제한적일 뿐만 아니라 찾기가 매우 힘들 것이다.

왜 그럴까. 물질이란 있다가도 없지만, 자신이 좋아서 하는 일은 그것이 무엇이든 죽을 때까지도 변하지 않는다. 자신이 좋아하고 만족할 수 있는 일을 통해 행복을 찾는 것, 이것이야말로 참된 행복인 것이다.

다음은 미국의 시인이자 사상가인 랄프 왈도 에머슨Ralph Waldo Emerson의 어록인 〈행복을 찾는 비결〉이다. 이를 가슴에 새기고 참된 행복을 찾기 위해 노력한다면 자기만의 행복을 찾는 데 큰 도움이 될 것이다.

적게 바라고 스스로 노력해 만족을 얻는 것,
무언가를 얻기 위해 수단 방법을 가리지 않고
덤벼들기보다 언제나
남에게 베풀 수 있는 마음을 가지는 것,
이보다 더 확실한 행복의 비결은 없다.

모든 면에서 많은 혜택을 누리는 것보다
자기에게 필요한 것을 만족시키는 것이
행복에 더 가까이 다가서는 태도다.

물론 몇몇 소수의 사람들에게
반감을 살 수 있는 말인지도 모르겠지만,
이것이야말로 모든 사람들에게
두루 적용될 만한 가장 확실한 행복의 비결이다.

인간에게 있어
고독은 무엇인가?

인간에게 있어 고독이란 무엇인가

인간은 고독할 때에 그 자신을 알 수 있다.
그러므로 고독을 사랑하지 않는 자는
인간의 자유를 사랑하지 않는다.

쇼펜하우어 어록 04

　사람이 자신을 가장 확실하게 들여다볼 수 있을 때는 고독할 때다. 깊은 고독에 빠지면 견딜 수 없는 외로움을 느끼게 된다. 그럴 때 '나는 과연 누구인가', '나는 무엇을 위해 존재하는가' 라는 철학적 사유에 몰입하게 된다. 그렇게 깊이 몰입하게 되면, 평소에는 느끼지 못했던 자신의 존재에 대해 생각하게 되고, '과연 내가 지금 잘 살고 있는가'라는 생각을 하게 된다.

　또한 지금까지 자신이 지내온 시절을 되짚어보며, 잘못한 것에 대해서는 반성하게 되고, 아쉬웠던 것에 대해서는 지금부터라도 적극적으로 해보겠다는 생각을 갖게 된다.

고독은 인간에게는 반드시 필요한 자기 정화淨化의 수단이라고 할 수 있다. 생각해보라. 바쁠 땐 일에 쫓겨 아무런 생각도 들지 않는다. 바쁘다는 것은 좋지만, 인간이 사유할 수 있는 시간을 빼앗아 버린다. 그러다 보니 바쁜 사람일수록 자신과 마주할 시간이 없는 것이다.

누구나 자신과 마주할 시간을 가져야 한다. 아무도 없는 시간에 홀로 자신의 내면과 마주하는 시간을 가짐으로써 자신의 인생에 대해, 사람들과의 관계에 대해, 자신이 하는 일에 대해 좀 더 깊이 있게 생각하게 된다.

현대에서 철학이란 학문은 학문으로써의 가치를 상실한 지 이미 오래다. 사람들은 바쁜 생활 속에서 무언가를 사유한다는 것에 대해 거추장스러운 옷을 걸친 것처럼 부자연스럽게 생각한다.

사람들은 시간이 나면 등산을 하든, 낚시를 하든, 여행을 하든, 취미활동을 하든, 골프를 치든, 게임을 하든 스트레스를 풀기 위해 저마다의 방식으로 시간을 보낸다. 그러다 보니 무언가를 생각하는 힘이 부족하고, 진지하게 생각하는 것은 더더욱 멀리하게 된다.

사람들은 자신이 하고 싶은 대로 하는 것이야말로 자유라고 생각하는 것 같다. 하지만 진정한 자유는 고독을 통해서 느낄 수 있다.

이에 대해 쇼펜하우어는 다음과 같이 말했다.

"인간은 고독할 때에 그 자신을 알 수 있다. 그러므로 고독을 사랑하지 않는 자는 인간의 자유를 사랑하지 않는다."

쇼펜하우어의 말에서 보듯 자신이 진정 자유를 느끼길 바란 다면, 때때로 고독이란 방에 들 필요가 있다. 그런 까닭에 동서 고금을 막론하고 진정한 자유를 누리고 싶어 하는 사람은 스스로를 고독하게 하는 데 익숙하다. 그들은 고독을 통해 자신을 돌아봄으로써 묵은 마음이나 쌓인 감정을 깨끗하게 정화시킴으로써 자유가 주는 자유로움을 만끽하고 새 힘을 얻곤 했다.

그렇다. 삶에 지쳐 휴식이 필요할 때나 무언가 일이 잘 안 풀릴 땐 스스로를 고독하게 함으로써 사유하라. 사유하다 보면 자신의 내면에 쌓인 불필요한 생각이나 감정을 내보내게 됨으로써 맑은 생각으로 가득 채우게 된다. 그런 까닭에 몸도 마음도 가벼워지고, 삶에 짓눌렸던 것들로부터 자유로워진다.

때때로 고독을 즐겨라. 고독을 사랑하는 자만이 자신의 내면을 통찰하게 됨으로써 진정 자유로울 수 있는 것이다.

인생을 연마하는 힘

우리를 시시각각 괴롭히는
수많은 조그만 불행은 우리를 연마해서
커다란 불행에도 견딜 수 있는 힘을 기르게 해주며,
행복하게 된 후에도 마음이 풀리지 않도록
단단하게 하는 사명을 가지고 있다.

쇼펜하우어 어록 05

"고난과 눈물이 나를 높은 예지로 끌어올렸다. 보석과 즐거움은 이것을 이루어주지 못했을 것이다."

이는 스위스의 교육학자 페스탈로치Pestalozzi가 한 말로 고난이 사람에게 미치는 영향을 긍정적으로 표현한 말이다. 고난을 겪는다는 것은 불행한 일이라는 게 보통 사람들이 갖는 생각이다. 고난은 그 자체가 시련이자 고통이기 때문이다.

그런데 페스탈로치는 고난과 눈물이 자신을 높은 예지叡智, 즉 '사물의 이치를 꿰뚫어 보는 지혜'를 갖게 한다고 말했다.

그가 교육자로서 교육 발전에 끼친 영향은 절대적이다. 그런 까닭에 그는 교육의 아버지라고 불린다. 그가 훌륭한 교육자의 표상이 될 수 있었던 것은 자기만의 철학을 교육에 적용시켰기 때문이다. 그러는 과정에서 그는 많은 고난을 겪었지만, 자신의 말대로 고난을 통해 뛰어난 지혜를 터득함으로써 자신의 교육철학敎育哲學을 널리 관철시킬 수 있었던 것이다.

"고통은 인간의 위대한 교사이다. 고통의 숨결 아래 인간은 성장한다."

이는 중세시대 독일의 시인 볼프람 폰 에셴바흐Wolfram von Eschenbach가 한 말로 그는 고통, 즉 고난은 인간을 성숙하게 하는 위대한 교사라고 비유했다. 이는 고난이 사람을 힘들게 하지만, 고난을 통해 사람은 생각도 마음도 더욱 단단해지기 때문이다. 성공적인 삶을 살았던 사람들 중엔 고난을 이겨낸 사람들이 많다. 그들은 너무 힘들어 포기하고 싶은 때도 많았지만 결코 포기하지 않았다. 그랬기에 그들은 인류 역사에 자신의 이름을 남길 수 있었던 것이다.

쇼펜하우어는 "우리를 시시각각 괴롭히는 수많은 조그만 불행은 우리를 연마해서 커다란 불행에도 견딜 수 있는 힘을 기르게 해주며, 행복하게 된 후에도 마음이 풀리지 않도록 단단하게 하는 사명을 가지고 있다"고 말했다.

쇼펜하우어가 말하는 불행은 '고난'을 의미하는 것으로써, 불행이란 고난은 우리를 연마하여 큰 불행, 즉 큰 고난을 견디는 힘을 기르게 함과 동시에 마음을 단단하게 해주는 수단인 것이다.

그렇다. 자신에게 닥친 고난에 대해 불평하지 말고 이겨내라. 그것은 자신을 불행에서 이끌어내 행복의 길로 인도하는 인생의 교사임을 잊지 말아야겠다.

건강은 인생의 모든 것의 근본이다

우리들의 행복은
건강에 의하여 좌우되는 것이 보통이다.
건강하기만 하면 만사는 즐거움과 기쁨의 원천이 된다.
반대로 건강하지 못하면 이러한 외면적 행복도
즐거움이 되지 않을 뿐 아니라
뛰어난 지知, 정情, 의意조차도 현저히 감소된다.

쇼펜하우어 어록 06

인간을 행복하게 하는 요소로는 건강, 물질, 명예, 지위, 가족 등 여러 가지가 있다. 이는 인간이 살아가는 데 있어 필요 불가결한 요소인 것이다.

그런데 이 중 다른 것은 부족해도 또 다른 것으로 보충하면 되지만, 건강만큼은 절대 그렇지 못하다. 건강은 대신해서 해 줄 수 있는 것이 아니기 때문이다. 자신의 건강은 본인 자신만이 책임질 수 있는 것이다. 그런 까닭에 온 천하를 손에 쥐어도 건강하지 않으면 행복은 저 멀리 사라지고 만다.

동서고금을 막론하고 권력자들이나 귀족들, 거부巨富들은 건강에 좋다는 약은 다 먹고, 돈이 얼마가 들더라도 좋은 음식은 다 찾아 먹었지만, 결코 그들은 보통 사람들보다 더 오래 살지 못했다.

중국 진나라 진시황제 같은 이는 온갖 약초를 다 먹고도 모자라 불로초를 구해오라고 했지만 불로초는 그 어디에도 없었다. 중국을 통일하고 무소불위의 권력을 휘두르며 당시 인간이 누릴 수 있는 호사는 다 누렸지만, 한 줌의 흙으로 돌아가고 말았다.

우리 역사에서 보듯 수많은 왕들의 수명은 평균적으로 볼 때 그리 길지 못했다. 기름진 음식, 좋은 약 등이 오히려 건강에 독이 되었던 것이다.

그러나 조선시대 21대 임금인 영조는 기름기 있는 음식을 멀리하고 소박한 음식을 즐겨 먹고, 소식을 하며 규칙적인 생활로 건강을 지킨 것으로 유명하다. 그는 조선시대 임금 중 재위 기간이 52년으로 제일 길고 82세까지 살았다. 당시로서는 대단한 장수가 아닐 수 없다. 그는 건강했기에 오랫동안 재위하며 많은 치적을 쌓을 수 있었던 것이다.

건강은 선천적으로 타고나야 하지만, 기름진 음식을 줄이고 몸에 부담을 주지 않는 소박한 음식을 먹고 꾸준한 운동을 통해 건강을 길러야 한다. 또한 과음을 삼가고 금연은 필수이다.

쇼펜하우어는 건강의 중요성에 대해 다음과 같이 말했다.

"우리들의 행복은 건강에 의하여 좌우되는 것이 보통이다. 건강하기만 하면 만사는 즐거움과 기쁨의 원천이 된다. 반대로 건강하지 못하면 이러한 외면적 행복도 즐거움이 되지 않을 뿐 아니라 뛰어난 지知, 정情, 의意조차도 현저히 감소된다."

쇼펜하우어의 건강론은 매우 현실적이고 직설적이다. 그가 그렇게 말한 것은 그만큼 인생에 있어 건강이 중요하기 때문이다.

그렇다. 건강하지 않으면 아무리 권력자라고 해도, 거대한 부자라고 해도 소용없다. 건강 앞에 장사 없다는 말처럼 건강을 이길 수 있는 것은 세상에 없다. 그런 까닭에 행복하기 위해서는 무엇보다 건강해야 하는 것이다.

건강하라. 건강이야말로 인생의 최대의 자산인 것이다.

착한 이기주의자가 되라

이기주의자는 외면적인 혹은
적대적인 현상 사이에 자기의 고독을 느낀다.
그리고 그의 희망은 모두 그 자신의 행복에 있다.
착한 사람은 우애적 존재의 세계에 살며
개개인의 행복이 그 자신의 행복이다.

쇼펜하우어 어록 07

사람은 누구에게나 이기심이 있다. 많고 적고 정도의 차이가
있을 뿐이다. 이기심은 태어날 때부터 지니는 '인간의 본능'인
것이다.

그런데 문제는 이기심이 지나치면 탐욕이 된다는 데 있다.
탐욕스러운 사람이 이기심이 강한 것은 바로 이 때문이다. 그
래서 이기심이 많은 사람은 사람들로부터 경계의 대상이 된다.
그러다 보니 이기주의자는 고독을 느낄 수밖에 없다. 이에 대
해 쇼펜하우어는 다음과 같이 말했다.

"이기주의자는 외면적인 혹은 적대적인 현상 사이에 자기의 고독을 느낀다."

쇼펜하우어의 말처럼 이기주의자는 고독을 느끼는데, 그런 가운데서도 그가 바라는 것은 모두가 자신의 행복을 추구하는 것이라는 것이다. 아주 적확한 지적이라고 할 수 있다.

이렇듯 이기주의자가 이기심에 빠지는 것은 자신의 행복 때문인 것이다. 그러니 어떻게 탐욕적이지 않을 수 있을까. 그렇기 때문에 이기주의자는 남을 생각하는 마음이 적고 지극히 자기 중심적이다. 그러다 보니 사람들은 그런 자와 거리를 두는 것이다.

그러나 이기심이 적고 착한 사람은 남을 생각하는 마음이 크다. 그는 양보할 줄도 알고, 자신의 것을 아낌없이 내놓기도 한다. 남을 배려하는 마음이 인간의 본능인 이기심보다 크기 때문이다. 그런 까닭에 남이 행복한 것을 보면 자신의 행복처럼 여기는 것이다.

이에 대해 쇼펜하우어는 말하기를 "착한 사람은 우애적 존재의 세계에 살며 개개인의 행복이 그 자신의 행복이다"라고 했다.

쇼펜하우어의 말처럼 착한 사람은 우애심이 깊다. 그러다 보니 매사를 좋은 쪽으로 생각한다. 그리고 그것은 곧 자신을 위하는 거라고 믿는다.

착한 사람으로 산다는 것은 때론 피곤할 수도 있다. 어떤 때는 손해 보는 일도 있고, 때론 자신이 하고 싶은 것을 양보하기도 한다. 이는 착한 사람이기 때문에 할 수 있는 일이다.

그렇다. 착한 사람으로 산다는 것은 피곤하고, 때론 손해를 본다는 생각이 들고, 자신이 양보하고 싶지 않은 것도 양보할 때가 있다. 하지만 그럼에도 이기심을 버리고 착한 사람으로 살아가야 한다. 그것이 진정한 사람의 본질인 까닭이다.

당신은 착한 이기주의자가 되라. 그것은 당신을 복되게 하는, 충분히 행복한 일이기 때문이다.

양심은 마음의 거울이다

모든 사람은 마음속에 거울을 가지고 있다.
그 거울에 의해서 자기 자신의 죄와
모든 나쁜 점을 뚜렷하게 비춰 볼 수가 있다.
그러나 우리는 거의 그 거울에 비치는 것은
자기가 아니라 어떤 다른 물체라고 생각한다.

쇼펜하우어 어록 08

양심이란 사전적 의미는 '도덕적인 가치를 판단하여 옳고 그름, 선과 악을 깨달아 바르게 행하려는 의식'을 말한다. 즉, 양심이란 도덕적 가치관을 자각하여 실행에 옮기는 행위이다.

"모든 사람은 마음속에 거울을 가지고 있다. 그 거울에 의해서 자기 자신의 죄와 모든 나쁜 점을 뚜렷하게 비춰 볼 수가 있다. 그러나 우리는 거의 그 거울에 비치는 것은 자기가 아니라 어떤 다른 물체라고 생각한다."

이는 쇼펜하우어가 한 말로, 그는 양심을 '마음속에 거울'이라고 표현했다. 양심이란 거울을 통해 자신의 죄와 나쁜 점을 비춰 볼 수 있어야 한다는 것이다. 아주 적절하고 좋은 비유가 아닐 수 없다. 양심이란 거울을 통해 비추어 보았을 때 그것이 잘못된 거라면 안 하면 되고, 그것이 옳은 것이라면 하면 된다. 그러기 때문에 양심이란 거울을 잘 활용할 수 있어야 한다.

그런데 쇼펜하우어는 '사람들은 대개가 양심이란 거울에 비치는 것이 자신이 아니라 다른 물체라고 여긴다'고 말한다. 그렇기 때문에 양심에 반하는 일을 아무렇지도 않게 하게 된다는 것이다.

양심에 반하지 않기 위해서는 마음속의 거울에 자신을 비추어 보고, 잘못된 것이 있다면 몇 번이고 반복해서라도 고쳐야 한다. 그렇지 않으면 계속해서 반하는 일을 벌이게 되기 때문이다.

"당신의 가슴속에 있는 양심의 불꽃을 끄지 않도록 힘껏 노력하라."

이는 미국 초대 대통령을 지낸 조지 워싱턴^{George Washington}이 한 말로, 양심을 지키고 산다는 것은 인간으로서는 반드시 행해야 하는 일임을 잘 알게 한다. 불꽃이 꺼지면 음식을 할 수 없듯 양심이 마음에서 사라지면 인간다운 삶을 살 수 없는 까닭이다.

"몸에만 꼭 맞는 옷을 입기보다는 양심에 꼭 맞는 옷을 입는 것이 좋다."

이는 톨스토이Tolstoy가 한 말로, 사람들은 자신을 멋지게 보이기 위해 옷을 몸에 맞게 입으려고 하지만, 양심은 지키려고 노력하지 않는 경향이 있다. 이는 자신을 위해서 매우 잘못된 일이다. 그런 까닭에 먼지 낀 거울을 깨끗하게 닦듯 늘 마음속의 거울인 양심을 맑고 깨끗하게 해야 한다.

그렇다. 양심은 자신의 행동을 비추는 거울이다. 인간답게 살기 위해서는 반드시 양심을 지키며 살도록 노력해야겠다.

비교하지 않는 삶 비교하지 않는 행복

모든 불행은
나를 다른 사람들과
비교하는 것에서 시작된다.

쇼펜하우어 어록 09

사람들 중엔 자신을 남과 비교하는 이들이 있다. '나는 외모가 이런데 저 사람은 외모가 이렇다, 나는 가난한데 저 사람은 부자다, 나는 특출난 재능이 없는데 저 사람은 재능이 특출나다, 난 잘 되는 게 없는 데 저 사람은 하는 일마다 잘 된다' 하는 등 비교를 하곤 한다. 그리고 남보다 못하다고 자신의 처지를 비관한다.

물론 사람이니까 그럴 수 있다. 하지만 문제는 그로 인해 자신을 불행하다고 여기는 데 있다. 이런 부정적인 마인드는 자신의 능력을 소모시키고, 자신의 행복을 갉아먹는 생쥐와 같다. 그런 까닭에 남들과 비교하는 일은 삼가야 한다. 그것은 열등의식에 사로잡힌 이들이나 하는 못난 짓일 뿐이다.

남과 비교하는 것의 문제점에 대해 쇼펜하우어는 이렇게 말했다.

"모든 불행은 나를 다른 사람들과 비교하는 것에서 시작된다."

쇼펜하우어의 말에서 보듯 모든 불행은 자신을 다른 사람들과 비교함으로써 시작된다는 것을 알 수 있다. 생각해보라. 이것이 얼마나 무가치하고 비생산적인 일인지를. 남과 비교하는 것도 습관이 되기에 이를 경계해야 한다. 남과 비교하는 것을 막기 위해서는 어떻게 해야 할까.

첫째, 자기다움을 살리도록 최선을 다하라. 사람은 누구나 자기만의 개성과 특징이 있다. 다만 자신이 잘 모를 수도 있는데, 곰곰이 생각하면 자기만의 개성과 특징이 무엇인지를 알 수 있다. 그리고 개성과 특징을 연마하여 자기다움을 살리도록 최선을 다하라. 그러면 자신이 미처 생각지 못한 일로 자부심과 긍지를 갖게 될 것이다.

둘째, 자기가 잘하는 일을 하라. 사람은 저마다 자신이 좋아하는 일이 있다. 그것이 남들이 보기에 비록 하찮은 것일지라도 남 눈치 보지 말고 하라. 자신이 행복하면 됐지 무슨 상관이란 말인가. 남이 나를 행복하게 하는 것은 한계가 있다. 그런 까닭에 자신이 자신을 행복하게 할 수 있는 일을 해야 늘 행복을 느끼며 살 수 있다.

셋째, 남을 부러워하지 마라. 시쳇말로 '남을 부러워하면 지는 거다'는 말이 있듯 남을 부러워만 하면 자신의 존재감을 상실하게 된다. 왜냐하면 남을 부러워하는 마음이 자신을 가려버리기 때문이다. 남을 부러워하는 시간에 자신을 위해 투자한다면 자신을 능동적이게 함으로써 생산적인 삶을 사는 데 큰 도움이 된다.

넷째, 자존감을 강하게 길러라. 자존감이 강한 사람은 절대 남과 비교함으로써 자신의 인생을 소모하지 않는다. 자신이 자신을 존중하는 마음은 산을 변하게 하여 고속도로가 되게 한다. 하지만 자존감이 약하거나 없으면 매사에 남을 바라보고 부러워하다 불행을 자초하게 되고 결국엔 불행하게 된다. 그런 까닭에 자존감을 강하게 길러야 한다.

이상에서 본 바와 같이 남과 비교하지 않기 위해서는 네 가지 방법을 꾸준히 실천함으로써 자기다움을 길러 자기답게 살도록 노력해야 한다. 자기답게 자기다움을 표출하며 살게 되면 남과 비교하는 것은 의미 없는 일이라는 걸 체득하게 된다.

그렇다. 시간은 누구에게나 한정되어 있다. 그 소중한 시간을 왜 남과 비교함으로써 소모한단 말인가. 남과 비교하지 않는 삶, 남과 비교하지 않는 행복이 자신을 행복하게 한다는 사실을 잊지 말아야겠다.

삶을 견디게 하는 위대한 사랑의 힘

우리의 삶을 살아가게 하는
근본적인 힘은 어디에 있는가?
그것은 사랑이다.
고통과 불행으로 가득한 삶을
견딜 수 있게 하는 것도 사랑이며,
삶을 살아가게 하는 힘을 얻게 하는 것도 사랑이다.
사랑은 우리가 험한 세상을 살아갈 수 있게 하는
힘이 되어 왔던 것이다.
또한 사랑은 우리에게 무한한 힘과 용기를 주며
우리의 삶을 더욱 풍요롭게 하고 있다.

쇼펜하우어 어록 10

"사랑은 죽음보다도 또한 죽음의 공포보다도 강하다. 사랑, 오직 이것에 의해서만이 일생은 버티어지며 전진을 계속하는 것이다."

이는 러시아의 소설가 이반 투르게네프Ivan Turgenev가 한 말로,

사랑의 위대함을 잘 알게 한다. 사랑은 힘이 세어 죽음도 두려워하지 않고, 죽음의 공포 앞에서도 절대 굴하지 않는다. 사랑이 강할수록 사랑을 이길 수 있는 것은 없다. 그런 까닭에 죽음을 앞에 둔 사람도 사랑에 의지해 힘을 얻어, 죽음을 떨치고 일어나 씩씩하게 살아가게 된다.

투르게네프의 말처럼 인간은 사랑에 의지해 힘든 일도 버티고 이겨내 내일을 향해 나아가는 것이다. 이처럼 사랑의 힘은 강하고 위대한 것이다.

러시아의 소설가 막심 고리키Maxim Gorky 또한 사랑의 힘의 위대성에 대해 이렇게 말했다.

"사랑은 산을 변하게 하여 골짜기로 만든다."

사랑은 힘이 크다는 것에 대한 막심 고리키의 말은 표현이 아주 절묘하다. 산을 변하게 하여 골짜기로 만든다니, 이 얼마나 멋진 말인가. 그만큼 사랑은 힘이 세다는 것을 알 수 있다.

"사랑이란 하늘에 우리를 이끌어 가는 별이며, 메마른 황야에서는 한 점의 초록색이며, 회색의 모래 속에 섞인 한 알의 금이다."

이는 독일의 극작가 프리드리히 할름Friedrich Halm이 한 말로,

사랑은 인간이 이상을 향해 나갈 수 있도록 이끌어주는 금과 같이 소중한 것이다.

쇼펜하우어는 사랑의 힘의 위대함에 대해 말하기를 '우리가 삶을 살아가게 하는 근본적인 힘은 사랑에 있다'고 했다. 그런 까닭에 고통과 불행으로 가득한 삶을 견딜 수 있게 하고, 삶을 살아가게 하는 힘을 얻게 하고, 우리가 험한 세상을 살아갈 수 있게 하고, 우리에게 무한한 힘과 용기를 주고, 우리의 삶을 더욱 풍요롭게 하는 것도 사랑이라고 했던 것이다.

그렇다. 사랑은 인간의 위대한 영혼을 더욱 위대하게 하고, 죽음의 공포에도 일어서게 하는 강한 힘의 원천임을 잊지 말아야겠다.

동정심은 도덕성의 근본根本이다

동정심은
모든 도덕성의 근본이다.

쇼펜하우어 어록 11

동정심同情心의 사전적 의미는 '남의 어려운 처지를 안타깝게 여기는 마음'을 말한다. 동정심이 많다는 것은 타인을 사랑하는 마음이 많다는 것을 의미한다. 그런 까닭에 동정심이 많은 사람은 타인에 대한 배려와 이해심이 많고, 인정이 많다. 이를 공자孔子의 관점에서 본다면 '인仁', 즉 '마음이 어질다'는 것을 뜻한다. 그러니까 마음이 어진 사람은 사랑이 많다는 것을 의미한다고 하겠다.

《논어論語》에는 다음과 같은 구절이 있다.

"사람이 어질다고 하는 것은 모든 사람을 사랑하는 마음을 말한다. 사람이 안다는 것은 그 사람됨이 바른 사람인가 바르지 못한 사람인가 또는 지혜가 있나 없나를 분별할 줄 아는 것을 말한다. 다시 말해 사람이 안다는 것은 마치 재목을 쌓을 때 곧은 나무를 굽은 나무 위에 쌓아서 그 굽은 나무를 반듯하게 바로잡는 것과 같은 지혜가 있는 것을 말한다."

어진 사람, 즉 덕이 있는 사람은 사람을 대할 때 사랑하는 마음으로 대하고, 편견이나 차별을 두지 않고 대하고, 잘못된 것은 바로잡아 바르게 하고, 지혜가 있고 없음을 분별하는 마음이 밝다. 그런 까닭에 어진 사람은 마음이 넓고, 생각이 깊으며, 덕성德性스럽다. 그래서 어진 사람은 어딜 가든 외롭지 않다.

덕 불 고 필 유 린
德不孤必有隣

이는 《논어》〈이인편里人篇〉 나오는 구절로 어진 사람은 '어딜 가든 사람들에게 덕을 베풀어 그 주변에는 좋은 사람이 함께함으로써 외롭지 않다'는 뜻이며, 덕을 쌓아야 하는 이유가 여기에 있는 것이다.

인 원 호 재 아 욕 인 사 인 지 의
仁遠乎哉 我欲仁斯仁至矣

이는 《논어》 〈술이편述而篇〉에 나오는 말로 '인덕이 어디 멀리 있는 것인가, 내가 어질고자 하면 어짊에 이른다'라는 뜻이다. 즉 어진 성품은 후천적인 노력으로도 얼마든지 만들 수 있다는 말이다.

옳은 말이다. 한때 온당치 못한 일로 원성을 샀던 사람이 자신의 잘못을 깊이 뉘우치고, 선하고 어진 사람으로 변화한 예를 종종 볼 수 있다. 이를 보면 공자가 한 말은 매우 지당하다고 할 수 있다.

"동정심은 모든 도덕성의 근본이다."

이는 쇼펜하우어가 한 말로, 표현은 다르지만 공자의 '인仁'과 같은 의미를 담고 있다고 하겠다. 왜 그럴까. 동정심이 많은 사람은 타인에 대한 사랑이 많아 인정과 배려심이 많다. 그런 까닭에 동정심이 많은 사람은 덕성스러운 것이다. 또한 쇼펜하우어는 이르길 동정심을 도덕성의 근본이라고 했는데, 이는 공자가 말하는 '덕德'과 같다고 하겠다.

도가의 창시자인 노자老子는 덕에 대해 다음과 같이 말했다

"덕망이 있는 자가 사람을 대할 줄 안다. 높게 처하려면 말에 있어서 사람들에게 겸손해야 한다. 사람들을 인도하려면 사람

들의 앞에서가 아니라 뒤에서 해야 한다. 그러므로 덕망이 있는 자가 사람을 대할 줄 안다. 훨씬 앞에 있어도 그 사람들은 거북하게 생각하지 않는다. 따라서 덕망이 있는 자는 누구와도 다투지 아니함으로 이 세상의 아무도 그와 다투지 않는다."

노자의 말에서 보듯 인간에게 있어 덕을 갖춘다는 것이 얼마나 중요한 일인지를 잘 알게 한다. 노자가 말하는 덕德 또한 어짊을 의미하는 것으로, 덕이 있는 사람이 어진 것은 바로 덕은 어짊을 뜻하기 때문이다.

쇼펜하우어와 공자와 노자의 말에서 보듯 표현은 다르지만 덕은 인간이 갖춰야 할 근본이라는 것을 알 수 있다. 그런 까닭에 덕을 갖추기 위해서는 몸과 마음을 수양해야 한다.

그렇다. 그것은 곧 자신의 사람 됨을 기르는 일이며, 인간답게 사는 데 있어 가장 필요한 마인드인 까닭이다.

남처럼 살려고
굳이 애쓰지 마라

*Arthur
Schopenhauer*

삶을 갉아먹는 천박한 욕망을 버려라

삶을 갉아먹는 것은
어쩌면 행복에 대한 천박한 욕망일 것이다.
이러한 욕망의 사슬을 단호하게 끊어버릴 수 있는 사람,
필요 이상의 행복을 탐내지 않는 사람만이
인생의 고난을 헤치고 진정한 승리자가 될 수 있다.

쇼펜하우어 어록 12

사람에게 있어 사랑이든, 재물이든, 명예든, 권력이든 본능적 욕망이라고 할 수 있다. 다만 사람에 따라서 욕망이 많고 적음의 차이가 있을 뿐이다. 그런 까닭에 어느 정도의 욕망을 지닌다는 것은 보편적 욕망으로써 문제가 되지 않는다.

그러나 문제는 욕망이 지나치다는 데에 있다. 욕망이 지나치다 보면 탐욕적으로 변해 지독한 탐욕주의자가 된다. 이는 자신은 물론 주변 사람들에게도 부정적으로 작용한다. 그래서 쓰레기 같은 천박한 욕망은 품지도 말고, 품었다 하더라도 당장 버려야 한다.

욕망이 인간의 삶에 미치는 부정적인 영향에 대해 잘 알았던 니체는 지나친 욕망을 경계함에 대해 다음과 같이 말했다.

"삶을 갉아먹는 것은 어쩌면 행복에 대한 천박한 욕망일 것이다. 이러한 욕망의 사슬을 단호하게 끊어버릴 수 있는 사람, 필요 이상의 행복을 탐내지 않는 사람만이 인생의 고난을 헤치고 진정한 승리자가 될 수 있다."

니체의 말에서 보듯 행복을 위해 지나친 욕망을 품고 사는 것은 삶을 갉아먹는 천박한 욕망일 뿐이라는 것을 알 수 있다. 그런 까닭에 천박한 욕망을 끊어버리고 필요 이상의 행복을 탐내지 말아야 한다. 왜냐하면 그것만이 자신을 진정으로 행복한 사람이 되게 하는 최선이기 때문이다.

다음은 이런 사실을 망각한 채 탐욕이란 함정에 빠져 탐욕의 노예로 살다 쓸쓸한 최후를 마친 이야기이다.

중국 역사에서 대표적인 미인으로 회자되는 당나라의 양귀비. 그녀의 시아버지인 현종은 현군으로 이름났으나, 왕후가 죽자 자신의 며느리를 왕후로 삼았다. 그 후 그는 여색에 빠져 정사는 돌보지 않고 흥청대며 나날을 보냈다. 양귀비는 그가 자신에게 빠져 정신을 차리지 못하자 자신의 일가친척을 나라의 주요 관직으로 앉히게 했다. 그녀의 오빠 양국총은 재상이 되어 국정을 좌지우지하며 농단했다. 그러자 조정은 흔들리기 시작했고, 백성들도 살기가 어려워졌다. 나라는 말이 아니었다.

그러나 양귀비의 탐욕은 점점 더 커져만 갔다. 그런 만큼 그녀의 오빠를 비롯한 친척 일가는 더욱 기세등등하며 악행을 일삼았다. 그러자 장군 진원례가 동궁내시 이보국과 상의하여 양국총을 척살하여 마침내 혼란에 빠진 나라를 바로잡을 수 있었다. 이 일이 있고 나서 양귀비는 자결했다.

양귀비라는 한 여자의 탐욕으로 당나라는 위기에 처했으나, 장군 진원례와 같은 충신으로 인해 위기에서 벗어날 수 있었다.

"탐욕은 일체를 얻고자 욕심내어 도리어 모든 것을 잃어버린다."

이는 프랑스 사상가 미셸 드 몽테뉴Michel de Montaigne가 한 말로 탐욕이 얼마나 무서운 것인지를 잘 알게 한다.

그렇다. 불필요한 탐욕은 행복을 파괴시켜 불행으로 이끄는 파괴자이다. 그런 까닭에 삶을 갉아먹는 천박한 욕망은 버려야 하는 것이다.

반드시 필요한 삶의 덕목 세심한 주의와 관용

세심한 주의와 관용은
세상을 살아나가는 데 있어 반드시 필요한 덕목이다.
세심한 주의가 있어야 손해와 손실을 막을 수 있고,
관용이 있어야 분쟁을 방지할 수 있다.

쇼펜하우어 어록 13

사람들은 크게 세 가지 유형으로 나눌 수 있다. 매사에 세심한 사람, 매사에 덤벙대는 사람, 매사에 대충대충 하는 사람이 있다. 이를 살펴보는 것만으로도 삶을 살아가는 데 많은 도움이 될 것이다.

첫째, 세심한 사람은 사람들과 소통을 할 때 상대방의 입장에서 생각해보고 말하고 행동한다. 그런 까닭에 사람들로부터 배려가 깊은 사람이라는 말을 듣는다. 또한 정확하고 빈틈이 없다는 평가를 받는다. 그래서 사람들과의 관계가 매우 원만하다. 나아가 일을 할 때도 세심하게 잘 살펴가며 하는 까닭에 일

처리에 소홀함이 없어 깊은 신뢰를 준다.

둘째, 덤벙대는 사람은 사람들과의 관계에 있어 매사에 덤벙대길 잘한다. 그러다 보니 실수가 많고, 빈틈이 많아 사람들에게 좋은 소리를 듣지 못한다. 그래서 사람들과의 관계가 원만하지 못하다. 또 일을 하는 데 있어서도 덤벙거려 실수를 많이 한다.

셋째, 대충대충 하는 사람은 사람들과의 관계에 있어 대충대충 얼렁뚱땅 하다 보니 사람들로부터 좋은 소리를 듣지 못한다. 그래서 사람들과의 관계가 매끄럽지 못하다. 또 일을 함에 있어서도 대충 얼렁뚱땅 하다 보니 무엇 하나 제대로 하는 게 없다. 그런 까닭에 사람들에게 믿음을 주지 못한다.

이상에서 살펴보았듯이 인간관계에 있어서나 일을 함에 있어 세심하게 살펴 빈틈이 없어야 한다. 그래야 사람들로부터 신뢰를 얻어, 살아가는 데 있어 큰 도움이 된다. 뿐만 아니라 관용을 갖춰야 한다. 관용이 있는 사람은 너그럽고, 속이 깊어 사람들과의 관계를 잘 해나가는 능력이 뛰어나다.

세심함과 관용을 갖추어야 함에 대해 쇼펜하우어는 다음과 같이 말했다.

"세심한 주의와 관용은 세상을 살아나가는 데 있어 반드시 필요한 덕목이다. 세심한 주의가 있어야 손해와 손실을 막을 수 있고, 관용이 있어야 분쟁을 방지할 수 있다."

쇼펜하우어의 말은 매우 현실적이어서 설득력을 지닌다.

그렇다. 세심한 주의와 관용을 갖춘다면 사람들과의 관계를 잘 이어가게 된다. 또 일을 함에 있어서도 빈틈없이 잘 해나감으로써 사람들로부터 좋은 평가를 받게 된다. 그런 까닭에 세심함과 관용을 기르도록 힘써야겠다.

예의의 미덕美德

예의란 도덕적, 지성적으로 빈약한
서로의 성질을 못 본 척하고 이것을 서로
까다롭게 따지지 않도록 하자는 암묵의 협정이다.
이 협정 때문에 사람들은 서로 거친 성질을 자제하게 되며,
그것이 결국 당사자들에게 이익이 되게 한다.

쇼펜하우어 어록 14

인간이 동물과 다른 것은 예의를 지킬 줄 안다는 것이다. 예의를 지키는 것이 중요한 것은 이성적이며 도덕적이고 윤리의식 또한 있음을 뜻하는 까닭이다. 그런 까닭에 인간은 예의를 지킴으로써 내면에 잠자고 있는 동물적 본능을 억제할 수 있는 것이다.

그런데 예의를 지키지 않는다고 해보라. 사람들 간에는 물론 사회적으로 큰 혼란이 야기될 것이다. 그래서 예로부터 예의를 지키지 않고 비도덕적이고 비윤리적일 때 그 사회와 국가는 도덕적으로 타락함으로써 큰 환란에 휩싸였다. 대표적으로 천년

의 로마가 멸망했고, 중국 진나라가 멸망했으며, 우리의 역사적으로 볼 때 백제가 멸망했으며, 예로부터 전 세계적으로 각 나라마다 큰 환란을 겪었음을 알 수 있다.

예의란 단순히 인사를 잘하고, 서로 간에 지켜야 하는 도덕적 행위가 아니다. 예의는 이성적으로 흔들리지 않게 하고, 사회적으로 질서를 유지하게 하고, 인간성이 상실되지 않도록 붙잡아 주는 삶의 축대와 같다. 축대가 무너지면 집이 무너져 내리듯, 예의가 무너지면 사회가 무너지고, 국가가 무너지며 사람들의 삶도 와르르 무너지고 만다. 이에 대해 쇼펜하우어는 다음과 같이 말했다.

"예의란 도덕적, 지성적으로 빈약한 서로의 성질을 못 본 척하고 이것을 서로 까다롭게 따지지 않도록 하자는 암묵의 협정이다. 이 협정 때문에 사람들은 서로 거친 성질을 자제하게 되며, 그것이 결국 당사자들에게 이익이 되게 한다."

쇼펜하우어의 말은 왜 인간이 예의를 지켜야 하는지를 함축적으로 잘 보여준다고 하겠다.

유가의 시조인 공자는 예禮에 대해 이르기를 "예가 아니면 보지 말고, 예가 아니면 듣지 말며, 예가 아니면 말하지 말고, 예가 아니면 움직이지 말라"했다. 이는 애제자 안회가 예에 대해 물었을 때 공자가 한 말이다.

공자의 말에서 보듯 예는 반드시 지켜야 할 덕행이라는 것을 알 수 있다. 그런 까닭에 예를 지키면 사람과 사람 사이에도 도리가 지켜지고, 사회적으로도 질서가 유지됨으로써 평안한 삶을 살게 된다. 하지만 예가 깨지면 모든 것이 무너지고 마는 것이다.

그렇다. 예의란 도덕적으로 결함이 없게 하고, 지성적으로 빈약한, 즉 이성적이지 못해서 일어날 수 있는 불미스러운 일을 막아주는 역할을 한다. 그래서 예로부터 예의를 매우 중시했던 것이다.

예의를 행하고 품격 있게 행동하라. 그럼으로써 당신은 사람들로부터 썩 괜찮은 사람으로 기억될 것이다.

지성知性의 본질

지성의 본질은 냉정함이다.
자신의 의견을 말하면서 감정적으로 흥분하게 되면
상대방은 그것을 과장이나 거짓이라고 생각하기 쉽다.
이것이 진정한 대화의 기본인데도
의외로 잘 지켜지지 않는 경우가 많다.

쇼펜하우어 어록 15

지성知性의 사전적 의미는 '인간의 지적 능력', 즉 사고하고 이해하고 판단하는 능력을 말한다. 그래서 지성적인 사람은 이성적이어서 감정으로 흐를 수 있는 상황을 제어할 줄 안다. 그리고 그 일에 대해 또는 그 문제에 대해 분석하고, 탐구함으로써 자칫 잘못될 수 있는 것을 바로잡게 한다.

그런데 지성적이지 못하면 사고하고 이해하고 판단하는 데 어려움이 있다. 그런 까닭에 지성은 반드시 갖춰야 하는 것이다.

"아무리 힘이 세도 지성이 없으면 없는 것과 같다."

이는 보나파르트 나폴레옹Bonaparte Napoleon이 한 말로, 지성이 없으면 아무리 권력(힘)을 가진 자라 할지라도 힘이 없는 사람과 다를 바 없다는 것이다. 우리가 흔히 하는 말로 '속은 비었으면서 힘만 세 가지고'라는 말이 있다. 이는 지성적이지 못함을 낮춰 하는 말이다. 지성을 갖추지 않으면 아무리 힘이 세거나 재산이 많다 하더라도 진정 어린 높임을 받을 수 없다.

"최고의 지성이란 서로 상반되는 생각을 동시에 가지고 있으면서도 행동의 일관성을 유지할 수 있는 능력이다."

이는 소설《위대한 개츠비》로 유명한 미국의 소설가 프랜시스 스콧 피츠제럴드Francis Scott Fitzgerald가 한 말로, 지성은 행동의 일관성을 유지할 만큼 이성적이게 하는 힘이 있다는 것을 잘 알게 한다. 그런 까닭에 지성을 갖춘 사람은 쉽게 흐트러지지 않는다. 지성이란 힘이 그 사람의 중심을 꽉 붙잡아 주기 때문이다.

인간이 지성을 길러야 함에 대해 쇼펜하우어는 다음과 같이 말했다.

"지성의 본질은 냉정함이다. 자신의 의견을 말하면서 감정적으로 흥분하게 되면 상대방은 그것을 과장이나 거짓이라고 생각하기 쉽다. 이것이 진정한 대화의 기본인데도 의외로 잘 지켜지지 않는 경우가 많다."

쇼펜하우어의 말에서 보듯 지성은 '냉정함'을 본질로 한다는 것을 알 수 있다. 그러니까 냉철하게 인식하는 힘이 곧 지성인 까닭에 감정으로 흐를 수 있는 것을 자제케 함으로써 이성적이 되게 하는 것이다.

지성을 기르기 위해서는 독서와 사색은 절대적이다. 다양한 분야의 독서는 다양한 지식을 습득하게 한다. 그리고 사색을 통해 다양한 지식을 자기화해야 한다. 그렇게 하면 자기만의 지성과 철학을 갖게 된다.

그렇다. 독서와 사색은 지성을 쌓는 데 매우 효과적인 수단이다. 지성을 갖추고 싶다면 반드시 독서하라. 그리고 사색하라.

ARTHUR SCHOPENHAUER

권위와 편견을 버리고 유연한 마음 기르기

어리석은 사람은 어느 한 곳에 멈춰 서 있다.
그들의 가장 큰 특징은 상대방의 의견을
받아들이지 않는다는 것이다.
이미 모든 생각이 굳어 있기 때문이다.
또한 자신이 만들어 놓은 틀 속에 갇힌 채
그곳에서 허우적거린다.
그러한 틀은 권위와 편견이라는
또 다른 틀을 만들기도 한다.

쇼펜하우어 어록 16

인간관계를 잘하기 위해서는 소통 능력이 좋아야 한다. 친절하다든지, 배려심이 좋다든지, 인사성이 밝다든지, 칭찬을 잘한다든지, 예의가 바르다든지 또는 성품이 온화하다든지, 말을 잘 들어준다든지 하는 등 상대방에게 좋은 인상을 심어주어야 한다.

특히 마음이 유연해야 한다. 마음이 유연한 사람은 거부감을 주지 않는다. 마음이 유연한 사람은 생각이 막히지 않고 열려 있어 자연스럽다. 또 마음에 여유가 있어 조급해하지 않는다. 다시 말해 마음의 탄력성이 뛰어나다. 그런 까닭에 사람들은 마음이 유연한 사람에게 관심을 갖고 다가간다. 그래서 마음이 유연하면 인간관계를 하는 데 있어 유리하다.

"어리석은 사람은 어느 한 곳에 멈춰 서 있다. 그들의 가장 큰 특징은 상대방의 의견을 받아들이지 않는다는 것이다. 이미 모든 생각이 굳어 있기 때문이다. 또한 자신이 만들어 놓은 틀 속에 갇힌 채 그곳에서 허우적거린다. 그러한 틀은 권위와 편견이라는 또 다른 틀을 만들기도 한다."

이는 쇼펜하우어가 한 말로, 마음이 유연해야 한다는 걸 잘 알게 한다.

왜 그럴까. 마음이 유연하지 못하고 경직되어 있으면 상대방의 의견을 받아들이는 데 미숙하기 때문이다. 또한 자신의 생각만이 옳다고 믿다 보니 스스로 만들어 놓은 생각의 틀에 갇히게 된다. 그러다 보니 사람들과의 관계가 원만하지 못해 소통하는 데 문제가 많다. 그런 까닭에 유연한 마음을 길러야 하는 것이다.

마음이 유연한 사람의 특징에 대해 일본 고미자와 여자대학

교수인 도미타 다카시는 이렇게 말한다.

"가장 중요한 것은 자연스럽고 기분 좋은 상태에서 대화를 진행시켜 나가려는 마음이다. 이 마음은 틀림없이 상대에게도 전염되어 행복한 커뮤니케이션을 낳는 요인이 된다."

도미타 다카시의 말에서 보듯 마음이 유연한 사람은 기분 좋게 대화를 이끌어 간다는 것을 알 수 있다.

그렇다. 사람들과 잘 지내기 위해서 유연한 마음을 길러야 하는 이유가 여기에 있는 것이다. 그런 까닭에 유연한 마음을 길러야 하는 것이다.

돈은 바닷물과 같다

남에게 속아서 잃은 만큼
적절하게 사용한 돈은 없다고 생각하라.
그 돈은 바로 지혜를 구하는 데 쓰였기 때문이다.
돈은 바닷물과 같다.
마시면 마실수록 목이 마른다.

쇼펜하우어 어록 17

"돈은 바닷물과 같다. 마시면 마실수록 목이 마른다."

쇼펜하우어의 말처럼 돈은 금고에 채울수록 더 많은 돈을 채우기 위해 갈망한다. 돈에 한번 빠지게 되면 온 세상이 돈으로 보인다. 그러다 보니 더 많은 돈을 금고에 채우기 위해 수단과 방법을 가리지 않는다. 하지만 그러는 과정에서 도덕성을 훼손하고 윤리에서 벗어나 스스로를 옭아매는 우를 범하게 된다.

그러면 왜 이토록 돈에 집착하는 걸까. 그것은 돈이면 다 된다는 황금만능주의에 물들었기 때문이다. 이는 대단히 잘못된 생각이다. 돈은 명예도 아니고, 권력도 아니다.

이에 대해 《탈무드》에는 다음과 같은 말이 있다.

"돈은 사람에게 참다운 명예를 가져다주지 않는다. 아무리 돈을 벌어도 그것만 가지고는 인간의 참다운 명예는 살 수 없다."

《탈무드》에서 보듯 돈은 명예도 아니며, 인간의 참다운 명예도 살 수 없다. 그런데도 사람들은 이를 잘 모른다. 그저 돈만 많이 있으면 원하는 것은 무엇이든지 다 할 수 있다고 믿는다.

"돈은 비료와 같다. 쓰지 않고 쌓아두면 냄새가 난다."

이 또한 《탈무드》에 나오는 말로, 돈은 쌓아두면 냄새가 나는 법이다. 돈은 써야 돈인 것이다. 돈을 쓰되 제대로 써야 돈의 가치를 알게 된다,

그렇다. 돈은 목적으로 삼아서는 안 된다. 그러면 돈은 바닷물과 같다는 쇼펜하우어의 말처럼 끊임없이 돈에 탐욕을 부리게 되고, 그로 인해 잘못될 수 있다. 그런 까닭에 돈은 도구로 여겨야 한다. 그러니까 자신이 무언가를 하는 데 있어 또는 필요한 곳에 쓰는 수단으로 여겨야 한다. 이것이야말로 돈이 지닌 진정한 가치인 것이다.

다음은 돈에 대한 명언이다. 이를 마음에 새겨 묵상默想하라. 그러면 돈이 인간에게 무엇이며, 인간은 돈을 어떻게 벌고 어떻게 써야 하는지에 대해 진지하게 생각하게 됨으로써 돈으로 인해 삶이 피폐해지는 것을 막을 수 있을 것이다.

"돈은 바닥이 없는 바다와 같은 것, 양심도 명예도 빠져서 나오지 않는다."

이는 미국 건국의 아버지 중 한 사람인 벤자민 프랭클린Benjamin Franklin이 한 말로, 돈이 인간에게 미치는 부정적인 영향을 잘 알게 한다.

"돈은 좋은 하인이기는 하지만, 나쁜 주인이기도 하다."

이는 영국의 사상가이자 에세이스트인 프랜시스 베이컨Francis Bacon이 한 말로, 돈의 좋은 점과 돈의 부정적인 점을 잘 보여준다.

"돈을 버는 데 그릇된 방법을 썼다면 그만큼 그 마음속에는 상처가 나 있을 것이다."

이는 미국의 유명한 부흥사인 빌리 그레이엄Billy Graham 목사

가 한 말로, 양심을 속이며 돈을 벌었을 때 그 사람은 양심의
가책을 느끼게 됨을 의미한다.

"악의 근원을 이루는 것은 돈 자체가 아니라 돈에 대한 애착
이다."

이는 스코틀랜드 작가 새뮤얼 스마일스Samuel Smiles가 한 말로,
돈에 대한 집착이 악의 원인이 됨을 잘 알게 한다.

"올바르게 돈을 얻기까지는 돈을 쓰지 마라."

이는 미국 제3대 대통령인 토머스 제퍼슨Thomas Jefferson이 한
말로, 양심을 속이지 말고 돈을 벌어서 쓰라는 의미이다.

사랑과 존경의 차이

사랑은 주관적이고 존경은 객관적이다.
동시에 사랑하기란 어려운 일이라고 로슈푸코는 말했다.
맞는 얘기다. 그러므로 우리는 사랑을 받으려 노력하든가,
아니면 존경을 받으려고 노력하든가
둘 중 하나를 선택해야 한다.

쇼펜하우어 어록 18

인생을 살아가면서 사람들로부터 사랑받고 존경을 받는다면 이는 더없는 기쁨이 될 것이다. 사랑은 받더라도 존경을 받지 못하는 경우도 있고, 존경은 받지만 사랑을 받지 못하는 경우도 있다. 그런 까닭에 사랑과 존경을 동시에 받는다는 것은 매우 행복한 일임에는 틀림없다.

그러나 사랑과 존경을 동시에 받기란 쉽지 않다. 이에 대해 프랑스의 모럴리스트이자 작가인 라 로슈푸코 La Rochefoucauld 는 이렇게 말했다.

"사랑은 주관적이고 존경은 객관적이다. 동시에 사랑하기란 어려운 일이다."

'로슈푸코는 사랑은 주관적이며 존경은 개관적이다'라고 했는데, 사랑은 개인의 감정에 따른 것이고 존경은 객관적인 평가에 따른 것이기 때문이다. 그런 까닭에 동시에 사랑하고 존경하기란 쉽지 않은 것이다. 그래서 쇼펜하우어는 다음과 같이 말했다.

"우리는 사랑을 받으려 노력하든가, 아니면 존경을 받으려고 노력하든가 둘 중 하나를 선택해야 한다."

쇼펜하우어의 말은 지극히 객관적인 견해라고 할 수 있다. 하지만 이는 대단히 현실적이면서도 지혜로운 말이라고 할 수 있다.

왜 그럴까. 그 또한 욕심이라고 할 수 있기 때문이다.

물론 두 가지 다 받을 수 있으면 좋겠지만, 그렇게 한다는 것은 너무도 어려운 일이다. 그런 까닭에 사랑을 받기 위해 노력하든가 아니면 존경을 받기 위해 노력하든가 해야 하는 것이다. 그래야만 확실하게 사랑을 받든가, 아니면 확실하게 존경받음으로써 스스로에게 만족할 수 있기 때문이다.

그렇다면 사랑과 존경을 받기 위해서는 어떻게 해야 할까. 먼저 자신이 사랑받기 위해서는 먼저 사랑하는 사람을 사랑하라. 그리고 사랑받을 수 있도록 행동하라. 사랑은 주관적이기 때문에 사람은 누구나 심리적으로 자신을 사랑해주고 사랑받기 위해 행동하는 사람에게 자신 또한 관심을 갖고 대해준다. 그리고 자신이 그를 사랑해도 좋다고 판단이 서면, 자신의 사랑을 주게 된다.

존경은 객관적인 것이다. 존경받기 위해서는 훌륭한 인품을 갖춰야 한다. 높은 지위에 오르거나 자신의 분야에서 성공함으로써 사회적으로 출세를 했다 하더라도 인품이 훌륭하지 않으면 존경하는 마음이 서질 않는다. 하지만 사회적으로 출세하지 못하고 가난하더라도 인품이 고귀함으로써 덕을 행한다면 존경하는 마음이 들게 된다. 그런 까닭에 존경받기 위해서는 훌륭한 인품을 갖추고 만인의 본이 되어야 하는 것이다.

그렇다. 당신 또한 사람들로부터 사랑과 존경을 받고 싶을 것이다. 하지만 앞에서도 말했듯이 그렇게 하기 위해서는 많은 노력이 필요하다. 그럴 만한 가치성을 지닐 때만 사랑과 존경의 대상이 될 수 있기 때문이다. 단, 사랑을 받든 존경을 받든 그것은 본인이 판단할 문제이다. 하지만 사랑을 받든 존경을 받든 그 또한 그만한 노력이 따라야 한다는 것을 잊어서는 안 될 것이다.

다음은 독일의 철학자이자 시인인 프리드리히 니체[Friedrich Nietzsche]의 '사랑과 존경'에 대한 말이다. 이 글을 읽고 사랑과 존경의 의미에 대해 생각해 본다면 사랑과 존경에 대한 마음을 새롭게 하게 됨으로써 많은 도움이 되리라 생각한다.

존경이라는 것에는 어느 정도 상대와의 거리가 존재한다.
그것에는 외경이라는 것이 드리워져 있다.
서로 간에 상하관계가 만들어지고 힘의 차이가 존재한다.
그러나 사랑이라는 것에는 그런 관점이 없다.
위아래도, 차이도, 힘의 우위와도 무관하게 감싸 안는 것이 사랑이다.
그 때문에 명예심이 강한 사람은 사랑받는 것에 반항심을 갖는다.
사랑받는 것보다도 존경받는 것이 기분 좋기 때문이다.
그래서 자존심이 지나치게 강한 사람은 때때로 사랑받지 못한다.
사람이 사랑받고 존경까지 받길 원하는 마음은 충분히 이해하지만, 존경보다 사랑을 선택하는 것이 더 행복한 일이다.

자신의 능력에 맞는 일을 선택하라

자신에게 어울리지 않는 일을 선택하는 사람은
불행을 피하기 어렵다. 이렇듯 행복은 자신의 노력으로
얼마든지 성취할 수 있다. 그러나 시기와 질투로 인해
과욕을 부린다면 문제는 심각해진다.
질투는 자신의 능력을 정확히 파악하도록 만드는
눈을 가려 결국 자기의 분수를 잊게 만들기 때문이다.
능력도 안 되는 일과 분수에 맞지 않는 일을
하고 있다고 생각해보라.
과연 그 사람이 행복할 수 있을까?

쇼펜하우어 어록 19

가장 행복한 사람은 자신이 좋아하는 일을 자신의 능력껏
즐겁게 하는 사람일 것이다. 자신이 좋아서 하는 일은 힘들어
도 즐겁게 할 수 있고, 능력에 맞는 일을 하면 자신이 지닌 능
력을 맘껏 펼쳐 보임으로써 만족의 지수는 그만큼 높아지기
때문이다.

그러나 어쩔 수 없이 좋아하지 않는 일을 하거나, 능력에 맞

지 않은 일을 한다면 즐거움은 고사하고 힘만 들고, 매사에 짜증내고 불만을 갖게 될 것이다. 그런 까닭에 자신이 좋아서 하는 일을 하고 능력에 맞는 일을 해야 하는 것이다. 또한 분명히 할 것은 보기에는 아무리 쉬워 보여도 그 어떤 일도 막상 해보면 쉬운 일이 없다는 것이다.

"너무 쉬운 일이란 없다. 하지만 그 일을 마지못해서 할 때 그 일은 어려워진다."

이는 푸빌러스 테렌 티우스 아퍼가 한 말로 한마디로 말해 쉬운 일은 없다는 것이다. 그런데 마지못해 하면 그 일은 더 어려워지니 이왕 할 거면 즐겁게 해야 한다.

"진정한 성공은 평생의 일을 자신이 좋아하는 일에서 찾는 것이다."

이는 미국의 소설가인 데이비드 메컬로프David MacCullough가 한 말로, 좋아서 하는 일은 평생 즐거운 마음으로 할 수 있으니, 자신이 진정으로 좋아서 하는 일을 하라는 것이다. 그런 까닭에 성공한 사람들은 자신이 좋아서 했다는 공통점이 있다.

"좋아하는 직업을 택하면 평생 하루도 일하지 않아도 될 것이다."

이는 공자孔子가 한 말로, 좋은 직업, 즉 좋아서 하는 일은 평생 하루도 일하지 않아도 된다는 것은, 좋아서 하는 일은 곧 그 자체가 그 사람의 인생과도 같기 때문이다.

세상을 지금과 다른 세상으로 변화시킴으로써 많은 사랑과 존경을 받았던 스티브 잡스는 자신이 하는 일에 대한 자부심과 긍지가 참으로 대단했다. 그는 자신의 일을 최선으로 생각했고, 언제나 그 일에 매진했다. 그 결과 그는 21세기 최고의 경영자가 되었던 것이다.

"내가 계속 일할 수 있었던 유일한 이유는 내가 하는 일을 사랑했기 때문이라고 확신한다. 여러분도 사랑하는 일을 찾아야 한다. 당신이 사랑하는 사람을 찾아야 하듯 일 또한 마찬가지이다."

스티브 잡스Steve Jobs의 말을 보면 일에 대한 그의 철학을 잘 알 수 있다.

그렇다. 간판을 보거나 돈을 많이 벌기 위한 일이 아닌 자신이 좋아하고 능력에 맞는 일을 하라. 그것이야말로 행복한 인생을 사는 최선의 비결인 것이다.

선입견과 편견을 날려버려야 하는 까닭

진리를 발견하는 데
가장 방해가 되는 것은 선입견과 편견이다.
선입견과 편견은 육지를 향하던 배를
바다 한가운데로 밀어버리는 사나운 태풍과도 같다.

쇼펜하우어 어록 20

사람에 대해서나 일에 대한 선입견과 편견은 자칫 화를 부르는 우를 범할 수 있다. 사람들 중엔 처음 보는 사람에 대해서 키가 작다느니, 얼굴이 까맣다느니, 성깔이 있어 보인다는 등 말하는 이들이 있다. 외모로 사람을 판단하는 선입견은 대단히 위험하다. 그것은 겪어보지도 않고 그 사람의 인격을 모독하는 것과 같기 때문이다.

일 또한 마찬가지다. 사회적인 관점에서 볼 때 그 일이 지극히 평범하거나 사람들의 관심을 끌지 못하더라도 그 일에 대해 함부로 평가해서는 안 된다. 겉으로 보여지는 것은 그 일의 겉

모습일 뿐 그 일이 주는 가치와 만족을 잘 모르기 때문이다.

같은 사람도 좋게 보는 사람이 있는가 하면 정반대로 보는 사람이 있다. 같은 일도 어떤 사람은 즐겁게 일하는데, 어떤 사람은 하기 싫은 걸 억지로 한다. 사람을 대하는 것이나 일을 대하는 것에 있어서나 사람에 따라 달리 보게 되는 것이다. 그런 까닭에 함부로 선입견이나 편견을 가져서는 안 되는 것이다.

"많은 사람들은 단순히 자신의 편견을 재배치해 놓고 이것이 새로운 생각을 하고 있다고 믿는다."

이는 미국의 심리학자인 윌리엄 제임스^{William James}가 한 말로, 편견에 대한 그릇된 통념을 멋지게 날려 보내는 명언이라 하기에 부족함이 없다. 편견이란 자신이 갖는 새로운 생각이라는 것에 대한 이율배반적인 생각이기 때문이다. 이를 좀 더 부연한다면 그러니까 편견이란 자신이 믿는 새로운 생각에 대한 그릇된 생각이라는 것이다.

사람들은 자신의 생각에 맞지 않으면 그것은 잘못된 생각이라고 흔히들 말한다. 즉, 자신의 생각 잣대에서 벗어나면 그에 대한 편견을 갖는다. 이것이 선입견과 편견을 부르는 위험한 생각인 것이다.

진리 또한 마찬가지다. 선입견과 편견을 갖게 되면 진리를 제대로 알지 못한다. 이는 마치 자욱한 안개로 인해 물체를 선명하게 볼 수 없는 거와 같기 때문이다. 선입견과 편견의 위험성에 대해 쇼펜하우어는 다음과 같이 말했다.

"진리를 발견하는 데 가장 방해가 되는 것은 선입견과 편견이다. 선입견과 편견은 육지를 향하던 배를 바다 한가운데로 밀어버리는 사나운 태풍과도 같다."

그렇다. 쓸데없는 선입견과 편견은 자신의 어리석음을 드러내는 행위와도 같다. 그런 까닭에 늘 조심해야 한다.

인생설계도를 그리고
철저하게 실행에 옮겨라

당신이 당신 인생의 감독이 될 것인가
아니면 세상에 순응하며 적당히 살아갈 것인가는
순전히 당신이 당신 인생의 설계도를
얼마만큼 알고 있는가에 달려있다.
즉 자신이 바라는 것은 무엇이며,
어떤 인생을 살려는가를 정확히 알아야 한다.
그래야 순간순간 계획성 있는 삶을 살아갈 수 있으며,
전체적인 인생 공정을 수시로 확인해
자기 인생이 다른 길로 빠지지 않도록 지켜줄 것이다.

쇼펜하우어 어록 21

인생을 진정성 있게 살고, 자신이 원하는 인생을 살기 위해
서는 삶을 잘 디자인해야 한다. 즉 인생설계도를 그리고 그 설
계도에 따라 실천할 때 자신이 원하는 인생을 살아가는 데 큰
도움이 되기 때문이다. 그래서 인생을 멋지게 살았던 사람들은
철저하게 삶을 디자인하고, 그 설계도에 따라 최선을 다했던

것이다.

"여자로, 외국인으로 태어났다면 그 누구보다도 더 영리해야
한다."

이 말을 한 인드라 누이Indra Nooyi는 펩시코 회장이다. 그녀는
아메리칸 드림의 전형으로 손꼽히는 여장부이다. 인드라 누이
는 인도에서 태어나 대학을 나온 이방인으로, 내로라하는 쟁쟁
한 백인 남자들의 숲을 뚫고 펩시코 최고의 자리에 올랐다. 펩
시코 회장 자리에 앉은 그녀는 만년 2등이던 펩시코가, 코카콜
라를 누르고 1등을 차지하는 데 가장 큰 공헌을 했다.
　펩시코가 코카콜라를 이긴 건 무려 100년 만에 일이었다. 펩
시코로서는 일대의 혁신이었고 기적 같은 일이었다.
　인드라 누이는 웰빙 바람에 따른 세계 시장의 흐름을 정확히
예측하고, 건강음료와 식품 등의 분야로 사업을 다양화시킬 것
을 강력히 주장했다. 그리고 자신이 기획한 사업안을 성사시켰
던 것이다. 그녀의 예측은 자로 잰 듯 아주 정확했고 100% 성공
을 거두었다.

　인드라 누이는 인도 남부 첸나이 중산층 가정에서 태어났다.
그녀는 마드라스 크리스천대학에서 화학을 전공하고, 인도 경

영대에서 경영학 석사 학위를 받았다. 그녀는 학교를 졸업한 후 직장인이 되었다. 하지만 그녀가 품은 꿈을 실현하기엔 조국 인도는 경제적으로나, 사회적으로 너무나도 열악한 나라였다.

그녀는 자신 안에 잠들어 있는 자아에게 항상 말을 걸었다.

"나는 이렇게 살 수 없다. 난 적어도 내 꿈을 실현시켜야 한다."

자아를 실현하기 위해 인생설계도를 짜고 만반의 준비를 마친 그녀는 마침내, 1978년 아메리칸드림을 꿈꾸며 미국 땅을 밟았다. 그렇게도 간절히 원했던 미국 땅을 밟은 그녀의 가슴은 뜨거운 열망으로 가득 차올랐다.

그녀는 예일대에 들어가 열심히 공부한 끝에 다시 경영학 석사를 땄다. 게다가 그녀에겐 강력한 추진력과 실천력이 있었다. 그리고 빠른 두뇌가 있었다. 성공적 장점을 두루 갖춘 인드라 누이는 보스턴컨설팅그룹과 모토로라 등에서 전략기획 분야를 담당하며 능력을 인정받았다.

그녀의 꿈은 천천히 그러나 아주 분명하게 진행되고 있었다.

그러던 어느 날이었다. 그녀에게 보다 나은 기회가 찾아왔다. 그녀의 능력을 눈여겨본 펩시코에서 러브콜을 보낸 것이다. 그리고 인드라 누이가 펩시코에 합류할 당시엔, 제너럴 일렉트릭GE에서도 그녀에게 러브콜을 보내왔다.

"잭 웰치는 내가 아는 최고의 CEO이고, 제너럴 일렉트릭GE은 아마도 세상에서 가장 뛰어난 회사일 겁니다. 하지만 나는 당신과 같은 사람이 꼭 필요합니다. 펩시코를 당신을 위한 특별한 공간으로 만들겠습니다."

이 말은 펩시코 CEO 웨인 칼로웨이가 인드라 누이를 픽업하기 위해 한 말이다. 그만큼 그녀는 전 세계적인 기업들로부터 뜨거운 관심을 받는 인물이었다. 그녀는 자신의 진가를 알고 최고의 대우를 약속한 펩시코를 선택했다. 그리고 자신의 꿈을 이루기 위해서는 펩시코 같은 기업이, 자신에게 필요한 존재라고 생각했다. 그녀는 자신의 꿈을 이루기 위해 자신의 일에 미치도록 집중했다. 한마디로 열정과 끈기 그 자체였다.

그녀의 장점은 정확한 데이터와 탁월한 사업 분석 능력에다 뛰어난 창의력에 있다. 그녀가 매번 기획한 일은 대단한 성과를 가져왔고, 그것은 곧 그녀에 대한 가치를 한껏 높여준 결과를 이루어냈다.

그녀는 펩시코 회장이 되어서도 자신의 경영 스타일답게 자연스러운 분위기에서 회의를 주도했고, 격의 없는 대화를 하는 등 커뮤니케이션을 중시했다. 그래서 그녀에게 내려진 평가는 '감성지능형 리더십 CEO'이다.

인드라 누이는 말한다.

"당신이 새로운 사업 모델을 개발했다고 생각하는 순간, 그것은 사라진다. 왜냐하면 누군가는 그것을 모방할 것이기 때문이다."

과연 최고의 CEO다운 생각이다.

자신의 꿈을 이루기 위해 인생설계도를 짜고, 주도면밀하게
계획을 세우고 미국을 선택한 인드라 누이. 전 세계 최고의 지
식인들이 활개를 치는 드넓은 미국에서, 그것도 여자의 몸으로
날고 긴다는 무수한 남자들을 제치고 성공신화를 새롭게 쓴 인
드라 누이의 최대의 장점은 '무無'에서 '유有'를 창조하는 독창적
이고 풍부한 창의력이다.

인드라 누이의 경우를 보더라도 자신이 꿈을 이루기 위해서
는 인생설계도를 구체적으로 짜야 한다. 그리고 그에 맞게 준
비를 하고 철저하게 하고 실행에 옮겨야 한다.

쇼펜하우어는 인생설계도의 가치성에 대해 이렇게 말했다.

"당신이 당신 인생의 감독이 될 것인가 아니면 세상에 순응
하며 적당히 살아갈 것인가는 순전히 당신이 당신 인생의 설계
도를 얼마만큼 알고 있는가에 달려있다. 즉 자신이 바라는 것
은 무엇이며, 어떤 인생을 살려는가를 정확히 알아야 한다. 그
래야 순간순간 계획성 있는 삶을 살아갈 수 있으며, 전체적인
인생 공정을 수시로 확인해 자기 인생이 다른 길로 빠지지 않
도록 지켜줄 것이다."

그렇다. 자신의 인생을 자신이 바라는 대로 살고 싶다면 쇼 펜하우어의 말처럼 인생설계도를 그려라. 그리되 아주 구체적으로 그려야 한다. 그리고 그 설계도에 따라 철저하게 실천해야 한다. 실천하는 과정에서 실패를 하고, 난관에 처해도 절대 좌절하고 포기해서는 안 된다. 반드시 이겨내야 한다. 그것이야말로 최선을 다해 살아가는 최선의 방법이기 때문이다.

남처럼 살려고 굳이 애쓰지 마라

우리는 다른 사람들처럼 되기 위해
우리 자신의 대부분을 거의 잃어버리고 산다.

쇼펜하우어 어록 22

사람들 중에는 다른 사람처럼 되기 위해 애쓰는 사람들이 있다. 특히 사회적으로 성공한 사람들이나, 패션 감각이 뛰어난 사람들이나, 외모가 출중한 사람들 등 자신이 갖지 못한 것에 대한 콤플렉스가 있는 까닭이다.

이런 현상을 무조건 나쁘다고는 할 수 없지만, 문제는 그들처럼 되기 위해 자기다움을 망각한 채 올인한다는 데 있다.

사람은 누구나 자신만의 장점이 있다. 그 장점을 계발하여 자기만의 즐거움을 추구한다면 충분히 행복한 나로 살아갈 수 있다.

그런데 자기다움을 잃고 남들처럼 되기 위해 자신의 모든 것을 쏟는다면 그것처럼 무모한 것은 없다. 자칫 잘못됨으로써 자기다움을 잃고 후회한다면 그것은 인생을 소모하는 것이기 때문이다.

'남이 떡이 더 커 보인다'는 옛말처럼 다른 사람들의 좋은 모습은 더 좋게 보이는 법이다. 그런 까닭에 그것에 너무 현혹되어서는 안 된다.

쇼펜하우어는 남들처럼 되기 위해 자기다움을 잃는 것을 경계함에 대해 다음과 같이 말했다.

"우리는 다른 사람들처럼 되기 위해 우리 자신의 대부분을 거의 잃어버리고 산다."

쇼펜하우어의 말에서 보듯 남들처럼 되기 위해 자신의 시간을 대부분 쏟아붓는다는 것은 자신의 인생을 소모하는 것이며, 자기다움을 잃는 어리석은 행위인 것이다.

자기다움을 잃는 어리석은 행위에 대해 애플 창업자인 스티브 잡스Steve Jobs 또한 이렇게 말했다.

"당신의 시간은 한정되어 있으니, 남의 삶을 사느라고 인생을 허비하지 마십시오."

참으로 스티브 잡스다운 말이 아닐 수 없다. 그런 정신으로 자기만의 삶을 철저하게 살았기에, 그는 세상을 자신이 태어나기 전과 다르게 혁신적으로 바꾼, 21세기 최고의 기업가로 평가받고 있다.

쇼펜하우어와 스티브 잡스처럼 성공적인 인생을 살았던 사람들은 동서고금을 막론하고, 하나같이 자기만의 장점을 잘 활용하여 노력했다는 공통점이 있다.

그렇다. 남들처럼 되기 위해 자신의 인생을 쓸데없이 소모하지 말고, 자기만의 장점을 잘 살려 자신만의 삶을 살도록 노력하라. 나의 길을 가는 데 내 인생이 있기 때문이며, 이것이야말로 스스로를 위한 최선의 선택이자 지혜인 까닭이다.

다음은 독일의 작가이자 철학가인 요한 볼프강 폰 괴테Johann Wolfgang von Goethe가 남긴 말이다. 이 글을 읽고 어떻게 하면 자기만의 인생을 살 수 있는지에 대해 곰곰이 생각해보라.

구름 속을 아무리 보아도
거기에는 인생이 없다.
우리는 스스로가 인정한 것만을 볼 수 있다.
귀신이 나오든 말든
나의 길을 가는 데 인생이 있다.
그렇게 앞으로 나아가는 동안에는

고통도 있고 행복도 있다.

어떠한 경우에도

인생에 완전한 만족이란 없는 것이다.

자신이 인정한 것을

힘차게 찾아가는 하루하루가

바로 참된 인생인 것이다.

상쾌한 아침 같이
밝고 맑은 삶을 살라

Arthur
Schopenhauer

ARTHUR SCHOPENHAUER

행복을 결정짓는 척도尺度

행복은 주어진 환경
그 자체보다는
세상을 인식하는 개인의 기질에 좌우된다.

쇼펜하우어 어록 23

사람에 따라 행복을 느끼는 감정엔 차이가 있다. 가령, 어떤 사람은 돈이 많으면 행복하다고 하는데, 어떤 사람은 돈이 없어도 자신이 좋아하는 일을 하면 행복하다고 말한다. 이는 행복에 대한 가치 기준이 다르기 때문이다.

그렇다면 왜 이런 감정의 차이를 느끼는 걸까. 이에 대해 쇼펜하우어는 다음과 같이 말했다.

"행복은 주어진 환경 그 자체보다는 세상을 인식하는 개인의 기질에 좌우된다."

쇼펜하우어의 말에서 보듯 행복에 대해 감정의 차이를 보이는 것은 주어진 환경, 즉 만족할 만한 좋은 환경보다는, 세상을 인식하는 개인의 기질 그러니까 마인드에 따라 결정된다는 것을 알 수 있다.

참으로 적확한 지적이라고 할 수 있다. 왜일까. 어떤 사람은 아무리 돈이 많아도 더 많은 돈을 벌기 위해 눈에 불을 켜지만, 어떤 사람은 자신에게 필요한 돈만 있어도 된다고 말하는 걸 보면 '돈'이라는 보편적 가치성을 지닌 대상을 보는 관점도 이처럼 차이를 보이는 까닭이다.

이렇듯 쇼펜하우어의 관점에서 볼 때 행복을 결정짓는 척도는 세상을 인식하는 개인의 기질에 따른 거라는 걸 알 수 있다. 그런 까닭에 행복과 불행을 결정짓는 것 또한 인식의 차이에 있다는 걸 알 수 있다.

이에 대해 쇼펜하우어는 이렇게 말했다.

"인간의 행복과 불행은 무엇으로 자신의 마음을 가득 채우느냐에 달려 있다."

쇼펜하우어의 말에서 보듯 행복과 불행을 결정짓는 것은 무엇으로 자신의 마음을 가득 채우느냐에 달려 있다는 걸 알 수 있다. 즉, 각자의 만족도에 달려 있다는 말이다. 그러니까 그것이 무엇이 됐든 자신의 마음을 흡족하게 할 수 있다면 행복과 불행은 결정된다는 말이다. 이를 좀 더 부연한다면 무엇이 됐든 자신의 마음이 흡족하다면 행복을 느끼게 되지만, 그렇지 않고 부족하다면 불행을 느끼게 된다는 것이다.

옳은 말이다. 외적으로 풍요롭지 않아도 자신을 행복하다고 여기는 사람들은 작고 소소한 것에서도 행복을 느낀다. 그런 까닭에 자신이 더 많은 행복을 느끼며 살고 싶다면, 삶의 만족도를 낮춰라. 그래서 작고 소소한 것에서도 만족할 줄 안다면 더 많은 행복 더 큰 행복을 느끼며 살게 될 것이다.

다음은 나의 〈행복의 가치〉라는 잠언이다. 이 글을 읽고 자신의 행복 가치 기준을 생각해보라. 그리고 자기만의 행복 가치 기준을 정하라. 그러면 자신만의 행복척도에 대한 기준을 설정하는 데 큰 도움이 됨으로써 자신을 행복하게 하는 데 큰 힘이 될 것이다.

행복한 삶을 살고 싶다면
자신만의 행복의 가치 기준을 정하라.
행복의 가치 기준이 없다면
진정한 행복의 기쁨을 알지 못한다.
사람마다 행복을 느끼는
가치 기준이 다 다르기 때문이다.

행복의 가치 기준을 정할 때

행복의 기준을 낮게 잡는 것이 좋다.

행복의 기준이 높을수록

행복을 느끼는 정도가 적다.

왜냐하면 행복의 가치 기준이 높을수록

행복을 느끼는 일이 그만큼 적기 때문이다.

지력^{知力}을 키워야 하는 까닭

지력^{知力}이 뛰어날수록
고통에도 민감한 편이지만,
그는 뛰어난 통찰력과 굳센 의지로
세상에 맞설 줄 안다.

쇼펜하우어 어록 24

"아는 것은 힘이다."

이를 서양 격언이라고 하는 이들도 있지만, 엄밀히 말하면 영국의 철학자이자 에세이《수상록》으로 유명한 프랜시스 베이컨^{Francis Bacon}이 한 말이다. 이를 좀 더 부연하면 그의 저서인《수상록》에 보면 '지식 자체가 힘이다'라고 쓰여 있는데 이를 기인^{基因}하는 바에 따른 것이다.

'안다'는 것은 무엇인가. 교육이나 경험, 사고 행위를 통하여 사물이나 상황에 대한 정보나 지식을 갖춘다는 뜻이다. 그러니까 '안다'는 것은 지식을 말하는 것이고, 그것은 곧 힘이 세다는 것을 뜻한다고 하겠다.

쇼펜하우어는 지식의 힘에 대해 '지력智力'이라 표현했는 바, 지력에 대해 다음과 같이 말했다.

"지력智力이 뛰어날수록 고통에도 민감한 편이지만, 그는 뛰어난 통찰력과 굳센 의지로 세상에 맞설 줄 안다."

쇼펜하우어의 말에서 보듯 그는 지력을 키워야 하는 이유에 대해 지력이 강하면 뛰어난 통찰력과 굳센 의지로 세상에 맞설 줄 알기 때문이라고 했다. 그러니까 아는 것이 많으면 어떤 문제에 봉착하더라도 능히 어려움을 극복함으로써 자신의 뜻을 펼치며 살 수 있다는 말이다.

인권운동가로서 남아프리카 공화국 최초의 흑인 대통령을 역임한 넬슨 만델라Nelson Mandela 역시, 지식의 힘에 대해 다음과 같이 말했다.

"교육은 세상을 바꾸기 위해 사용할 수 있는 가장 강력한 무기이다."

넬슨 만델라가 말하는 '교육'이란 지식을 기르는 것을 말하는 것으로, 배움을 통해 얻는 지식은 세상을 바꿀 수 있을 만큼 힘이 세다는 걸 알 수 있다. 미국 독립의 아버지 중 한 사람인 벤자민 프랭클린Benjamin Franklin 또한 지식의 힘에 대해 이렇게 말했다.

"지식에 대한 투자는 최고의 이익을 준다."

벤자민 프랭클린의 말은 지식이 인간의 삶에 미치는 영향이 얼마나 막대한지를 잘 알게 한다.

그렇다. 넬슨 만델라와 벤자민 프랭클린의 말은 표현은 다르지만, 지식이 인간에게 마치는 영향이 절대적이라는 걸 알 수 있다. 지금 우리가 누리는 문명은 지식의 힘에서 왔기 때문이다. 그런 까닭에 자신이 바라는 것을 이루고 살기 위해서는 지력, 즉 지식의 힘을 길러야 하는 것이다.

자신의 부족함을
채워주는 사람과 교류하라

인간은 본능적으로
자신의 정신이나 신체적인 불완전성을
보완해주는 이성에게 끌린다.

쇼펜하우어 어록 25

　인간은 본능적으로 자신과 뜻이 잘 맞는 사람과 통하는 법이
다. 그런 까닭에 성격적으로나 환경적으로나 자신과 비슷한 사
람에게 관심이 간다. 그리고 그 사람과 함께 함으로써 서로 도
움을 주고받는다.

　왜 그럴까. 자신과 뜻이 잘 통하는 사람은 마음이 편하기 때
문에 거부감을 느끼지 못한다. 그런 까닭에 그런 사람을 가까
이하려고 하는 경향이 짙다.

　이에 대해 쇼펜하우어는 다음과 같이 말했다.

"인간은 본능적으로 자신의 정신이나 신체적인 불완전성을 보완해주는 이성에게 끌린다."

쇼펜하우어의 말처럼 인간은 자신의 부족함을 채워줄 수 있는 사람에게 기대고 싶어 하는 심리가 있다. 이는 본능적으로 느끼게 되는 감정인데, 그래서 대개의 사람은 자신에게 도움이 되는 사람에게는 매우 적극적이다. 그리고 실제에 있어 많은 도움을 받고 자신의 부족함을 채움으로써 변화된 삶을 살아가는 것을 종종 보게 된다.

미국의 자기계발 동기부여가이자 목사인 노만 빈센트 필 Norman Vincent Peal 박사 또한 자신에게 힘이 되는 사람들과 교류함에 대해 이렇게 말한 것으로 유명하다.

"희망으로 가득 찬 사람과 교류하라. 창조적이고 낙관적인 사람과 소통하라. 긍정적이고 능동적으로 행동하라. 그리고 그런 사람을 자신의 주변에 배치하라."

노만 빈센트 필 박사의 말에서 보듯 희망으로 가득 찬 사람과 교류하면 자신 또한 희망을 품고 살아가게 되고, 창조적이고 낙관적인 사람과 교류하면 자신 또한 창조적이고 낙관적으로 살아가게 되고, 긍정적으로 행동하게 됨으로써 자신을 보다 더 활기차게 그리고 희망적으로 살아가게 한다.

다음은 희망적이고 창조적이며 낙관적인 사람과 교류함으로써 자신의 인생을 성공적으로 살았던 이야기이다.

앤드류 카네기는 소통의 귀재인 찰스 스왑을 만남으로써 강철왕이라는 별칭으로 불리며 세계적인 기업인이 되었고, 유비는 제갈량을 만남으로써 촉나라를 세우고 왕이 되었으며, 이순신은 류성룡과 어린 시절부터 교류함으로써 어려울 때 힘을 얻고 역사상 최고의 명장으로서 사명을 다했으며, 조선시대 성종은 사림파의 거두이자 영남학파의 종조인 김종직과 함께 함으로써 혁신적인 임금으로 거듭나 성군이 되었으며, 미국 최초의 4선 대통령인 프랭클린 루스벨트는 참모인 루이하우를 만남으로써 존경받는 성공한 대통령이 되었으며, 간디는 시성 타고르와 교류함으로써 힘을 얻고 인도 독립의 아버지가 되었으며, 영국의 수상 처칠은 알렉산더 플레밍을 만남으로써 두 번이나 죽음의 위기로부터 벗어나 위대한 정치가가 되었다.

이렇듯 동서고금을 막론하고 성공적인 인생을 살았던 사람들에겐 자신에게 힘이 되었던 사람들이 있다는 공통점을 가지고 있다. 그런 까닭에 사람이 삶을 살아가는 데 있어 사람이 됐든 사회적 분위기가 됐든 자기 주변 환경은 매우 중요하다. 자신에게 미치는 영향이 매우 크기 때문이다. 그러므로 사람과 사귀거나 교류할 땐 각별히 유념해야 한다.

근 주 자 적 근 묵 자 흑
近朱者赤近墨者黑

이는 '붉은 것에 가까이하면 붉게 되고, 먹을 가까이하면 검게 된다'는 것을 뜻하는 말로, 환경의 중요성을 의미한다. 그러니까 자신이 긍정적인 삶을 살기 위해서는 긍정의 에너지가 넘치는 사람과 교류하면 된다.

그렇다. 사람은 누구와 교류하느냐에 따라 인생이 완전히 바뀌기도 한다. 그런 까닭에 자신의 인생에 도움이 되는 사람과 교류하라. 그것이야말로 '무형의 자산'을 금고에 비축해 두는 거와 같기 때문이다.

관대함에도 적정^{適正}선이 필요하다

지나치게 관대하고
다정하면 상대방은 무례해진다.

쇼펜하우어 어록 26

예로부터 도량이 넓은 사람을 일컬어 대인군자^{大人君子}라고 했다. 도량이 넓은 사람은 관대해서 잘못을 범해도 너그럽게 용서해 준다. 그래서 관대한 사람은 주변 사람들로부터 존경을 받았다.

그런데 관대함도 지나치면 도리어 독^毒이 되기도 한다. 관대함을 이용하는 사람이 있는 까닭이다. 그런 까닭에 관대함에도 적성^{適正}선이 필요하다.

쇼펜하우어는 지나친 관대함이 지니는 모순에 대해 다음과 같이 말했다.

"지나치게 관대하고 다정하면 상대방은 무례해진다."

쇼펜하우어의 말은 지나치게 관대한 것은 도리어 잘못한 사람에게 좋지 않은 영향을 준다는 것이다. 상대방이 잘못을 잊고 무례해진다는 것이 그 이유이다. 사람들 중엔 자신을 용서해주면 자신의 잘못을 고치는 사람이 있는가 하면, 어떤 사람들은 그것을 이용하여 해를 끼치곤 한다. 다음은 관대함을 잊고 무례함으로써 씻을 수 없는 죄를 진 이야기이다.

촉나라가 위나라와의 전쟁으로 한창 때 일이다. 선봉장을 맡은 마속이라는 젊은 장수가 있었다. 그런데 마속은 제갈공명이 세운 전략을 무시하고 자기 멋대로 전쟁을 하는 바람에 크게 패하고 말았다. 제갈공명은 마속이 괘씸하기 짝이 없었다. 군사인 자신의 명령을 어겼다는 것은 항명과도 같은 것이기 때문이다.

"너는 어쩌자고 내 명령을 어긴 것이냐?"

제갈공명은 낮고 준엄한 목소리로 말했다.

"죄송합니다. 저의 무례를 용서치 마시옵소서."

마속은 납작 엎드려 대죄를 청했다. 전쟁에서 패한 장수는 유구무언이다. 오직 윗사람의 처분만 기다릴 뿐이다.

"네 죄를 분명 네가 알렸다!"

제갈공명은 다시 한번 물었다.

"네. 그러하옵니다."

마속은 고개를 숙인 채 말했다.

"좋다. 내가 어떤 형벌을 내리더라도 나를 원망하지 마라."

"네, 군사어른."

마속은 끝까지 자신의 잘못을 시인했다.

제갈공명은 자신이 너무도 아끼는 참모였지만, 일벌백계 一罰百戒하는 심정으로 그를 참하라는 명령을 내렸다. 순간 마속의 목이 날아갔다.

제갈공명은 마속을 장래가 촉망되는 장수로 총애했다. 또한 마속은 사적으로는 그의 친구인 마량의 동생이기도 했다. 그런 까닭에 제갈공명은 평소에 마속을 관대하게 대해 주었다.

그런데 마속은 그런 제갈공명의 명을 어기고 무례를 범함으로써 촉나라를 위기에 빠트리게 했으니, 아무리 그를 아끼는 제갈공명도 더는 관대함을 베풀 수 없었던 것이다. 만약 마속을 참하지 않고 살려주었다면 군율이 무너지게 됨으로써 장졸들을 통솔하는 데 제약이 따랐을 것이다.

그러나 제갈공명은 엄격하게 처단함으로써 그 누구라도 잘못을 하면 엄한 벌을 받는다는 사실을 널리 알려 실수를 줄이고 끝까지 최선을 다하는 마음을 심어주고자 함이었다. 이를 잘 아는 장졸들은 제갈공명의 추상 같은 엄격함에 스스로를 게

을리하는 일이 없었고, 자기가 맡은 일에 책임을 다하는 자세를 갖추었다.

이 이야기에서 보듯 지나친 관대함은 상대를 무례하게 만들고 그로 인해 우를 범하게 한다는 것을 잘 알게 한다. 그런 까닭에 관대함에도 적정선이 필요하다. 그렇게 할 때 잘못을 범한 사람은 자신의 잘못을 진심으로 뉘우치고 다시는 잘못을 범하지 않기 위해 노력하게 되기 때문이다.

그렇다. 관대함을 지니되 지나친 관대함을 삼가라. 관대함도 지나치면 아니함과 못한 까닭이다.

삶의 고통이 인간에게 필요한 까닭

지나치게 가벼운 배는
뒤집어지기 쉽듯이,
삶에도 고통이나 근심이 없다면
방종에 빠지고 만다.

쇼펜하우어 어록 27

고진감래苦盡甘來라는 말이 있다. 이는 쓴 것이 다하면 단것이 온다는 뜻으로, 고생 끝에 즐거움이 옴을 이르는 말이다.

고진감래는《논어論語》에 나오는 말로 그 유래는 다음과 같다. 한 농부가 공부를 하고 싶었지만 가난하여 제대로 공부를 할 수 없었다. 하지만 농부는 그 어려운 처지에도 좌절하지 않고, 붓 대신에 숯으로, 종이 대신에 나뭇잎을 이용하여 공부를 했다고 한다. 고통을 안으로 새기며 최선을 다한 끝에 농부는 크게 성공했다고 한다.

동서고금을 막론하고 성공적인 인생을 살았던 사람들 중엔 집안이 가난하거나 여러 어려움으로 인해 고통을 겪은 이들이 많다. 하지만 이들은 고통을 고통이라 여기지 않고 자신이 처한 상황에서도 최선을 다해 극복한 끝에 성공한 인생이 되었다,

고통은 고통이라 여기는 사람에겐 아픔을 주지만, 고통을 극복하고자 노력하는 사람에게는 삶의 비타민과 같다. 또한 고통을 통해 사람은 인격적으로 성숙해짐으로써 참되게 살아간다. 고통이 사람에게 미치는 영향에 대해 쇼펜하우어는 다음과 같이 말했다.

"지나치게 가벼운 배는 뒤집어지기 쉽듯이, 삶에도 고통이나 근심이 없다면 방종에 빠지고 만다."

쇼펜하우어의 말은 매우 적확하다고 할 수 있다. 고통은 사람에게는 약이 되기도 하는데, 고통을 통해 모난 성격을 고치고 인품이 반듯하게 되기도 한다. 그런 까닭에 고통을 겪게 되면 "내 인생이 왜 이 모양이야"라고 한탄하지 말고 자신의 인생을 긍정적으로 바꾸는 계기로 삼아야 한다.

고통이 사람에게 미치는 영향에 대한 말을 보자.

"그대가 고통에서 배우지 않으면, 고통은 무용지물이다."

이는 독일의 철학자이자 시인인 프리드리히 니체^{Friedrich} Nietzsche가 한 말로, 고통을 삶의 교훈으로 삼아야 함을 이르는 말이다. 즉, 고통을 긍정적으로 받아들여 극복해야 함을 뜻한 다고 하겠다.

"참고 버텨라. 그 고통은 차츰차츰 너에게 좋은 것으로 변할 것이다."

이는 고대 로마의 시인 오비디우스^{Ovidius}가 한 말로, 고통을 참고 견디면 좋은 날이 온다는 것을 알 수 있다.

"우리의 가장 큰 영광은 결코 넘어지지 않는 것이 아니라 우 리가 넘어질 때마다 일어나는 것이다."

이는 공자^{孔子}가 한 말로, 고통을 참고 이겨내고자 노력하면 영광스러운 일, 즉 좋은 일이 따른다는 것을 잘 알게 한다.

지금 내 삶이 힘들고 어렵다고 불평불만하지 말고, 이는 나 에게 좋은 기회를 주기 위한 삶의 가르침이라고 여겨라. 그리 하면 고통은 몸과 마음을 힘들고 아프게 하는 삶의 장애물이 아니라, 좋은 것을 주기 위한 기회라고 여기게 될 것이다. 그리 고 자신에게 주어진 상황에서 최선을 다해 노력하라. 그리하면 뜻하지 않은 삶의 기쁨을 누리게 될 것이다.

자신만의 삶의 역사를 써라

강을 거슬러 헤엄을 치는 사람만이
물결의 세기를 알 수 있다.
좌절을 경험한 사람만이
자신의 역사를 갖게 되는 법이다.

쇼펜하우어 어록 28

인간으로 태어나서 자신만의 삶의 역사를 쓰고 기록으로 남
긴다는 것처럼 만족스럽고 행복한 일이 또 있을까. 이를 생각
하는 것만으로도 가슴이 뛴다.

인간에게 주어진 생은 단 한 번뿐이다. 이처럼 소중한 것이
인간의 생인 것이다. 그런 까닭에 자신의 인생을 값지게 살아
야 하는 것은 당연한 일이다.

그런데 자신만의 삶의 역사를 쓴다는 것은 매우 어렵고 힘든
일이다. 그렇게 살기 위해서는 때로는 초인적인 인내심과 노력
이 필요하기 때문이다. 하지만 그럼에도 자신만의 역사를 써야

한다고 쇼펜하우어는 말한다.

"강을 거슬러 헤엄을 치는 사람만이 물결의 세기를 알 수 있다. 좌절을 경험한 사람만이 자신의 역사를 갖게 되는 법이다."

쇼펜하우어의 말에서 보듯 자신만의 역사를 쓰기 위해서는 거센 물살을 헤치고 거슬러 헤엄을 치듯 아무리 힘들고 어려운 일이 있더라도, 그로 인해 좌절을 겪더라도 악착같이 해내야 한다는 것을 알 수 있다.

생각해보라. 작은 일에도 정성을 들이고 노력해야 하건만, 자신만의 삶의 역사를 쓰기 위해서는 그 얼마나 지극정성을 들이고 노력을 기울여야 하는지를. 무슨 일이든 큰 성과를 내기 위해서는 그만한 공을 들이고 최선을 다해야 하는 것이다.

어려운 가운데서도 큰 꿈을 품고 최선을 다한 끝에 자신만의 역사를 쓴 감동적인 이야기이다.

연기파 배우의 롤 모델로 불리는 소피아 로렌Sophia Loren.

그녀는 영화 〈두 여인〉으로 아카데미상과 칸 영화제에서 여우주연상을 수상한 이탈리아 출신의 영화배우이다. 그녀의 이름만 떠올려도 가슴이 두근거린다는 사람들이 지금도 많은 걸 보면 확실히 그녀는 타고난 최고의 배우이다.

소피아 로렌은 이탈리아에서 태어나 가난한 어린 시절을 보내며 꿈을 키웠다. 그녀의 생활은 가난했지만 그녀의 꿈은 언제나 푸르게 빛났다.

"나는 이렇게 살 수 없어. 진정한 나를 이루어야 해. 그것이 나의 소망이며 내가 반드시 해야 할 일이야."

소피아 로렌은 꿈을 품고 언제나 자신에게 열정을 불어넣었다. 뜨거운 열정이 그녀의 가슴을 타고 흐를 때, 금방이라도 배우가 된 것처럼 가슴이 벅차올랐다. 그녀의 가슴엔 언제나 배우의 열망이 백합처럼 피어있었다.

그녀는 자신의 꿈을 이루기 위해 '바다의 여왕' 콘테스트에 출연해 2등으로 뽑혔다. 그리고 더 큰 무대로 나가기 위해 로마로 진출했다. 로마로 진출한 그녀는 각고의 노력 끝에 영화에 출연하게 되는 행운을 맞았다. 행운 역시 노력에서 오는 것이니까.

그녀는 머빈 르로이 감독의 영화 〈쿼바디스〉에 엑스트라로 출연했던 것이다. 비록 엑스트라였지만 그녀는 최선을 다했다. 최선을 다하는 그녀의 열정만큼은 주연배우 못잖았다. 하지만 그녀에게 좀처럼 배역다운 배역이 찾아오지 않았다.

"나도 배역다운 배역을 맡고 싶어. 그런데 왜 내겐 그런 역이 주어지지 않을까. 정녕, 이 길이 내 길이 아니란 말인가."

그녀는 의기소침해 이렇게 말하다가도 "아냐, 아직도 내 연기가 부족한 탓이야. 열정이 모자란 탓일 거야. 그렇다면 더 열심히 하는 거야. 내 몸이 쓰러지는 한이 있더라도……"하며 마음을 다잡았다.

그녀는 힘들 때마다 이렇게 다짐하며 자신을 추스르곤 했다.

그 후에도 그녀에게 맡겨진 역은 엑스트라가 대부분이었다. 그러나 그녀는 결코 포기하지 않았다. 자신의 혹독한 운명에 맞서, 입술을 깨물고 눈물을 삼키며 독하게 버텼다. 오직 자신의 꿈을 위해 열정만을 불태우고 불태웠다. 그 어떤 일이든 노력 끝에 반드시 기회가 오는 법이다. 드디어 그녀의 운명을 바꿀 절호의 기회가 찾아왔다.

야성적인 에로티시즘 영화인 〈하녀〉에 출연하면서, 그녀의 연기는 빛을 발하며 널리 이름이 알려지게 되었다. 그리고 그 여파로 세계 영화의 본고장이라는 할리우드 영화에 진출했다. 이때부터 그녀의 영화인생은 빛을 뿜어대기 시작한다.

그녀는 〈흑란〉이란 영화로 베니스 영화제에서 최우수여우상을 수상하고, 그 뒤를 이어 〈두 여인〉이란 영화로 아카데미상과 칸 영화제 여우주연상을 수상하는 놀라운 쾌거를 이루어냈다. 마침내 그녀는 최고의 영화배우가 된 것이다.

소피아 로렌이 2024년 1월 2주 차 공개된 랭키파이의 해외 영화 여배우 트렌드지수 분석 결과 1위에 올랐다. 이는 무엇을 의미하는가. 올해 90세인 그녀는 아직도 영화팬들에게 사랑받는 배우라는 것을 여실히 보여주고 있다.

소피아 로렌은 자신의 꿈을 실현시키기 위해 수많은 엑스트라를 하면서도 좌절하지 않았고, 그 어떤 역경 속에서도 희망의 끈을 놓지 않았다.

그녀는 가난하게 태어났지만 그녀의 꿈은 언제나 부자였고, 푸르게 빛난다는 것을 한시도 잊지 않고 노력한 열성적 연기파 배우이다.

쇼펜하우어의 "좌절을 경험한 사람만이 자신의 역사를 갖게 되는 법이다"라는 말처럼 소피아 로렌은 가난 속에서, 수많은 엑스트라를 하면서 꿈을 포기하지 않고 최선을 다한 끝에 명실상부한 최고의 여배우가 되었다. 소피아 로렌처럼 자신만의 역사를 쓰기 위해서는 그 어떤 어려움 속에서도 좌절하지 말고 최선의 노력을 다하라. 그것이야말로 최선의 지혜이자 최선의 방법인 것이다.

상쾌한 아침 같이 밝고 맑은 삶을 살라

우리의 삶은
피곤한 저녁 시간보다는
맑고 상쾌한
아침 시간처럼 살아야 한다.

쇼펜하우어 어록 29

아침에 자리에서 일어나 창문을 열었을 때 맑고 밝은 햇살이 비추며 싱그러운 바람을 맞을 때의 기분은 겪어 본 사람만이 안다. 얼굴에 와닿은 실바람은 사랑하는 연인의 감미로운 손길처럼 부드럽고, 가슴은 약수를 들이키듯 시원해져 온다.

그런데 비가 내리고 하늘이 우중충하면 마음이 답답하고, 기분이 우울해진다. 이런 감정 또한 느껴본 사람은 잘 안다.

이렇듯 날씨에 따라서 사람의 마음은 정반대로 나타난다. 마찬가지로 우리의 삶도 날씨와 같다. 삶이 잘 풀리면 상쾌한 아침 같이 기분이 들뜨고 행복하지만, 일이 잘 풀리지 않으면 우중충한 날씨처럼 기분이 착 가라앉으며 우울하다. 그리고 심하면 불행하다고 느끼게 된다. 그런 까닭에 상쾌한 아침 같은 삶을 살도록 노력해야 한다.

쇼펜하우어는 상쾌한 아침 시간처럼 살아야 함에 대해 다음과 같이 말했다.

"우리의 삶은 피곤한 저녁 시간보다는 맑고 상쾌한 아침 시간처럼 살아야 한다."

쇼펜하우어의 말처럼 아침 같이 상쾌한 삶을 살아야 한다. 그것은 자신을 행복하게 하는 최선의 삶이기 때문이다. 그런 까닭에 상쾌한 아침 같은 삶은 살도록 노력해야 한다.

그런데 저녁 시간처럼 피곤하게 산다고 해보라. 그 삶의 무게에 짓눌려 행복은 고사하고, 삶으로부터 도피하고 싶은 마음이 들 것이다. 이런 삶을 산다는 것은 자신을 불행 속에 빠트리는 비생산적인 삶이다. 그러기 때문에 이런 삶을 살지 않기 위해서는 영원히 살 것처럼 매사에 최선을 다해야 한다.

"평생 살 것처럼 꿈을 꾸어라! 그리고 내일 죽을 것처럼 오늘을 살아라!"

이는 미국의 영화배우 제임스 딘James Dean이 한 말로, 상쾌한 아침 같은 삶을 살기 위해서는 날마다 꿈을 생각하면서 내일 죽을 것처럼 오늘을 살도록 노력해야 한다.

그렇다. 가만히 앉아서 상쾌한 아침 같은 삶이 찾아오길 기다리지 마라. 그것은 자신의 인생을 스스로 사기꾼이 되게 하는 일이다. 그런 까닭에 자신의 인생 앞에 당당해야 하기 위해서는 자신에게 최선을 다해야 하는 것이다.

마음의 중심을 잡는 힘
정신력을 강건하게 하라

정신이 빈약한 사람들이
재물로 남을 앞서려고 한다.

쇼펜하우어 어록 30

사람들 중에 돈은 많은데 생각하고 행동하는 게 제멋대로이 거나 줏대 없이 구는 사람에 대해 흔히 '머리는 빈 게 돈은 많 아가지고'라고 말하곤 한다. 이는 정신, 즉 마음이 여물지 못함 을 빗대어 하는 말이다. 그런 까닭에 이런 사람들은 눈살을 찌 푸리게 하는 돌출 행동도 서슴지 않아 사람들로부터 손가락질 을 당하기도 한다.

쇼펜하우어는 이런 사람들을 가리켜 다음과 같이 말했다.

"정신이 빈약한 사람들이 재물로 남을 앞서려고 한다."

쇼펜하우어의 말에서 보듯 정신이 빈약하면 사리분별력이

떨어져 자신이 하는 행동에 대한 인식이 부족하다. 그러다 보니 생각이 깊지 못하고 가벼워 제멋대로 구는 것이다. 그리고 자신이 가진 재물을 앞세워 자신의 위세를 드러내 보이려고 한다. 돈이면 다라는 생각에 빠져 있는 까닭이다.

"만족한 돼지보다는 불만족한 사람이 더 낫고, 만족한 사람보다는 불만족한 소크라테스가 더 낫다."

이 말을 한 사람은 영국의 철학자이자 경제학자인 존 스튜어트 밀John Stuart Mill이다. 밀은 1806년 런던에서 제임스 밀의 장남으로 태어났다. 제임스 밀은 경제학자이자 역사학자로 아들에게 조기 영재 교육을 시킨 것으로 유명하다. 그는 아들이 세 살 나던 해에 그리스어를 가르치고, 여덟 살에는 어려운 고전들을 읽게 했으며, 열세 살이 되어서는 경제학을 공부하게 했다.

밀은 어렸음에도 아버지의 교육을 철저하게 받아들였고, 넘치는 지적 호기심으로 스스로 공부했다. 그는 '교육은 모든 것을 할 수 있다'라는 아버지의 신념처럼, 지식을 축척하는 일에 최선을 다해 탄탄한 실력을 갖추었다.

밀에게 가장 큰 영향을 준 사람은 아버지가 존경한 벤담이었다.

벤담은 공리주의자로 '최대 다수의 최대 행복'이라는 유명한 말을 남긴 것으로 유명하다. 벤담은 차별 없이 모든 사람들이 쾌락을 추구함으로써 인간다운 삶을 살아야 한다고 주장했다.

이를 좀 더 부연한다면 많은 쾌락을 추구하는 것이 인간에게는 필요하다고 역설했다. 즉 쾌락의 양에 역점을 두었던 것이다.

밀은 벤담의 이론을 지지하며 따랐다. 그는 열네 살 때 프랑스에서 1년을 보내며 자유로운 분위기에 흠뻑 빠졌다. 그 후 자유와 평등을 중요시하는 자유주의자가 되어 갔다.

밀은 아버지의 주선으로 열일곱 살 때 동인도회사에서 직장 생활을 시작했으며, 문필가로서도 큰 두각을 나타내며 명성을 얻었다. 하지만 그는 어릴 때부터 공부에만 열정을 쏟다 보니 또래의 친구들과 어울리지 못해 사람들과의 감정교류에 익숙하지 못했다. 다시 말해 정서가 빈곤하고 따뜻한 감성을 전하지 못했다. 그러다 보니 제대로 감정을 느끼지 못했을 뿐더러 표현할 줄을 몰랐던 것이다.

그는 사회적인 출세는 곧 행복이라고 믿으며 살아왔다. 하지만 정신적인 고갈을 느낀 후 그는 자신이 원하는 삶을 산다 해도 진정으로 행복할 수 있을까 하는 생각에 사로잡혔다.

그러던 어느 날 밀은 책을 읽다가 슬픔에 겨워 눈물을 흘리고 말았다. 그 순간 그는 감정의 빈곤에서 벗어날 수 있었다. 삶은 결코 논리와 이성적으로만 살 수 없다는 것을 깨달은 것이다.

밀은 벤담이 쾌락의 양을 중시하는 것과 반대로 쾌락의 질을 중요시하게 되었다. 그는 '만족한 돼지보다는 불만족한 사람이

더 낫고, 만족한 사람보다는 불만족한 소크라테스가 더 낫다'
는 생각을 갖게 되었다. 그 후 밀은 벤담의 그늘에서 벗어났다.

밀은 스물네 살 때 애가 둘이나 되는 유부녀 핼리엇 테일러
와 사랑에 빠졌다. 그녀가 감성이 풍부하며 지성을 갖춘 여성
이라고 생각했기 때문이다. 테일러는 밀에게 좋은 친구였으며
학문적 동반자였다. 그렇게 둘은 20년이 넘도록 플라토닉 사
랑을 하며 지내다 그녀의 남편이 죽은 지 2년 뒤에 결혼했다.
하지만 안타깝게도 테일러는 결혼한 지 7년 후 세상을 떠나고
말았다.

밀은 부인이 죽을 때까지 훌륭한 관료로서, 그리고 학자로서
본분을 다했으며 《경제학 원리》, 《논리학 체계》, 《공리주의》,
《자유론》 등을 펴냈다.

밀은 정치에 뜻을 두고 하원 의원에 당선되었다. 정치인으로
서의 밀은 젊은 시절만큼이나 급진적이었다. 여성 차별이 일반
적이었던 세상에서 남녀평등을 강하게 부르짖었고, 노동자 계
층의 권리와 평등을 당당하게 주장했다. 그리고 밀은 개인의
자유를 제한하는 어떤 권력에도 강하게 반대했다.

이처럼 그는 개인의 자율성을 중시하는 자유주의자였으며,
다수의 전제를 누구보다 경계했던 정치 철학자였다. 또 소수의
의견이 무시되지 않도록 민주주의의 제도적 개선을 요구했던
정치가이자 사상가였다.

밀의 이야기에서 보듯 밀은 지적 능력이 뛰어난 천재였다. 하지만 어린 시절부터 공부에만 전념하다 보니 논리적으로 이성적으로는 뛰어난 반면, 사람들과의 감정적 교류가 약했다. 그러다 보니 마치 살아 있는 인공지능과 같이 정신적인 고갈을 느꼈던 것이다.

그러나 다행히도 책을 통해 자신 또한 따뜻한 감정과 슬픈 감정을 느끼는 사람이라는 걸 인식하게 되었다. 그리고 그는 '만족한 돼지보다는 불만족한 사람이 더 낫고, 만족한 사람보다는 불만족한 소크라테스가 더 낫다'는 진리를 터득했다.

이는 쇼펜하우어가 "정신이 빈약한 사람들이 재물로 남을 앞서려고 한다"고 말한 것과 일맥상통하다고 하겠다. 왜 그럴까. 정신이 빈약한 사람은 술에서, 이성에게서, 갖가지 신변잡기에서, 또 돈을 쓰는 일에서 정신적인 빈곤을 채우려는 경향이 짙기 때문이다. 이는 대단히 잘못된 일이다.

정신적인 빈곤을 채우기 위해서는 독서력을 기르고 사색력을 기름으로써 정신력을 강하게 끌어 올려야 한다. 그래야 마음의 중심을 잡음으로써 그 어떤 유혹에도 빠지지 않고 자신의 책무를 다하게 된다.

그렇다. 마음의 중심을 잡는 힘, 정신력을 길러 마음을 강건하게 하라.

보통 사람과 재능 있는 사람의 차이

보통 사람은
시간을 허송하는 데 마음을 쓰고,
재능 있는 사람이 마음을 쓰는 것은
시간을 이용하는 데 있다.

쇼펜하우어 어록 31

사람은 누구나 한 가지 재능을 갖고 태어난다. 다만 자신이 재능이 있다는 것을 모를 뿐이다. 그래서 재능을 발휘하지 못한 채 살아간다. 하지만 재능을 발견한 사람들 중엔 자신의 재능을 살리기 위해 시간과 열정을 쏟아부어 자신의 삶을 창의적이고 생산적이게 한다.

자신의 재능은 누군가가 발견해 주기도 하지만, 근본적으로는 자신이 발견할 수 있도록 노력해야 한다. 그런 까닭에 재능을 발견하지 못한 사람은 재능을 두고도 무덤덤하게 시간을 보낸다. 하지만 재능을 발견한 사람은 자신의 재능을 살리기 위해 시간과 열정을 쏟아붓는다.

쇼펜하우어는 재능이 없는 보통 사람과 재능이 있는 사람의 차이에 대해 이렇게 말했다.

"보통 사람은 시간을 허송하는 데 마음을 쓰고, 재능 있는 사람이 마음을 쓰는 것은 시간을 이용하는 데 있다."

쇼펜하우어의 말에서 보듯 보통 사람은 재능이 없다고 믿으니까 자신을 위해 시간을 쓰지 않는다. 하지만 재능 있는 사람은 자신을 위해 아낌없이 시간을 쏟아붓는다. 그런 까닭에 그런 사람 가운데에는 크게 성공한 사람들이 많다.

그런데 보통 사람으로 살았던 사람들 중엔 뒤늦게 자신의 재능을 발견하고 시간과 열정을 쏟아부은 끝에 성공한 사람들도 많다. 다음은 보통 사람으로 평범하게 지내다가 뒤늦게 재능을 발견하고 인생을 활짝 꽃피운 아름다운 이야기이다.

이야기의 주인공은 폴란드에서 태어나 스물아홉 되던 해 가방 하나와 6달러의 돈을 들고 미국 뉴욕의 맨해튼으로 왔다. 그는 영어 또한 제대로 할 수 없었다. 그저 간단한 의사 표현이 고작이었다. 그런 그가 세계 최강의 나라 최고의 도시 뉴욕에 왔다는 것은 모험과도 같은 일이었다.

그는 가난한 사람들이 모여 사는 할렘가에 방을 얻었다. 그리고 그는 이리저리 발품을 판 끝에 간신히 직장을 구했는데, 현금출납을 하는 출납원이었다.

그는 낯선 나라에서 얻은 직장을 놓치지 않으려고, 하루하루를 열심히 일했다. 열심히 일하는 모습에 주변 사람들은 친절하게 그를 대해주었고, 그는 감사한 마음으로 사람들에게 최선을 다했다.

그렇게 모은 400달러로 과자도매점을 차렸다. 친절하고 성실한 탓에 장사는 잘 되었다. 세월이 흐르고 그는 많은 돈을 벌어 부자가 되었다.

그는 일흔네 살에 은퇴를 하고 하루하루를 안락하게 보내며 가끔씩 노인 회관에 나가 바둑을 두며 사람들과 어울렸다.

그렇게 세월을 보낸지 6년째 되던 해 어느 날 바둑을 두기로 한 친구를 기다리는데, 자원봉사자가 그와 바둑을 두기로 한 사람이 병이 나서 회관에 올 수 없다고 말해주었다. 그러고는 이렇게 말했다.

"어르신, 이참에 그림을 그려 보시는 게 어때요?"

"그림? 한 번도 그려 본 적이 없는데 어떻게 그려."

자원봉사자 말에 그는 이렇게 말하며 고개를 흔들었다.

"어르신이 그렇게 말씀하시는 것은, 그림을 안 그려 보셔서 그래요. 못한다고 생각하시지 말고 한번 해 보세요. 혹시 어르신의 숨은 재능이 나타날 수도 있으니까요. 제가 그동안 자원봉사를 하면서 한 번도 해보지 않은 일을 통해 행복한 여생을 보내시는 분들을 봤거든요. 그러니 한번 해 보세요. 제가 보기엔 잘하실 것 같아요. 혹시 알아요. 뜻밖의 좋은 일이 있을지도 모르니까요.”

자원봉사자의 말은 그의 가슴에 파고들며 움츠러져 있던 그의 생각을 흔들어대기 시작했다. 그러자 그는 '그럼 한번 해 볼까. 해봐서 잘 안 되면 그만두면 되지 뭐'라고 생각하며 자원봉사자에게 그림을 한번 그려 보겠다고 말했다.

그날 이후 그는 매일 미술실에 가서 그림을 그렸다. 처음 그리는 그림은 손에 익지 않아 힘들었지만, 이상하게도 그리면 그릴수록 점점 빠져들었다. 그가 집중해서 그림을 그리자 놀랍게도 보는 사람들마다 칭찬이 자자했다.

“참 멋진 그림이네요.”

“이 그림을 어르신이 그리신 게 맞습니까?”

“젊은 시절 그림을 많이 그려 보셨나 보네요.”

보는 사람들마다 칭찬을 하자 그는 더욱 열심히 그림을 그렸다. 그가 받은 미술 수업은 고작 10주 정도였지만, 그의 그림은 널리널리 소문이 퍼져 나갔다. 미술품 컬렉터들은 그의 그림을 보는 족족 사들였다.

여든한 살부터 그림을 그리기 시작한 그는 101세에 22번째

개인전시회를 성황리에 치렀다. 미술 평론가들은 그를 '원시적인 눈을 가진 미국의 샤갈'이라며 극찬을 아끼지 않았다.

그의 이름은 해리 리버만이다.

이 이야기에서 보듯 해리 리버만은 자원봉사자의 말 한마디에 용기를 얻어 그림을 그리기 시작했고, 놀랍게도 여든한 해를 살아오는 동안 숨겨져 있던 재능을 발견했던 것이다. 그리고 즐겁게 그림을 그리고 자신의 역량을 맘껏 발산함으로써 많은 사람들에게 감동을 주었다.

우리 사회에서도 가끔씩 놀라운 일을 벌임으로써 많은 사람들에게 감동을 주는 이들이 있다. 그런데 놀랍게도 그들의 공통점은 지금까지 한 번도 제대로 한 적이 없다는 것이다.

이는 무엇을 말하는가. 안 해봐서 모를 뿐 해보면 놀라운 결과를 낳을 수도 있음을 뜻한다. 그런 까닭에 무언가를 하고 싶은 마음이 들면 망설이지 말고 해보라. 상상 이외의 놀라운 결과를 얻을 수도 있기 때문이다.

"당신은 당신의 재능이 어디에 있는지 찾는 것에 가장 힘쓸 필요가 있다."

이는 미국의 국민 화가로 불리는 그랜마 모제스Grandma Moses

가 한 말로, 누구에게나 재능은 있지만 그것을 찾는 것이 중요하다는 것을 뜻한다.

그렇다. 재능은 누구에게나 있다. 하지만 그것을 발견하지 못하는 것뿐이다. 그런 까닭에 나이에 상관없이 자신의 재능을 찾는 일에 힘쓴다면 보석 같은 재능을 발견할 수 있을 것이다. 그리고 재능이 발견되면 해리 리버만이 그랬던 것처럼 재능을 살리는 일에 최선을 다하라. 그리하면 보통 사람으로 살았던 해리 리버만처럼 새로운 인생을 살게 되는 놀라운 기적을 이루게 될 것이다.

지나친 안락과 행복을 경계해야 하는 이유

그대 눈에서 눈물이 쏟아지지 않고는
진리의 골짜기를 보지 못할 것이다.
그대 마음이 찢어지도록 아픔을 겪지 않고는
내면생활을 밝히지 못할 것이다.
슬픔과 괴로움 속에 기쁨을 모르고는
아직 인생의 지혜에 도달하지 못할 것이며
참된 인생을 생활하고 있다고 할 수 없다.
오늘은 나쁘다.
내일은 더 나쁠지도 모른다.
거기에 대한 투쟁의 과정이 인생의 길이다.
안락과 행복은 인생에서 모든 적극성을 빼앗아 갈 뿐이다.

쇼펜하우어 어록 32

사람은 누구나 안락한 행복을 꿈꾼다. 그런 까닭에 평안한
삶을 통해 안락한 행복을 누리고자 돈을 벌기 위해 노력한다.
그러다 보니 사람들 중엔 무리수를 두거나 옳지 못한 일을 통
해서 돈을 벌려고 혈안이 되기도 한다. 하지만 스스로 무덤에

간히는 형국에 처함으로써 도리어 불행하게 살아가는 경우를 흔히 볼 수 있다.

사람이라면 안락한 행복을 바라는 것은 지극히 당연하지만, 행복을 느끼는 데 있어서는 사람마다 차이가 있다. 그것은 성격적인 것에 있기도 하고, 삶의 가치관의 차이에서 오기도 한다. 그런 까닭에 사소한 것에서 행복은 느끼는 것은 바람직한 일이지만, 크고 멋지고 화려한 것에서 행복을 느끼려고 한다면 그로 인해 행복을 잃을 수도 있어 조심해야 한다.

행복에도 정도가 있어야 하는 것이다. 지나친 안락과 행복은 자칫 사람을 과대망상에 빠지게도 하고, 진실에서 벗어나게도 하고, 참된 삶으로부터 멀어지게 한다. 그런 까닭에 삶의 진리를 벗어나 잘못된 삶을 살아가게 하는 요인이 되기도 한다. 지나친 안락과 행복을 경계해야 함에 대해 쇼펜하우어는 다음과 같이 말했다.

"그대 눈에서 눈물이 쏟아지지 않고는 진리의 골짜기를 보지 못할 것이다. 그대 마음이 찢어지도록 아픔을 겪지 않고는 내면생활을 밝히지 못할 것이다. 슬픔과 괴로움 속에 기쁨을 모르고는 아직 인생의 지혜에 도달하지 못할 것이며 참된 인생을 생활하고 있다고 할 수 없다. 오늘은 나쁘다. 내일은 더 나쁠지도 모른다. 거기에 대한 투쟁의 과정이 인생의 길이다. 안락과 행복은 인생에서 모든 적극성을 빼앗아 갈 뿐이다.”

쇼펜하우어의 말에서 보듯 사람이란 존재는 눈물을 흘리는 아픔을 겪어 봄으로써 슬픔과 괴로움을 통해 진실한 행복이 무엇인지, 참된 기쁨이 무엇인지, 참된 지혜가 무엇인지를 알게 된다. 또 그로 인해 참된 삶을 살아간다는 것을 알 수 있다. 그런 까닭에 지나친 안락과 행복을 경계해야 하는 것이다.

“진정으로 웃으려면 고통을 참아야 한다. 나아가 그 고통을 즐길 줄 알아야 한다.”

이는 세계 영화사에서 최고의 희극배우로 평가받는 찰리 채플린Charles Chaplin이 한 말로, 고통은 진정한 웃음, 즉 행복을 맛보게 하는 삶의 요소라는 걸 잘 알게 한다.

그는 지독한 가난으로 어린 시절을 비참하게 보냈지만, 자신의 재능을 살려 남과 다른 자신만의 독특한 개성을 통해 무성영화배우, 희극배우, 영화감독, 제작자 등으로 이름을 알렸다. 그는 자신이 추구한 분야에서 뛰어난 업적을 이룸으로써 세계 영화사의 큰 별이 되었다. 그는 자신의 경험에서 우러난, 다시 말해 자신의 인생을 함축적으로 보여준 멋진 말을 남긴 것으로도 유명하다.

"인생은 가까이서 보면 비극이지만, 멀리서 보면 희극이다."

자신의 인생을 한마디로 절묘하게 표현한 말이지만, 이 말은 사람이라면 누구에게나 필요한 말이라고 할 수 있다. 그러기에 이 말은 큰 의미를 담고 있는 것이다.

지금 자신을 한번 돌아보라. 지금의 나는 비극적인지 아니면 희극적인지를. 만일 자신이 비극적이라는 생각이 들어도 좌절해서는 안 된다. 용기와 꿈을 갖고 현실에서 벗어나기 위해 노력하면 찰리 채플린이 그랬던 것처럼 희극적인 인생이 될 수 있다. 반면에 지금 자신이 희극적이라면 우쭐하거나 자만하지 마라. 자칫 비극적인 인생으로 빠질 수도 있다.

"안락과 행복은 인생에서 모든 적극성을 빼앗아 갈 뿐이다."

자신이 참 행복을 누리며 살고 싶다면 쇼펜하우어의 이 말을 마음 깊이 새겨라. 그리고 그 어떤 시련과 고통에도 물러서지 말고 맞서 이겨내라. 그러면 삶의 참 기쁨을 누림으로써 참된 행복이 무엇인지, 참된 진리가 무엇인지 체득하게 될 것이다.

지식의 가장 큰 가치

지식의 가장 큰 가치는
다른 사람에게 그것을 전할 수 있는 동시에
그 사람이 그것을 확인하고
지킬 수 있다는 점에 있다고 할 것이다.
오직, 그렇게 할 수 있을 때에만
그것은 무한한 중요성을 지니게 된다.

쇼펜하우어 어록 33

지식知識이란 사전적 의미는 '어떤 대상에 대하여 배우거나 실천을 통하여 알게 된 명확한 인식이나 이해, 또는 알고 있는 내용이나 사물'을 말한다. 그래서 지식을 갖추게 되면 사물에 대한 인식 능력이 뛰어나고, 이해력이 빠를 뿐만 아니라, 지적 능력이 뛰어나다. 그런 까닭에 지식을 갖춘다는 것은 자신의 능력을 맘껏 펼쳐볼 수 있는 기회를 갖게 하고, 탐구하고 연구함으로써 학문적인 성과를 이루는 데 토대가 되기도 한다.

쇼펜하우어는 지식의 가치와 효용성에 대해 다음과 같이 말했다.

"지식의 가장 큰 가치는 다른 사람에게 그것을 전할 수 있는 동시에 그 사람이 그것을 확인하고 지킬 수 있다는 점에 있다고 할 것이다. 오직, 그렇게 할 수 있을 때에만 그것은 무한한 중요성을 지니게 된다."

쇼펜하우어가 말하는 지식의 효용성은 첫째, 다른 사람을 가르치는 것이며 둘째, 지식을 지키며 확인하는 것, 즉 지식을 일상생활에서 적용할 수 있어야 한다고 하겠다. 그런 까닭에 지식을 기르고 축적한다는 것은 인간으로서는 기본적인 것이며, 그러기 위해서는 배우는 일에 힘써야 하는 것이다.

공자孔子는 일찍이 배움에 대해 이렇게 말했다.

학 이 시 습 지 불 역 열 호
學而時習之不亦說乎

이는《논어論語》〈학이편學而篇〉에 나오는 말로 '배우고 때때로 익히면 또한 기쁘지 아니한가?'라는 뜻이다. 그러니까 배움을 가질 땐 즐겁고 기쁜 마음으로 배워야 한다는 말이다. 그래야 배움의 즐거움을 통해 지식을 쌓는 데 큰 도움이 되기 때문이다.

공자는 자신의 지식을 통해 사람을 가르치는 것을 좋아하여 그의 제자가 삼천 명에 이른다고 하니, 그가 가르치는 일을 얼마나 중시하고 좋아했는지를 잘 알 수 있다.

공자가 수많은 사람들에게 가르침을 준 것은 쇼펜하우어가 말하는 "지식의 가장 큰 가치는 다른 사람에게 그것을 전할 수 있는 동시에 그 사람이 그것을 확인하고 지킬 수 있다는 점에 있다고 할 것이다"라는 말과 일맥상통하다고 할 수 있다.

자기 혼자만 알고 있는 것은 참된 지식이 아니다. 지식을 적극적으로 활용하고 지식을 널리 전함으로써 다른 사람들도 지식을 활용할 수 있도록 해야 한다. 다시 말해 책상 속의 지식이 되어서는 안 된다는 것이다.

학문과 지식의 진정한 가치를 실현한 또 다른 이야기이다.

조선 전기 문인이자 문신이며 성리학자인 김종직은 늘 적극적인 자세로 학문 연구에 힘쓴 학자였다. 그는 정몽주에서 길재로, 길재에서 김숙자로 이어진 학풍을 이어받아 크게 발전시킴으로써 영남학파의 종조가 되었으며 사림파의 시조가 되었다.

그는 수많은 제자를 길러냈는데 대표적인 제자로 김굉필, 정여창, 김일손, 손중돈, 이복, 권오복, 남곤, 권경유, 남효은, 조위, 이원, 강희맹 등 일일이 셀 수 없을 정도로 많다. 조선 전기에서 중기로 내려오는 문신들 중 유명한 학자들은 대개 김종직의 학풍을 이어받은 제자들이라고 해도 과언이 아니다.

김종직을 따르는 제자들이 많았던 것은 그의 올곧은 정신과 뛰어난 학식, 학행일치學行一致 때문이다. 특히 학문과 행동이 일치한다는 데 많은 사람들이 존경심을 품고 가르침을 받기 위해 몰려들었다고 한다.

김종직은 올곧은 정신과 뛰어난 학문으로 언제나 한결같은 모습을 보이며 당파를 떠나 많은 사람들로부터 존경받은 현인이었다.

김종직의 경우에서 보듯 지식의 진정한 가치는 자신이 배운 것을 다른 사람들에게 전함으로써 적극 활용하는 것이다. 그런 까닭에 자신이 진정한 지식인이 되고 싶다면, 열심히 배워 쌓은 지식을 다른 사람들에게 전함으로써 지식의 가치성을 추구해야 하겠다.

나만 그렇다는 착각에서 벗어나라

*Arthur
Schopenhauer*

나이를 먹어갈 때 나타나는 두 가지 현상

사람이 나이를 먹어갈수록
얼마나 값진 일을 하며 또 얼마나
결점 많은 일을 하는가는
마치 두 개의 물건에 비유할 수 있다.
하나는 기름이 많지만 심지가 굵어서
오래가질 못하는 것과 같다.
기름은 생명력이며,
심지는 그 생명력을 쓰는 방법이다.
결국 그 쓰는 방법을 선택하는 데 따라서
값진 일을 할 수도 있고, 결점 많은 일을 하기도 한다.

쇼펜하우어 어록 34

"젊은 시절은 통찰력과 상상력에서 뛰어난 시기이고, 노년 시절은 통합력과 분별력에서 뛰어난 시기이다."

이는 쇼펜하우어가 한 말로, 젊었을 때와 늙었을 때에 나타나는 현상을 단적으로 보여준다. 그러니까 젊은 시절은 뇌의 회전속도가 빠르다. 그런 까닭에 사물에 대한 인식 능력이 뛰어나 통찰력과 상상력이 좋다.

늙게 되면 인식 능력과 상상력은 떨어지지만 통합력, 즉 사물을 하나로 꿰뚫는 능력이나 옳고 그름에 대한 분별력이 뛰어나다. 이는 살아오는 동안 수많은 경험에서 체득한 지혜가 쌓여 사물을 통합적으로 꿰뚫어보는 힘이 강한 까닭이다. 또 그로 인해 사물의 옳고 그름에 대한 판단력 역시 강화된 까닭이다. 이를 함축적으로 표현한다면 일이관지一以貫之라 하겠다.

《논어論語》〈위령공편衛靈公篇〉에 일이관지라는 말이 있는데, 이는 뜻 하나로써 그것을 꿰뚫는다는 뜻으로 처음부터 끝까지 변하지 않거나, 초지일관 끝까지 밀고 나가는 것을 일러 하는 말이다. 다음은 이 말이 생긴 유래이다.

《논어論語》〈위령공편衛靈公篇〉에 나오는 말이다.

공자孔子가 제자인 자공에게 물었다.

"자공아, 너는 내가 많이 배워서 기억하는 사람이라고 생각하느냐?"

자공이 말했다.

"그렇습니다. 그렇지 아니하신지요?"

이에 공자가 말했다.

"그렇지 않다. 나는 하나로써 그것을 꿰뚫었을 뿐이니라."

공자가 자공에게 이를 질문한 것은 자공은 아는 것이 많고 이재에 밝았지만, 그 근본을 아는 깨우침을 일깨우기 위해서였다.

공자의 물음에 대해 정확히 알고 있는 제자는 증자曾子뿐이었다. 이는 〈이인편里仁篇〉에 나와 있다.

공자가 증자에게 물었다.

"증자야, 나의 도는 하나로써 꿰었도다."

이에 증자가 말했다.

"옳습니다."

공자가 나가자 제자들이 무엇을 이른 거냐고 물었다. 이에 증자가 말했다.

"선생님의 도는 충忠과 서恕일 뿐이다."

공자의 충과 서는 어디에서 오는가. 그것은 바로 어진 마음, 즉 인仁에서 오는 것이다. 인은 공자 사상의 핵심이자 전체를 관통하는 말이라 하겠다.

공자가 하나로써 전체를 꿰뚫어 보듯 인생을 오래 살다 보면 사물에 대한 통합력이 강화된다. 이는 공부함으로써 길러지기도 하지만 그것보다는 인생의 오랜 경륜에서 체득한 지혜의 작용이라고 할 수 있다.

그런데 문제는 나이를 먹는다고 해서 다 이런 건 아니다. 그렇지 못한 사람이 더 많다고 보는 게 타당하다. 그것은 개인차에 따른 것인데 통합력과 분별력이 뛰어난 사람은 자신이 지닌 능력을 값지게 활용하지만, 그렇지 못한 사람은 잘못된 판단으로 우(愚)를 범하는 일이 종종 있음을 볼 수 있다.

이에 대해 쇼펜하우어는 다음과 같이 말했다.

"사람이 나이를 먹어갈수록 얼마나 값진 일을 하며 또 얼마나 결점 많은 일을 하는가는 마치 두 개의 물건에 비유할 수 있다. 하나는 기름이 많지만 심지가 굵어서 오래가질 못하는 것과 같다. 기름은 생명력이며, 심지는 그 생명력을 쓰는 방법이다. 결국 그 쓰는 방법을 선택하는 데 따라서 값진 일을 할 수도 있고, 결점 많은 일을 하기도 한다."

쇼펜하우어의 말에서 보듯 나이가 들어 값진 일을 하기 위해서는 자신이 어떤 선택을 하고 어떻게 하느냐에 따라 달려있다. 그런 까닭에 나이 들어감에 따라 값진 일, 즉 의미 있는 일을 하기 위해서는 통합력과 분별력을 길러야 한다. 그것은 곧 자신의 삶을 윤택하게 하는 일이기 때문이다.

참 벗을 알아보는 법

어떤 벗이 참된 벗인지 아닌지를 알아보려면
진정한 도움과 막대한 희생을
필요로 하는 경우가 제일 좋지만,
그다음으로 좋은 기회는
방금 닥친 불행을 벗에게 알리는 순간이다.

쇼펜하우어 어록 35

사람들은 흔히 친구란 많으면 많을수록 좋다고 말한다. 물론 친구가 많으면 좋은 점이 있다. 하지만 친구가 많다 보면 도리어 해가 되는 경우가 더 많다. 그런 까닭에 무조건 많은 친구보다는 자신과 뜻이 잘 맞고 어려울 때 도움을 줄 수 있는 친구라면 굳이 많지 않아도 된다. 이런 친구 두세 명은 그렇지 않은 친구 천 명보다도 더 낫다.

쇼펜하우어는 참 벗을 알아보는 법에 대해 다음과 같이 말했다.

"어떤 벗이 참된 벗인지 아닌지를 알아보려면 진정한 도움과 막대한 희생을 필요로 하는 경우가 제일 좋지만, 그다음으로 좋은 기회는 방금 닥친 불행을 벗에게 알리는 순간이다."

쇼펜하우어가 말하는 참 벗을 알아보는 방법은 첫째는 친구를 위해 진정한 도움과 막대한 희생을 감수할 수 있는 친구인지를 살펴보는 것이며 둘째는 방금 닥친 불행을 벗에게 알리는 순간이라고 말했다. 그러니까 내가 어려움을 겪을 때 조건 없이 도움을 줄 수 있는 친구라면 참 벗이라고 할 수 있다. 이런 친구는 언제나 한결 같은 친구인 까닭이다. 한결 같은 친구에 대해 류카아트는 다음과 같이 말했다.

"참다운 우정은 뒤에서 보아도 언제나 같다. 앞에서 보면 장미, 뒤에서 보면 가시라는 것은 아니다. 그러므로 참다운 우정은 생애의 마지막 날까지 변치 않아야 한다."

류카아트의 말에서 보듯 언제나 변치 않은 친구야말로 참 벗인 것이다.
다음은 진정한 친구란 무엇인지를 잘 알게 하는 감동적인 이야기이다.

르네상스를 대표하는 화가이자 판화가 〈기도하는 손〉으로 유명한 알브레히트 뒤러. 그가 독일 미술계에 끼친 영향은 실로 막대하다. 그는 독일의 르네상스 회화를 완성시켰으며, 동판과 판화 등에서 뛰어난 업적을 남겼다. 그가 남긴 작품은 유화 100점, 목판화 350점, 동판화 100점, 데생 900점으로 엄청나다. 특히 뒤러를 상징하는 그림 〈기도하는 손〉은 그의 수많은 작품 중에서도 단연 으뜸으로 꼽히는데, 여기에는 너무도 아름다운 친구의 우정과 사랑이 담겨 있기 때문이다.

젊은 시절, 뒤러는 무척 가난했는데 그 속에서도 화가의 꿈을 포기하지 못했다.

"아, 그림 공부는 내 꿈이자 목표인데, 가난은 왜 나를 이토록 힘들게 하는 것일까. 이러다 정말 내 인생이 끝나는 것은 아닐까."

뒤러는 그림 공부에 대한 열망이 너무도 간절하여 때때로 자신의 가난에 한탄하며 부정적인 말을 쏟아냈다.

그러던 어느 날, 자신처럼 화가의 꿈을 가진 친구와 한 가지 약속을 하게 되었다. 한 사람이 공부를 하는 동안 한 사람은 일을 해서 도움을 주고, 그 사람이 공부를 마치면 반대로 똑같이 해 주기로 한 것이다.

"뒤러야, 네가 먼저 공부를 했으면 해. 그런 다음 내가 공부를 할게."

친구는 선뜻 자신이 뒷바라지를 할 테니 뒤러에게 먼저 공부하라고 했다.

"내가 먼저 그래도 될까?"

뒤러는 친구의 마음에 너무도 고마워하며 되물었다.

"물론이지, 그러니 이제 아무 생각 말고 공부에만 전념해."

"고맙다, 친구야."

뒤러는 자신에게 기회를 양보해준 친구가 너무도 고마워 열심히 공부했다. 시간이 흘러 친구의 도움으로 무사히 공부를 마친 그는 화가로서 명성을 얻게 되었다. 이제 친구가 공부할 차례라고 생각한 뒤러가 말했다.

"친구야, 그동안 고생 많았어. 이번에는 네 차례야. 돈 걱정하지 말고 열심히 공부에만 전념해."

이때, 친구는 기쁜 마음으로 공부를 시작했지만 그는 이내 실망하고 만다. 그동안 심한 노동으로 인해 손이 거칠어지고 굳어져 세밀한 묘사를 할 수 없게 된 것이다. 그 사실을 알고 너무도 속이 상해 '내가 먼저 그림을 그렸더라면 이런 일을 없었을 텐데……' 하고 뒤러를 원망하기도 했다.

하지만 곧 자신의 마음을 돌이켰다. 자신은 그림을 그릴 수 없게 되었지만 뒤러가 위대한 화가가 되도록 끝까지 격려해 주기로 결심했다.

어느 날, 뒤러는 친구를 만나기 위해 그가 공부하는 화실로 찾아갔는데, 그때 안에서 들려오는 친구의 기도를 듣게 된다.

"하나님, 저는 일을 하느라 손이 굳어서 더는 그림을 그릴 수 없습니다. 비록 저는 그림을 그릴 수 없지만, 제 친구 뒤러는 위대한 화가가 되게 해주십시오."

뒤러는 친구의 간절한 기도를 듣고 크게 감복하여 눈물을 흘렸다. 그리고 이 세상에서 가장 아름다운 친구의 손을 그리기 시작했는데, 그 그림이 바로 〈기도하는 손〉이다.

이 이야기에서 보듯 뒤러는 가난의 고통으로 인해 불평과 불만을 쏟아 낼 때도 있었지만, 친구의 사랑과 격려로 끝까지 희망의 끈을 버리지 않았고 마침내 위대한 화가가 되었다.

언제나 변함없이 한결같은 뒤러의 친구와 같은 친구야말로 참 벗의 전형이라고 할 수 있다. 이런 친구라면 두세 명만 있어도 백 명, 천 명의 친구가 부럽지 않다. 이에 대해 중세시대 독일 시인 에센바흐Eschenbach는 다음과 같이 말했다.

"한 사람의 진실한 친구는 천 명의 적이 우리들을 불행하게 만드는 그 힘 이상으로 우리들의 행복을 위해 기여한다."

에센바흐의 말처럼 친구를 사귀되 진실하고도 진실한 친구를 사귀어야 한다. 이런 친구라면 천하에 부러울 것이 없을 만큼 든든하기 때문이다.

그러나 이런 친구는 절대 사귀어서는 안 된다.

첫째, 내가 형편이 좋을 땐 간과 쓸개라도 다 줄 듯하다가 내가 어려운 일을 당하면 못 본 척하는 친구이다. 이런 친구는 절대 사귀어서는 안 된다. 이에 대해 《명심보감明心寶鑑》에 다음과 같은 문장이 나온다.

"술을 먹을 때 형이니 동생이니 하는 친구는 많으나 급하고 어려울 땐 도와줄 친구는 한 사람도 없다."

둘째, 의리가 없는 친구는 절대 사귀어서는 안 된다. 이런 친구는 믿음과 신뢰를 주지 못한다. 그런 까닭에 이런 친구를 두게 되면 내가 피해를 입을 수 있다. 이에 대해 《명심보감明心寶鑑》은 다음과 같이 말한다.

"열매를 맺지 않는 꽃은 심지 마라. 의리 없는 친구는 절대 사귀어서는 안 된다."

셋째, 손자삼우라는 말이 있다. 이는 《논어論語》〈계씨편季氏篇〉에 나오는 말로 '남의 비위를 잘 맞추어 아첨하는 사람, 착하기는 하나 줏대가 없는 사람, 말만 잘하고 성실하지 못한 사람'을 일러 하는 말이다. 이런 친구는 해가 되므로 절대로 사귀어서는 안 된다.

넷째, 함부로 말하고 행동하는 친구는 사귀어서는 안 된다.

다섯째, 약속을 잘 지키지 않는 친구는 절대 사귀어서는 안 된다.

여섯째, 시기와 질투가 심한 친구는 사귀어서는 안 된다.

일곱째, 남을 비난하기를 즐겨 하고 흉보기를 거리낌 없이 하는 친구는 사귀어서는 안 된다.

여덟째, 지나치게 계산적이고 이기적인 친구는 사귀어서는 안 된다.

아홉째, 정직하지 못하고 거짓을 말하는 친구는 사귀어서는 안 된다.

열 번째, 변덕이 유달리 심한 친구는 사귀어서는 안 된다.

쇼펜하우어가 말한 방법대로 참 벗을 알아본 후 사귀되 진실하지 않은 친구는 멀리해야 한다. 그런 친구는 해를 끼치기 때문이다.

여기서 마음에 새길 것은 좋은 친구를 두기 위해서는 자신 또한 좋은 친구가 되어야 한다는 것이다. 그래야 좋은 친구를 친구로 둘 수 있는 까닭이다.

그렇다. 모든 것은 자신이 할 탓이다. 이를 명심 또 명심해야겠다.

지혜로운 사람의
이성적인 올바른 자세

지혜로운 사람은
생각과 말 사이에 간격을
유지할 줄 안다.

쇼펜하우어 어록 36

사람들 중엔 자신이 생각하는 대로 불쑥 말하는 이들이 의외로 많다. '내가 이 말을 하면 상대는 또는 사람들은 어떻게 생각할까'라는 생각도 하지 않고 말함으로써 상대방인 사람들을 곤란하게 만들고 심지어는 화를 내게 만든다.

특히 곤란한 말을 하거나 난처한 말을 해야만 할 땐 매우 신중을 기해야 한다. 그렇지 않으면 자칫 말로 인해 화를 입을 수도 있다. 그런 까닭에 곤란한 말이나 난처한 말을 할 땐 한 번쯤 생각해 보고 하는 것이 좋다.

이에 대해 쇼펜하우어는 다음과 같이 말했다.

"지혜로운 사람은 생각과 말 사이에 간격을 유지할 줄 안다."

쇼펜하우어의 말에서 보듯 지혜로운 사람은 불쑥불쑥 말하지 않는다. 지혜로운 사람은 내가 이 말을 하면 상대방이나 사람들이 어떻게 받아들일까를 먼저 생각한다. 그런 까닭에 말로 인한 실수를 잘 하지 않는다.

삼사일언三思一言이란 말이 있다. 한 마디의 말을 할 땐 세 번을 생각하고 나서 하라는 말이다. 그래야 말로 인한 실수를 줄이고 사람들로부터 불신을 사지 않기 때문이다.

삼사일언은 공자孔子가 신중하지 못하고 번드르르한 말로 자신의 능력을 자랑하는 제자 자공子貢에게 말하기를 "한 마디의 말을 할 땐 세 번 생각해보고 해야 탈이 없는 법"이라고 꾸짖어 한 말이다.

지혜로운 사람은 자신을 자랑하거나 과대포장하지 않는다. 그것은 소인배들이나 하는 그릇된 행위라고 생각하기 때문이다. 그런 까닭에 지혜로운 사람은 사람들로부터 칭송을 받고 높임을 받는 것이다.

말은 자신의 생각을 전하는 수단이다. 그런 까닭에 말을 할 땐 신중하게 해야 뒤탈이 없는 법이다. 그런데 이를 무시하고 내키는 대로 말을 하거나 함부로 말한다면 그건 스스로를 못난 사람으로 만드는 어리석은 일이다.

세 치 혀는 원자폭탄보다도 무서운 위력을 지녔다. 그래서 항상 입을 조심해야 한다. 입을 잘못 놀리면 재앙이 될 수 있기 때문이다.

《전당서全唐詩》〈설시편舌詩篇〉구시화문口是禍門이라는 말이 있다. 이는 '입은 재앙의 문'이라는 뜻으로 세상사의 모든 화는 입에서 나옴을 의미한다. 이 말에 대한 유래이다.

당나라 때 풍도馮道라는 사람이 있었다. 그는 882년 당나라 말기 하북성 영주의 평범한 가정에서 태어났다. 어릴 때부터 책과 글을 좋아하고 문학적 재능이 뛰어나 사람들로부터 미래가 촉망되는 기재라는 말을 들었다. 그는 당나라 말기 유주절도사 휘하의 속리로 첫 관직생활을 시작했다. 비록 미관말직이었지만 그는 절도와 원칙에 따라 행동하여 상관들은 물론 동료들도 그를 함부로 대하지 않았다.

당시 당나라는 황제의 권위가 추락하고, 국가로써의 조직력이 약해질 대로 약해져 지방의 절도사들이 각 지역을 마치 왕처럼 통치했다. 그러다 907년 당나라는 절도사 주전충에 의해 멸망하고 주전충은 후량을 건국했다. 주전충은 황제로 등극하고 그의 동지인 이극용은 진왕이란 칭호와 함께 후량을 다스렸다. 그러다 이극용이 1년 만에 죽고 그의 아들인 이존욱이 진왕이 되었다.

이때 풍도는 유주절도사 유수광 밑에서 있었다. 유수광은 야심가였다. 그는 이존욱과 전쟁 준비를 했다. 이때 풍도는 진왕은 물론 후량과 싸울 수 없다고 말하다 옥에 갇히고 말았다. 유수광은 이존욱과 전쟁을 벌였지만 패하고 말았다. 바로 이때 풍도는 자신의 운명을 바꿀 사람을 만났다. 그는 바로 장승업이다. 그는 환관 출신이지만 이존욱이 그를 형이라고 부를 만큼 절친한 사이였다. 그는 풍도가 옥에 갇힌 사실을 잘 알고 있어 그를 이존욱에게 소개했고, 그의 능력을 간파한 이존욱은 그를 자신의 참모로 삼았다.

그 후 후당의 황제가 된 이존욱은 풍도를 재상으로 임명했다. 풍도는 백성을 지극히 위하는 마음으로 비난을 받으면서까지 위기 때마다 자신을 지켜나가면서 5대 10국이 교체되는 혼란기에 다섯 왕조 여덟 성씨 열한 명의 천자를 섬기며 무려 50여 년 동안이나 고위관직에 있었다. 난세에 30년은 고위관리로 20년은 재상으로 지내면서 천수를 누리고 73세에 죽은 그야말로 전무후무한 처세의 달인이었다.

풍도는 자신의 처세관을 남겼는데 그중 하나가 구시화문口是 禍問이다.

풍도는 지혜롭게 말하고 처신함으로써 자신의 인생을 활짝 꽃피울 수 있었다. 풍도 같은 사람이 바로 쇼펜하우어가 말하는 대표적인 지혜로운 사람이다.

그렇다. 지혜로운 사람은 생각과 말 사이에 간격을 유지할 줄 안다는 쇼펜하우어의 말을 잘 새겨 실천한다면, 사람들과 소통을 잘 함으로써 인생을 살아가는 데 큰 도움이 될 것이다.

우둔한 사람을 경계하라

아무리 좋은 돌도
연약한 팔로 던지면 멀리 못 가듯,
위대한 걸작도
우둔한 사람을 만나면 빛을 잃는다.

쇼펜하우어 어록 37

'우둔하다'는 말은 '어리석고 둔하다'는 뜻이다. 그러니까 우둔한 사람이란 어리석고 둔한 사람을 일컫는다. 그래서일까, 이런 사람은 무슨 일을 하든 제대로 하는 일이 없다. 그런 까닭에 우둔한 사람을 곁에 둔다는 것은 자신에게는 하등 도움이 되지 않는다. 그래서 될 수 있으면 우둔한 사람과는 어울리지 않는 것이 좋다.

우둔한 사람과의 만남을 조심해야 함에 대해 쇼펜하우어는 이렇게 말했다.

"아무리 좋은 돌도 연약한 팔로 던지면 멀리 못 가듯, 위대한 걸작도 우둔한 사람을 만나면 빛을 잃는다."

쇼펜하우어의 말을 보면 그가 우둔한 사람과의 만남을 경계해야 한다는 데에는 그럴 만한 이유가 있음을 알 수 있다. 한마디로 말해 자신에게 힘이 되지 않는다는 것이다.

우둔함이 삶에 미치는 부정적인 영향에 대한 말을 보자.

"어리석음은 약함보다 훨씬 더 위험하다. 왜냐하면 약함은 간간히 멈추지만 어리석음은 멈추지 않는다."

프랑스 소설가로 노벨문학상을 수상한 아나톨 프랑스Anatole France가 한 말로, 우둔함이 지니는 위험성에 대해 잘 알게 한다. 우둔한 사람은 마치 브레이크가 파열된 자동차와 같아 자신을 위태로움에 빠지게 할 수도 있다는 것을 알 수 있다.

"어리석은 자에게 이치에 맞는 말을 하면 그는 당신을 어리석은 자라고 부를 것이다."

고대 그리스 시인인 에우리피데스Euripides가 한 말로, 어리석은 자는 옳고 그름에 대한 분별력이 떨어진다는 것을 알 수 있다. 그런 까닭에 어리석은 자와의 교류는 될 수 있으면 삼가는 것이 좋다.

"절대로 어리석은 자들과 다투지 말라. 그들이 당신을 자기 수준으로 끌어내리고 어리석음의 경험치經驗値를 가지고 당신을 때려눕힐 것이다."

미국의 소설가인 마트 트웨인Mark Twain이 한 말로, 우둔한 사람과 싸우는 것을 경계해야 함을 일러 하는 말이라는 걸 알 수 있다. 그런 까닭에 우둔한 사람과의 다툼으로 인해 손해를 보지 말라는 것이다. 매우 현실적이고 직설적인 조언이 아닐 수 없다.

이렇듯 쇼펜하우어, 아나톨 프랑스, 에우리피데스, 마크 트웨인의 말처럼 우둔한 사람과의 교류는 득보다는 실이 많다는 것을 알 수 있다. 그런 까닭에 우둔한 사람과의 만남을 삼가야 한다.

그렇다면 어떤 사람을 가까이해야 할까. 이는 너무 빤한 얘기지만 지혜로운 사람이다. 지혜로운 사람은 해박하고 혜안이 있어 배울 점이 많다. 그런 까닭에 예로부터 지혜로운 사람 주변엔 많은 사람들이 몰려들었다. 그의 가르침을 듣기 위해서다.

공자孔子의 주변엔 늘 배우기 위한 사람들로 가득 찼다. 그의 제자가 삼천 명이 넘었다고 하니 과연 현자임에 분명하다.

고대 그리스 대철학자 소크라테스Socrates 주변에는 그의 강론을 듣기 위해 많은 사람들로 넘쳐났다.

유대인의 스승이라 일컬음을 받는 3대 랍비 아키바, 힐렐, 요한 벤 자카이 주변에도 늘 배움을 듣기 위한 사람들로 넘쳐났다.

이렇듯 지혜로운 사람들은 삶의 빛과 소금과 같은 존재이다. 그런 까닭에 그들 주변에는 늘 많은 사람들로 넘쳐났던 것이다.

그렇다. 인생을 지혜롭게 잘 살아가기 위해서는 빛과 소금과 같은 지혜로운 사람을 가까이하라. 그리고 그에게 배워라. 돈은 있다가도 없지만 한번 취한 지혜는 없어지는 법이 없다. 지혜란 값진 무형의 자산인 것이다.

인간의 비이성적인 모순

인간은 자신을 찬양하는 사람보다,
자신을 경멸하는 사람에게 더 신경을 쓴다.

쇼펜하우어 어록 38

인간들은 누구나 자신을 칭찬하거나 찬양하면 하늘을 날 듯 기뻐하며 흐뭇해한다. 칭찬은 기쁨의 에너지를 가득 품고 있기 때문이다. 하지만 자신을 비난하고 경멸하면 화가 나서 못견뎌 한다. 그리고 자신을 비난하고 경멸한 사람에게 자신이 당한 억울함을 되갚아주기 위해 신경을 곤두세운다.

왜 이런 현상을 보이는 걸까.

인간은 생태적으로 비난이나 자신을 경멸하는 데 대해 강박 관념이 있는 동물적 심리(맹수적 본능)를 가지고 있다. 맹수는 자기가 위협 받는다고 느끼면 곧바로 공격을 한다. 그러지 않으면 상대에게서 자신이 먼저 공격을 당하기 때문이다. 이런 자기방어적 본능이 강한 존재가 바로 인간이다. 그런 까닭에 인간은 자신이 누군가에게 나쁜 비난을 받고 멸시를 받는다고 생각하면 곧바로 응수를 하여 자신에 대한 비난을 상쇄시키려는 방어 본능이 드러내는 것이다.

이처럼 인간은 비이성적인 모순을 드러낸다. 자신을 칭찬하거나 찬양하면 기분 좋아하면서도 마치 당연한 것처럼 여기는 것이다. 하지만 자신을 비난하고 경멸하면 기분 나빠하며 되갚아주려고 벼르다 기회가 오면 자신이 당한 것 이상으로 되갚아준다.

이런 인간의 비이성적 심리에 대해 쇼펜하우어는 다음과 같이 말했다.

"인간은 자신을 찬양하는 사람보다, 자신을 경멸하는 사람에게 더 신경을 쓴다."

쇼펜하우어의 말에서 보듯 인간은 자신을 찬양하는 사람보다 경멸하는 사람에 대해 더 신경을 쓴다는 걸 알 수 있다. 이는 앞에서도 말했듯이 인간의 비이성적인 심리에 의한 것이다. 이를 보더라도 인간은 지혜로운 존재이면서도 우매함을 지닌 모순적 존재라는 걸 알 수 있다.

그러면 인간의 비이성적인 모순을 바로잡기 위해서는 어떻게 해야 할까. 자신을 칭찬하고 찬양하는 사람에게는 자신 또한 그가 한 이상으로 그에게 힘이 되는 좋은 기운을 불어넣어 주어야 한다. 그러면 그 좋은 에너지가 자신에게도 작용하게 된다.

이에 대해 미국의 소설가 마크 트웨인Mark Twain은 다음과 같이 말했다.

"자신의 기운을 북돋우는 가장 좋은 방법은 다른 사람의 기운을 북돋아 주는 것이다."

마크 트웨인의 말처럼 자신을 칭찬하고 찬양하는 사람에게 힘을 주는 좋은 기운을 불어넣어주면 그것은 곧 자신에게도 긍정적으로 작용하게 된다.

그러나 자신을 경멸하고 비난한 사람은 그에게 되갚아주려고 신경 쓰지 말고, 그를 통해 타산지석他山之石으로 삼으면 자신의 인품을 쌓는 데 큰 도움이 된다.

이에 대해 공자孔子는 다음과 같이 말했다.

"무례한 사람의 행위는 내 행실을 바로 잡게 해주는 스승이다."

백번 옳은 말이다. 그런 까닭에 비난하고 경멸하며 못되게 구는 무례한 사람을 통해 자신을 바로 세우는 기회로 삼으면 자신에겐 크나큰 덕으로 작용하게 된다.

"손해를 본 일은 모래에 기록하고, 은혜를 입은 일은 대리석 위에 기록하라."

이는 미국 건국의 아버지 중 한 사람인 벤자민 프랭클린 Benjamin Franklin이 한 말로, 남에게 받는 손해, 즉 마음의 상처는 교훈으로 삼아 지워버리고, 남에게 받은 좋은 기억은 가슴에 담아 자신 또한 그렇게 행한다면 비이성적인 모순을 바로잡음 으로써 자신의 인생에 큰 덕이 될 것이다.

이기적인 사람의 비이성적 심리 현상

이기적인 성품을 지닌 사람은,
늘 비탄에 빠지며
타인의 감정 따위는 무시한다.

쇼펜하우어 어록 39

이기적인 사람은 자기애가 강해 무엇이든 자기 위주로 하려는 경향이 짙다. 그런 까닭에 사람들과의 관계에 있어서도 자신의 유익을 먼저 생각한다. 만일 자신에게 유익하지 않다면 어떻게 해서라도 유익이 되게 하기 위해 심혈을 기울인다. 하지만 자신의 뜻대로 되지 않으면 불평불만을 늘어놓으며 주변 사람들의 심기를 불편하게 만든다.

이기적인 사람에게는 공통적인 특성이 있다. 첫째, 주변 사람들에 대한 배려심이 부족하거나 없다. 둘째, 매사에 계산적이며 자신의 뜻에 맞지 않으면 주변 사람들을 불편하게 한다. 셋째, 사람을 사귈 때도 자신에게 도움이 되는 사람을 골라 사귄다. 넷째, 자신의 잘못은 인정하지 않으면서 남의 잘못을 지적하는 데는 거침이 없다. 다섯째, 자기 것에 대한 애착심이 강하고, 베푸는 일엔 매우 인색하다. 여섯째, 자신의 유익을 위해서라면 물불을 가리지 않는다. 일곱째, 자신의 생일이나 기념일은 챙겨주길 바라면서 남의 생일이나 기념일은 모르는 척 넘어간다.

이상에서 보듯 이기적인 사람은 자기밖에 모른다. 쇼펜하우어는 이기적인 사람의 특징에 대해 다음과 같이 단적으로 말했다.

"이기적인 성품을 지닌 사람은, 늘 비탄에 빠지며 타인의 감정 따위는 무시한다."

이기적인 사람은 매사가 자기 위주이다 보니 자신의 뜻대로 되지 않으면 남을 원망하고, 주변 사람들에게 화를 내는가 하면, 다른 사람 감정에는 아랑곳하지 않는다. 그리고 성격상 문제가 있다 보니 같은 문제라도 다른 사람은 무덤덤한데 쉽게 비탄에 잠긴다.

그러면 어떻게 해야 할까. 이기적인 성격을 바꿔야 한다. 물론 타고난 천성을 바꾼다는 것은 매우 어렵다. 하지만 이기적인 성격을 바꾸기 위해 노력하지 않으면 안 된다. 완전히 다른 성격으로 거듭나기는 힘들어도 노력 여하에 따라 어느 정도는 바꿀 수 있다. 그렇게만 바꿔도 사람들과의 관계에서 무리 없이 소통함으로써 사람들과 어울리는 데 큰 도움이 된다.

이기적인 사람이 자신의 태도를 바꿔야 함에 대해 영국의 소설가인 조지프 콘래드Joseph Conrad는 다음과 같이 말했다.

"자기 자신만을 위하여 사는 사람은 별로 행복한 사람이 아니다. 왜냐하면 일반적으로 말해서 그는 절대로 만족한 사람이 되거나, 멀리 갈 수가 없기 때문이다."

조지프 콘래드의 말에서 보듯 이기적인 사람은 자신의 만족을 위해 이기적인 행위를 일삼지만 그것은 자신을 행복하게 하는 것이 아님을 잘 알게 한다. 그런 까닭에 이기적인 사람은 진정한 행복에 이를 수 없는 것이다.

그렇다. 사람은 절대 자기 혼자서 살 수 없는 존재이며, 자기만을 위해서 자신의 욕구대로 살 수 없다. 고대 그리스 철학자 아리스토텔레스Aristoteles가 말했듯이 사람은 더불어 살아가는 사회적 동물이며 함께 할 때 더 큰 행복을 누리게 된다. 때문에 자신이 진정으로 만족한 가운데 행복을 누리며 살기 바란다면, 이기심을 버리고 서로 돕고 배려하며 살아야 함을 잊지 말아야겠다.

나만 그렇다는 착각에서 벗어나라

나만 힘들고, 나만 피곤하고,
나만 희생당한다는 착각에서 벗어나라.
이 세상에서 나만 외롭고,
나만 힘들고, 나만 피곤하고,
나만 희생당한다는 망령에 사로잡히는 것이다.

쇼펜하우어 어록 40

사람들 중엔 어려움을 겪게 되면 '왜 나한테 이런 일이 생기는 거야. 다른 사람들은 아무 일도 없이 잘만 사는데. 내가 무슨 잘못을 그렇게 했다고. 난 너무 억울해' 하고 통탄해하며 눈물을 흘리기도 한다.

그러나 이는 어디까지나 본인의 생각에 불과할 뿐이다. 다른 사람들 중엔 힘들어 하는 사람들이 많다. 다만 자신이 그것을 모를 뿐이다. 그런 까닭에 자신만 힘들고 자신만 고통스럽다고 착각하지 말아야 한다. 그런다고 해서 달라지는 것은 없다.

이에 대해 쇼펜하우어는 강하게 질타하듯 다음과 같이 말했다.

"나만 힘들고, 나만 피곤하고, 나만 희생당한다는 착각에서 벗어나라. 이 세상에서 나만 외롭고, 나만 힘들고, 나만 피곤하고, 나만 희생당한다는 망령에 사로잡히는 것이다."

쇼펜하우어의 말에서 보듯 나만 그렇다는 착각에서 벗어나야 한다. 그런데 그렇게 하지 못하는 것은 '나만 희생당한다는 망령에 사로잡히는 것이다'라는 생각에 빠졌다는 것을 잘 알게 한다.

이런 생각에서 벗어나지 못한다면 매사를 부정적으로 바라보게 되고 생각하게 된다. 그것은 결과적으로 자신의 인생을 피폐하게 하고 심지어는 죽음으로 몰아가게 된다.

다음은 자신만이 고통스럽고 자신만이 힘들다는 생각에 빠져 자신을 더 힘들게 만든 이야기이다.

J는 하루하루가 무의미하다고 생각하며 산다. 좋은 것을 봐도 좋은 줄 모르고, 예쁜 옷을 봐도 입고 싶다는 생각도 들지 않고, 맛있는 음식을 봐도 먹고 싶은 생각이 없다. 친구들이 만나자고 연락을 해도 이 핑계 저 핑계를 대고 집에 틀어박혀 꼼짝도 안 한다. 그녀가 하는 외출이란 마트에 가거나 병원에 가는 것이 고작이다.

J는 본래 밝고 명랑한 성격으로 친구들을 좋아하고 활동적이

었다. 그녀는 중학교 영어 교사를 할 때 수학 교사인 남편을 만나 3년을 연애하고 결혼에 골인했다. 남편은 내성적인 성격에 침착하고 매사에 정확했지만 그녀에게는 한없이 자상했다. 무엇이든 그녀의 생각대로 따라주었고, 항상 자신보다는 그녀를 먼저 생각했다. 하루하루가 꿀처럼 달고 행복했다. 그러는 가운데 아들이 태어났고, 3년 후엔 예쁜 딸아이가 태어났다. 아이들도 건강하게 무럭무럭 잘 자랐다. 거기다 45평 아파트를 사서 이사를 하는 등 마치 그녀의 인생은 행복을 위한 존재처럼 생각되었다.

그러던 어느 날 법원으로부터 압류 통보를 받았다. 사업을 하는 시동생 보증을 서준 적이 있는데 사업이 잘못되어 빚을 뒤집어쓰게 된 것이다. 엎친 데 덮친 격으로 시부모까지 모시게 되었다. 평화롭던 가정이 하루아침에 뒤죽박죽이 되어버린 것이다.

J의 생활은 완전히 변하고 말았다. 학교생활에다 시부모님을 모셔야 하고, 시동생 빚까지 갚아야 하는 그야말로 눈앞에 캄캄했다. J는 워낙 낙천적이어서 힘들지만 그런대로 지탱해 나갔다.

그런데 J를 더 힘들게 하는 일이 발생했다. 시어머니가 갑자기 쓰러진 것이다. 뇌졸중이었다. 급히 손을 썼지만 시어머니는 가족의 도움 없이는 아무것도 할 수 없었다. 하는 수 없이 J

는 시어머니를 보살피기 위해 학교를 그만두었다. 시어머니를 보살피고, 시아버지를 위해 꼬박꼬박 삼시 세끼를 차려야 하고 아이들 뒷바라지하느라 엉덩이 붙이고 앉아 있을 수조차 없었다. 그렇게 지낸 지 3년 J는 점점 지쳐갔다. 몸은 마르고, 여기저기 안 아픈 데가 없을 정도로 건강이 약해졌다. 그러다 보니 느는 것은 화와 불평불만이었다.

"이게 뭐야. 왜 나만 이렇게 힘들어야 하는데. 내가 무슨 죄를 지었다고. 이렇게 살아서 뭐해. 차라리 죽는 게 낫지."

그녀의 입에서는 자신도 모르게 부정적인 말이 쏟아졌다. 하루에 수백 번도 더 '이렇게 살아서 뭐해. 차라리 죽는 게 낫지'라는 말을 쏟고 보니 살아도 사는 게 아니었다. 그런 와중에 시어머니는 세상을 뜨고, 그리고 1년 뒤엔 시아버지마저 세상을 떴다.

그녀의 삶은 피폐해질 대로 피폐해져서 죽음을 떠올리곤 했다. 남편에 대한 반감은 극에 달했다. 그러다 보니 집안이 온통 암울한 동굴 같았다.

그나마 그녀에게 유일한 위안은 다행히 두 아이가 그런 중에도 공부도 잘하고 건강하게 잘 자라주는 것이었다. 그러나 그것은 일시적인 것뿐 그녀의 피폐한 마음을 어쩌지는 못했다.

그녀의 하루는 '이렇게 살아서 뭐해. 차라리 죽는 게 낫지'로 시작해 '이렇게 살아서 뭐해. 차라리 죽는 게 낫지'로 끝났다.

결국 그녀는 남편에게 이혼을 요구했고, 그들은 결국 헤어지고 말았다. 그녀는 두 아이와 함께 살면서 하루하루를 힘겹게 살아가고 있다.

낙천적이고 명랑했던 J는 시동생 빚을 갚고, 병든 시어머니를 간호하고, 시아버지를 수발하고, 게다가 천직으로 여기던 교사까지 어쩔 수 없이 그만두는 관계로 힘든 삶을 보냈다. 그러다 보니 '왜 나만 이렇게 힘들어야 하는데. 내가 무슨 잘못을 했다고. 나는 너무 억울해. 이렇게 살 바엔 차라리 죽는 게 낫지'라고 말하며 죽음을 생각하는 극도로 부정적인 사람으로 변하고 말았다. 그녀에게 희망이라고는 없었다. 아이들이 아니었으면 그녀는 세상의 끈을 진즉에 놓았을지도 모른다. 그만큼 그녀는 부정적인 생각의 노예가 되고 말았다.

이 이야기에서 보듯 J는 한 사람으로 볼 때 참으로 힘들고 고통스러운 것은 사실이다. 그녀의 말대로 죽음을 생각할 만큼 자신의 현실이 힘든 것은 사실이었으니까.

그러나 주변을 둘러보면 자신처럼 힘들게 사는 사람들이 많다는 것은 그녀는 생각하지 않았다. 너무도 힘들다 보니 그런 생각을 할 틈이 없었을 것이란 이해도 된다. 하지만 좀 더 냉정하게 생각해 보면 세상엔 말을 안 할 뿐이지 갑자기 닥친 뜻하지 않은 일로 어려움에 처한 사람들이 많다. 그렇다고 해서 그들이 다 이혼을 하고 삶을 포기하는 것은 아니다. 그런 중에도 희망을 잃지 않고 노력한 끝에 다시 웃으며 사는 사람들도 많다. 그런 까닭에 왜 나만 힘들고, 나만 피곤하고, 나만 희생당해야 하냐는 망령이란 함정에서 벗어나야 한다.

그렇다면 망령이란 함정에서 벗어나기 위해서는 어떻게 해야 할까.

첫째, 사람은 누구나 힘들 땐 힘들고, 외로울 땐 외롭다고 생각하라. 이는 사람이라면 누구나 겪는 보편적 심성이라고 생각한다면 자기만 힘들고 외롭다는 생각에서 벗어나게 된다. 둘째, '나만'이라는 '자기애'에서 벗어나야 한다. 그래야 남들도 생각하게 되고, 자신이라는 울타리에서 벗어나 객관적인 입장에서 생각하게 된다. 셋째, 배려하는 마음을 길러라. 배려하는 마음은 갖게 되면 주위를 살피는 마음을 갖게 된다. 주위를 살피게 되면 '나만'이라는 울타리에서 벗어나게 된다.

이 세 가지를 마음에 담고 자신의 생각에 변화를 주어라. 생각을 크게 갖는다면 성숙하고 진지한 마음을 갖게 됨으로써 자기만이라는 울타리에서 벗어나 삶을 의연하게 살아가게 된다.

"작은 변화가 일어날 때 진정한 삶을 살게 된다."

이는 러시아의 국민작가 레프 톨스토이Leo Tolstoy가 한 말로, 자신의 삶에 변화를 준다는 것은 크고 거창한 것이 아니다. 작은 변화라도 확실하게 변화를 준다면 충분히 자신을 변화시킴으로써 나만의 울타리를 벗어나 진정으로 자신답게 살아가게 될 것이다.

그렇다. 어려움은 누구에게나 찾아온다. 설령 자신에게 어려움이 찾아온다고 하더라도 자신만이 그렇다는 착각에서 벗어나 용기를 갖고 맞서 이겨내야 한다. 그러면 분명 머잖아 웃으며 사는 날이 찾아올 것이다.

환경이 그 사람에게 미치는 영향

환경이 변하면
이해관계도 변한다.
그런 까닭에 상대방의 태도나
행위도 달라질 수 있음을 명심하라.

쇼펜하우어 어록 41

───────────────●───────────────

영국의 생물학자이자 진화론자인 찰스 다윈Charles Darwin의 저서 《종의 기원》에 따르면 모든 생물은 환경에 적응하면 살아남고 환경에 적응하지 못하면 도태된다는 걸 알 수 있다. 그의 진화론을 뒷받침하듯 다른 생물도 마찬가지지만 생각하는 동물인 인간은 특히 주변 환경에 매우 민감한 편이다.

이는 무엇을 의미하는가. 그만큼 생태학적으로 환경이 인간의 삶에 미치는 영향이 매우 크다는 방증이다. 그런 까닭에 인간의 삶에 긍정적인 영향을 끼치는 환경은 문제될 게 없지만, 바람직하지 않은 주변 환경은 인간의 삶에 부정적으로 작용한다.

이를 잘 알게 하는 말로 맹모삼천지교孟母三遷之教라는 말이 있다.

맹자孟子의 어머니는 아버지 없는 어린 아들을 잘 키워보려고 이사를 세 번이나 했다. 처음 이사한 곳은 공동묘지 주변이었다. 그러자 어린 아들은 곡하는 것을 흉내내며 놀았다. 그래서 시장 근처로 이사를 했다. 이번엔 장사꾼들이 하는 흉내를 내었다. 그래서 이번엔 서당 근처로 이사를 했다. 그랬더니 어린 아들은 글 읽는 시늉을 하며 놀았다. 그때서야 맹자 어머니는 안심을 하고 아들이 공부할 수 있는 여건을 만들어주었고, 훗날 맹자는 훌륭한 학자가 되었던 것이다.

인간이 환경의 변화에 따라 민감하게 작용할 때 일어나는 현상에 대해 쇼펜하우어는 다음과 같이 말했다.

"환경이 변하면 이해관계도 변한다. 그런 까닭에 상대방의 태도나 행위도 달라질 수 있음을 명심하라."

쇼펜하우어의 말에서 보듯 인간은 환경의 변화에 따라 이해관계가 변하고, 그에 따라 다른 모습을 보이는 경향이 있다는 것을 알 수 있다. 그런 까닭에 상대방의 태도나 행위가 변한다는 사실에 주목할 필요가 있다. 그렇지 않으면 오해로 인해 좋지 않은 일이 벌어져 서로에게 상처를 남기게 된다.

가령, 가난했던 사람이 어느 순간 부자가 되면 태도가 완전히 달라지는 경우를 종종 보게 된다. 가난할 땐 이해심도 많고 배려도 잘하고 겸허하던 사람이 언제 그랬느냐는 듯 안하무인처럼 교만하게 굴며 이해심이나 배려심이라고는 눈 씻고 찾아보려고 해도 볼 수 없다. 사람이 달라져도 그처럼 달라질 수 있다는 것에 적잖이 놀라게 된다. 이런 경우는 누구나 한 번쯤은 겪었음직한 이야기이지 않을까 한다.

그런데 문제는 그런 경우를 겪고 나면 그런 사람과는 두 번다시 상종도 하기 싫게 된다. 그런 까닭에 그 사람과 거리를 두게 되고 어쩌다 우연히 만나기라도 하면 불쾌한 마음에 못 본척하게 된다. 이런 경우는 최악의 경우라고 할 수 있다. 하지만 사람에 따라 정도의 차이가 있다.

이런 예는 극히 드물지만 어떤 사람은 오히려 전보다 더 좋은 모습을 보이기도 한다. 그래서 이런 사람은 대인의 풍모를 지녔다고 할 수 있다. 그리고 자신의 환경이 변한 것에 대해 스스로 놀라워하면서 전보다는 다른 태도를 보이기도 한다. 이런 경우가 가장 흔한 예라고 할 수 있다.

그래서일까, 쇼펜하우어는 앞에서 말했듯이 환경이 변하면 이해관계도 변하기 때문에 상대방의 태도나 행위도 달라질 수 있으니 그렇게 알고 그 사람을 대하라는 것이다. 이를 좀 더 부연한다면 환경이 변하면 사람 또한 변하는 것이니 그것을 이해하고 사람을 대하라는 말이다.

왜 그럴까. 사람에 따라 급변하는 환경에 스스로조차도 놀라워하다가 어느 정도 시간이 지나면 본성대로 사람을 대하는 이들 또한 있기 때문이다. 그런 까닭에 그런 경우에는 본인이 이해하는 선에서 판단하면 되는 것이다.

여기서 한 가지 분명히 할 것이 있다. 환경의 변화에 따라 이해관계가 변할 수 있겠지만, 그 어떤 경우라도 본성을 유지하도록 노력해야 한다. 주변 사람들이 보기에 자신의 태도나 행위가 부정적으로 변한다면 그것은 스스로에게 마이너스로 작용하기 때문이다.

일편단심一片丹心이란 말이 있다. 이는 '한 조각의 붉은 마음'이라는 뜻으로, 진심에서 우러나오는 변치 않는 마음을 이르는 말이다. 사람들 중엔 주변 상황이 어떻게 변하든 늘 한결같은 사람이 있다. 이런 사람은 스스로 자신의 마음을 다스릴 줄 아는 사람이다. 자신의 마음을 스스로 다스린다는 것은 그 사람의 본성에 기인하는 바가 크지만, 수양을 통해 스스로 마음을 연마함으로써 쌓은 마음가짐인 것이다. 그런 까닭에 이런 사람은 누구와도 어디에서든지 인간관계를 잘 이어간다.

그렇다. 인간관계에 있어 모든 것은 스스로에게 달려 있다. 그런 까닭에 아무리 주변 환경으로 인해 이해관계가 변한다고 해도 본성을 유지할 수 있도록 해야 한다. 그리고 그런 사람을 대할 땐 충분히 고려해서 대하는 자세를 지닌다면 삶을 살아가는 데 있어 유익함을 얻게 될 것이다.

쇼펜하우어가 보는 교육 실패의 원인

교육의 실패는
실제 경험에 앞서 학생들에게
지식을 먼저
주입시키려고 할 때 일어난다.

쇼펜하우어 어록 42

교육을 하는 데는 크게 주입식 교육과 토론식 창의 교육을 들 수 있다. 첫째, 주입식 교육注入式教育이란 학생의 흥미, 의욕, 능력, 이해 등을 고려하지 않고 일방적으로 선정한 소정의 교육내용을 교사가 학생에게 주입시키는 교수법을 말한다. 주입식 교육이 문제가 되는 건 교수법에 있어 교육의 주체인 학생 중심이 아니라 교사 중심, 교과서 중심의 수업이 되어 학생 각자의 개성을 무시한 획일주의, 형식주의로 흐르기 쉽기 때문이다. 주입식 교육이란 한마디로 말해 전근대적인 교육 방법이라고 할 수 있다. 둘째, 토론식 창의 교육이란 교사가 문제를 제시하면 학생들이 그 문제에 대한 자신의 생각을 펼침으로써 문제의 답에 접근하는 방식의 교육이다. 토론식 수업은 주입식의 답 찾기처럼 이미 정해 놓은 것을 말하는 것이 아니라 답을 찾아가는 모든 과정을 이르는 것이다. 각자가 자신의 생각을 내놓으면 각자가 서로의 생각을 배우게 되고 그러는 가운데 답을 유추類推해 내게 된다. 이런 교육 방식은 창의성을 기르는 데 매우 효과적이다. 그런 까닭에 토론식 창의 교육이 21세기에 있어 바람직한 교육이라고 할 수 있다.

대표적인 토론식 창의 교육의 예로 유대인의 교육 방식인 하브루타Chavruta를 들 수 있다. 유대인은 둘 이상이 모여 공부를 한다. 이른바 토론식 학습법이다. 유대인이 토론식 공부에 정통한 것은 어린 시절부터 질문을 하고 질문에 답하는 것에 익숙해졌기 때문이다. 이를 하브루타Chavruta라고 한다. 이는 '우정', '동반자 관계'를 뜻하는 아랍어로 '친구', '동반자'를 뜻하는 하버Chaver에서 유래했다고 한다.

유대인의 전통 교육 방식인 토론식 공부는 《탈무드》와 〈토라〉 등도 예외가 아니다. 그들이 하는 모든 공부는 토론식으로 진행된다. 질문을 하고 질문에 답하는 토론식 공부는 상대방의 생각과 자신의 생각을 비교함으로써 서로의 생각을 배우게 되고, 그러는 가운데 이야기하는 방법, 즉 대화법도 계발되어진다.

또한 창의적인 생각을 공유함으로써 개인의 발전은 물론 전체를 생각하고 위하는 마음이 싹트게 된다. 유대인이 응집력이 좋은 것은 어린 시절부터 서로의 생각을 배우고 서로를 존중하는 마음에 있다고 하겠다. 그리고 토론식 공부를 통해 논리력이 향상되고, 잘 정리된 논리력은 대화와 논쟁을 하는 데 있어 큰 도움이 된다.

토론식 공부는 주입식 공부법의 맹점인 비창의적이고 비주도적인 학습을 창의적이고 주도적인 학습으로 이끌어내는 선진적인 학습법이다.

유대인의 평균 아이큐는 우리나라 사람들에 비해 월등히 낮다. 그런데 그럼에도 불구하고 그들이 우리나라 사람들보다 창의적인 것은 어린 시절부터 다져진 창의적인 학습법에 의해서다. 토론식 창의 교육 학습법의 우수성을 잘 알게 하는 이야기를 보자.

세계 인구 대비 약 0.2%에 불과한 유대인이 받은 노벨상은 (문학, 평화, 생리의학, 물리학, 경제학, 화학) 6개 전 분야에서 약 22%에 이른다고 한다. 이는 1901년 노벨상이 만들어진 이후 지금까지 수상한 수치이고 보면 경이롭고 놀라운 일이 아닐 수 없다.

특히, 유대인은 금융과 경제 부분에서 압도적인 두각을 나타내며 초강대국인 미국의 중심 세력으로 군림하고 있다. 미국에는 약 600만 명의 유대인이 살고 있는데 이는 유대인 총인구 1,650만 명의 약 40%에 해당한다. 돈을 앞세운 유대인은 미국의 정치계는 물론 학계, 금융계, 예술계를 비롯한 사회 전반적인 분야에서 막강한 위력을 과시하며 자신들의 재능과 우수성을 한껏 드러내고 있다.

이 예에서 보듯 이는 부인할 수 없는 사실이기에 토론식 창의 교육이 얼마나 바람직한 교육인지를 잘 알게 한다.

주입식 교육의 폐단에 대해 쇼펜하우어는 다음과 같이 말했다.

"교육의 실패는 실제 경험에 앞서 학생들에게 지식을 먼저 주입시키려고 할 때 일어난다."

쇼펜하우어가 18세기에 주입식 교육의 폐단에 대해 이처럼 적확하게 말할 수 있다는 것은 놀라운 혜안이 아닐 수 없다. 역시 철학자로서의 성찰의 힘이 무엇인지를 잘 보여주는 예라고 할 수 있다.

물론 전근대적인 주입식 교육 방법에 대해 문제를 제기한 것으로는 코메니우스의 직관 교육법, 루소의 아동 중심 교육관, 페스탈로치의 개발 교수법, 존 듀이의 경험주의 교육관 등을 들 수 있다.

이들의 교육법은 주입식 교육의 대안으로 충분한 가치를 지닌 바람직한 교육이라고 할 수 있다. 하지만 유대인의 토론식 창의 교육인 하브루타는 이들의 모든 교육관을 하나로 모은 일체의 교육이라는 점에서 큰 의의를 지닌다고 하겠다. 그런 까닭에 수능에 맞춘 전근대적인 낡은 주입식 교육은 폐기처분하고 토론식 창의적 교육을 할 수 있는 여건을 하루속히 만들어야 한다. 그것이야말로 우리나라 교육을 새롭게 펼쳐나감으로써 우수한 인재들을 많이 양성하여 세계 제일의 국가가 되리라 믿는다. 또 그렇게 될 때 K 문화 열풍을 불러일으킨 요즘에 있어, 교육에 있어서도 K 교육의 열풍을 불러일으키리라고 생각한다.

쇼펜하우어의 성공법칙

성공은
자신의 천성에 유리한 것은 취하고,
천성에 어울리지 않는 것은
배척함으로써 만들어진다.

쇼펜하우어 어록 43

성공의 사전적 의미는 '목적하는 바를 이룸'이다. 이를 좀 더 여러 의미로 생각해 볼 수 있다. 첫째, 자신이 만족하는 삶이라면-경제적으로는 빈약해도- 그것이 무엇이든 그 사람 입장에서는 성공이라고 할 수 있다. 둘째, 대개의 사람들이 보편적 관점에서 볼 때 경제적으로 부를 축척하여 부족함 없는 풍요로운 삶을 성공이라고 할 수 있다. 셋째, 지위나 명예를 얻음으로써 만족할 수 있다면 성공이라고 할 수 있다. 넷째, 자신이 원하는 일을 함으로써 만족한다면 성공이라고 할 수 있다.

이 네 가지를 성공의 의미로 생각할 수 있다. 그렇다면 자신이 어떤 유형에 속하는지를 생각해보라. 그러면 그것은 자신에게 있어 성공이라고 생각해도 좋다. 물론 그렇게 생각한다는 건 쉽지 않을 수도 있다. 대개의 사람이 생각하는 보편적 성공은 부를 쌓는 일이기 때문이다.

그런데 그럼에도 자신이 바라는 만족한 삶이라면 부의 축적을 떠나 그것은 진정한 성공이라고 할 수 있다. 그런 까닭에 이런 삶은 경제력과 관계없이 오래도록 이어가게 된다.

여기서 한 가지 분명히 할 것은 네 가지 성공의 의미 중 어떤 선택을 하든 최선을 다해야 한다는 것이다. 그렇지 않으면 만족한 성과를 얻지 못한다. 그렇게 되면 스스로 만족하지 못함으로써 진정한 성취감을 느끼지 못하기 때문에 성공한 삶이라고 할 수 없다.

성공법칙에 대해 쇼펜하우어는 다음과 같이 말했다.

"성공은 자신의 천성에 유리한 것은 취하고, 천성에 어울리지 않는 것은 배척함으로써 만들어진다."

쇼펜하우어의 말에서 보듯 성공을 하기 위해서는 자신의 천성, 즉 재능에 유리한 것은 취하되 재능에 어울리지 않는 것은 버려야 한다. 이를 좀 더 부연한다면 자신의 재능을 살리는 데 있어 도움이 되는 것은 악착같이 챙겨 도움으로 삼되 도움이 되는 데 불필요하다면 버리라는 말이다. 그것을 버리지 못하면 자신의 성공에 있어 방해가 될 수 있는 까닭이다. 이런 관점에서 볼 때 쇼펜하우어의 말은 매우 적절하다고 할 수 있다.

그럼 다른 사람들은 성공법칙에 대해 어떻게 생각하는지 알아보는 것도 성공하는 데 있어 도움이 되리라 생각한다.

"중요한 것은 말하는 것이나 희망하는 것, 바라는 것이나 의도하는 것이 아니라 행동하는 것이다. 당신의 선택이 실질적으로 당신이 어떠한 사람인지를 분명히 말해준다."

이는 세계적인 비즈니스 컨설턴트이자 강연가이며 자기계발 동기부여가인 브라이언 트레이시^{Brian Tracy}가 한 말로, 성공을 하기 위해서는 자신의 꿈을 행동으로 옮기는 것이다. 즉 말보다는 실천이 중요하다는 것을 의미한다.

"인생을 바꾸려면 지금 당장 시작하여 눈부시게 실행하라. 결코 예외는 없다."

이는 미국의 탁월한 심리학자 윌리엄 제임스^{William James}가 한 말로, 성공을 하는 데 있어 실행력이 중요하다는 것을 잘 알 수 있다.

"인간의 위대한 업적들은 아이디어를 열정으로, 그리고 행동으로 옮긴 결과였다."

이는 IBM 창업자 토머스 J. 왓슨Thomas J. Watson이 한 말로, 성공을 하는 데 있어 실천이 중요하다는 것을 잘 알게 한다.

쇼펜하우어를 비롯한 브라이언 트레이시, 윌리엄 제임스, 토머스 J. 왓슨의 공통점은 성공을 하기 위해서는, 자신이 희망하고 꿈꾸는 것을 실천에 옮기라는 것이다. 다시 말해 실천하지 않으면 성공하지 못한다는 말과 같다 하겠다. 그런 까닭에 자신이 원하는 분야에서 성공한 삶을 살고 싶다면 실천하되 최선의 노력을 다해야 한다. 만일, 그렇게 하지 못한다면 성공한 삶을 꿈꾸지 말아야 한다. 그것은 스스로를 기만하는 것이기 때문이다.

삶의 가시를
세우지 마라

*Arthur
Schopenhauer*

ARTHUR SCHOPENHAUER

허영심과 자존심이
그 사람 삶에 미치는 영향

허영심은
사람을 수다스럽게 만들고,
자존심은 침묵하게 한다.

쇼펜하우어 어록 44

쇼펜하우어는 철학자의 관점에서 허영심과 자존심의 특징에 대해 다음과 같이 말했다.

"허영심은 사람을 수다스럽게 만들고, 자존심은 침묵하게 한다."

쇼펜하우어의 말을 보면 허영심과 자존심의 특징을 예리하게 잘 짚어냈다는 걸 알 수 있다. 허영심은 공허한 마음을 채우려고 하다 보니 남에게 보여주려고 의외로 말을 많이 하게 되고 불필요함 몸짓도 하게 되기 때문이다. 그러다 보니 '수다스럽다'는 쇼펜하우어의 말은 적확하다고 할 수 있다.

자존심은 남에게 굽히지 아니하고 자신의 품위를 스스로 지키는 마음이다 보니, 다른 사람에 비해 자신이 부족하다는 생각이 들면 함구하여 속내를 드러내지 않으려고 한다. 그러다 보니 '침묵하게 한다'는 쇼펜하우어의 말은 적확하다고 할 수 있다.

인간에겐 누구에게나 허영심과 자존심이 있다. 다만 사람에 따라서 허영심과 자존심이 더 많고 작고의 차이가 있을 뿐이다.

허영심이란 허영虛榮에 들뜬 마음으로 여기서 허영이란 '자기 분수에 넘치고 실속이 없이 겉모습뿐인 영화榮華 또는 필요 이상의 겉치레'를 뜻한다. 한마디로 말해 남에게 자신을 드러내기 위한 과시욕이라고 할 수 있다.

허영심이 많은 사람의 특징을 몇 가지로 꼽자면 다음과 같다.

첫째, 실속 없이 남에게 보여주기 위한 마음이 강하다. 흔히 하는 말로 속은 텅 비어가지고 겉모습만 번지르르하다. 둘째, 오직 자기만족을 위해서라면 빚을 내서라도 만족을 채우려는 헛된 마음이 강하다. 셋째, 자신이 다른 사람보다도 우월하다고 믿는 마음이 강하다. 넷째, 마치 배가 고픈 것처럼 늘 공허한 마음에 정신적 허기를 느낀다. 다섯째, 남에게 자신을 과시하려는 욕구가 강하다.

자존심은 '남에게 굽히지 아니하고 자신의 품위를 스스로 지키는 마음'을 말하는 것으로 '남에게 존중 받고 싶어 하는 욕망'이리고 할 수 있다.

자존심이 강한 사람의 특징을 몇 가지로 보기로 하자.

첫째, 자존심이 강한 사람은 남에게 굽히는 것을 죽기보다 싫어한다. 그러다 보니 자존심을 내세우다 손해를 보는 경우가 많다. 둘째, 자존심이 강한 사람은 상대적으로 자존감이 약하다. 그러다 보니 열등의식에 사로잡히는 경우가 많다. 셋째, 쓸데없는 고집이 세다. 그런 까닭에 자신이 틀렸다는 걸 알면서도 박박 우겨댄다. 그러다 보니 사람들로부터 좋지 않은 소리를 종종 듣는다. 넷째, 자신이 남과 비교를 당하면 몹시 불쾌하게 생각해 화를 잘 낸다. 다섯째, 자신의 마음을 알아주면 몹시 좋아하고 우쭐거리는 마음이 크다.

허영심의 특징과 자존심의 특징을 구체적으로 살펴보니, 이 두 가지 마인드는 인간에게 있어 부정적으로 작용하는 바가 크다는 것을 알 수 있다.

강한 허영심과 강한 자존심을 낮추기 위해서는 어떻게 해야 할까. 이 두 가지 마음은 자존감自尊感이 낮아서 생기는 현상이다. 그런 까닭에 자존감을 높이는 노력이 필요하다.

미국의 심리학자로 근대 심리학의 창시자로 불리는 윌리엄 제임스William James는 자존감에 대해 이렇게 말했다.

"자존감self esteem이란 자신이 사랑받을 만한 가치가 있는 소중한 존재이고 어떤 성과를 이루어낼 만한 유능한 사람이라고 믿는 마음이다."

자존감은 자존심과 더불어 자신에 대한 '긍정'이라는 공통점을 갖지만, 좀 더 자세히 살펴본다면 있는 그대로의 모습에 대한 긍정과 경쟁 속에서의 긍정이라는 다른 의미를 지닌다.

자존감이 높다는 것은 자신에 대한 가치를 높이는 데 큰 힘으로 작용한다. 그래서 자존감이 강한 사람은 스스로를 존중하고 격려함으로써 자신을 가치 있는 사람으로 이끌어낸다. 그런 까닭에 자존감이 높으면 상대적으로 허영심과 자존심은 그만큼 낮아지게 되므로 열등의식으로부터 벗어나게 된다.

그렇다. 지금 이 순간 자신을 냉정하게 돌아보라. 나는 자존감이 높은 사람인가를. 그렇다면 분명 허영심이 적고 자존심 또한 무난한 편일 것이다. 만일 그렇지 않다는 생각이 들면 자존감을 높이도록 최대한 노력하라.

독서는 빛나는 인생을 위한 투자이다

책을 산다는 것은 좋은 일이다.
이와 함께 읽을 수 있는
시간까지 살 수 있다면 말이다.

쇼펜하우어 어록 45

책은 인간이 만든 것 중 가장 빛나는 보석 중 하나라고 할 수 있다. 책 속에는 그 어디에서도 구할 수도 없고, 살 수도 없는 참 진리와 참 지혜가 밤하늘의 수많은 별처럼 반짝인다. 그런 까닭에 그 별을 따서 마음에 많이 품는 사람일수록 혜안이 뛰어나고 지성미가 넘친다.

책은 보이지 않는 스승이며, 만인의 연인이며, 지식의 보물창고이며, 미래를 훤히 밝히는 진리의 등불이며, 천하 만물을 품은 대자연이다. 그런 까닭에 책을 읽는다는 것은 우주를 품에 안는 것과 같다 하겠다.

그런데 우리나라 성인들은 책을 잘 읽지 않는다. 이를 잘 알게 하듯 문화체육관광부가 발표한 2021년 국민 독서실태 조사에 따르면 우리나라 성인의 연간 독서량은 4.5권에 불과하다. 이는 경제협력개발기구(OECD) 38개 회원국 중에서 최하위다. 성인 10명 중 4명은 1년에 단 1권의 책도 읽지 않는다고 하니 참으로 놀라운 일이 아닐 수 없다.

설문조사에 의하면 독서 시간이 줄어든 이유로는 첫째, 일 때문에 책 읽을 시간이 없으며 둘째, 스마트폰, 텔레비전, 인터넷 게임 등 다른 매체와 콘텐츠를 이용해서가 가장 많은 이유였다.

세계 11위 경제대국 국민으로서 대단히 수치스러운 일이 아닐 수 없다. 오래전부터 체력은 국력이라는 말이 전해져 온다. 체력이 국력이듯 독서 또한 국력인 것이다.

쇼펜하우어는 책에 대해 다음과 같이 말했다.

"책을 산다는 것은 좋은 일이다. 이와 함께 읽을 수 있는 시간까지 살 수 있다면 말이다."

쇼펜하우어의 말은 책을 사는 건 좋은 일이지만, 책을 읽지 않으면 의미가 없음을 뜻한다. 그러니까 책을 샀으면 읽으라는 것이다. 아주 적절한 지적이라고 할 수 있다.

그렇다면 책은 어떻게 읽어야 효과적일까.

독서할 때 지녀야 할 자세에 대해 조선 중기 때 학자인 율곡 이이李珥는 이렇게 말했다.

"독서를 하는 데 있어 입으로만 읽고 마음으로 느끼지 아니하며, 몸으로 행하지 않으면 그 글은 다만 글자에 지나지 않는다."

율곡 이이의 말처럼 입으로만 읽고 마음으로 느끼지 않고, 읽은 것을 실천하지 않는다면 그것은 바람직한 독서라고 할 수 없다. 읽은 것은 상황에 맞게 활용해야 독서의 가치는 빛을 발하게 되고, 그로 인해 자신의 삶을 보다 지혜롭게 살아가게 된다. 여기에 바람직한 독서의 자세에 대한 필요성이 있는 것이다. 그런 까닭에 현명하게 독서하고 지혜롭게 활용해야 한다.

그리고 보다 중요한 것은 '어떤 책을 읽어야 할까' 하는 것이다. 책이라고 해서 다 좋고 다 읽으라는 것은 아니다. 책에 양서良書가 있듯 악서惡書도 있는 까닭이다.

사람을 이롭게 하는 양서는 얼마든지 읽어도 좋다. 읽는 수만큼 자신의 삶에 자양분이 되어주기 때문이다. 하지만 악서는 읽는 수만큼 자신의 삶을 갉아먹는다. 이런 책은 읽을 가치가 없기 때문이다. 이에 대해 독일의 정치가인 막스 웨버Max Weber 는 이렇게 말했다.

"두 번 읽을 가치가 없는 책은 한 번 읽을 가치도 없다."

그러면 어떤 책을 읽어야 하고, 어떤 책을 멀리해야 할까.

반드시 읽어야 할 책은 첫째는 유익함을 주는 책이다. 둘째는 꿈을 주는 책이다. 셋째는 생각을 바르게 가꾸어주는 책이다. 넷째는 정서를 풍부하게 길러주는 책이다.

그러나 멀리해야 할 책은 부정적인 생각을 갖게 하고, 마음을 혼란스럽게 하는 책이다. 이런 책은 마음을 병들게 하는 독약과 같아서 읽을 가치가 없는 악서이다.

양서는 마음의 비타민이다. 그런 까닭에 자신의 인생을 기름지게 하는 양서를 많이 읽어야 한다. 독서 또한 자신의 빛나는 인생을 위한 값진 투자이기 때문이다.

기록의 힘 소중한 삶을 기록하라

소중한 깨달음도
기록해두지 않으면 소멸하고 만다.

쇼펜하우어 어록 46

인간은 기록의 동물이다. 우리가 지금 알고 있는 세상의 모든 역사는 기록에 의해서이다. 세계적인 기록물 중 성경은 과거 유대인들이 양피지(종이가 없던 시대에 유대인들이 소·양·새끼염소의 가죽으로 만든 종이 대신으로 쓰인 기록물 재료)에 기록한 것이 발견됨으로써 세상에 알려지게 되었으며, 우리나라를 비롯한 세계 각 나라의 역사 또한 과거의 사람들이 기록한 기록물을 통해 알려지게 된 것이다.

이렇듯 세계의 모든 역사와 문화와 전통과 풍습 등은 과거 사람들이 기록해 놓은 기록물을 통해서 알려진 것이고 보면,

기록의 중요성이 얼마나 지대한지를 잘 알게 한다. 혹여, 이런 기록물이 없다면 세계의 역사도 문화도 전통도 풍습 등도 알 길이 없다. 이것이 바로 기록의 힘인 것이다.

그렇다면 기록의 역사는 과연 언제부터 시작되었는가 하는 것이 궁금해진다. 기록의 역사는 인류가 지구상에 출현함과 동시에 이루어졌다. 이를 증명하는 것이 원시인들이 동굴에 그려놓은 물고기 그림을 비롯한 이름을 알 수 없는 갖가지 그림이 그렇고, 고인돌이나 원시인들의 주거지, 토기 등 유물이 또한 그러하다. 이를 보면 인간은 기록의 동물이며 세계의 모든 역사는 기록에 의해서 발전을 거듭해 왔다는 것을 알 수 있다.

인간은 우수한 머리를 갖고 있지만 기억에는 한계가 있다. 지나고 나면 잊고 마는 것이 기억의 한계인 것이다. 하지만 기록을 하면 언제든지 그때마다의 일을 다 기억하게 된다.

기록의 소중함에 대해 쇼펜하우어는 다음과 같이 말했다.

"소중한 깨달음도 기록해두지 않으면 소멸하고 만다."

쇼펜하우어의 말에서 보듯 기록이 인간의 삶에 미치는 중요성이 얼마나 큰지를 잘 알게 한다.

나는 시인이자 작가로서 기록하는 것이 얼마나 중요한지를 뼈저리게 깨우친 사람이다. 시인으로 등단하고 나서 갑자기 시상詩想이 떠오르면 그 자리에서 바로 시를 쓰거나 시를 쓰지 못할 경우엔 메모를 해둔다.

그런데 그렇지 못할 경우가 있었다. 잠자리 들었는데 갑자기 시상이 떠오른 경우다. 잠이 막 오려고 하는데 일어나기 귀찮아서 머릿속에 저장해두고는 그냥 잤다. 다음 날 아침에 일어나 시상을 떠올리는데 도무지 생각이 나지 않았다. 머릿속에서는 무언가 떠오를 듯 하는데 정확하지 않았다. 그때의 난감함이라니, 무언가 소중한 것을 잃어버린 기분을 떨칠 수가 없었다. 그 일이 있고 나서 언제 어디서든 시상이나 글감이 떠오르면 곧바로 메모했다.

그날 이후 내 기록의 역사는 근 50년 가까이 이어져 오고 있다. 그런 까닭에 쇼펜하우어의 말에 백 퍼센트 공감한다.

기록의 중요성을 잘 알게 하는 말을 보자. 이를 읽는 것만으로도 기록이 그 사람에게 얼마나 소중한 삶의 일부분인지를 잘 알게 될 것이다.

"눈만으로 읽지 말고 손으로 읽어야 한다. 그때그때 적어두지 않으면 기억에서 사라진다. 깨달음이 있다면 반드시 기록하라. 쉬지 말고 기록하라. 기억은 흐려지고 생각은 사라진다. 머리를 믿지 말고 손을 믿어라."

이는 조선 후기의 문신이자 실학자인 다산 정약용丁若鏞이 한 말로, 인간의 기억은 한계가 있어 잊을 수 있으니 그때그때 기록하고 더욱이 깨달은 것은 반드시 기록하라고 말한다. 특히 머리를 믿지 말고 손을 믿으라는 말은 참으로 인상적인 말이 아닐 수 있다.

이는 무엇을 말하는가. 그만큼 기록이 중요하다는 것이다. 그는 강진에 유배되어 있으면서 그의 대표 저서인《목민심서》, 《경세유표》등 많은 책을 썼으며 살아생전 500권이 넘는 책을 썼다. 그가 이처럼 다작을 할 수 있었던 것은 그의 말대로 기록하는 습관의 힘에 의해서이다. 아무리 머리가 좋고 암기력이 뛰어나도 시간이 지나면 잊혀지기 마련이다. 그런 까닭에 기록하는 것을 습관화해야 한다.

"내가 역사를 기록하려 함으로 역사는 내게 친절할 것이다."

이는 영국의 수상 윈스턴 처칠Winston Churchill이 한 말로, 그는 정치가로도 유명하지만 탁월한 문장가였다. 그는 바쁜 정치생활 중에도 늘 책을 읽고 기록하고 글을 썼다. 그는 문학가도 아니면서 회고록《제2차 세계대전The Second World War》으로 노벨문학상을 수상했다.

"나는 늘 주머니에 작은 노트를 가지고 다닌다. 노트가 없었다면 회사를 지금처럼 키우지 못했다."

이는 영국의 버진그룹 창업자인 리처드 브랜슨Richard Branson이한 말로, 그가 성공한 기업인이 될 수 있었던 것은 언제 어디서나 아이디어를 기록하는 습관의 힘에 의해서라는 걸 잘 알게한다. 그는 청소년 시절부터 〈스튜던트〉 잡지를 만드는 등 남다른 재능을 보였다. 특히 그는 난독증이 있었는데 그럼에도 그가 그처럼 할 수 있었던 것은 기록하는 습관에 의해서였다.

"기록은 기억을 남긴다."

이는 17세기 스페인의 작가인 발타자르 그라시안Baltasar Gracián이한 말로, 기록이 기억을 남긴다는 것은 기록하게 되면 그 무엇이든 그대로 보관되어져 내려옴을 뜻한다고 하겠다.

"일기는 경험과 지혜를 축적하는 매우 훌륭한 수단이다."

이는 로마의 제16대 황제이자 스토아 철학자인 마르쿠스 아우렐리우스가 한 말로, 그는 10년 동안 전쟁터에서 일기를 쓴 것으로 유명하다. 그는 자신이 기록한 글을 모아 책으로 펴냈는데 바로《명상록》이다. 이 책은 세계 문학사에서 고전으로 그 가치를 널리 인정받고 있다.

 이상에서 본 바와 같이 기록은 힘이 세다. 그런 까닭에 누구나 삶에서 체득한 깨우침이나 자신의 인생을 기록으로 남길 수 있다.
 그렇다. 삶에서 깨우친 진리나 자신의 인생을 남기고 싶다면 기록하라. 기록함으로써 자신의 존재는 오래도록 잊혀지지 않고 기억될 것이다.

쇼펜하우어의 냉철한 조언

진정한 사랑은 치열한 노력에서 온다

이 세상 어느 곳이든 사랑이 없는 곳은 없다.
하지만 사랑은 모든 사람들을 찾아가지 않는다.
사랑은 치열한 노력을 통해 스스로 얻어내야 하는 것이다.
사랑을 구하기 위해 서로 따스한 어깨를 기댈 때,
사랑은 가만히 그 모습을 우리에게 보여준다.

쇼펜하우어 어록 47

사랑도 노력이 절대적으로 필요하다. 자신이 사랑하는 사람을 자신의 사람으로 만들기 위해서는 지극정성을 들여야 한다. 사랑하는 이를 감동하게 하여 자신을 사랑하게 만들어야 하기 때문이다.

사람은 누구나 자신에게 잘해주는 사람에게 관심을 갖기 마련이다. 그런데 그런 노력도 없이 사랑하는 사람을 자기 사람으로 만들려고 한다면 이는 어리석은 일이 아닐 수 없다.

왜 그럴까. 이 세상의 모든 사랑은 감동을 수반隨伴으로 하기 때문이다.

213
CHAPTER 5 삶의 가시를 세우지 마라

영국의 대표적인 시인인 로버트 브라우닝Robert Browning은 드라마틱한 독백에서 오는 심리적인 묘사가 뛰어나다는 평을 받는다. 그는 자신보다 여섯 살이나 많은 여자를 사랑했다. 그는 그녀에게 사랑을 고백하고, 평생을 함께 하고 싶다고 말했다.

그런데 그녀는 장애를 안고 있었다. 그래서 그의 사랑을 받아줄 수 없었다. 하지만 그는 끈질기게 구애를 했고 마침내 그녀는 그의 사랑을 받아들였다. 그리고 그들은 결혼해서 평생의 동반자가 되었다. 로버트 브라우닝이 사랑했던 여자는 바로 영국 최고의 여류 시인으로 일컬음을 받던 엘리자베스 배럿 브라우닝이다.

이 이야기에서 보듯 로버트 브라우닝은 엘리자베스 배럿의 마음을 사기 위해 자신의 사랑을 걸고 최선을 다했다는 것을 알 수 있다.

이렇듯 사랑을 얻기 위해서는 지극정성을 다해야 한다. 이에 대해 쇼펜하우어는 이렇게 말했다.

"이 세상 어느 곳이든 사랑이 없는 곳은 없다. 하지만 사랑은 모든 사람들을 찾아가지 않는다. 사랑은 치열한 노력을 통해 스스로 얻어내야 하는 것이다. 사랑을 구하기 위해 서로 따스한 어깨를 기댈 때, 사랑은 가만히 그 모습을 우리에게 보여준다."

쇼펜하우어의 말은 지극히 보편적이지만, 그래서 더욱 설득력을 지닌다.

그렇다. 자신이 사랑하는 사람의 사랑을 얻기 위해서는 치열하게 노력해야 한다. 그렇게 해야 그 사랑은 오래도록 이어지고 이어감으로써 아름답게 빛을 발하는 것이다.

다음은 나의 〈사랑하라, 오늘이 마지막인 것처럼〉이란 시이다. 이 시를 읽고 참사랑이 무엇인지를 마음에 새겨보라. 그리고 자신이 사랑하는 사람을 아낌없이 사랑하도록 노력한다면, 세상을 다 가진 것처럼 행복한 삶을 살아가게 될 것이다.

사랑하라
오늘이 그대 생애의
마지막인 것처럼

사랑하고 또 사랑하라
그대의 그대가 그대를 잊지 못하도록
열정과 기쁨으로
죽도록 사랑하고 사랑하라

사랑하라
미치도록 사랑하고 사랑하라

사랑하다 하늘이 무너져 내려

내일 지구가 흔적 없이 사라져 버린다 해도

뜨거운 가슴으로 빛나는 눈동자로

가장 아름다운 사랑의 말을 속삭이며

그대가 사랑하는 이에게

최선의 사랑으로 사랑하라

사랑하라

그대가 살아온 날 중

가장 행복한 마음으로

자신보다도 더 사랑하는 사람을 위해

그대의 맑은 혼을 담아

지금 이 순간에서 영원으로 영원히 이어지도록

목숨 바쳐 사랑하라

사랑하라

오늘이 그대의 마지막인 것처럼

사랑하고 또 사랑하라

그대의 사랑이 그대를 아프게 하더라도

그것이 진심이 아니라면

호흡을 늦추고 마음을 가다듬어

그대의 사랑을 용서하고 사랑하라

사랑하라
사랑은 후회의 연속이라지만
후회하지 않는 그대의 사랑을 위해
오늘이 가기 전에
오늘이 마지막인 것처럼 사랑하라

이해력과 인식 능력을 길러라

모든 사람은 자신의 이해력과
인식의 한계 내에서만 세상을 바라볼 뿐이다.

쇼펜하우어 어록 48

　좌정관천坐井觀天이란 말이 있다. 이는 '우물 속에 앉아서 하늘을 본다는 뜻으로, 사람의 견문見聞이 매우 좁음을 이르는 말'이다. 또 이와 비슷한 사자성어로 정저지와井底之蛙라는 말이 있다. 이는 우리가 흔히 하는 말로 '우물 안 개구리'라는 말이 있는데, 바로 이 사자성어를 두고 하는 말이다.

　좌정관천의 유래는 다음과 같다.

　좌정관천은 중국 당나라의 문장가이자 정치가이며 당송 8대가唐宋八大家의 한 사람인 한유韓愈의 유명한 글인 '원도原道'에서 유래되었다. 이는 '도의 근원을 논한다'는 뜻으로 세상이 올바른 방향으로 나아갈 방법으로 따라야 할 도는 '유가儒家의 도道'라는 점을 강조한다. 고대 중국의 요임금과 순임금을 뜻하는 요순堯舜에서 공자, 맹자로 전해 내려오던 유학의 전승을 밝히고, 노자老子의 도교道敎와 부처의 불교를 배격해야 한다는 내용이 담겨 있다. 그 내용은 다음과 같다.

"노자가 인의仁義를 하찮게 여긴 것은 인의를 헐뜯은 것이 아니라 그가 견식이 좁은 까닭이다. 우물 속에 앉아서 하늘을 보고 하늘이 작다고 하는 것은 하늘이 작아서가 아닌 것과 같다."

한유가 주장하는 이 문장에서 보듯 유교儒敎에서는 '인의'를 '도'를 향해 갈 수 있는 최고의 덕목으로 여기는 반면, 도교道敎에서는 '인을 끊고 의를 버리면 백성이 효도와 자애로 돌아간다'고《도덕경道德經》에서 주장했다. 다시 말해 인의를 따르려고 노력하는 인위人爲적인 것보다 무위無爲하는 것이 좋다는 것을 뜻한다.

한유는 도교에서 인의를 하급의 덕으로 취급하는 것을 두고 식견이 좁은 탓이라며 노자의 주장을 부정하고 비판했다. 여기서 나온 말이 좌정관천으로 이는 '좁은 시야 안에 갇혀 있어 지식이나 사려가 깊지 못하고 바깥세상의 돌아가는 형편에 대해서 아는 바가 없는 경우'를 비유하여 이르는 말이다. 물론 이는 어디까지나 한유 개인의 생각하는 바가 그렇다는 뜻이므로, 일반적인 관점에서 볼 때 노자의 도교가 공자의 유교만 못하다는 증거는 어디에도 없다.

나는 개인적으로 한유의 주장에 반대한다. 그 이유는 나 또한 노자의 도道인 무위자연無爲自然에 전적으로 동의하는 바가 큰 까닭이다. 내가 노자의 사상을 옹호하는 것은 인위적인 것은 매사가 그릇됨이 많기 때문이다. 가령, 인간이 잘 먹고 잘 살기 위해 산을 파괴하고 나무를 베어내고 물길을 막아 댐을 쌓는 등 자연을 훼손시키는 일이 비일비재하지 않은가. 그로 인해 자연은 황폐화되어 가고 그 여파로 인한 온난화 현상으로 전 세계가 몸살을 앓고 있다. 이는 자연의 순리를 거스르고 인위를 가한 까닭이다.

그러나 무위는 그렇지 않다. 무위는 자연의 순리를 따르는 것으로, 자연의 순리를 따르는 것들은 문제가 될 게 없다. 그런 까닭에 나 또한 무위해야 세상이 온전하게 유지됨으로써 인간과 동물, 식물 등 지구상에 존재하는 모든 것들이 본연의 모습대로 저마다의 삶을 추구한다고 생각한다.

생각해 보라. 전대미문前代未聞의 코로나 19로 전 세계가 3년이 넘도록 엄청난 위기를 겪지 않았던가. 수많은 생명들이 목숨을 잃고, 생업에 지장을 받음으로써 생사의 위기에서 얼마나 전전

궁금했는지를. 이는 우리 인간의 탐욕으로 인해 생겨난 재앙이라고 할 수 있다. 다행스럽게도 전 세계가 온갖 노력을 다 기울인 끝에 코로나 19로부터 벗어났지만, 아직도 코로나 19가 완전히 박멸된 것은 아니다. 이 모든 것은 인위를 가해 순리를 거슬러 일어난 일이다. 그런 까닭에 무위를 따르는 것이 마땅하다는 게 내 생각이다. 나는 오래전부터 무위해야 함을 주장해 왔으며, 나의 사상과 철학은 무위자연을 근본으로 함에 있다고 하겠다.

우물 안에서 하늘을 바라보면 하늘은 우물 크기만큼만 보인다. 이처럼 좁은 식견으로부터 벗어나기 위해서는 배우고 익혀야 한다. 그렇지 않으면 자신이 아는 만큼만 말하게 되고, 생각하게 됨으로써 살아가는 데 있어 한계에 부딪칠 때가 많다.

이에 대해 쇼펜하우어는 다음과 같이 말했다.

"모든 사람은 자신의 이해력과 인식의 한계 내에서만 세상을 바라볼 뿐이다."

쇼펜하우어의 말에서 알 수 있듯 자신의 이해력과 인식의 한계에서 벗어나도록 노력해야 한다. 그렇지 않으면 우물 안 개구리가 될 수밖에 없다. 이는 스스로를 위해 대단히 잘못된 일이다. 그런 까닭에 배우고 익힘으로써 지식을 쌓고 견문을 넓혀야 한다.

자신의 이해력과 인식의 한계에서 벗어나기 위해서는 어떻게 해야 할까.

첫째, 다양한 분야의 책을 읽어라. 책은 잔소리하지 않고 세상의 지식을 전해주는 스승이다. 눈을 들고 바라보라. 어딜 가나 산더미처럼 쌓여 있고 널려 있는 것이 책이 아닌가. 그런데 책들이 외면받고 있으니, 이는 책에 대한 예의가 아니다. 자신의 좁은 식견을 넓히고 지성을 갖추기 위해서는 독여취식讀如取食, 즉 날마다 밥을 먹듯 책을 읽어야 한다. 둘째, 다양한 분야의 강의를 들어라. 요즘 자신만 부지런하면 도서관을 비롯한 여러 장소에서 질 좋은 강의를 무료로 들을 수 있다. 다양한 분야의 강의는 지식과 상식을 쌓는 데 그만이다. 셋째, 인문학 등을 비롯한 각종 공부 모임에 참여하라. 이런 모임은 그 분야를 공부한 사람들의 모임이라 차근차근 배우고 익히는 데 큰 도움이 된다. 또 그런 사람들과 어울림으로써 다양한 정보를 습득하여 내 것으로 만들 수 있으니 적극 동참하라. 넷째, 인터넷을 통해 다양한 교양 강좌를 듣는 것도 자신의 견문을 넓히는 데 큰 도움이 된다.

이상 네 가지 방법을 통해 꾸준히 배우고 익혀 지식을 쌓는다면 좁은 식견으로부터 벗어나 나만의 지식을 갖추는 데 큰 도움이 된다.

성년부중래 일일난재신 급시당면려 세월부대인
盛年不重來 一日難再晨 及時當勉勵 歲月不待人

이는 중국 동진 후기에서 남조 송대 초기까지 살았던 시인인 도연명陶淵明의 시로 '청춘은 다시 돌아오지 않고, 하루에 새벽은 한 번뿐이니, 좋은 시절 부지런히 힘쓸지니라. 세월은 사람을 기다리지 않느니라'는 뜻이다. 그러니까 부지런히 배우고 익히라는 말이다. 그렇게 하면 이해력을 키우게 되고 인식을 넓히는 데 큰 도움이 되는 까닭이다.

그렇다. 세월은 사람을 기다리지 않는다. 자신을 위해서 배우고 익혀라. 그런 만큼 인생을 의미 있고 가치 있게 살아가게 될 것이다.

얼굴에 나타나는
그 사람의 이미지의 힘

악한 생각과
무의미한 노력은 서서히 얼굴에,
특히 그 눈에 나타나게 되어 있다.

쇼펜하우어 어록 49

　사람의 얼굴을 보면 그 사람이 지금 무엇을 생각하고, 무슨
일이 있는지를 어렴풋이 알 수 있다. 사람은 누구나 좋은 일이
있으면 얼굴에 웃음기가 감돌고 좋지 않은 일이 있으면 하늘에
구름이 낀 듯 어딘지 모르게 얼굴 표정에 그늘이 진다. 이런 감
정들은 감추려고 해도 완벽하게 감출 수가 없다. 인간은 감정
의 동물이고 얼굴은 그 사람의 거울과 같은 까닭이다.

　이에 대해 쇼펜하우어는 다음과 같이 말했다.

　"악한 생각과 무의미한 노력은 서서히 얼굴에, 특히 그 눈에 나타나게 되어 있다."

쇼펜하우어의 말은 누구나 납득할 수 있는 말이기에 더욱 공감이 간다. 그의 말처럼 그 사람의 눈을 보면 그 사람이 진실을 말하는지 거짓을 말하는지 대충이라도 알 수 있는 것은 눈은 그 사람의 마음 호수와 같기 때문이다. 그래서일까, 심리학자들은 그 사람의 얼굴과 눈을 보면 그 사람의 심리를 알 수 있다고 한다.

우리가 흔히 하는 말로 '표정 관리'라는 말이 있다. 얼굴에 나타나는 감정을 상대에게 들키지 않게 해야 한다는 말이다. 왜 그럴까. 표정 관리를 해야 할 자리에서 표정 관리를 하지 못하면 그로 인해 상대에게 좋은 이미지를 주지 못하기 때문이다.

인간관계에서 그 사람의 이미지는 매우 중요하다. 특히, 첫인상은 그 사람의 전부를 가늠할 만큼 강력하다. 사람과의 만남에서 첫 인상이 미치는 영향이 절대적이기 때문이다. 첫인상의 중요성에 대해 경영 컨설턴트이자 인간관계 전문가이며 《Yes를 끌어내는 설득의 심리학》의 저자인 레스 기블린Les Giblin은 이렇게 말했다.

"첫인상이 마지막 인상이 될 수도 있다. 첫인상이 좋으면 그다음부터는 사람들을 대하기가 쉽지만, 첫인상이 나쁘면 두 번째 만남에서 자신의 대한 인상을 바꾸기는 생각보다 어렵다."

레스 기블린의 말에서 보듯 첫인상이 사람과의 관계에서 미치는 영향이 크다는 것을 알 수 있다.

사람들의 첫인상은 짧게는 5초, 길어도 20초면 결정난다. 이 짧은 시간 동안에 '저 사람은 사귀어도 괜찮겠어', '저 사람은 가까이 안 하는 게 좋겠어'라고 생각하게 된다.

이미지의 중요성을 잘 알게 하는 이야기이다.

존 F. 케네디John F. Kennedy와 닉슨이 35대 대통령 선거를 치를 때 일이다. 당시 대통령이었던 아이젠하워는 공화당 후보인 닉슨을 적극 지원했다. 닉슨은 부통령으로 8년 동안이나 지내왔던 터라 정치 경험이 풍부하고 국제 무대에도 친숙한 사람이었다. 그에 비해 존 F. 케네디는 민주당 후보로 국제적으로도 국내적으로도 영향력이 현저히 낮았다. 단지 나은 게 있다면 명문가인 케네디 가문이라는 것뿐. 그런데 많은 핸디캡에도 불구하고 케네디가 국민들에게 자신을 알릴 수 있었던 것은 텔레비전에 출연해서 벌인 정책토론회에서였다.

"텔레비전 토론회, 그까짓 것 아무것도 아니야. 나에게는 식은 죽 먹기지."

닉슨은 텔레비전 정책토론회를 가볍게 여기고 원고를 대충 훑어보았을 뿐이었다. 반면 케네디는 비밀을 유지한 체 철저하게 대비했다. 케네디가 얼마나 치밀한지 얼굴의 표정, 말의 속도, 억양, 몸동작, 손의 위치 등 놓치기 쉬운 작은 것 하나까지 세심하게 챙겨 연습에 연습을 거듭했다.

"이것만이 내가 닉슨을 이길 수 있는 유일한 방법이다."

케네디는 동생 에드워드 케네디에게 말했다.

"아주 좋은 생각이야. 나는 형이 반드시 이길 거라고 확신해."

동생 에드워드 케네디는 이렇게 말하며 형에게 용기를 심어주었다.

마침내 방송에 출연해 정책토론이 벌어졌다. 수많은 눈들이 그들을 주시하고 있었지만, 케네디는 전혀 떨리는 기색이라곤 없었다. 오히려 즐기고 있었다. 자신이 연습한 대로 여유로운 몸짓과 세련된 말투, 게다가 깔끔한 의상과 밝은 표정의 핸섬한 외모는 그를 한층 더 돋보이게 했다.

그러나 닉슨은 달랐다. 조금은 덜 세련된 외모와 말투, 딱딱한 자세와 부자연스러운 모습은 보는 이들의 마음을 답답하게 했다.

"오우, 케네디 저 사람, 되게 말 잘한다! 세련된 저 멋진 포즈는 또 어떻고. 나는 케네디로 결정했어."

케네디를 보고 한눈에 반한 미국 국민들은 하나같이 그에게 갖는 기대가 대단했다. 텔레비전 정책토론에서 완승한 케네디는 순식간에 미국의 '새로운 희망'으로 떠올랐다.

드디어 선거가 실시되었다. 그리고 선거 결과가 발표되었다.

"미국 제35대 대통령은 민주당 후보인 존 F. 케네디로 결정되었습니다.”

선거관리위원장의 말에 미국 전역이 들썩였다.

케네디는 열악한 조건에서도 자신만의 색깔 있는 이미지 연출로 당당하게 대통령에 당선되었던 것이다.

이 이야기에서 보듯 케네디가 거물급 정치인인 닉슨을 이기고 대통령에 당선될 수 있었던 것은 이미지의 힘, 즉 표정 관리가 크게 작용했기 때문이다. 미국 유권자들은 표정 관리에 미숙한 닉슨보다는 환하게 미소 짓는 밝은 표정의 젊은 케네디를 선택한 것이다. 왜냐하면 그를 통해 미국의 밝은 미래를 기대하는 유권자들의 심리가 표심으로 나타났기 때문이다.

사람들은 누구나 이미지가 좋은 사람에게 관심을 갖는다. 이미지는 그 사람 자체라고 생각하는 경향이 짙은 까닭이다. 그런 까닭에 인간관계에 있어 표정 관리는 매우 중요하다고 하겠다.

그렇다. 자신이 만나는 사람들에게 좋은 이미지를 심어주기 위해서는 표정 관리에 힘써야 한다. 얼굴엔 밝게 미소를 띠고, 눈은 부드럽게 상대방을 바라보라. 친근한 어투로 말하고 친절하게 행동하며 진정성을 보여주어라. 그리하면 만나는 누구에게나 호감을 주게 됨으로써 인생을 살아가는 데 있어 큰 도움이 될 것이다.

운명이라는 말은 어리석음에서 온다

사람들이 흔히 운명이라고 부르는 것은
대체로 그들 자신의 어리석음이다.

쇼펜하우어 어록 50

운명運命이라는 말은 누구나 흔히 하는 말로, '인간을 포함한 모든 것을 지배하는 초인간적인 힘, 또는 그것에 의해 이미 정해져 있는 목숨이나 처지를 뜻하는 말'이다. 그래서일까, 사람들은 하는 일이 잘되면 운이 좋아서라고 말하고, 어려운 일을 겪게 되면 타고난 운명이 그래서라고 말하곤 한다.

여기서 운運은 '운수'를 뜻하는 말이고, 명命은 '목숨'을 뜻한다. 그러니까 운명은 앞에서도 말했지만, 그 사람의 생사를 좌지우지할 만큼 그 사람에게 미치는 영향이 크다는 것을 의미한다고 하겠다.

그러나 운명론자가 아닌 이상 운명이란 말의 사슬에 걸려 마음을 쏟을 필요는 없다. 강인한 의지 앞에는 운명도 비켜가는 법이니까. 보다 중요한 것은 무엇을 하겠다는 의지와 실천력이다.

그런데 일일이 운에 맡기고 그 결과를 운명으로 돌린다면 이는 얼마나 우스꽝스러운 일인가.

쇼펜하우어는 운명에 대해 이렇게 말했다.

"사람들이 흔히 운명이라고 부르는 것은 대체로 그들 자신의 어리석음이다."

쇼펜하우어의 말에서 보듯 그는 운명이라고 부르는 사람은 그가 어리석기 때문이라고 말한다. 그러니까 어리석은 사람이 되지 않기 위해서는 운명을 믿지 말고 자신의 의지를 믿어야 한다.

다음은 운명에 대한 말이다. 운명에 대한 여러 말을 본다면 운명에 대해 확실한 생각을 갖게 될 것이다.

"사람은 제각기 그 운명을 스스로 만든다. 즉 운명이란 결코 하늘이나 신이 지배하는 것이 아니고, 각자 자신의 손으로 자신의 운명을 만드는 것이다."

이는 BC 1세기 고대 로마의 전기작가이자 역사가인 코르넬리우스 네포스Cornelius Nepos가 한 말로, 운명은 각자가 만드는 것이라는 것이다. 그러니까 자신에게서 일어나는 잘되는 일도 잘못되는 일도 모든 일은 스스로에 의해서 일어난다는 것이다. 그런 까닭에 운명을 믿지 말고 스스로를 믿고 자신의 일을 해나감을 의미한다고 하겠다.

"나는 내 운명의 주인이며, 나는 내 마음의 선장이다."

이는 영국의 시인이자 작가인 윌리엄 어니스트 헨리William Ernest Henley가 한 말로, 자신의 운명은 자신의 손으로 만들어지고 자신은 자신의 마음을 조종하는 주인임을 의미한다. 그러니까 스스로 자신의 운명을 결정짓는다는 말이다.

"자, 우리 일어나서 어떤 운명이라도 헤쳐 나가도록 힘차게 일하자. 사뭇 성취하고, 사뭇 추진하며, 일하고 기다리는 것을 배워야 한다."

이는 미국의 시인 헨리 워즈워스 롱펠로Henry Wadsworth Longfellow가 한 말로, 운명이란 스스로 헤쳐 나감으로써 얼마든지 자신의 인생을 자신이 원하는 대로 이룰 수 있음을 의미한다. 그러니까 운명의 지배를 당하지 말고 운명을 헤쳐 나가는 법을 배워 맞서라는 것이다. 그러면 운명이라고 말하는 것을 능히 물리칠 수 있다는 말이다.

"인간의 운명은 인간의 손아귀에 있다."

이는 프랑스의 실존주의 사상가이자 작가인 장 폴 사르트르Jean Paul Sartre가 한 말로, 운명이라는 것은 그 사람 손에 달려 있음을 의미한다. 그러니까 그 어떤 것도 스스로의 의지에 달린 문제라는 것이다. 그런 까닭에 자신의 인생을 가로막는 그 어떤 것도 이겨낼 수 있어야 한다.

"운명보다 강한 것이 있다면 그것은 동의하지 않고 운명을 짊어지는 용기이다."

이는 독일 시인 헤르만 가이벨Hermann Geibel이 한 말로, 운명을 이기기 위해서는 운명과 맞서는 용기가 있어야 한다는 것이다. 그러니까 운명이라고 말하는 그 어떤 것도 그것과 맞설 수 있는 용기만 있다면 능히 이겨낼 수 있음을 의미한다고 하겠다.

"어떠한 역경과 고난 속에서도 냉철한 이성으로써 과감히 일을 처리하는 사람이 위대한 것이다. 운명은 사람을 차별하지 않는다. 사실 자신이 운명을 무겁게 느끼기도 하고 가볍게 여기기도 할 따름이다. 운명이 무거운 것이 아니라, 자기 자신이 약한 것이다. 자신이 약하면 운명은 그만큼 강해진다. 연약한 사람은 언제나 운명이란 바퀴에 깔리고 마는 것이다.”

이는 후기 스토아 철학을 대표하는 로마 제정시대 정치가인 루키우스 안나이우스 세네카^{Lucius Annaeus Seneca}가 한 말로, 운명을 무겁게 느끼는 것은 자신이 약하기 때문이라고 한다. 그러니까 운명을 이기기 위해서는 자신이 강해지면 된다는 것이다. 운명이란 자신이 강하면 약해지고 자신이 약하면 강해는 것으로써 자신의 의지에 따라 좌우된다는 것을 의미한다고 하겠다.

“운명아! 비켜라. 용기 있게 내가 간다.”

이는 독일의 철학자이자 시인인 프리드리히 니체^{Friedrich Nietzsche}가 한 말로, 운명을 물리쳐서 나가겠다는 말이다. 그러니까 운명이라고 믿는 그 어떤 것도 용기 있게 밀고 나가면 능히 이겨낼 수 있음을 의미한다고 하겠다.

코르넬리우스 네포스, 윌리엄 어니스트 헨리, 헨리 워즈워스 롱펠로, 장 폴 사르트르, 헤르만 가이벨, 루키우스 안나이우스 세네카, 프리드리히 니체의 말을 보면 표현은 다르지만, 운명은 자신의 의지에 달려 있다는 걸 알 수 있다. 그런 까닭에 자신이 자신을 믿고 용기 있게 나가는 것, 이것이야말로 그 어떤 운명도 이겨낼 수 있는 최선의 방책인 것이다.

그렇다. 쇼펜하우어가 운명이라고 말하는 사람들은 어리석다고 했듯이, 자신이 어리석은 사람이 되지 않기 위해서는 운명을 거부하라. 그리고 자신에게 주어진 그 어떤 시련과 역경도 맞서 싸워 이겨내라. 이것이야말로 자신의 삶을 향기 나게 하는 최선의 지혜인 것이다.

ARTHUR SCHOPENHAUER

사람들과의 관계성이 중요한 까닭

우리가 겪는 대개의 모든 슬픔은
다른 사람들과의 관계에서 온다.

쇼펜하우어 어록 51

사람은 혼자서는 존재할 수 없고, 살아갈 수도 없다. 사람은 사람들과 어울려 살아야 하는 존재인 까닭이다. 다시 말해 인간의 삶은 사람들과의 관계에서 시작하고 이어가고 매듭지어지는 것이다.

그런데 자기에게만 유익하고, 자기 편한 대로만 하려고 하는 사람들을 종종 보게 된다. 놀이 동산이나 유원지에서 보면 남에게 피해를 주든 말든 소음을 일으키고, 아무데나 빨래를 널고 담배를 피우는 등 그 행태도 가지가지다.

또한 우리나라 주거 형태는 70%가 넘게 아파트, 다세대 등

공동주택이다. 그런데 문제는 내 집에서 내 맘대로 하는데 무엇이 문제냐며 낮이고 밤이고 새벽이고 가리지 않고 소음공해를 일삼는 사람들, 아무데서나 담배를 피워 피해를 주고, 집에서 기르는 개가 밤낮으로 시끄럽게 짖어대도 아무렇지도 않게 생각하는 부도덕하고 몰염치한 사람들로 주변 사람들이 힘들어 하는 예가 부지기수다.

이 모든 것은 남을 생각할 줄 모르고 나만 아는 이기적인 생각에 기인한다. 이런 사람들은 사람들과의 관계성을 훼손시킴으로써 주변 사람들로부터 손가락질을 받고 외면당한다.

생각해보라. 누가 자신에게 불편을 끼치고 피해를 주는 사람과 함께 하겠는지를. 사람이 살아가면서 겪게 되는 모든 불의한 일은 대개 사람들과의 관계에서 발생하는 것이다. 이는 사람들과의 관계성이 자신에게 미치는 영향이 얼마나 중요한지를 잘 모르는 어리석은 작태일 뿐이다.

사람들과 관계성의 중요성에 대해 쇼펜하우어는 다음과 같이 말했다.

"우리가 겪는 대개의 모든 슬픔은 다른 사람들과의 관계에서 온다."

쇼펜하우어는 슬픔을 예로 들어 사람들과의 관계성을 말했지만, 이는 단지 하나의 예일 뿐이다. 기쁨이든 슬픔이든 즐거움이든 모든 것은 사람들과의 관계성에서 오는 것이다.

그렇다면 어떻게 해야 사람들과의 관계성을 좋게 함으로써 행복하고 즐겁게 살아갈 수 있을까. 사람들과의 관계를 좋게 하기 위해서는 소통이 원만해야 한다. 소통의 사전적 의미는 '생각하는 바가 서로 통함'이다. 그러니까 서로의 생각이 잘 맞도록 해야 하는 것이다. 그렇다면 소통을 잘하기 위해서는 어떻게 해야 할까.

첫째, 친절하게 행동하라. 친절은 사람들의 마음을 감화시킨다. 그래서 친절한 사람을 보면 기분이 좋다. 그의 좋은 에너지가 마음을 맑게 정화시켜 주기 때문이다.

둘째, 진정성을 보여라. 진정성은 진실한 마음이다. 진실한 마음은 누구에게도 통하는 법이다. 인간관계에 있어 진실만큼 중요한 것은 없다.

셋째, 먼저 다가가라. 소통을 원활하게 하기 위해서는 자신이 먼저 마음을 열고 다가가야 한다. 먼저 다가가는 사람에게 관심을 갖는 게 사람들의 심리이다. 자신의 열린 마음을 보여준다면 좋은 결과를 얻을 수 있다.

넷째, 상대를 배려하라. 배려심이 좋은 사람을 보면, 그가 누구든 거부감이 들지 않는다. 그런 사람과의 소통을 기분 좋게 생각한다. 배려는 넉넉한 마음에서 오는 따뜻함이다.

다섯째, 격려하라. 격려는 칭찬보다 강하다는 말이 있다. 무언가를 새롭게 시작하거나, 의기소침해 있을 때 따뜻한 마음으로 격려를 하면 큰 용기를 얻는다. 격려는 사람의 마음을 사는 좋은 소통 수단이다.

여섯째, 먼저 미소를 지어라. 웃는 얼굴이 가장 예쁘다는 말이 있다. 웃음은 향기로운 마음을 전해준다. 처음 보는 사람의 마음도 열게 하는 매혹적인 소통의 수단이다.

일곱째, 누군가 도움을 필요로 할 땐 자신이 도와줄 수 있는 범위 내에서 도와주어라. 사람은 그 어떤 도움일지라도 자기가 도움을 필요로 할 때 도와주는 사람에게 그 고마움을 잊지 못한다. 그래서 그 사람과 좋은 관계를 이어가고 싶어 한다. 도움은 상대의 마음을 감동시키는 좋은 소통의 수단이다.

이 밖에도 상황에 따라 더 생각해 볼 수 있지만, 이 일곱 가지가 가장 보편적인 소통의 주요 요소라고 할 수 있다.

"행동은 감정을 따르는 것처럼 보인다. 하지만 행동과 감정은 동시에 작용하는 것이다. 의지의 직접적인 지배를 받는 행동을 조정하면 우리는 의지에 직접적인 지배를 받지 않는 감정을 조절할 수 있을 것이다. 그러므로 밝은 사람이 되려면 먼저 밝은 사람처럼 행동해야 한다."

이는 미국의 탁월한 심리학자인 윌리엄 제임스^{William James}의 말이다. 그의 말처럼 인간관계에서 원활한 소통을 하기 위해서는, 자신이 먼저 좋은 모습을 보이지 않으면 안 된다. 상대를 자신에게 끌어당기기 위해서는 자신이 먼저 상대에게 좋은 모습을 보임으로써 상대의 관심을 집중시켜야 한다. 그리고 그가 최대한 마음을 열고 다가올 수 있도록 행동해야 한다. 그렇게 되면 상대는 관심을 갖고 자신이 의도하는 대로 따라오게 된다. 그렇게 되었을 때 소통은 막힘없이 이루어져 서로가 서로에게 원하는 것을 얻게 됨으로써 만족한 인간관계를 이어나갈 수 있는 것이다.

그렇다. 사람들과의 관계성이 중요한 것은 관계성이 좋으면 삶을 유기적^{有機的}으로 살아가는 데 있어 큰 도움이 된다. 그리고 그로 말미암아 행복하고 즐거운 삶을 살아가게 된다. 그런 까닭에 사람들과의 관계를 잘 이어갈 수 있도록 노력해야 하는 것이다.

ARTHUR SCHOPENHAUER

교만의 위험성 그 무모함을 경계하라

교만의 그늘이
무수한 장점을 가려버리는 일은 흔하다.

쇼펜하우어 어록 52

교만한 사람은 보는 것만으로도 거부감이 든다. 상대에 대한 예의가 없고, 버릇이 없을 뿐만 아니라 행동거지가 눈에 거슬리기 때문이다. 이런 사람은 어딜 가든 사람들로부터 경계 대상이 된다. 그런 까닭에 대개의 사람들은 교만한 사람 주변엔 가지 않으려고 한다. 가봤자 다른 사람들로부터 같은 부류의 사람으로 오해받을까 염려가 되는 까닭이다.

그런데도 교만한 사람은 자기가 교만한 줄을 모른다. 그래서 충고를 해도 아랑곳하지 않고 어디에서나 제멋대로 행동함으로써 좋지 않은 삶을 남기기도 한다.

쇼펜하우어는 교만이 그 사람의 삶에 미치는 영향에 대해 다음과 같이 말했다.

"교만의 그늘이 무수한 장점을 가려버리는 일은 흔하다."

쇼펜하우어의 말처럼 교만이 그 사람의 좋은 점을 가로막는 인생의 장애물이다. 하지만 그것으로도 부족해 자신의 인생을 망치는 경우가 허다하다. 다음은 교만으로 인해 자신의 인생을 비참하게 마친 이야기이다.

세계 역사 이래 가장 드넓은 영토를 차지한 영웅 중 한 명인 마케도니아의 알렉산더 대왕. 그는 필리포스 2세의 아들로 태어났다. 알렉산더는 열두 살 때 사나운 말을 길들일 정도로 용맹했다. 또한 그는 고대 그리스 철학자인 아리스토텔레스를 스승으로 모시며 학문적 지식도 두루 갖추어 문무를 겸비했다. 그는 아버지 필리포스 2세가 비잔티움과 전쟁을 하러 떠나자 아버지를 대신해 왕국을 맡아 섭정했다.

그러던 어느 날, 트라키아의 마에디족이 반란을 일으켰다. 알렉산더는 단숨에 마에디족을 진압해 그들을 영토에서 내쫓은 뒤, 그 자리에 알렉산드리아라는 도시를 세웠다.

아버지가 세상을 떠난 뒤, 왕위에 오른 알렉산더는 부하들을 인자하고 관대하게 대했다. 그러나 이웃 나라를 하나둘씩 정복해 가더니 점점 자만에 빠지고 성격도 과격해져 갔다.

알렉산더에게는 클레토스라는 친구가 있었다. 그는 장군으로서 알렉산더를 보필하며 권력을 누렸다. 알렉산더는 그를 무척이나 신뢰했는데 그가 자신의 곁에 있다는 것만으로도 든든해할 정도였다.

그러던 어느 날, 이들 사이에 문제가 발생했다. 클레토스가 연회장에서 술에 취해 알렉산더에게 함부로 말하며 추태를 부린 것이다. 아무리 친한 친구 사이여도 많은 사람들이 있는 데서 황제를 모욕한다는 것은 있을 수 없는 일이었다. 클레토스의 교만함과 막말에 알렉산더는 크게 진노했다.

"네가 내 친구라는 이유로 장군에도 오르게 하고, 좋은 집에서 호의호식하며 살게 했거늘…… 네가 감히 나를 능멸해? 지금껏 나는 너를 친구로 대했으나 이제 너는 내 친구도 아니고 장군도 아니다. 교만한 놈 같으니라고!"

알렉산더는 이렇게 말하며 옆에 있던 병사의 창을 클레토스에게 던졌다. 이때, 창은 그의 가슴에 정확히 꽂혔고 클레토스는 그 자리에서 죽고 말았다. 클레토스는 교만함과 무례함으로 비참하게 세상을 떠나고 말았다.

다음은 교만하게 행동을 하다 따끔한 충고를 받고는 크게 깨달아 자신의 행동거지를 반듯하게 고침으로써 훗날 많은 사람들로부터 존경받는 인물이 된 이야기이다.

조선시대 초기, 어느 암자에 학식이 뛰어나고 인품과 덕망이 높은 이가 있었는데 그가 누구인지는 정확히 알 수 없다. 어느 날 파주 원님으로 부임한 맹사성이 무명선사를 찾아왔다. 맹사성은 열아홉 살에 장원급제한 천재였다. 어린 나이에 관직에 오른 맹사성은 자만심에 우쭐하여 바람직하지 못한 행동을 하기도 했다. 맹사성은 학식이 뛰어났지만 인품은 여물지 않았다. 그런 그가 무명선사에게 이렇게 말했다.

"스님, 스님이 보시기에 이 고을을 다스리는 사람으로서 제가 우선시해야 할 좌우명이 무엇이라고 생각하십니까?"

그의 말을 듣고 무명선사가 말했다.

"나쁜 일을 하지 말고 백성들에게 선을 베풀면 됩니다."

맹사성은 빤한 대답에 못마땅한 얼굴로 말했다.

"그것은 삼척동자도 다 아는 사실이 아닙니까. 먼 길을 온 제게 해줄 말이 고작 그 말뿐이라니, 제가 스님을 잘못 알고 헛걸음을 한 것 같습니다."

맹사성은 자리에서 일어나 나가려 했다.

"이왕 오셨으니 녹차나 한 잔 하고 가시지요."

무명선사의 권유에 맹사성은 마지못해 다시 자리에 앉았다.

잠시 후 무명선사는 끓인 찻물을 찻잔에 따랐다. 스님은 찻물이 넘치는데도 계속 따랐다.

"스님, 찻물이 넘쳐 방바닥이 젖습니다."

맹사성의 말에도 무명선사는 아랑곳하지 않고 계속해서 물을 따랐다. 무명선사는 나직한 목소리로 말을 이어갔다.

"찻물이 넘쳐 방바닥을 적시는 것은 알면서 어찌 지식이 넘쳐 인품을 망치는 것은 모른단 말입니까?"

무명선사의 낮고 준엄한 말에 맹사성은 머리를 한 대 얻어맞은 것 같았다. 그는 황급히 자리에서 일어나 문을 열고 나가려다 문에 머리를 세게 부딪히고 말았다. 그 모습을 보고 무명선사가 빙그레 웃으며 말했다.

"고개를 숙이면 부딪치는 법이 없습니다."

등 뒤에서 들려오는 스님의 말에 맹사성은 얼굴이 발개진 채로 관아로 돌아왔다. 무명선사와의 만남은 맹사성에게 중요한 교훈을 남겼다. 그는 자신의 마음에 자리한 교만을 버리기로 굳게 마음먹고 말 한 마디와 사소한 행동 하나하나에도 신중을 기했다.

이후 그의 삶은 180도 달라졌다. 그는 아랫사람을 대할 때도 함부로 하지 않았으며 손님이 방문하면 상석에 앉히며 배웅은 문밖까지 나가서 했다. 반면에 주요 관직에 있는 사람들에게는 냉엄하게 대했다. 강한 자에게는 강하고, 약한 자에게는 관대했다. 맹사성은 가마 대신 소를 타고 다닌 것으로도 유명하다. 그만큼 청빈한 삶을 살았다. 그런 까닭에 맹사성은 역사에 이름을 남긴 존경받는 인물이 되었다.

앞의 두 가지 이야기를 통해 교만하고 무례하게 굴었던 클레토스는 비참하게 최후를 마쳤지만, 맹사성은 자신을 깊이 반성하고 새롭게 거듭남으로써 존경받는 인물이 되었다.

그렇다면 문제는 간단하다. 교만하지 않도록 언행에 각별히 조심하고, 늘 스스로를 돌아보고 살핌으로써 잘못됨이 없도록 유념해야겠다.

삶의 가시를 세우지 마라

가시가 없는 장미는 없다.
하지만 장미 없는 가시는 많다.

쇼펜하우어 어록 53

가시란 바늘처럼 뾰족하게 돋친 것을 말한다. 가시에 찔리면 따끔하고 아프다. 그래서 심한 경우에는 상처가 덧나 고생을 하기도 하고 심지어는 죽음까지도 이르게 된다.

이를 잘 알게 하듯 시집《두이노의 비가》와《오르페우스에게 부치는 소네트》로 유명한 체코 태생 독일 시인 라이너 마리아 릴케Rainer Maria Rilke는 장미 가시에 찔린 것이 덧나 죽었다고 하니 가시란 조심해야 할 대상이다(항간에는 백혈병으로 죽었다는 이야기도 전해지나 장미 가시에 찔린 것이 덧나 파상풍으로 죽었다는 설이 많은 걸 보면 이 이야기가 더 타당성이 있을 것 같다).

가시의 이런 점 때문에 눈에 거슬리는 대상을 비유적으로 일컬어 '눈엣가시'라고 하고, 불편한 상황이나 난처한 입장에 처했을 때 '가시방석'이라는 표현을 쓴다. 여기서 가시는 부정적인 뜻을 내포한다.

쇼펜하우어는 가시에 대해 다음과 같이 말했다.

"가시가 없는 장미는 없다. 하지만 장미 없는 가시는 많다."

장미는 가시가 없다면 장미로서의 가치는 떨어지고 만다. 예쁜 장미는 가시가 함께 함으로써 상대적으로 예쁨의 가치를 더 드러내게 된다. 다시 말해 장미는 가시를 곁에 둠으로써 무수한 손길로부터 아름다움을 보전하고 예쁨을 드러내는 것은 당연한 일이다.

반면에 장미 없는 가시는 많다는 것에서 가시란 '가시' 그 존재 자체를 의미한다. 다시 말해 여기서의 가시란 상처를 주는 위험한 존재로서의 가시를 뜻하는 것으로 부정적인 의미를 내포한다고 하겠다.

우리의 인생이 그렇다. 사람들 중엔 가시를 숨기고 사는 사람들이 많다. 이기적인 가시, 쓸데없이 남을 비난하고 비판하는 가시, 남에게 상처 줌으로써 고통을 주는 가시, 남을 시기하고 질투함으로써 곤경에 빠트리는 날선 가시, 남에게 사기를 치는 등 시시때때로 피해를 주는 상투적인 가시 등 가시의 종류도 가지가지다. 이런 삶의 가시로 인해 사람들은 마음의 상처를 입고 비탄에 빠지기도 하고 사람들을 상대하는 것을 꺼리는 이들도 있다.

남에게 상처를 주는 가시는 자신에게도 치명적으로 작용한다는 사실을 알아야 한다. 이에 대한 이야기이다.

베를린 영화제, 베니스 영화제와 더불어 세계 3대 영화제로 꼽히는 칸 영화제에 덴마크의 라스 폰 트리에 감독이 초청받았다. 그는 영화 〈어둠 속의 댄서〉로 황금종려상을 받은 세계 영화계의 거장이다. 그런 그가 한 매체와의 인터뷰에서 다음과 같은 발언을 한 적이 있다.

"저는 가끔 유대인이 될 걸 하고 생각합니다. 하지만 그럴 때마다 제가 나치라는 사실을 알게 됩니다. 저는 히틀러를 이해하고 조금은 공감합니다."

당시 그의 인터뷰 기사는 순식간에 세계로 퍼져 나갔고, 칸 영화제 집행부는 인종 차별 발언으로 물의를 일으킨 그가 모든 행사에 참여할 수 없도록 입장 금지령을 내렸다. 또한 기피 인물로 지목하는 중징계도 내렸다. 그는 독일계 덴마크인이었다.

그는 집행부의 중징계에 대해 다음과 같이 해명했다.

"저는 나치가 아니고 반유대주의자는 더더욱 아닙니다. 그

때는 단지 기자에게 농담을 한 것뿐입니다."

"아니, 농담할 게 따로 있지 어떻게 인종 차별 발언을 농담으로 할 수 있습니까? 그 어떤 말로도 이는 받아들일 수 없습니다."

집행부에서는 이렇게 말하며 그를 질책했고 해명은 받아들여지지 않았다. 결국, 그의 명성은 한순간에 와르르 무너지고 말았다.

이 이야기를 보면 라스 폰 트리에 감독의 망언은 히틀러에게 억울하게 죽은 600만 유대인을 두 번 죽이는 날카롭고 무지막지한 가시가 아닐 수 없다. 그의 망언은 유대인들의 가슴에 가시가 되어 박혔고 분노하게 했다. 뿐만 아니라 그의 망언은 그 소식을 들은 수많은 사람들의 가슴에도 가시가 되었다.

인생을 살아가면서 누군가의 삶에 가시가 되는 일은 없어야 한다. 그것은 상대를 고통스럽게 하는 일이며, 두고두고 상처를 남길 수 있는 패악한 일이기 때문이다. 나아가 라스 폰 트리에 감독처럼 자신이 쌓은 성공이란 금자탑을 스스로 무너뜨리는 어리석은 일인 것이다.

그렇다. 남에게 빛과 소금과 같은 사람이 되도록 노력하되, 삶의 가시가 되는 일은 없어야 한다. 그것은 자신의 삶에 대한 정중한 예의이기 때문이다.

우리가 사소한 일에
위로를 받는 이유

*Arthur
Schopenhauer*

우리가 사소한 일에
위로를 받는 이유

우리가 사소한 일에 위로를 받는 이유는
사소한 일에 고통받기 때문이다.

쇼펜하우어 어록 54

사람들 중엔 사소한 일로 마음의 상처를 받고 고통을 느끼는 경우가 많다. 어떻게 보면 충분히 넘어갈 수 있는 일인데도 마음의 상처를 받고 우울해하고, 속상해하고 분노한다.

왜 그러는 걸까. 사람들은 강한 것 같으면서도 여린 면이 많다. 특히, 주변의 가까운 사람들로부터 받은 마음의 상처로 고통을 느끼기도 한다.

그런데 마음의 상처를 받는 일은 대체로 소소한 일이다. 가령 가까운 친구나 지인이 주변 사람들에게 작은 선물을 했는데 자신이 받지 못했다든가, 어디를 놀러 가는데 자기만 빼놓고 간다거나, 다른 사람에게 자신에 대해 얘기했을 때 사소한 오해로 인해 상처를 받곤 한다.

이런 경우 자신의 상처 입은 마음을 누군가가 위로해 주면 우울한 마음이 안개 걷히듯 사라지곤 한다. 그런 까닭에 사소한 일로 고통받았을 땐 누군가가 이런 내 마음을 좀 알아주었으면 하고 바라는 것이다.

쇼펜하우어는 사람들이 상처받은 마음을 위로 받고 싶어 하는 이유에 대해 다음과 같이 말했다.

"우리가 사소한 일에 위로를 받는 이유는 사소한 일에 고통받기 때문이다."

쇼펜하우어의 말에서 보듯 대개의 사람들은 사소한 일에 마음의 상처를 받으면 우울해하고 심하면 고통을 느끼곤 한다. 그런 까닭에 상처 입은 마음을 위로 받고 싶어 하는 것이다.

그렇다면 언제까지나 위로를 받아야만 하는 걸까. 그것은 사람의 따라서 차이가 있다. 긍정의 에너지가 넘치는 사람들은 처음 얼마간은 우울해하다가도 '그래, 그럴 수도 있지. 하지만 내가 이런 일로 언제까지나 우울해할 순 없어' 하고 툭툭 털고 아무 일도 없었던 것처럼 행동한다.

그러나 긍정의 에너지가 약한 사람들은 대체로 오래간다. 하지만 이들 역시 속을 끓이다가 어느 정도 시간이 지나면 그 기억으로부터 서서히 멀어진다.

그런데 문제는 그 기간 동안 속상해하고 속을 끓이다 보면 자신만 손해를 본다는 것이다. 자신 때문에 가족들이, 친구들이, 직장 동료들이 알게 모르게 눈치를 보며 조심하게 되니 말이다. 이는 자신에게도 주변 사람들에게도 비생산적인 일이다.

그렇다면 어떻게 해야 할까.

누군가가 위로해 주면 좋겠지만 자신이 스스로 자신을 위로하면서 풀어버리는 것이다. 이에 대한 몇 가지 방법을 보자.

첫째, 자신의 마음을 평온하게 해주는 음악을 들어라. 음악을 듣다 보면 얼어붙은 마음이 서서히 녹는 것을 느끼게 된다. 음악은 좋은 치유법이다.

둘째, 마음을 따뜻하게 감싸주고 용기를 주는 시나 글을 읽어라. 이러한 시나 글은 정신적으로 압박 받은 마음을 포근히 감싸주고 용기를 불러일으킨다. 그런 까닭에 예로부터 사람들은 책을 통해 마음을 치유했다.

셋째, 여행을 하는 것도 좋은 방법이다. 낯선 곳을 여행하다 보면 새로운 느낌과 마주하게 된다. 그 새로운 느낌이 피로할 때 마시는 한 잔의 차와 같이 언 마음을 녹여준다. 그런 까닭에 자신이 평소 가보고 싶었던 곳이나 아름다운 추억이 숨 쉬는 곳으로 여행을 해보라.

넷째, '나만 이렇게 힘든 걸까, 누구나 그럴 수 있을 거야' 하고 생각하라. 사람들은 힘든 일에 처하면 '남들도 내 경우라면 나처럼 같은 마음일 거야' 하며 생각을 공유하고 싶어 하는 마음을 갖게 된다. 그러면 자신이 못나서가 아니라 자신이 너무 지나치게 그 일에 몰입한다는 생각이 든다. 그러고는 '내가 이런 일로 속을 끓이고만 있을 수 없지' 하고 스스로에게 용기를 북돋우고 위로하게 된다. 이처럼 자기를 치유하는 것이야말로 가장 바람직한 자기 치유 방법이다.

다섯째, 자신과 뜻이 잘 맞는 사람과 만나 속이 시원해질 때까지 수다를 떨어라. 수다를 떨다 보면 답답했던 마음이 서서히 누그러짐을 느끼게 된다. 수다는 우울한 마음을 푸는 실타래와 같다.

상처 입은 마음에 위로가 필요할 땐 이 다섯 가지 방법을 활용해보라. 그러면 마음의 상처에서 벗어나 툭툭 털어버리고 평온한 마음을 되찾게 된다.

그렇다. 사소한 일로 고통을 느낄 때 스스로를 위로하는 다섯 가지 방법을 통해 자기 치유법으로 활용해 보라. 그렇게 반복하다 보면 사소한 일에서 받은 마음의 상처는 아무렇지도 않게 여기게 된다.

너무 많은 행복을 바라지 마라

심하게 불행해지지 않는 방법은
너무 많은 행복을 바라지 않는 것이다.

쇼펜하우어 어록 55

　사람은 누구나 행복을 꿈꾼다. 행복은 사람이 살아가는 절대
이유이자 바람인 까닭이다. 하지만 행복도 너무 바라면 오히려
행복을 행복이라고 생각하지 않게 된다. 지나친 행복을 바라고
탐욕을 부리다 불행을 자초한 나폴레옹 3세 부인인 유게니, 중
국 당나라 현종玄宗의 비인 양귀비, 조선 19대 왕 숙종의 빈이며
20대 왕 경종의 생모인 장희빈 등을 보면 행복이든 그 무엇이
든 지나치면 오히려 아니한 만 못하다는 것을 잘 알게 한다.

　이를 너무도 잘 알았던 쇼펜하우어는 행복에 대해 다음과 같
이 말했다.

"심하게 불행해지지 않는 방법은 너무 많은 행복을 바라지 않는 것이다."

옳은 말이다. 앞에서도 말했듯이 지나친 행복의 탐욕은 불행을 부르는 화근인 것이다. 그런 까닭에 더 행복해지고 싶은 마음에 욕심을 부림은 금물이다. 참다운 행복을 추구하는 방법에 대해 동서고금의 선각자들이 남긴 말이 있는데 이를 마음에 새겨 실천한다면, 인생을 살아가는 데 금과옥조金科玉條와 같아 귀한 삶의 빛이 될 것이다.

"대개 행복하게 지내는 사람은 노력가이다. 게으름뱅이가 행복하게 사는 것을 보았는가. 노력의 결과로서 오는 어떤 성과의 기쁨 없이는 누구나 참된 행복을 누릴 수 없기 때문이다. 수확의 기쁨은 그 흘린 땀에 정비례하는 것이다."

이는 영국의 시인 윌리엄 블레이크William Blake가 한 말로, 행복은 노력에서 온다는 것을 잘 알 수 있다. 그런 까닭에 행복이 찾아오길 바라지 말고 행복해지기 위해 노력해야 하는 것이다. 노력에서 오는 행복이야말로 참다운 행복인 것이다.

"이 세상의 참다운 행복은 남에게서 받는 것이 아니라 내가 남에게 주는 것이다. 그것이 물질적인 것이든 정신적인 것이든 인간에게 있어서 가장 아름다운 행동이기 때문이다."

이는 프랑스 소설가인 아나톨 프랑스Anatole France가 한 말로, 행복은 남에게서 받을 때도 행복하지만 자신이 남에게 행복을 줄 때 더 행복하다는 것을 뜻한다. 그러니까 자신이 진정으로 행복해지고 싶다면 물질이든 정신적인 것이든 남에게 베풀라는 말이다. 남에게 선행을 하는 사람들이 꾸준히 선행을 하는 것을 보면 자신들이 행복해서라고 말한다. 베푸는 행복, 이런 행복이야말로 참 행복인 것이다.

"행복이란 스스로 만족하는 데 있다. 남보다 나은 점에서 행복을 구한다면 영원히 행복하지 않을 것이다. 그것은 누구나 남보다 한두 가지 나은 점이 있지만 열 가지가 남보다 뛰어난 사람은 없다. 그러므로 남과 비교하지 말고 스스로 만족할 줄 알아야 한다."

이는 프랑스 사상가이자 비평가인 알랭Alain이 한 말로, 행복은 누구처럼 되는 것이 아닌 자신이 만족하면 되는 것이다. 사람은 생각도 다르고 자라온 환경도 다르다. 그런 까닭에 남이 보기에 행복할 것 같지 않은데도 본인이 만족하면 그것이 행복인 것이다. 무엇을 하든 이런 행복은 스스로 만족해하는 행복이기에 행복의 참된 가치관이라고 할 수 있다.

"행복을 사치한 생활 속에서 구하는 것은 마치 태양을 그림에 그려놓고 빛이 비치기를 기다리는 것과 같다."

이는 프랑스 황제 나폴레옹 보나파르트Napoleone Bonaparte가 한 말로, 행복을 사치, 즉 부富에서 구하지 말라는 것이다. 생각해보라. 돈이 많아서 하고 싶은 것 다하면서 행복을 추구한다면 과연 얼마나 많은 사람이 행복할 수 있는지를. 극히 일부분에 불과할 것이다. 그런 까닭에 물질에서 행복을 추구한다는 것은 오히려 자신을 불행에 빠지게 할 수 있다. 참으로 지혜로운 말이 아닐 수 없다.

"만족한 마음을 가질 수 없는 사람은 결코 만족한 생활이란 있을 수 없다."

이는 중국 춘추전국시대 때 사상가인 묵자墨子가 한 말로, 만족한 마음을 가지지 못하면 행복하기를 바라지 말라는 의미이다. 왜 그럴까. 행복은 곧 만족한 마음에서 느끼기 때문이다. 그런 까닭에 스스로 만족한 마음을 가질 수 있다면 그것은 곧 행복을 의미한다고 하겠다.

이상에서 보듯 참된 행복은 스스로 노력해서 만드는 것이며, 남에게 베푸는 데서 오는 것이며, 스스로 만족하는 데서 오는 것이며, 부에서 추구하는 것이 아니라는 것이며, 만족한 마음을 가질 수 있을 때 오는 것이라는 것을 잘 알게 한다.

그렇다. 행복을 너무 크게 바라지 말아야 한다. 행복의 지수가 크면 클수록 행복을 느낄 수 없기 때문이다. 하지만 행복의 지수가 낮아 사소한 것에서 행복할 수 있다면 그만큼 행복은 더 커지는 법이다. 그런 까닭에 자신이 진정으로 많은 행복을 누리고 싶다면 작고 소소한 것에서도 만족할 수 있는 마음을 지녀야 하는 것이다.

사물의 일부를 보지 말고
사물의 전체를 보라

의사는 사람들의 연약함을 보고
변호사는 모든 사악함을
그리고
신학자는 모든 어리석음을 본다.

쇼펜하우어 어록 56

모든 사람은 자신이 보는 만큼만 세상을 보고 그게 전부라고 생각한다. 마치 앞을 보지 못하는 사람들이 저마다 코끼리를 만져 보고는 자기가 느낀 그대로가 코끼리라고 말하는 거와 같다고 하겠다. 이는 전체를 알지 못하고 자신이 알고 있는 일부분을 전체인 듯 말하는 경우를 빗대어 하는 말이다.

'나무는 보고 숲을 보지 못한다'는 말 또한 근시안적인 자세에 대해 비유적으로 이르는 말이다.

근시안적인 자세에 대해 쇼펜하우어는 다음과 같이 말했다.

"의사는 사람들의 연약함을 보고 변호사는 모든 사악함을 그리고 신학자는 모든 어리석음을 본다."

쇼펜하우어의 말에서 보듯 의사는 자신의 직업적인 입장에서 사람을 바라보고, 변호사는 자신이 늘 법정에서 보는 대로 죄의 사악함을 보고, 신학자는 종교자로서 사람들의 어리석은 모습만 바라본다고 역설한다.

이는 무엇을 말하는가. 사람들은 대개가 자신이 생각하는 것을 전부라고 생각하는 경향이 있음을 비유적으로 이르는 말이다.

자 성 제 인
子誠齊人

이는 견문이 좁고 고루한 사람을 이르는 사자성어로 이 말의 유래는 다음과 같다.

중국 제나라의 공손추公孫丑는 맹자의 제자들 가운데 만장萬章과 더불어 가장 뛰어난 제자로, 맹자가 천하를 떠도는 유세遊說길을 접고 물러나 경전經典 편찬과 저술 작업에 몰두할 때 최측근에서 보좌한 제자이다.

어느 날 맹자 앞에서 공손추가 말했다.

"스승님, 제가 알기로는 관중管仲과 안자晏子가 가장 강하다고 알고 있습니다. 제 말이 맞는지요?"

공손추의 말에 맹자는 고개를 가로저으며 말했다.

"자네는 참으로 제나라 사람이로다."

맹자의 말을 듣고 공손추는 자신의 깊지 못한 생각에 깊이 반성했다.

이 일화에서 보듯 공손추의 말은 스승 맹자가 보기엔 아직도 그가 세상을 바라보는 견문이 좁다는 것을 잘 알게 한다. 이 일화에서 유래한 말이 자성제인이다.

그렇다면 어떻게 해야 근시안적인 생각에서 벗어날 수 있을까.

첫째, 사물에 대해 관찰력을 길러라. 관찰력을 기르게 되면 무엇이든 자세히 보게 되고 그러는 과정에서 생각지 못했던 새로운 생각을 발견하게 된다.

둘째, 사색력을 길러라. 사색은 밖의 자신과 안의 자신의 정신적 교류를 의미한다. 그러니까 보고 느낀 것을 통해 깨우치게 되는 것을 뜻한다. 이처럼 보고 느끼고 생각하는 것을 꾸준히 하다 보면 생각이 깊어지고 사물을 대하는 시야가 넓어진다.

셋째, 내 생각만을 전부라고 생각하는 오만에서 벗어나라. 내 생각은 단지 내 생각일 뿐이다. 그런데 내 생각이 옳으니 내 생각을 따르라고 하는 것은 스스로 자신의 무식을 드러내는 것과 같다. 그런 까닭에 다른 사람의 생각 중 옳다고 생각하는 것은 받아들여 배워야 한다. 그렇게 하다 보면 생각이 넓어지고 깊어지게 된다.

이 세 가지를 마음에 새겨 그대로 실천하다 보면 자신의 생각이 넓어지고 깊어진다는 것을 스스로 느끼게 된다. 그런 까닭에 사물의 일부를 보던 눈이 사물 전체를 보게 되는 것이다.

그렇다. 인생을 보다 더 풍요롭게 살고 싶다면, 생각을 크고 넓게 해야 한다. 그랬을 때 사물의 일부가 아니라 전체를 보게 되고, 깊고 넓게 생각하게 됨으로써 새로운 깨우침을 발견하는 즐거움을 맛보게 될 것이다.

마음의 거울로 자신을 똑바로 보라

모든 사람은 마음속에 거울을 가지고 있다.
그 거울에 의해서 자기 자신의 죄와
모든 나쁜 점을 뚜렷하게 비쳐볼 수가 있다.
그러나 우리는 거의 그 거울에 비치는 것은
자기가 아니라 어떤 다른 물체라고 생각한다,

쇼펜하우어 어록 57

거울에 먼지가 끼면 자신의 모습이 희미하게 보여 답답함을
느끼게 된다. 그러나 깨끗하게 닦고 보면 말끔하게 잘 보여 마
음이 개운해진다.

이처럼 사람들은 눈에 보이는 거울에 먼지가 끼면 답답해서
깨끗이 닦는다. 그런데 자신의 양심良心이란 마음의 거울이 더
러워져도 닦을 생각을 안 하는 사람들이 있다. 이는 자신의 내
면을 더럽히는 것으로, 마음의 거울이 더러우면 나쁜 생각을
하게 되고, 죄에 대한 경각심도 둔화된다. 그런 까닭에 마음의
거울이 더러워지지 않도록 해야 한다.

이에 대해 쇼펜하우어는 다음과 같이 말했다.

"모든 사람은 마음속에 거울을 가지고 있다. 그 거울에 의해서 자기 자신의 죄와 모든 나쁜 점을 뚜렷하게 비쳐볼 수가 있다. 그러나 우리는 거의 그 거울에 비치는 것은 자기가 아니라 어떤 다른 물체라고 생각한다,"

쇼펜하우어는 사람들은 자신의 마음속의 거울로 자신의 죄와 나쁜 점을 살펴본다고 말한다. 하지만 그 거울 속에 비치는 자신을 자신이 아닌 다른 물체라고 여긴다는 것이다.

이는 무엇을 의미하는가. 사람들은 자신의 죄나 나쁜 것에 대해서 그냥 지나친다는 것이다. 그러니까 자신이 잘못한 것을 반성하고 고칠 생각을 안 한다는 것이다. 때문에 같은 일이 반복되고, 그냥 두니까 양심의 가책도 느끼지 못하게 된다. 그러다 보니 점점 더 죄를 짓게 되고 나쁜 일에 빠지게 되는 것이다. 그런 까닭에 마음의 거울에 비친 자신을 똑바로 볼 수 있도록 때 낀 마음을 깨끗하게 닦아야 한다.

일일삼성一日三省이란 말이 있다. 이는 하루의 일 세 가지를 살핀다는 뜻으로, 하루에 세 번씩 자신의 행동을 반성하라는 말이다.

《논어論語》〈학이편學而篇〉에 나오는 이야기이다.

공자孔子의 제자 중 증자曾子라는 이가 있는데 그는 자기반성을 잘 하기로 유명하다. 그는 날마다 세 번씩 반성을 했다고 한다. 그는 자신의 이런 행동에 대해 이렇게 말했다.

"나는 날마다 세 번 내 몸을 살피니 '사람들을 위해 일을 도모함에 충성스럽게 아니했는가? 벗과 더불어 사귀되 믿음을 잃지는 않았는가? 스승에게 배운 것을 익히지 아니했는가?'이다."

이를 구체적으로 살펴 말함은 다음과 같다.

첫째, 남을 도와주면서 진정으로 양심의 가책을 느끼지 않을 만큼 성실하게 도와주었는가 하는 것과 둘째, 친구와 교제를 할 때 혹여 신의 없는 행동은 하지 않았는가 하는 것과 셋째, 스승에게 배운 것을 잘 익혔는가 하는 것이다.

증자가 하루에 세 번 반성한 것들을 보면, 인간으로서 마땅히 해야 할 도리에 대한 것들이다. 그런데 대개의 사람들은 증자처럼 하지 못할 뿐만 아니라, 자신의 잘못을 그대로 방치한다. 그러다 보니 돌아오는 것은 원성과 듣기 싫은 말뿐이다.

증자가 존경 받는 인물이 될 수 있었던 것은, 매일 자신을 반성함으로써 양심 바르고 올곧게 살아갈 수 있었기 때문이다.

잘못은 누구나 한다. 하지만 반성은 누구나 하지 않는다. 그렇다면 어떻게 해야 할까. 잘못에 대해 망설임 없이 반성하는 쪽을 택해야 할 것이다.

일일삼성과 같은 뜻의 말로는 삼성오신三省吾身이라는 말이 있다. '석 삼三, 살필 성省, 나 오吾, 몸 신身'으로 이루어진 고사성어로 '날마다 세 번씩 자신을 살펴 반성하다'라는 뜻이다.

사람이 사람인 까닭은 생각하는 동물이며 깨달음의 동물이기 때문이다. 그런 까닭에 자신이 한 일에 대해 스스로 살피는 자세가 필요하다. 즉, 양심에 어긋난 일은 하지 않았는지를 살펴 바르게 함으로써 자신이 잘못된 일을 범하지 않도록 해야 한다.

그렇다. 스스로에게 부끄럽지 않은 삶을 사는 것, 이것이야말로 자신이 자신에게 주는 최고의 선물인 것이다.

내 인생은 나만이 책임질 수 있다

내 인생을
책임질 수 있는 사람은
세상에 오직 나 자신뿐이다.

쇼펜하우어 어록 58

사람은 누구나 자기 인생에 대한 권리와 책임이 있다. 그런 까닭에 행복하게 사는 것도, 자신의 꿈을 이루는 것도, 자기가 원하는 사람과 결혼하는 것도, 자기가 하고 싶은 것을 하는 것도, 오직 자신의 책임이고 자신이 해야 한다. 자신의 인생은 자신의 것인 까닭이다.

그런데 남에게 자신의 인생을 의지한다고 해보라. 그것은 생각만으로도 스스로를 못난이로 추락시키는 일이 아닐 수 없다. 하지만 이치가 이럴진대 자신의 인생을 남에게 의존하려는 사람들을 종종 보게 된다. 그러다 자신의 뜻대로 안 되면 남을 탓하고 원망하며 심지어는 해선 안 될 일도 서슴없이 하다 철장 신세를 지기도 한다. 참으로 어리석고 못난 일이 아닐 수 없다. 자신의 인생을 왜 남에게 의존하려고 한단 말인가.

이는 가족 간에도 마찬가지다. 부모가 낳아 먹이고 입히고 애지중지 길러 대학까지 가르쳐 놓아도, 자기 하나 책임지지 못하는 자식들이 우리나라 어딜 가든 볼 수 있다. 물론 취업이 어렵다 보니 그럴 수 있다 치더라도 집에서 빈둥거리며 부모에게 용돈을 타 쓴다는 건 자식으로서의 도리가 아니다. 그러다 보니 나이 든 부모들은 은퇴하고 나서도 편히 쉬지 못하고 다 큰 자식들 뒷바라지에 걱정 근심이 끊일 날이 없다.

아무리 부모 자식 사이라지만 성인으로서 할 일이 아니다. 취업을 할 때까지라도 그 어떤 일을 하든 부모에게 손을 내미는 것은 스스로를 못난이로 만드는 일이다. 자신의 인생은 자기가 책임지지 않으면 안 된다.

이에 대해 쇼펜하우어는 다음과 같이 말했다.

"내 인생을 책임질 수 있는 사람은 세상에 오직 나 자신뿐이다."

백번 옳은 말이다. 그러니 부모가 됐건, 형제가 됐건, 친구가 됐건 그 누가 됐건 자신의 인생을 의존하려고 하지 말아야 한다. 기뻐도 내 인생, 슬퍼도 내 인생, 행복해도 내 인생, 불행해도 내 인생, 많이 가져도 내 인생, 적게 가져도 내 인생, 잘나도 내 인생, 못나도 내 인생이 아니던가.

그런데 왜 내 인생에 남을 끌어들이고 의지하려고 한단 말인가. 이런 생각으로 누군가에게 의지하려고 한다면 당장 헛된 생각을 바꿔야 한다. 그렇지 않으면 떠도는 바람처럼 흐르다 흔적 없이 사라져 버릴 것이다.

다음은 최악의 조건에서도 자신을 책임짐으로써 빛나는 인생이 된 감동적인 이야기이다.

재일동포 변호사인 오히라 미쓰요. 절망의 끝자락에서 희망을 일군 그녀의 당찬 삶은 많은 사람들에게 귀감이 되었다. 그녀는 최악의 상황에서도 선택에 따라 얼마든지 새로운 인생으로 거듭날 수 있음을 보여 주었다.

"누구도 과거는 지울 수 없다. 그러나 인생은 새롭게 시작할 수 있다."

미쓰요의 말은 철저히 자신의 경험에서 우러나온 것이다. 그녀가 절망의 나락으로 떨어지게 된 것은 중학교 1학년 때 친구들에게 왕따를 당하고 나서였다. 그녀는 견딜 수 없는 괴로움에 중학교 2학년 때 할복자살을 기도했다. 죽음만이 자신을 고통에서 구해줄 수 있다는 생각에서였다. 다행히 목숨은 건졌지만 그녀는 학교로 돌아가지 않았다. 그녀는 폭주족과 어울려

거리를 누비며 비행을 일삼았다. 그러다 열여섯의 어린 나이에 야쿠자 두목과 결혼했으나 오래가지는 못했다. 그녀는 결혼 6년 만에 이혼을 하고 술집 호스티스가 되었다. 하루하루가 마지못해 사는 것 같았고 삶은 무의미했다.

그러던 어느 날 그녀는 자신이 일하던 술집에서 아버지의 친구를 만났다. 그 후 그녀는 종종 아버지 친구와 만나 이야기를 나눴다. 아버지 친구는 새로운 삶을 살라며 충고했지만 그녀는 충고도 자신을 중학교 시절로 돌아가게 해주고 난 뒤에 하라며 반항했다. 아버지 친구는 화를 내며 말했다.

"네가 길을 잘못 든 것이 네 탓만이 아니라는 것은 나도 인정한다. 부모도 선생도 그 누구도 제대로 대처해 주지 못했겠지. 그렇다고 언제까지 너를 내팽개치며 살래. 다시 일어서려고 하지 않는 것은 분명히 네 탓이다. 대체 언제까지 이렇게 살래?"

미쓰요는 그가 자신을 진정으로 염려하고 있음을 느끼고 감동했다. 그녀는 눈물을 흘리며 지난날을 반성했다. 아버지 친구의 격려에 용기를 얻은 그녀는 새로운 미래를 위해 최선을 다하겠다고 스스로에게 약속했다.

막상 새롭게 시작하려니 어려운 것이 한두 가지가 아니었다. 특히 혼자서 공부하는 것은 무리임을 깨닫고 학원에 등록했다. 그녀는 밥 먹는 시간도 아껴가며 공부에 열을 올렸다. 그 결과 그해 10월 공인중개사 시험에 합격했다. 하늘을 날 것 같은 기뻠이 그녀의 마음을 가득 채웠다.

그 후 미쓰요는 사법서사 시험에 도전장을 내밀었다. 그녀는 밤잠을 줄여 가며 노력한 끝에 당당히 합격했다. 자신감을 회복한 그녀는 사법시험에 도전했다. 매일 7시간 이상을 필기하며 외우고 또 외우기를 반복했다. 손가락이 붓고 팔에는 통증이 일었다. 팔에 파스를 붙였지만 통증은 여전히 그녀를 괴롭혔다. 그녀는 이를 악물고 죽을 듯이 공부한 끝에 사법시험에 합격해 29살에 변호사가 되었다. 지금 그녀는 지난날 자신의 모습과 닮은 비행 청소년을 돕는 일에 앞장서고 있다. 그녀는 인간 승리의 아름다움을 보여 주었고 많은 사람들에게 자신감과 희망을 심어 주었다.

이 이야기에서 보듯 미쓰요는 최악의 상황에서도 자신을 책임짐으로써 완전히 새로운 인생으로 거듭났다. 만일 그녀가 자신의 인생을 책임지고 최선을 다하지 않았다면 어떻게 되었을까. 비참한 삶을 살면서 스스로를 원망하고 세상을 저주했을지도 모른다.

사람으로 태어나 크게 성공하지는 못해도 자기 힘껏 능력껏 부끄럼 없이 살면 되는 것이다. 그것이 자신에게 떳떳한 인생이 되는 삶인 것이다.

그러면 자신의 인생을 책임지기 위해서는 어떻게 해야 할까. 그것은 자신을 강하게 단련시키는 것이다. 자신을 강하게 단련시키면 의지가 굳세지고 그 어떤 어려움을 만나도 두려워하지 않게 된다.

자 강 불 식
自强不息

이는 '스스로 힘쓰고 쉬지 않는다'는 사자성어로 자신이 강해지기 위해서는 스스로 힘쓰고 최선을 다하면 된다.

그렇다. 자기 인생이 잘되길 바란다면 자신을 사랑하고 자신에게 정성을 들이면 된다. 자신에게 들인 정성은 온전히 자기 것이기 때문이다. 그런 까닭에 지금 현실이 어렵다고 해도 좌절하지 말고, 남에게 의지하지 마라. 오직 스스로를 믿고 의지하며 최선을 다하라.

진정한 자유는 무엇이며
어디에서 오는가

진정한 자유는
스스로의 욕망을 통제하는
가운데에서 비롯된다.

쇼펜하우어 어록 59

인간에게 자유는 태어날 때부터 보장되는 하늘의 은총이다. 개를 비롯한 가축은 인간으로부터 구속당할 수밖에 없다. 말하자면 인간에게 생사권을 의탁하는 존재인 것이다. 왜 그럴까. 이들 동물은 먹이를 인간에게 의지하기 때문이다. 그렇지 않으면 스스로 먹이를 해결해야 하는데 그것이 쉽지 않다.

이들 동물은 인간에게 먹는 것을 보장 받는 대신 자유를 구속당한 채 인간을 위해 살아간다.

그러나 인간은 자유를 누리지 않고는 하루도 인간답게 살아갈 수 없다. 인간에게 자유가 있다는 건 대단한 권리이자 축복이다.

그런데 이처럼 소중한 자유를 같은 인간에게 침해를 당한다면 그것은 대단히 불행한 일이며, 마땅히 침해당한 자유를 되찾아야 한다. 그런 까닭에 동서고금을 떠나 자유를 구속당하게 되면 목숨 걸고 자유를 지켰던 것이다.

그 누구도 남의 자유를 구속할 수 없다. 그것은 신께 도전하는 어리석음에 불과하다.

그런데 이처럼 소중한 자유를 지닌 존재임에도 불구하고 인간들 중엔 자유에 반하는 행동을 아무렇지도 않게 행한다. 그러다 보니 그로 인해 법에 구속을 당함으로써 스스로 자유를 박탈당하곤 한다.

왜 이런 현상이 벌어지는 것일까. 그것은 자유를 통제하지 못하고 함부로 여긴 까닭이다. 진정한 자유란 사회 규범적으로나 법적으로 저촉되지 않은 가운데, 자유를 누릴 땐 맘껏 누리고 지킬 땐 지킬 줄 알아야 자유인 것이다.

특히, 자신의 욕망을 통제하지 못하면 엄청난 불행을 낳게 된다. 욕망이란 끊임없이 달려가는 무적의 전차와도 같기 때문이다. 그런 까닭에 욕망이 지나치면 자유는 욕망에 의해 억압을 당하게 됨으로써 스스로를 불행의 늪으로 빠져들게 하는 것이다.

이에 대해 쇼펜하우어는 다음과 같이 말했다.

"진정한 자유는 스스로의 욕망을 통제하는 가운데에서 비롯된다."

쇼펜하우어의 말처럼 진정한 자유는 욕망의 지배로부터 벗어날 때 비로소 누리게 된다. 생각해보라. 인간에게 있어 욕망이 얼마나 크게 작용하는지를. 그러다 보니 사람들 중엔 이성적으로 욕망을 통제하지 못해 진정한 자유는 고사하고 오히려 자유로부터 외면당해 구속된 삶을 산다.

도 가 도 비 상 도　명 가 명 비 상 명
道可道非常道 名可名非常名

무 명 천 지 지 시　유 명 만 물 지 모　고 상 무 욕 이 관 기 묘
無名天地之始 有名萬物之母 故常無欲以觀其妙

상 유 욕 이 관 기 요　차 량 자 동　출 이 이 명
常有欲以觀其徼 此兩者同 出而異名

동 위 지 현　현 지 우 현　중 묘 지 문
同謂之玄 玄之又玄 衆妙之門

이는 노자老子의 《도덕경道德經》 1장으로 '도라고 말할 수 있는 도道는 영원한 도가 아니다. 이름 지을 수 있는 이름은 영원한 이름이 아니다. 이름이 없는 것은 천지의 근원이며, 이름을 붙일 수 있는 것이 만물의 어머니이다. 그런 까닭에 언제나 욕심 내지 않으면 그 미묘함을 볼 수 있으며, 언제나 욕심을 내면 그

나타남만을 볼 수 있다. 이 둘은 근원은 같으나 이름이 다르다. 이를 현묘함이라 말한다. 현묘하고 또 현묘하니 모든 미묘한 것이 나오는 문이다'라는 뜻이다.

이 말의 핵심은 욕심을 부리지 말라는 것이다. 왜냐하면 미묘함, 즉 도를 보기 위해서는 욕심이 없어야 한다는 것이다. 노자의 말에서 보면 '욕심내지 않으면 그 미묘함을 볼 수 있으며, 언제나 욕심을 내면 그 나타남만을 볼 수 있다'고 말한 까닭이다.

노자의 중심 사상은 무위자연無爲自然인 바, 즉 인위人爲를 가하지 말고 무위無爲, 즉 순리에 따르는 것이다. 그런데 욕망에 사로잡히면 인위를 가하게 됨으로써 몸도 마음도 자유를 구속당하게 되는 것이다.

왜 욕망을 삼가야 하는가. 욕심은 인간에게 본능과도 같은 것이지만, 이것이 지나치면 탐욕이 되고 탐욕이 지나치면 결국 멸망에 이르게 되는 근원이 되기 때문이다. 이를 좀 더 부연한다면 욕심, 즉 욕망은 마음의 눈을 가려버리고 인간이 지닌 모든 것을 빼앗아 가버린다.

이를 쇼펜하우어의 입장에서 보자면 자유를 구속당하는 것역시 욕망이 원인이기 때문이다. 왜 그럴까. 욕망을 통제하지 못함으로써 방종放縱이 되고, 방종이 지나치면 자유를 구속당할 수 있기 때문이다. 그러기 때문에 노자는 욕심을 내지 않으면 미묘함을 볼 수 있다고 했으며, 쇼펜하우어는 '진정한 자유는 욕망을 통제함으로써 비롯된다'고 했던 것이다.

그렇다. 진정한 자유는 마음이 맑고 평온한 가운데서 누릴 수 있다. 그런 까닭에 몸과 마음이 진정 자유롭고 싶다면 삶을 피폐하게 하는 욕망을 멀리해야 하는 것이다.

집착함으로써 인생을 피폐하게 하지 마라

집착하지 마라.
집착은 우리의 인생을 피폐하게 한다.

쇼펜하우어 어록 60

집착執着이란 '어떤 것에 늘 마음이 쏠려 잊지 못하고 매달리는 것'을 말한다. 그런데 문제는 사랑이든, 성공이든, 명예든, 권력이든 집착하게 되면 좋지 않은 일이 발생한다는 데 있다. 지나친 집착은 이성으로도 통제가 잘 안 될 뿐만 아니라, 심하면 정신 분열 증세를 보이기까지 한다. 그런 까닭에 그 어떤 이유로도 집착에 빠지는 것을 경계해야 한다.

집착이 인간에게 미치는 영향에 대해 쇼펜하우어는 다음과 같이 말했다.

"집착하지 마라. 집착은 우리의 인생을 피폐하게 한다."

쇼펜하우어의 말에서 보듯 집착이 무서운 것은 자신의 인생을 망가트리고 피폐하게 하는 데 있다. 특히, 사랑의 집착은 자신은 물론 상대방에게도 치명적인 결과를 낳게 하는 경우가 비일비재하다.

또한 탐욕에 대한 집착은 더 한층 탐욕적으로 빠지게 함으로써 자신의 인생은 물론 주변 사람들에게까지 피해를 끼치게 된다. 그리고 운동에 대한 집착은 오히려 몸을 망치게 하고, 명예에 대한 집착은 오히려 명예를 실추하게 하고, 물질에 대한 집착은 패가망신敗家亡身하게 한다.

다음은 권력에 집착하여 세 치 혀를 놀려대며 악행을 일삼다 비참한 최후를 맞은 이야기이다.

중국 진나라 진시황제에게는 환관 조고라는 간신이 있었다. 그는 한마디로 간신 중에 간신이었다. 조고는 시황제가 죽자 황제의 유서를 조작했다. 조고는 시황제의 장남 부소와 사이가 좋지 않아 그가 황제가 되면 숙청을 당할까 봐 유서를 조작하여 진시황의 막내아들 호해를 부추겨 형 부소를 죽이고 공신들도 죽이고 황위를 찬탈케 했다.

조고의 사악함이 얼마나 큰지를 잘 알게 하는 이야기이다.

그는 진시황이 죽자 자신에게 불만을 갖고 있는 신하를 가려내기 위해 사슴을 한 마리 끌고 와서는 황제 호해에게 말했다.

"황제 폐하, 여기 좋은 말 좀 보시옵소서."

"아니, 그건 사슴이 아니요?"

조고의 너무나도 터무니없는 말에 호해는 고개를 갸웃거리며 말했다. 그러자 조고는 신하들에게 "저게 말이요, 사슴이요" 하고 물었다. 그러자 조고가 두려운 신하는 말이라고 했고, 몇몇은 사슴이라고 말했다. 조고는 바른말을 한 신하들을 모두 죽이고 말았다.

권력을 손에 쥔 조고는 지금껏 함께 해왔던 이사를 죽이고 자신이 승상의 자리에 올랐다. 그리고 자신의 꼭두각시놀음을 하던 황제 호해를 죽이고 말았다.

그 후 조고는 억울하게 죽은 황태자 부소의 장남 영자영을 황제의 자리에 오르게 했지만, 조고의 모든 만행을 알고 있던 영자영은 그를 죽이기 위해 여러 장수들과 힘을 모아 황제 즉위식 전에 자객을 보내 조고와 그의 가문을 모두 말살함으로써 환관 조고의 만행은 종지부를 찍었다.

조고는 자신의 환관이란 본연의 신분을 잊고 권력의 단맛에 빠져 더 많은 권력에 집착하여 온갖 악행을 일삼다, 자신이 세운 황제 영자영에 의해 자신뿐만 아니라 가문이 말살당하고 말았다.

종두득두種豆得豆라는 사자성어처럼 콩을 심으면 콩이 나듯 모든 것은 심은 대로 거두는 법이거늘, 조고는 어리석게도 권력에 눈이 멀어 정한 이치를 잊고 무분별하게 굴었으니 죗값을 치르는 것 또한 정한 이치라 하겠다.

취 천 하 상 무 이 사
取天下 常以無事

급 기 유 사 부 족 이 취 천 하
及基有事 不足以取天下

이는 노자老子의 《도덕경道德經》 48장에 나오는 말로 '천하를 취하려면 언제나 일을 꾸미지 말아야 한다. 일이 있으면 천하를 자기 것으로 취하기에 부족하다'는 뜻이다. 그러니까 천하를 취하려고 하다 보면 그것에 집착하기 쉽고 그러다 보면 일을 꾸미게 되는 경우가 허다하다. 이처럼 거짓으로 일을 꾀하고 죄를 지으면서까지 집착에 빠지면 천하를 자기 것으로 할 수 없게 된다는 말이다.

생각해보라. 정도正道에서 벗어나 인위적으로 일을 하려니 제대로 되겠는지를. 동서고금을 막론하고 집착이란 웅덩이에 빠져 거짓으로 일을 꾸며 잘된 예가 없다. 설령, 자신의 뜻대로 일이 진행되다가도 종내는 실패로 끝나고 만다.

그렇다. 집착은 무서운 병과 같다. 그런 까닭에 그것이 무엇이든 집착으로부터 벗어나야 한다. 그리고 순리를 좇아 힘껏 해나간다면 자신이 바라는 것을 손에 쥐게 될 것이다.

과거를 잊지 말되
언제까지나 아파하지 마라

나는 상처를 기억하고 싶다.
하지만 그 상처에 언제까지나
아파하고 싶지는 않다.

쇼펜하우어 어록 61

사람들 중엔 과거에 입은 마음의 상처 때문에 잊지 못하고 마음 아파하는 사람들을 볼 수 있다. 상처가 고통이 되어 시도 때도 없이 마음을 아프게 하기 때문이다. 사람은 기억의 동물인 까닭에 마음의 상처를 잊을 수 없는 것은 당연한 일이다.

그런데 문제는 그로 인해 일상생활을 하는 데 있어 지장을 받기 때문이다. 그러다 보니 자신이 하는 일에 있어 지장을 받게 되고, 표정이 밝지 못하고 그늘져 있어 주변 사람들 대하는 데도 지장을 받곤 한다. 그런 까닭에 마음의 상처는 잊지 말되 언제까지나 아파하지는 말아야 한다.

이에 대해 쇼펜하우어는 다음과 같이 말했다.

"나는 상처를 기억하고 싶다. 하지만 그 상처에 언제까지나 아파하고 싶지는 않다."

쇼펜하우어의 말에서 보듯 그는 상처를 잊지는 않지만 그 상처의 고통에 매달려 아파하지 않겠다는 것을 잘 알 수 있다. 쇼펜하우어가 이리 말한 것은 상처의 고통에 아파함으로써 현재를 살아가는 데 있어 지장을 받지 않겠다는 것이다. 참으로 현명한 생각이 아닐 수 없다.

쇼펜하우어의 말처럼 이루 말할 수 없는 참혹한 마음의 상처를 입었지만, 아픔을 가슴에 묻고 마음의 상처를 입은 사람들을 위해 평생을 노력하며 살았던 초인적인 한 인물의 이야기이다.

삶의 의미를 발견하게 함으로써 건강을 찾게 하는 로고테라피Logotherapy 학파의 창시자이자 심리학자이며 의사인 빅터 프랭클Viktor Frankl은 오스트리아 빈에서 태어났다. 그는 의학을 전공하고 우울증과 자살에 대해 집중적으로 연구했다. 그러던 중 정신분석학자인 지그문트 프로이트와 교류를 하며 1924년 그의 추천으로 〈국제 정신분석학 잡지〉에 첫 번째 글을 기고했으며 알프레드 아들러와도 긴밀한 관계를 유지했다. 프랭클은 1926년 '의미치료'라는 개념의 치료법을 시도하여 자살 위험이 있는 3천 명의 여성을 치료했다.

오스트리아가 나치의 침략으로 통제를 받자 나치는 프랭클을 통해 정신병을 안락사로 처리하려고 했다. 이에 프랭클은 목숨을 걸고 다른 방법으로 처방을 하곤 했다. 그러는 과정에서 결혼을 했으며 그의 아내가 임신했지만 나치에 의해 강제로 낙태되는 슬픔을 겪었다. 프랭클은 부모와 함께 체포되었고 그의 아버지는 사망했으며, 그의 아내와 어머니는 아우슈비츠로 끌려갔다. 그의 어머니는 가스실에서 죽고, 그의 아내는 다시 정치범 수용소로 끌려갔다. 프랭클 또한 정치범 수용소에 수감되어 있었는데 미군에 의해 구조되었다. 그 후 그의 아내와 그의 형제들 그리고 형제들의 아내들이 잇따라 죽는 비극을 뼛속 깊이 느끼는 고통을 겪었다.

프랭클은 최악의 상황에서도 강인한 인내로 절망을 극복하고 《죽음의 수용소에서》를 출간하여 그 참혹한 상황을 알리는 데 일조하며 베스트셀러가 되었다. 그는 누구보다도 인생의 깊은 슬픔과 좌절, 혹독한 절망을 겪었지만 그러는 가운데 참된 인생을 살기 위해 최선의 노력을 다했다. 그리고 우울증과 자살의 충동을 겪으며 살아가는 사람들을 치료함으로써 그들이 새로운 인생을 살아가는 데 빛과 소금이 되었다.

이 이야기에서 보듯 빅터 프랭클은 나치의 의해 사랑하는 아내와 부모, 형제들과 형제들의 아내들이 모두 죽임을 당하는 그 무엇으로도 형언할 수 없는 고통을 겪었지만, 초인적인 인내로 마음의 상처를 스스로 보듬으며 다른 사람들에게 헌신하는 삶을 살았다.

빅터 프랭클의 경우에서 보듯 마음의 상처를 입었다면 그 상처를 잊지는 않되, 자신의 인생을 위해 스스로 강해지고 독해져야 한다. 그렇게 될 때 자신도 남에게도 가치 있는 인생으로 살아가게 된다.

그렇다. 마음의 상처를 입었다고 해서 그 고통에 매달려 있으면 그것은 살아도 죽은 목숨과 같다. 그런 까닭에 마음의 상처는 잊지 말되, 열심히 자신을 삶으로써 마음의 상처를 씻을 수 있도록 해야 한다. 그것이야말로 상처를 딛고 새로운 나로 살아가는 최선의 지혜인 것이다.

산 정상에 오르는 법과 꿈을 이루는 법

산에 오르고 싶다면
남을 떠밀어서도 안 되고,
자기 능력보다 무리해서도 안 된다.
정상을 바라보며
한눈팔지 말고 묵묵히 걸음을 옮겨야 한다.

쇼펜하우어 어록 62

산을 좋아하는 사람들과 산을 오르다 보면 마치 평지를 걷듯이 사뿐사뿐 오른다. 산을 자주 오르다 보니 산에 대해 잘 아는 까닭이다. 그런데 산을 잘 오르지 않는 나는 힘이 많이 든다. 그래서 그들과 호흡을 맞춘다는 것은 내겐 모험과도 같다. 그러다 보니 그들이 내게 맞춰 올라간다.

산을 잘 오르지 않는 사람들은 누구나 같을 것이다. 산을 능숙하게 잘 오르기 위해서는 모든 것이 다 그렇듯이 그에 대한 준비가 잘 갖춰져야 한다. 그런 까닭에 틈틈이 산에 오르며 산과 친해져야 하는 것이다. 그래야 산에 오르는 요령도 터득하게 되고 다리에 힘을 키울 수 있고 그럼으로써 힘들이지 않게 산에 오를 수 있다.

산에 오르는 방법에 대해 쇼펜하우어는 다음과 같이 말했다.

"산에 오르고 싶다면 남을 떠밀어서도 안 되고, 자기 능력보다 무리해서도 안 된다. 정상을 바라보며 한눈팔지 말고 묵묵히 걸음을 옮겨야 한다."

쇼펜하우어의 말은 지극히 당연하고 평범한 말 같지만, 산에 오르는 데는 많은 도움이 된다. 그런데 아이러니하게도 산에 잘 오르지 않는 대개의 사람들은 지극히 평범하고 당연한 산에 오르는 법을 잘 이행하지 못한다. 내가 아는 어떤 이는 완급을 조절하지 않고 처음부터 평지 오르듯 산에 올랐다가 몇 날 며칠을 앓아누운 일이 있다.

세상의 모든 이치는 저마다 그에 맞게 해야 문제가 따르지 않는 법이다. 산에 오르는 초보자들은 초보자들에 맞게 남에게 의지하지 말고 천천히 올라야 한다. 초보자라 할지라도 건강 상태에 따라 차이는 있기 마련이라 자신의 체력에 맞게, 능력에 맞게 올라야 한다. 절대 무리해서는 안 된다. 정상을 바라보고 천천히 묵묵히 한눈팔지 말고 올라야 한다. 그렇게 오르다 보면 비록 시간은 걸릴지라도 몸에 무리를 주지 않아 산에 오른 기쁨을 누릴 수 있다. 하지만 이를 무시하고 무리하다 보면 내 지인이 그러했듯 몸에 무리를 줌으로 해서 역효과를 보기 십상이다.

에베레스트산 정상을 밟은 전문 산악인들도 늘 하는 일이지만, 산에 오르기 전에는 수도 없이 산에 오르며 체력을 기른다고 한다. 그렇게 체력을 쌓았는데도 에베레스트를 오르다 보면 언제나 힘이 든다고 한다.

그런데 산에 잘 오르지 않는 사람들이 아무런 준비도 없이 무리하게 산에 오른다는 것은 스스로 무지를 드러내는 것과 다를 바 없다.

세상의 모든 이치는 다 같다. 공부든, 운동이든, 사업을 하든 그 무엇을 하더라도 처음부터 잘할 순 없다. 자신의 능력에 맞게 차근차근 해나가야 한다. 그래야 점점 더 나아지는 실력에 재미를 느껴 꾸준히 하게 됨으로써 좋은 성과를 내게 되는 것이다.

"등에 무거운 짐을 짊어지고 먼 길을 가는 것이 인생이다. 그러므로 우리는 일생을 급히 달리지 말고 천천히 가야 한다."

이는 공자孔子가 한 말로, 우리가 인생을 잘 살아가기 위해서는 서두르지 말고 또 무리하지 말고 그에 맞게 해야 한다는 것을 비유적으로 표현한 말이다. 참으로 적확한 지적이 아닐 수 없다.

이를 잘 알게 하듯 기업이 무리하게 경영을 하다가 파산을 하기도 하고, 건축 규정을 어기고 건축비를 아끼기 위해 무리하게 편법을 쓰다 아파트가 붕괴되어 수많은 인명 피해와 재산상 손실을 입기도 하고, 속도를 어기고 무리하게 과속을 하다 사고를 냄으로써 아무 잘못도 없는 사람들에게 피해를 주기도 하고, 승선 인원을 무시하고 초과하는 바람에 배가 전복되는 사고를 내는 등 수많은 사고들이 뉴스를 장식한다.

이렇듯 세상에서 벌어지는 모든 불합리한 일이나 잘못되는 일들은 대개가 무리하게 행하는 까닭이다. 모든 것은 다 때가 있고 그에 맞게 행해야 순리적으로 이루어지는 법이다. 그런 까닭에 무슨 일을 하든 무리하게 인위를 가하지 말고 무위하게 해야 탈이 없는 법이다.

그렇다. 자신이 추구하는 일을 성공적으로 잘 해내기 위해서는 무리하게 산을 오르면 안 되듯이 자신의 능력에 맞게 순리적으로 행해야 함을 잊어서는 안 될 것이다.

논쟁에서 이기는 힘
촌철살인 화법話法을 길러라

아직 나름의 고유한 명칭이 없이
우리가 비근한 표현을 사용하여 비유적으로
지칭해야 하는 보편적인 개념을 놓고 붙었을 경우
우리는 우리의 주장을 펴는 데
유리한 비유를 신속하게 선택해야 한다.

쇼펜하우어 어록 63

현대는 '논쟁의 사회'라고 할 수 있을 만큼 논쟁이 보편화가 되었다. 인터넷의 발달로 블로그와 카페, 페이스북, 트위터, 인스타그램 등의 SNS를 통해 자신의 의사를 적극 표현하는 사람들이 늘면서 생긴 현상이다.

어떤 사람이 사회적인 이슈에 대해 자신의 생각을 밝히면 그에 따른 자신의 생각을 댓글로 단다. 그러는 과정에서 서로의 생각이 맞으면 공감 댓글이 실리지만 다르다 보면 그에 대한 반론을 제기한다. 이런 일들이 일상화되면서 전 국민이 논객이 되어 활발히 논쟁을 펼친다.

그런데 문제는 논쟁의 방법을 제대로 알지 못하다 보니 자신의 감정에 치우쳐 악플을 달아 인신공격을 하는 등 물의를 빚는 일이 비일비재하다. 이는 건전한 논쟁문화에 반하는 것으로써 매우 염려스러운 일이 아닐 수 없다. 이는 반드시 개선되어야 한다. 그래야 수준 높은 논쟁문화로 사회발전에 기여하게된다.

논쟁을 잘하기 위해서는 논쟁술의 요소를 잘 갖춰야 한다. 논쟁술의 주요 요소는 설득력, 논리성, 논거論據, 풍부한 지식, 화법 등을 들 수 있다.

설득력은 자신의 생각을 상대방에게 그리고 청중에게 주입시킴으로써 자신의 생각이 옳다는 것을 증명하는 데 있어 필수적인 논쟁술의 요소이다. 설득력이 좋으냐 그렇지 않느냐에 따라 논쟁의 승패 여부가 달렸다 해도 지나침이 없다.

논리성은 자신의 주장을 논리에 맞게 전달하는 것으로써 논리가 뛰어나면 자신의 생각을 보다 더 확실하게 전달함으로써 논쟁에서 유리하게 선점할 수 있다.

논거論據는 논리성을 높이는 데 있어 필요한 증거로, 논거가 뚜렷할수록 설득력을 높이는 데 매우 유리하다. 논거는 정확한 자료를 바탕으로 할 때 논거로써의 가치를 확보하게 된다.

풍부한 지식 또한 자신의 주장을 받쳐주는 논거의 자료로 절대적으로 작용한다. 지식이 풍부하면 자신감이 상승하고 자신의 생각을 보다 명확하게 전달할 수 있다.

특히, 논쟁에 있어 화법話法은 매우 중요하다. 같은 말도 화법에 따라 전달되는 내용의 강도에 큰 영향을 끼친다. 발음이 정확하고 말투가 똑 부러지면 논쟁의 상대나 듣는 사람들의 귀가 번쩍 뜨인다. 그것은 마치 더울 때 마시는 시원한 물 같이 가슴을 시원하게 해준다. 하지만 발음이 분명치 않고 말투가 어눌하면 논쟁의 상대나 듣는 사람이 답답하게 여겨 전달력이 떨어진다. 전달력이 떨어지다 보니 아무리 좋은 말도 허공으로 날려버리게 된다.

무엇보다 말을 할 때 촌철살인적으로 자신의 주장을 펼치면 그 효과는 배가 된다. 촌철살인寸鐵殺人이란 '한 치의 쇠붙이로도 사람을 죽일 수 있다'는 뜻으로, 간단簡單한 말로도 남을 감동感動하게 하거나 남의 약점弱點을 찌를 수 있음을 이르는 말이다. 이 말의 유래는 다음과 같다.

남송시대 때 학자 나대경이 손님들과 주고받은 내용을 엮은 책이 《학림옥로鶴林玉露》인데 종고선사가 선禪에 대해 말한 기록이 있다.

"한 수레의 무기를 가득 싣고 와서 하나를 놀려 마치면 또 다른 하나를 꺼내 가지고 와서 놀리는 것 같지만 이것이 사람을 죽이는 수단은 아니다. 나는 단지 손가락 마디만 한 쇳조각이 있지만 이것으로 사람을 죽일 수 있다."

사람을 죽이기 위해서는 한 수레의 무기가 필요치 않다. 손가락 마디만 한 쇳조각만으로도 충분하다는 뜻이다. 여기서 말한 살인이란, 무기로 사람을 죽이는 것이 아니라 마음속에 속된 생각을 없애는 것을 의미한다. 이 이야기에서 유래한 말이 촌철살인寸鐵殺人이다. 그러니까 '한 치도 안 되는 무기로 사람을 죽인다'라는 뜻으로 이 말의 의미는 누군가를 설득할 때 장황하게 말을 늘어놓기보다는, 상대의 의중을 충분히 파악한 다음 시의적절하게 한두 마디로 상대의 의표를 찔러 당황하게 만들거나 감동시키는 것을 비유하여 일컫는 말이다.

다음은 촌철살인적인 예리함의 설득력을 담은 일화이다.

당태종 이세민의 책사 위징은 솔직담백함과 원칙, 순리주의의 지략가로 유명하다.

"수나라가 그렇게 빨리 망한 것은 수양제가 정자와 누대를 축조하는 등 대규모 공사로 백성들의 부역을 가중시켰기 때문입니다. 현재 남아 있는 궁전과 누대만 해도 다 사용하지 못할 만큼 많습니다. 수왕조의 멸망을 생각한다면 이 누대와 궁전들을 부숴 버려도 아까울 것이 없고, 아까워서 부수지 못한다면 더 이상 짓지 말아야 합니다. 천하를 얻을 때의 어려움을 잃고 계속 궁전을 지어 화려함과 향락을 추구한다면 수나라와 똑같은 길을 가게 될 것입니다."

하남과 삼서 일대에 폭우가 내려 수해가 발생했다. 그런데도 태종은 낙양에 정신궁을 지으려고 했다. 이 소식을 들은 위징이 태종에게 했던 말이다. 태종은 위징의 말을 듣고 궁을 짓지 않았을 뿐더러 모든 자재를 수해를 입은 지역으로 보내 백성들의 집을 짓는 데 사용하게 했다.

위징의 말은 당태종의 마음을 서늘하게 만들어 버렸다. 위징의 말 중 '천하를 얻을 때의 어려움을 잃고 계속 궁전을 지어 화려함과 향락을 추구한다면 수나라와 똑같은 길을 가게 될 것이다'라는 말이 그러하다. 이는 마치 당태종으로 하여금 위징의 말을 듣지 않으면 안 될 것 같다는 생각에 빠져들게 했던 것이다.

이 이야기는 많은 것을 생각하게 한다. 촌철살인적인 말이 상대방을 설득하는 데 있어 얼마나 큰 위력을 발휘하는지를 잘 알게 한다.

다음은 청중에게 카타르시스를 느끼게 하는 공감력이 큰 유머가 담긴 촌철살인적인 화법의 일화이다.

미국 역대 대통령 중 가장 말을 잘하는 대통령으로 버락 오바마를 들 수 있다. 그가 미국 역대 대통령 중 최고의 달변가로 꼽히는 것은 촌철살인적인 그의 말에 있다. 특히, 촌철살인적인 그의 유머를 들은 사람들은 하나같이 박장대소한다. 그의 촌철살인 유머를 보자.

"지난 주 만난 영국의 조지 왕자는 심지어 외교의전을 완전히 무시하다니. 한 대 얻어맞은 기분이다. 딱 두 마디만 더 하겠다. 오바마는 간다."

외교의전을 무시한 영국을 빗대 풍자하며 연설을 마치고 연단을 떠나면서 그가 한 말이다.

"오늘 나의 모든 농담은 골드만삭스의 제공입니다. 여러분이 웃든 말든 골드만삭스는 돈을 법니다."

월스트리트의 황제 골드만삭스가 미국 증권거래위원회로부터 사기 혐의로 피소된 것을 겨냥해 한 말이다.

이러한 오바마의 촌철살인적인 비판에 청중은 큰 소리로 웃으며 열렬히 반응했다. 촌철살인적인 말은 국가와 인종을 떠나 카타르시스를 느끼게 하는 '언어의 명약'이라고 할 수 있다.

촌철살인적인 화법으로 자신의 주장을 펼치기 위해서는 자신의 주장에 맞는 비유가 제격이다. 이에 대해 쇼펜하우어는 자신의 저서 《논쟁에서 이기는 38가지 방법》에서 이렇게 말했다.

"아직 나름의 고유한 명칭이 없이 우리가 비근한 표현을 사용하여 비유적으로 지칭해야 하는 보편적인 개념을 놓고 붙었을 경우 우리는 우리의 주장을 펴는 데 유리한 비유를 신속하게 선택해야 한다."

비유는 원관념에 대한 보조관념으로써 원관념이 주지 못하는 강한 느낌을 갖게 하는 데 제격이다.

"울면 꽃이 아니다. 언제나 웃어야 꽃이다."

이는 〈언제나 꽃은〉이란 나의 시詩의 일부이다. 꽃이 사람들에게 사랑받는 것은 꽃의 변함없는 '웃음', 즉 활짝 피어있는 모습이다. 여기서 '웃음'은 '활짝 핀 꽃'의 비유적 표현으로 원관념인 '활짝 핀 꽃'의 보조관념이다. 그리고 이 시의 주제는 '변함없는 영원성'이다. '울면 꽃이 아니다. 언제나 웃어야 꽃이다'라는 표현은 '변함없는 영원성'을 의미한다.

이 시는 불나방이 불빛을 따라 이리저리 옮겨가듯 자신의 이권에 따라 이리저리 쫓아다는 사람에게 비유적으로 해줄 수 있는 의미를 담고 있다고 하겠다. 왜 그럴까. 꽃은 항상 변함이 없지만 사람들 중엔 줏대 없이 이리 쏠리고 저리 쏠리는 사람들이 있다. 바로 이들의 줏대 없음을 비판적으로 한 비유이다. 바로 이것이 촌철살인적인 표현이다. 이 간단한 표현에 깊은 뜻이 내포됨으로써 강한 교훈을 이끌어 내는 것이다.

촌철살인적인 화법을 기르기 위해서는 어떻게 해야 할까.

첫째, 자신이 주장하는 것에 맞게 비유적으로 표현하는 연습을 하라. 한 마디의 비유가 백 마디의 말보다 더 설득력을 지닌다.

둘째, 자신의 생각에 맞는 단호하고 명료한 말로 주장을 펼치는 연습을 해야 한다. 이는 비유적인 것보다는 못하지만 명언처럼, 경구처럼 할 수 있다면 매우 효과적이다.

셋째, 비유나 경구 등을 자연스럽게 구사하기 위해서는 잠언집과 명언집, 시집을 꾸준히 읽어 언어의 감각을 키워야 한다. 언어의 감각이 입에 붙게 되면 촌철살인적인 표현을 자연스럽게 구사하게 된다.

촌철살인적인 화법은 그 예리함으로 인해 논쟁에서 우위를 점하게 하는 데 매우 효과적이다. 왜 그럴까. 그것은 아무나 할 수 있는 표현이 아니기 때문이다. 이는 마치 희소가치가 있는 보석이 더 비싸고 사람들의 관심을 끄는 거와 같다고 하겠다. 촌철살인적인 화법을 기르는 세 가지 방법을 꾸준히 반복하여 자기화하는 것, 그것은 가장 뛰어난 논쟁술을 지니는 것과 같다고 하겠다.

독일의 철학자 쇼펜하우어는 부유한 상인의 아들로 태어나 어린 시절 가정교사로부터 교육을 받았다. 그 후 사립학교에 들어가 계몽주의를 배웠다. 갑작스럽게 아버지를 여읜 그의 가족은 독일로 갔다. 쇼펜하우어는 예술과 과학에 몰두하며 대학 입시를 준비했다.

1809년 괴팅겐대학 의학부에 입학 허가를 받고 자연과학 강의를 듣다 인문학부로 옮겨 플라톤과 칸트를 공부했다.

그 후 1813년 예나대학에서 철학박사 학위를 받았다. 그는 바이마르에서 지내면서 괴테와 교류하며 여러 가지 철학적 주제를 놓고 토론을 벌였다. 또 그는 동양학자인 프리드리히 마이어로부터 고대 인도에 대해 듣고 플라톤과 칸트와 더불어 자신의 철학적 체계를 세우는 데 있어 기초로 생각했다.

그는 아이작 뉴턴에 반대하고 괴테를 지지하는 논문 〈시각과 색에 관하여〉를 완성하고, 3년 내내 《의지와 표상으로서의 세계》를 저술했다. 이 책은 4권으로 이루어졌다. 1, 2권은 의지를 긍정적인 방식으로 접근하여 다루고 3, 4권은 미학과 윤리학을 다루는데 의지의 부정이 해방 가능성을 지적하여 다룸으로써 쇼펜하우어 사상의 정점을 이룬다.

쇼펜하우어는 장기간에 걸쳐 이탈리아 여행을 하는데, 돌아와서는 헤겔과 논쟁을 벌여 만족한 결과를 얻는다. 그리고 베를린대학에서 교수로 강의를 하지만 큰 성과를 거두지 못한다. 또한 그의 책 역시 주목을 받지 못했다. 그리고 두 번째 이탈리아 여행을 다녀와 강의를 했지만 역시 성과를 거두지 못했다.

결국 그는 교수직을 내려놓고 프랑크푸르트서 지내며 집필에 몰두했다. 은둔을 통해 금욕주의적인 생활을 하고, 유행이 뒤떨어진 옷을 입는 등 칸트의 삶을 모범으로 삼아 지내면서 《자연에서의 의지에 관하여》라는 책을 출간했다.

쇼펜하우어의 사상은 이성이 아니라 직관력과 창조력, 비합리적인 것으로 니체, 야코프 부르크하르트를 비롯해 바그너, 게르하르트, 토마스만 등 많은 이들에게 영향을 끼쳤다. 또한 철학사에서 그를 일러 염세주의 철학자라고 한다. 그는 헤겔의 관념론을 반대하고 의지의 형이상학을 주창했다. 그의 사상은 실존주의 철학과 프로이트 심리학에도 큰 영향을 끼쳤다.

그의 주요 저서로는 《의지와 표상으로서의 세계》, 《윤리학》 외 다수가 있다.

쇼펜하우어 어록

_ 쇼펜하우어의 저서에서 가려 뽑은 명문장들

1.

독일의 철학자 쇼펜하우어의《논쟁에서 이기는 38가지 방법》은 논쟁을 할 때 필요한 방법을 38가지로 세분화하여 간단 명료하게 전하고 있어 이해력을 높여준다.

논쟁은 시대를 불문하고 언제나 있어 왔고, 앞으로도 계속 이어져 갈 것이다. 논쟁은 삶에 있어 필수 조건과도 같기 때문이다. 특히 논쟁은 정치, 학계, 문학, 예술, 철학 등 어느 분야든 필요한 장치와도 같다고 하겠다.

논쟁의 38가지 방법을 짧은 지면에 다 소개하는 것은 무리가 있어 몇 가지만 소개하는 것도 이 책을 이해하는 데 많은 도움이 될 것이다. 첫째, 자신의 결론을 상대방이 미리 예측하지 못하게 해야 한다. 이는 상대방에게 공격의 빌미를 줄 수 있어 최대한 상대가 예측하지 못하도록 상대의 정신을 혼란스럽게 만들어야 한다. 예를 들어 상대방이 자신이 내세운 전제에 대해 시인하지 않으면 지속적으로 다른 전제를 제시함으로써 상대가 시인하게 만드는 것이다. 둘째, 질문 공세를 통해 상대방의 항복을 받아내야 한다. 논제에 대해 끈질기게 질문을 퍼부으면 어느 단계에 가서 답변이 궁색해지거나 막히게 된다. 이때 자신의 주장을 입증시키는 것이다. 셋째, 상대방을 화나게 해야 한다. 사람은 화가 나면 이성을 잃고 감정적으로 나오게 된다. 감정적으로 나오면 판단력이 흐려지게 되기 때문이다. 화나게 하는 방법은 트집을 잡고 뻔뻔스런 태도를 취하면 상대방은 반박하게 되고 감정적으로 대응하게 된다. 넷째, 말싸움을 걸어 상대로 하여금 무리한 말을 하게 해야 한다. 반박과 말싸움은 상대방을 자극하게 되고, 상대방은 자신의 주장을 과장하게 된다. 이때 상대의 과장된 주장을 반박하면 상대방은 당황하게 된다. 그 순간 자신의 주장을 펼치면 긍정적인 효과를 거두는 데 도움이 된다.

이밖에 상대방의 궤변에는 궤변으로 맞서라, 은폐된 순환논증을 사용하라, 상대의 견해를 역 이용하라, 상대의 논거를 뒤집어라 등 다양한 방법이 구체적으로 서술되어 있어 이를 숙지해서 잘 적용한다면 논쟁에서 이김으로써 긍정적인 결과를 얻게 될 것이다.

논쟁의 시대에《논쟁에서 이기는 38가지 방법》은 반드시 숙독해야 할 필요성이 있는 책인 것만큼은 분명하다고 하겠다.

2.

쇼펜하우어의 주요 저서인《의지와 표상으로서의 세계Die Welt als Wille und Vorstellung》는 1819년에 출간되었다. 그 당시 독일 철학계의 이성주의 철학에 반하는 쇼펜하우어의 생각이 잘 드러나 있다. 사람들이 그에 대해 염세주의 철학자라고 말하는 것은 그가 이성理性을 바탕으로 하는 낙관적인 세계관을 부정적으로 비판하는 데에 있다.

이 책에서 쇼펜하우어가 말하기를 우리가 살고 있는 세계의 진정한 본질은 '의지'라고 강조한다. 그리고 그 속에 있는 모든 존재는 맹목적인 삶의 의지에 지배당하고 있다고 말한다. 나아가 쇼펜하우어는 우리가 일상적으로나 학문적인 관점에서 바라보는 세계는 단지 '표상表象'의 세계일 뿐이라고 말한다. 그런 까닭에 표상의 세계는 우리의 삶과 세계의 참된 본질에 대해 이렇다 저렇다 하지 않는다는 것이다. 그 이유는 표상의 세계에는 곧 의지의 세계가 우선하고 있는 까닭이라고 말한다.

이는 무엇을 말하는가. 우리의 삶은 의지가 지배하는 세계라는 것이다. 그러니까 우리의 삶에서 일어나는 모든 것들은 이러한 의지에 의해서라는 것이며, 그런 까닭에 그가 말하는 의지는 이성보다 우위에 있다는 것이다.

《의지와 표상으로서의 세계》는 네 개의 권으로 구성되어 있다. 1권에는 표상의 세계 그리고 경험과학의 대상을 말하고 있다. 2권에서는 의지가 구체적으로 표상의 세계에 드러나는 방식에 대해서 말한다. 3권에서는 충분근거율(어떠한 말이나 인식은 그것이 참이기 위해서 최소한 모순의 규칙은 준수해야 한다. 어떤 인식이 진리이기 위해서는 모순적이 아니어야 하고 충분한 근거가 있어야 하는데 이런 생각의 규칙을 말한다.)에 근거하지 않는 표상들, 플라톤의 이데아 그리고 예술의 대상에 대해서 다루고 있다. 4권에서는 의지의 참된 본질에 도달했을 때, 다시 말해 자기 인식에 도달할 때에 삶에의 의지에 대한 긍정과 부정의 의미에 대해서 다루고 있다. 그리고 마지막에는 부록으로 칸트철학에 대한 분석과 비판을 자세하게 묘사하고 있다.

이렇듯 쇼펜하우어의 중심 사상은 칸트를 비롯한 많은 철학자들이 인간의 지성과 이성을 넘어서는 것은 의지의 세계일진대, 이들 철학자들은 이를 간과했다고 비판한다. 그런 까닭에 우리가 표상의 세계에만 머물러 있어서는 안 된다고 말한다. 그리고 나아가 의지의 세계가 갖고 있는 본성과 특징들이 무엇인지를 밝혀내는 데 연구하고 노력해야 한다는 것이다.

쇼펜하우어에게 있어 의지는 철학의 주요 쟁점이자 그의 철학에 있어 뿌리根이자 본질本質이라고 할 수 있다.

이 밖에 《쇼펜하우어의 행복론》, 《윤리학》 등에서 가려 뽑은 문장을 바탕으로 했다.